Lições de resistência

SERVIÇO SOCIAL DO COMÉRCIO
Administração Regional no Estado de São Paulo

Presidente do Conselho Regional
Abram Szajman
Diretor Regional
Danilo Santos de Miranda

Conselho Editorial
Ivan Giannini
Joel Naimayer Padula
Luiz Deoclécio Massaro Galina
Sérgio José Battistelli

Edições Sesc São Paulo
Gerente Iã Paulo Ribeiro
Gerente adjunta Isabel M. M. Alexandre
Coordenação editorial Cristianne Lameirinha, Clívia Ramiro, Francis Manzoni, Jefferson Alves de Lima
Produção editorial Maria Elaine Andreoti
Coordenação gráfica Katia Verissimo
Produção gráfica Fabio Pinotti
Coordenação de comunicação Bruna Zarnoviec Daniel

Lições de resistência

artigos de Luiz Gama na imprensa de São Paulo e do Rio de Janeiro

organização, introdução e notas de Ligia Fonseca Ferreira

© Ligia Fonseca Ferreira, 2020
© Edições Sesc São Paulo, 2020
Todos os direitos reservados

1ª reimpressão: 2022

Preparação Elen Durando
Revisão Elba Elisa
Projeto gráfico e capa Luciana Facchini
Diagramação Pedro Alencar

Dados Internacionais de Catalogação na Publicação (CIP)

L625
Lições de resistência: artigos de Luiz Gama na imprensa de São Paulo e do Rio de Janeiro / organização, introdução e notas de Ligia Fonseca Ferreira.
São Paulo: Edições Sesc São Paulo, 2020.
392 p., 18 il.

   Bibliografia
   978-85-9493-213-6

1. História do Brasil. 2. Abolição. 3. Luiz Gama.
4. Jornalismo brasileiro. 5. Jornais abolicionistas.
I. Título. II. Ferreira, Ligia Fonseca. III. Gama, Luiz.

CDD 981

Ficha catalográfica elaborada por Maria Delcina Feitosa CRB/8-6187

Edições Sesc São Paulo
Rua Serra da Bocaina, 570 — 11º andar
03174-000 — São Paulo SP Brasil
Tel. 55 11 2607-9400
edicoes@sescsp.org.br
sescsp.org.br/edicoes
/edicoessescsp

Se algum dia [...] os respeitáveis juízes do Brasil, esquecidos do respeito que devem à lei, e dos imprescindíveis deveres, que contraíram perante a moral e a nação, corrompidos pela venalidade ou pela ação deletéria do poder, abandonando a causa sacrossanta do direito, e, por uma inexplicável aberração, faltarem com a devida justiça aos infelizes que sofrem escravidão indébita, eu, por minha própria conta, sem impetrar o auxílio de pessoa alguma, e sob minha única responsabilidade, aconselharei e promoverei, não a insurreição, que é um crime, mas a "resistência", que é uma virtude cívica [...].

LUIZ GAMA
Correio Paulistano, 10 de novembro de 1871.

13 **APRESENTAÇÃO**
    Danilo Santos de Miranda

15 **PREFÁCIO**
    Luiz Felipe de Alencastro

23 **INTRODUÇÃO**

81 **NOTA SOBRE A PRESENTE EDIÇÃO**

85 **CRONOLOGIA**

    ARTIGOS

99 [Sem título]
    Correio Paulistano, 26 de agosto de 1864

101 [Sem título]
    Correio Paulistano, 29 de janeiro de 1867

111 "Carta ao comendador José Vergueiro"
    O Ipiranga, 21 de fevereiro de 1869

118 "Foro da Capital. Questão de liberdade"
    Correio Paulistano, 13 de março de 1869

127 "Apontamentos biográficos"
    Radical Paulistano, 24 de maio de 1869

134 "Foro da Capital"
    Radical Paulistano, 29 de julho de 1869

140 "Foro da Capital — Juízo de Paz do Distrito Norte"
    Radical Paulistano, 12 de agosto de 1869

143 "Foro de Belém de Jundiaí"
Radical Paulistano, 30 de setembro de 1869

145 "Escândalos"
Radical Paulistano, 30 de setembro de 1869

147 "Foro da Capital"
Radical Paulistano, 13 de novembro de 1869

152 "Um novo Alexandre"
Correio Paulistano, 20 de novembro de 1869

158 "O novo Alexandre"
Correio Paulistano, 21 de novembro de 1869

162 "Ainda o novo Alexandre"
Correio Paulistano, 27 de novembro de 1869

165 "Pela última vez"
Correio Paulistano, 3 de dezembro de 1869

168 "Distinto redator"
Correio Paulistano, 11 de fevereiro de 1870

170 "A pensão aos filhos do senador Furtado"
Correio Paulistano, 17 de agosto de 1870

172 "Ao público"
Correio Paulistano, 24 de setembro de 1870

174 "Coisas admiráveis"
Correio Paulistano, 27 de novembro de 1870

176 "Coisas admiráveis"
Correio Paulistano, 30 de novembro de 1870

179 "Coisas admiráveis"
Correio Paulistano, 2 de dezembro de 1870

183 "Questão do pardo Narciso"
Correio Paulistano, 4 de dezembro de 1870

187 "Foro da Capital"
Correio Paulistano, 1º de novembro de 1871

189 "Loja América"
Correio Paulistano, 10 de novembro de 1871

198 "Luiz G. P. Gama"
Correio Paulistano, 10 de novembro de 1871

201 "Até que seja satisfeito. Foro da Capital"
Correio Paulistano, 10 de novembro de 1871

202 "Foro de Jacareí"
Correio Paulistano, 26 de maio de 1872

204 "Foro de Jacareí"
Correio Paulistano, 30 de maio de 1872

209 "Foro da Capital. Juízo Municipal"
Correio Paulistano, 28 de julho de 1872

214 "Foro da Capital. Juízo Municipal"
Correio Paulistano, 31 de julho de 1872

217 "Foro da Capital. Juízo Municipal"
Correio Paulistano, 4 de agosto de 1872

223 "Ainda o Congresso Republicano em Itu"
Correio Paulistano, 19 de dezembro de 1872

226 "O imperador e a liberdade de imprensa"
Correio Paulistano, 1º de novembro de 1873

230 "O imperador e a liberdade de injúria"
A República, 2, 3 e 4 de novembro de 1873

233 "O imperador e a liberdade de imprensa"
Correio Paulistano, 22 de novembro de 1873

237 "Questão manumissória. Petição dirigida ao Governo Imperial"
Correio Paulistano, 27 de fevereiro de 1874

242 "Carta aos redatores da *Província*"
A Província de São Paulo, 6 de novembro de 1877

244 "Questão forense"
A Província de São Paulo, 14 de outubro de 1880

252 "Trechos de uma carta"
Gazeta da Tarde, 1º de dezembro de 1880

256 "Emancipação"
Gazeta do Povo, 1º de dezembro de 1880

259 "Trechos de uma carta"
Gazeta da Tarde, 12 de dezembro de 1880

262 "Carta a Ferreira de Menezes"
Gazeta da Tarde, 16 de dezembro de 1880

267 "A emancipação ao pé da letra"
Gazeta do Povo, 18 de dezembro de 1880

272 "Questão jurídica"
A Província de São Paulo, 18 de dezembro de 1880

289 "Município de Limeira. Reparação devida"
    Gazeta do Povo, 21 de dezembro de 1880

291 "Trechos de uma carta"
    Gazeta da Tarde, 28 de dezembro de 1880

297 "Trechos de uma carta"
    Gazeta da Tarde, 1º de janeiro de 1881

301 "Itatiba. Contraprotesto"
    A Província de São Paulo, 4 de janeiro de 1881

302 "Carta ao Dr. Ferreira de Menezes"
    Gazeta da Tarde, 4 de janeiro de 1881

309 [Carta a Ferreira de Menezes]
    Gazeta da Tarde, 7 de janeiro de 1881

317 "Carta ao Dr. Ferreira de Menezes"
    Gazeta da Tarde, 22 de janeiro de 1881

326 [Carta a Ferreira de Menezes]
    Gazeta da Tarde, 23 de janeiro de 1881

330 [Carta a Ferreira de Menezes]
    Gazeta da Tarde, 29 de janeiro de 1881

334 [Carta a Ferreira de Menezes]
    Gazeta da Tarde, 1º de fevereiro de 1881

339 "Processo Vira-Mundo"
    Gazeta do Povo, 23 de abril de 1881

341 [Exercício de hermenêutica]
    O Abolicionista, 1º de julho de 1880

344 "Senhor!"
Gazeta do Povo, 10 de setembro de 1881

349 [Nota de Luiz Gama sobre a escrava Benedita]
Gazeta do Povo, 3 de novembro de 1881

350 "Aresto Notável"
Gazeta da Tarde, 17 de novembro de 1881

353 "Acautelem-se os compradores"
Gazeta do Povo, 25 de novembro de 1881

354 "À forca o Cristo da multidão"
Tiradentes, 21 de abril de 1882

358 [Uma representação ao Imperador D. Pedro II]
Gazeta da Tarde, 8 de agosto de 1882

APÊNDICE

361 Carta ao filho, Benedito Graco Pinto da Gama
362 Carta a José Carlos Rodrigues
364 Carta a Rui Barbosa
366 Carta a Lúcio de Mendonça
371 Lúcio de Mendonça, "Luiz Gama"

383 REFERÊNCIAS BIBLIOGRÁFICAS

390 SOBRE A ORGANIZADORA

391 AGRADECIMENTOS

APRESENTAÇÃO

Nos movimentos pendulares da história, com suas alternadas orientações políticas, sociais, econômicas ou culturais, a liberdade como direito a ser conquistado perdura até hoje. Não sem esforços, a necessidade de conquistá-la foi, e ainda tem sido, pauta da luta de povos, comunidades, etnias e outros grupos submetidos a distintas formas de opressão e subjugo ao redor do mundo. Luta essa realizada contra as imposições sistêmicas que desrespeitam os indivíduos e suas coletividades, submetendo-os às mais diversas violações. E, dessas, a violação à liberdade de si, ao domínio do próprio corpo, constitui-se em uma das mais violentas e impeditivas da vida.

Último país das Américas a abolir a escravidão, por mais de 350 anos o Brasil utilizou o trabalho cativo em suas atividades econômicas e sociais, com uma evidente cisão cotidiana em diversos âmbitos entre as pessoas livres e as escravizadas. Tais comportamentos e ideários de sujeição constituintes das tácitas estruturas da sociedade não se dissiparam instantaneamente com a assinatura de uma lei; seus resquícios permanecem até os dias atuais como consequência danosa dessa herança escravagista.

Por esse motivo, ainda se fazem necessárias ações educativas que busquem a equidade entre os indivíduos que formam o tecido social em que vivemos. Para isso, atualizar as memórias relativas às vivências e opressões sofridas pelos povos que compõem esse corpo é etapa importante para que não se repitam as mesmas injustiças de outrora. Nesse sentido, o Sesc contribui com a difusão de conhecimentos acerca da história do país, aproximando leitores de acontecimentos e figuras fundamentais para se entender o exercício da cidadania.

Destaca-se, nessa seara, a atuação combativa do pensador, jornalista e advogado Luiz Gama, cujas ações visavam a defesa dos direitos de pessoas ilegalmente escravizadas no Brasil da segunda metade do século XIX. Homem erudito, ex-escravo e autodidata, seus ideais abolicionistas e republicanos propiciaram a liberdade de centenas de escravos que encontraram nele solidariedade e apoio em suas causas.

Personalidades com semelhante postura produziram, por meio de sua militância, sociedades mais justas e igualitárias, contribuindo não apenas como resistência às violações e desigualdades presentes em diferentes estágios da vida social, mas também como agentes de um novo mundo. Por meio da pesquisa de Ligia Fonseca Ferreira, temos a oportunidade, neste livro, de nos aproximar de parte da produção contundente deste defensor da liberdade, Luiz Gama, e com ele aprender a resistir.

Danilo Santos de Miranda
Diretor do Sesc São Paulo

PREFÁCIO

A edição dos textos de Luiz Gama, organizada e comentada por Ligia Fonseca Ferreira, traz uma importante contribuição ao debate sobre o passado e o presente do país. Contando com seis dezenas de documentos, incluindo mais de quarenta artigos de jornal inéditos e outros tantos pouco conhecidos, o livro permite que o leitor acompanhe a luta do grande líder abolicionista entre 1864 e 1882, ano de sua morte. Na continuidade de sua ampla pesquisa sobre Luiz Gama, marcada por sua tese de doutorado na Universidade de Paris e por múltiplas publicações no Brasil e na França, Ligia Ferreira redigiu notas elucidativas que contextualizam e enriquecem a obra.

Luiz Gama superou muitos obstáculos e viveu sob insultos e ameaças lançados pelos escravocratas e seus capangas. Valeu-lhe, porém, a solidariedade de um certo número de juristas, jornalistas e militantes abolicionistas, como também da maçonaria e, em particular, da Loja América, a mais influente de São Paulo, que ele dirigiu entre 1874 e 1881. Desde seu primeiro artigo, datado de agosto de 1864 e publicado no *Correio Paulistano*, até seus últimos escritos de 1881-1882, ele se vê constrangido a rebater a pecha de "ignorante" das coisas do direito e das letras que lhe era imputada por seus desafetos e inimigos. De fato, como explica Ligia Ferreira, Luiz Gama não obteve o diploma de advogado, dispondo apenas de uma autorização para apresentar causas em foro, como solicitador ou, na acepção pejorativa do ofício, rábula. Ora, a hostilidade ao negro e ex-escravo que "jamais frequentou academias" decuplicava, indo à ameaça de morte, quando ele sustentava na imprensa e nos tribunais a liberdade de pessoas livres "arbitrária e criminosamente" escravizadas.

Luiz Gama sublinha num artigo impactante, intitulado "Questão de liberdade" (1869), que a escravidão constitui "direito anômalo", mesmo sendo sancionada pelas leis. Na circunstância, ela só pode ser aceita "depois de prova completa" do direito de propriedade adjudicado ao senhor. Porém, à medida que o direito positivo brasileiro evolui e se explicita nas leis penais, comerciais e civis, como também nos procedimentos processuais, adensando a rala legislação escravocrata das Ordenações Filipinas e as referências longínquas ao Código Justiniano, a contradição entre o princípio da liberdade e o direito de propriedade eclode nos tribunais[1]. Nos Estados Unidos, o outro grande país do Novo Mundo onde o escravismo é consubstancial à construção do Estado, essa contradição engendrou uma "guerra jurídica", vencida pelos escravocratas, que precedeu o conflito armado entre o Norte e o Sul. Como é sabido, julgando o caso Dred Scott *versus* Sandford (1857), a Corte Suprema estatuiu que a Constituição não atribuía direito algum de cidadania aos afro-americanos, fossem quais fossem — livres, libertos ou escravos. A decisão exacerbou o conflito entre nortistas e sulistas, contribuindo para o desencadeamento da Guerra Civil (1861-1865).

No Brasil, o estatuto jurídico da propriedade escrava se tornou ainda mais precário em consequência das leis de 1818, 1831 e 1850, sobre a ilegalidade do tráfico negreiro. Abrangendo a diplomacia, a política, a economia e a história do direito, o tema é complexo e foi estudado por vários historiadores, em particular no livro recente de Beatriz Mamigonian[2]. Na realidade, sob pressão da diplomacia britânica e da Royal Navy, Portugal editou o alvará de 1818 decretando o fim do tráfico de africanos nos portos africanos ao norte do equador. Na sequência da Convenção Anglo-Brasileira de 1826, o governo da Regência completou a medida, proibindo o tráfico de escravos de toda a África para o Brasil em 1831. A lei de 1831 especificava ainda que todo africano introduzido no Brasil após aquela data era livre ao pisar no solo nacional, e que seus detentores e supostos proprietários passavam a ser sequestradores. Nos termos do artigo 179 do Código Criminal do Império, o crime de sequestro estava assim definido: "Reduzir à escravidão pessoa livre, que se acha em posse da sua liberdade"[3]. Várias vezes evocado por Luiz Gama, o decreto de 12 abril de 1832, que regulamenta a lei de 1831, determina os procedimentos para a busca e libertação dos africanos ilegalmente desembarcados depois da data de lei.

Não obstante, 43 mil africanos trazidos do norte do equador foram introduzidos e escravizados ilegalmente de 1818 a 1831, e outros

745 mil, deportados de toda a África, entre 1831 e 1850. Esses 788 mil indivíduos, assim como seus filhos, netos e bisnetos, foram mantidos ilegalmente no cativeiro até 1888. Seus alegados proprietários cometiam impune e continuadamente o delito de sequestro. Como sucedeu em vários dramas históricos, as instruções governamentais para a perpetração desta violência maciça, configurando o pecado original da ordem jurídica brasileira, foram sigilosas[4]. Efetivamente, numa mensagem confidencial ao presidente da província de São Paulo, em 1854, Nabuco de Araújo, ministro da Justiça, invoca "os interesses coletivos da sociedade" para justificar a não aplicação da lei de 1831 que previa a liberdade imediata dos africanos introduzidos após esta data.

Numa análise que merece uma interpretação tanto psicanalítica quanto histórica, Joaquim Nabuco revela meio século mais tarde, na célebre biografia que escreveu sobre seu pai, a dimensão da manobra do ministro da Justiça em 1854: "a lei de 7 de novembro de 1831 foi sempre o ponto fraco da escravidão como instituição legal. De fato, ela foi sempre amparada pela razão de Estado"[5].

O censo nacional de 1872, o primeiro a ser feito no Império, registrou uma população de 9,923 milhões de habitantes, incluindo 1,509 milhão de escravos (15,2%). Na altura, o contingente de cativos legalmente possuídos pelos senhores compreendia apenas os sobreviventes e os descendentes dos deportados oriundos do norte do equador antes de 1818 e dos que tinham vindo da zona subequatorial africana antes de 1831. Tal contingente era necessariamente pequeno e se tornou decrescente a partir dos anos 1860, tomando em conta a mortalidade dos escravizados e o cálculo econômico dos senhores luso-brasileiros e brasileiros, desde sempre fundado na reprodução mercantil (pelo tráfico atlântico e, em seguida, pelo tráfico interno), e não na reprodução demográfica dos escravos. Ou seja, a última geração de escravos existentes no Brasil era formada, em sua esmagadora maioria, por indivíduos livres, sequestrados e ilegalmente escravizados. Existindo desde 1818, a escravização de africanos livres e seus descendentes continuou impune, durante décadas, abrangendo um número cada vez maior de indivíduos sequestrados. Poucas vozes denunciaram esse crime em massa antes de Luiz Gama. Nenhuma voz foi mais corajosa e mais consequente que a sua depois que ele iniciou esse combate, em meados dos anos 1860.

Toda a força dos argumentos jurídicos e da luta política de Luiz Gama consistiu em dar relevo às fraudes jurídicas, civis e clericais responsáveis pela escravização de milhões de pessoas livres e ao pacto dos sequestradores que abafava o escândalo gerado por tais crimes. "O crime protegido pela lei; [...] as vítimas do delito sacrificadas pelos legisladores!", escreve Gama numa carta publicada na *Gazeta da Tarde* em 1881, um ano antes de sua morte.

Na verdade, os textos aqui publicados exprimem sua indignação em vários registros. O livro mostra anúncios em diversos jornais paulistanos, tanto de Gama como de outros advogados abolicionistas, nos quais eles se prontificavam a defender, "gratuitamente perante os tribunais, todas as causas de liberdade".

Em outro artigo de 1869 ("Um novo Alexandre") ao *Correio Paulistano*, ele define, em parte, seu próprio estilo, afirmando que alguns de seus artigos se distinguem "pelo ferino da sátira e forte energia de linguagem". Outros textos de sua autoria elaboram demonstrações cuidadosas e percucientes do bom fundamento de sua argumentação jurídica. Como muitos escritos similares, seus textos portam referências a personagens da Antiguidade grega e romana, recurso retórico comum na imprensa da época e, bem mais ainda, nas faculdades de direito e no meio dos magistrados e bacharéis. Armado com a convicção dos justos, Gama faz flecha com qualquer vareta, usando sólida legislação e, às vezes, a eloquência simbólica. Assim, numa petição em favor da liberdade de uma escrava que havia depositado em Justiça a soma de 30 mil-réis para sua alforria, Luiz Gama refuta o arrazoado do juiz municipal que julgara a quantia insuficiente. Depois de oferecer dados concretos, apontando inventários em que escravos receberam avaliação de 30 mil-réis, Luiz Gama apela para o Novo Testamento. Dirigindo-se ao juiz, ele escreve: "v. s. não a ignora, que a liberdade de Nosso Senhor Jesus Cristo foi vendida [...] por trinta dinheiros, [assim] não é estranhável [...] que, perante v. s., a suplicante avalie a sua própria liberdade em trinta mil-réis".

Vale notar ainda que o argumento de Luiz Gama, subjacente a vários de seus textos, assimilando a escravidão a um crime contra a humanidade, não é nada retórico e está em consonância com os tratados internacionais e textos legais brasileiros condenando o tráfico. Desse modo, a proibição do comércio de africanos ao norte do equador, imposta pela Inglaterra no Congresso de Viena (1815) e inscrita por Portugal no alvará de 1818, já evoca os direitos humanos: "O tráfico (de escravos) é repugnante aos princípios gerais da moral e da Humanidade". Da mesma forma, na portaria de 1831, o ministro da Justiça, padre Feijó, condena os negociantes que praticam, "com desonra da humanidade, o vergonhoso contrabando de introduzir escravos da Costa d'África nos portos do Brasil". Indo mais longe, o decreto abolicionista de 1848 da Segunda República Francesa estende a definição de crime contra a humanidade à propriedade escrava, e não apenas ao tráfico de africanos, ao considerar a escravidão como "um atentado à dignidade humana".

No editorial intitulado "Foro da Capital", publicado no jornal *Radical Paulistano* em 1869, Luiz Gama insere uma petição dirigida ao juiz municipal Rego Freitas cujo teor deve ser comentado para evitar um mal-entendido[6]. No texto, ele se refere ao africano Jacinto, de nação congo, desembarcado no Rio de Janeiro em 1848, portanto criminosamente mantido no cativeiro. Diz Gama que o "preto Jacinto, [...] sendo ainda visivelmente boçal", foi comprado por um indivíduo que o trouxe para Amparo, em São Paulo. A palavra "boçal" (na América espanhola, "*bozal*") aparece amiúde nos decretos e artigos de jornais do século XIX, assim como na época colonial, para designar o indígena ou o africano que não falava português (ou espanhol). O *Dicionário Moraes* (1789) é claro na definição desse adjetivo: "o que não fala ainda a língua do país estrangeiro em que se acha"; em oposição ao "ladino", de "latino", isto é, ao estrangeiro que na Antiguidade ibérica falava latim. Por derivação, boçal passou a significar, no período pós-escravista, indivíduo estúpido, e ladino a designar alguém esperto.

Ainda no domínio linguístico e conceitual, é interessante observar como Gama fustiga o artifício semântico consistindo em transvestir a questão do escravismo em "questão servil". Na "Carta a Ferreira de Menezes" publicada na *Gazeta da Tarde* em janeiro de 1881, ele escreve: "O que os novos, os sábios, os empelicados altruístas, *os evangelizadores da evolução política negreira* chamam, de estufadas bochechas, *elemento servil* é despido de fundamento jurídico [...] é um escândalo inaudito [...] é o imundo parto do suborno, da perfídia e da mais hedionda prevaricação". Efetivamente, depois da abolição do escravismo nos Estados Unidos, em 1865, o Brasil recolheu o opróbio de ser a única nação independente americana dotada de um sistema escravista de dimensão continental. Desde essa época, no Parlamento e na imprensa, o escravismo passou a ser intitulado "questão servil", termo menos execrado que escravidão. A trapaça linguística dos escravocratas envergonhados passou para a historiografia como se fora neutra e ainda engana autores e leitores pouco atentos.

A respeito da Guerra da Secessão e do assassinato de Abraham Lincoln, Luiz Gama exprime sua admiração pelos Estados Unidos pós-escravista. É o que aparece no seu artigo de janeiro de 1867 ao *Correio Paulistano*, o segundo publicado no livro. Como assinala Ligia Ferreira, Gama fala "no Brasil americano e as terras do Cruzeiro (do Sul), sem rei e sem escravos!" e, pela primeira vez, nos "Estados Unidos do Brasil". Na realidade, a vitória da União e a abolição do escravismo em todo o território americano faz nascer entre os maçons abolicionistas e republicanos, como era o caso de Luiz Gama, um interesse crescente pelas instituições da república federalista que os Estados Unidos eram então o único país do mundo a encarnar. Em contraste com o modelo do parlamentarismo monárquico britânico e português, mimetizados no Brasil, o modelo estadunidense ganha força. Justamente na altura em que o modelo do Segundo Império, também copiado no Brasil, desaba, e a Terceira República é instaurada na França (1870).

Ligia Ferreira ressalta que Luiz Gama se refere várias vezes à sua militância abolicionista em favor dos seus "irmãos de infortúnio". Ex-escravo, ele lutava em favor dos que eram mantidos na escravidão ou dos que haviam sido reescravizados ao arrepio da lei. Com toda a força de sua convicção, ele explora as brechas da legislação e até chicanas processuais para fazer valer a prioridade do direito de liberdade sobre o direito de propriedade. Nesse contexto, Gama era também um defensor dos deportados africanos no Brasil num período em que predominavam o racismo científico e as invasões colonialistas na África. Haverá um dia em que os estudantes africanos também saberão quem foi Luiz Gama.

De imediato, a prática forense de Luiz Gama, largamente ilustrada neste livro, será útil aos especialistas do direito e aos que estudam o escravismo. Convirá também aos que estudam a história do Brasil. Enfim, a luta de Luiz Gama também serve aos brasileiros em geral, a nós, que lidamos hoje com um passado que não passa. Eis aqui um combatente que enfrentou a grande maioria dos proprietários abusivos, dos opressores e dos autoritários, armado somente com sua coragem e com a força da Lei.

LUIZ FELIPE DE ALENCASTRO
Coordenador do Centro de Estudos do Atlântico Sul e professor titular da FGV-EESP

---

1 A respeito desse tema, cf. Mariana Armond Dias Paes, "Sobre origens, continuidades e criações: a posse da liberdade nos decisionistas portugueses (sécs. XVI-XVIII) e no direito da escravidão (séc. XIX)", in: Thomas Duve (org.), *Actas del XIX Congreso del Instituto Internacional de Historia del Derecho Indiano*, Dykinson: Madrid, 2018, pp. 1379-406.
2 Beatriz G. Mamigonian, *Africanos livres. A abolição do tráfico de escravos no Brasil*, Companhia das Letras: São Paulo, 2017.
3 Sobre o assunto, cf. André Barreto Campello, *Manual jurídico da escravidão: Império do Brasil*, Jundiaí: Paco Editorial, 2018, cap. 5.
4 Luiz F. de Alencastro, "O pecado original da sociedade e da ordem jurídica brasileira", *Novos Estudos Cebrap*, São Paulo, n. 87, 2010, pp. 5-11.
5 Joaquim Nabuco, *Um estadista do Império. Nabuco de Araújo: sua vida, suas opiniões, sua época*, Rio de Janeiro: Garnier, 1899, t. 3, livro V, p. 36, nota 1.
6 Sobre Gama e o *Radical Paulistano*, cf. Ligia Fonseca Ferreira, "Luiz Gama: um abolicionista leitor de Renan", *Estudos Avançados*, v. 21, n. 60, 2007, pp. 271-88.

INTRODUÇÃO

A notícia da morte de Luiz Gama no início da tarde de 24 de agosto de 1882, em São Paulo, logo se espalhou pela cidade e bateu à porta das redações dos jornais, ambiente que, por quase vinte anos, cercado de amigos e ideias, ele assiduamente frequentou.

O proeminente advogado e jornalista de 52 anos encontrava-se no auge da popularidade. Naquele mesmo dia, com velocidade espantosa, no editorial da *Gazeta do Povo*, o desaparecimento do carismático abolicionista e republicano que encarnou todas as "audácias da liberdade" era anunciado como uma "calamidade" para a província e uma "desgraça" para o país". O jornal foi o primeiro a tecer o elogio fúnebre, cuja forma oratória ainda seguia, no século XIX, as regras da *laudatio* latina destinada a perpetuar a memória de um indivíduo notável e preservá-lo do esquecimento. Sob a pena do editorialista, as evocações da vida exemplar e dos atos edificantes apoiavam-se numa coleção de epítetos superlativos, dos quais emergiam as facetas do "grande homem" que 136 anos depois seria entronizado no Panteão da Pátria e da Liberdade[1]:

> Era o primeiro dos abolicionistas do país, o mais sincero, o mais convencido, o mais intransigente.
> Como advogado, não obstante não possuir um pergaminho, [...] tão conscienciosos foram os estudos que fez, que conseguiu ocupar lugar distinto entre os mais notáveis dos auditórios desta capital.
> Como amigo, era daqueles que não conhecem limites à dedicação [...]
> Como chefe de família, era um exemplo, um símbolo.
> Já se vê que uma alma assim organizada, uma vez lançada na política, deveria necessariamente proclamar-se republicana.
> Foi um apóstolo da república, conhecia e proclamava todas as grandezas da democracia [...][2].

A esses atributos, somava-se a imagem de "pai dos pobres, dos desprovidos dos favores da fortuna e das graças do poder"[3]. Raramente se observou que, poucas horas depois de seu passamento, começava-se a esculpir, ali nas páginas do jornal paulistano em que Luiz Gama mais colaborou nos seus últimos anos, sua estátua de bronze.

Segundo as crônicas da época, jamais houvera na capital paulista funeral de tamanhas proporções e cujo impacto movimentaria por um bom tempo a cidade. A data de 25 de agosto tornou-se histórica. À passagem do cortejo fúnebre, que vinha desde a residência do finado no bairro do Brás, crescia a multidão na qual marchavam, reverentes, ombro a ombro, pessoas de todas as cores e categorias sociais, ansiosas por prestar uma derradeira homenagem ao homem que "entrava na morte pela porta da imortalidade"[4]: negros e brancos; ricos e pobres; mendigos e operários; brasileiros e imigrantes; homens e mulheres letrados, outras e outros sem instrução; lojas maçônicas e caixas emancipadoras; clubes acadêmicos e associações das colônias estrangeiras. Porém, a presença mais forte era daqueles para os quais ele representava "o melhor dos amigos, o mais forte dos defensores"[5]. Eram os seus irmãos de raça, marcados pelo estigma da cor e do cativeiro sofrido pelos africanos e os seus descendentes, infortúnio tão bem conhecido pelo filho da africana Luiza Mahin, que, nascido livre na Bahia em 1830, chegou como escravo aos 10 anos na cidade de São Paulo, onde viveu oito anos de escravidão. Muitos dos indivíduos reunidos no cortejo fúnebre assemelhavam-se aos personagens reais presentes, como vítimas ou heroínas e heróis, nas vívidas narrativas de Luiz Gama que leremos neste livro; narrativas também povoadas por ferozes adversários e cínicos vilões. Estes últimos, provavelmente, abstiveram-se de comparecer ao extraordinário enterro.

A *Gazeta do Povo* resumira assim aquele acontecimento: "O espetáculo a que esta capital ontem assistiu não foi o enterramento de Luiz Gama, foi a sua festa, a sua apoteose[6]", celebração sem dúvida mais afeita ao temperamento do autor de *Primeiras trovas burlescas de Getulino*.

As repercussões do falecimento de Luiz Gama *não* se limitaram *à imprensa paulistana*, estendendo-se aos órgãos mais representativos do Rio de Janeiro, onde ele contava com inúmeros amigos atuantes nos meios políticos e na imprensa, já que muitos deles, como os irmãos Salvador e Lúcio de Mendonça, Rui Barbosa, Quintino Bocaiúva, Ferreira de Menezes, Raul Pompeia, entre outros, haviam cursado a Faculdade de Direito em São Paulo, antes de abraçarem a vida pública na capital do Império. O falecido era reverenciado ali também por pessoas do povo, negros livres ou ainda escravizados que contavam com o auxílio das associações filantrópicas para comprar sua alforria. As manifestações tomavam as formas mais diversas: depois de observar oito dias de luto, a Caixa Emancipadora Joaquim Nabuco mandou rezar a missa de sétimo dia na igreja da Glória; no início de setembro, o clube José do Patrocínio preparou uma sessão fúnebre em memória do "distinto cidadão"; um grupo de moradores do bairro de Botafogo fundou um centro abolicionista e literário com o nome de Luiz Gama; o salão de chá Glace Élégante expôs por alguns dias o retrato de Luiz Gama feito pelo desenhista Augusto Off, antes de doá-lo à Caixa Emancipadora José do Patrocínio[7] etc. Além das sociedades emancipadoras e iniciativas particulares, vários órgãos da imprensa fluminense dedicaram artigos especiais a Luiz Gama. Seu destino ascensional parecia inexplicável aos olhos do redator da *Gazeta de Notícias*, um dos maiores e influentes jornais da corte, na notícia que expressava a consternação dos admiradores fluminenses: "Há como uma história sobrenatural, um romance inverossímil na vida deste homem que se finou deixando após si um rastro de luz"[8]. O impacto não seria menor para os companheiros da *Gazeta da Tarde*, principal folha abolicionista da corte, na qual fora publicada, duas semanas antes, uma "Representação ao Imperador", um dos últimos, senão o último texto escrito por um Luiz Gama irremediavelmente debilitado pelo então fatal diabetes, doença que o acometera alguns anos antes e lhe ceifou a vida. O último suspiro do "general", como a ele se referia o jornalista e abolicionista negro José do Patrocínio, proprietário daquele jornal, ganhava dimensão política, era uma "fatalidade" da qual podia rejubilar-se, naquela aparente vitória, o regime assentado na escravidão: "Feliz governo o [de] d. Pedro II" — escreve Patrocínio —, "a corrupção e a morte formam em torno dele uma impenetrável muralha. Quem não se deixa corromper morre"[9]. A exemplo de várias entidades, a *Gazeta da*

Tarde decretou luto de oito dias na redação do jornal e no Centro Abolicionista Ferreira de Menezes, nome do fundador do jornal, falecido no ano anterior[10]. Um dos retratos até hoje mais conhecidos de Luiz Gama, em desenho do artista gráfico e jornalista Ângelo Agostini, apareceu estampado em 27 de agosto de 1882 na capa da *Revista Ilustrada*, a mais lida e influente da corte. Tratava-se de uma homenagem especial, em virtude dos laços que uniram Gama e Agostini em histórica aventura na imprensa — foi ao lado de Agostini, desenhista e caricaturista italiano recém-chegado ao Brasil, que Luiz Gama lançou-se no jornalismo, colaborando nos primeiros periódicos ilustrados de São Paulo, o *Diabo Coxo* (1864-1865) e o *Cabrião* (1866-1867).

Em São Paulo, no dia seguinte ao enterro, a *Gazeta do Povo* distinguiu-se dos demais periódicos e criou a seção especial "Luiz Gama — Homenagens e demonstrações". Publicada de 26 de agosto a 27 de setembro de 1882, funcionava como uma espécie de central de notícias que, além de publicar cartas e poemas dos leitores, trazia cotidianamente a relação dos eventos, solenes ou festivos, organizados na capital e no interior, na corte e em outras regiões do país, em memória daquele "cidadão" que imprimiu sua marca pessoal nas lutas pela abolição e pela República. A diretoria do jornal justificava sua iniciativa como um "dever natural" para com Luiz Gama, um "trabalhador incansável do jornalismo"[11].

A morte de uma figura pública alçada em seu tempo ao *status* de "celebridade", título que Luiz Gama rejeitava, é sempre uma ocasião propícia para se tomar a dimensão real de seu lugar no mundo e como era percebido por seus contemporâneos. Não por acaso optamos por privilegiar aqui a profusão de discursos e imagens produzidos nos escritos dos próprios colegas da imprensa naqueles momentos de intensa comoção. Seria difícil àquela altura imaginar que, logo após o 13 de maio, os cronistas da abolição celebrariam outros heróis, reservando à atuação de "Luiz Gama e de seu grupo" uma pálida e lacônica menção[12]. A influência e a liderança por ele exercida no meio letrado, universo quase exclusivo de brancos, foram durante décadas acobertadas pela história oficial gerada desde o pós-abolição. O contraste se acentuaria ao longo do século XX, quando foram se esmaecendo as várias facetas e o pensamento de um homem plural, herdeiro das Luzes, que fizera o uso da palavra eficaz e persuasiva como a arma para a defesa das liberdades — de um lado, a liberdade do sujeito escravizado e submetido aos abusos do poder absoluto do senhor sobre seu corpo, vontade e consciência; de outro, a liberdade dos súditos submetidos ao arbítrio e aos abusos do poder absoluto do rei. Restara a estática figura do "redentor dos escravos" até quase o final daquele período, quando estudos historiográficos começaram a ressaltar seu papel central na dinâmica do abolicionismo paulista e a jogar novas luzes sobre sua atuação jurídica[13], uma das faces da missão de vida abraçada pelo *único intelectual e ativista negro brasileiro a ter sofrido a escravidão: libertar escravos, fazer valer seus direitos.*

Assim, pareceu-nos relevante tomar como ponto de partida as impressões deixadas por nosso personagem em seu último adeus, para apresentar a leitoras e leitores o principal objeto deste livro: a palavra afiada, os temas candentes e a perspectiva singular presente na obra instigante, e ainda pouco conhecida, do jornalista Luiz Gama.

I

Não é difícil compreender as razões desse desconhecimento, em parte devido à natureza efêmera dos escritos jornalísticos e às dificuldades de arquivamento e conservação de jornais, como por muito tempo ocorreu no Brasil, e a consequente perda de memória e de importantes registros do passado. Como, então, resgatar e em que medida exigir que, mais de cinquenta anos depois de sua morte, se mantivesse viva a lembrança das realizações de Luiz Gama junto à população em geral, em especial junto às primeiras gerações de afrodescendentes do pós-abolição?

Em meados dos anos 1930, o jornalista, escritor e crítico literário Fernando Góes, baiano radicado em São Paulo, buscava responder a essa pergunta como membro de associações negras e colaborador da imprensa negra da época. Para Góes, além de enfatizar os estudos, a exemplo do que sempre fizera Luiz Gama, cumpria despertar a "curiosidade do homem negro para a vida de espírito" e, para tanto, espelhar-se concretamente no pragmatismo encarnado por

Luiz Gama ou José do Patrocínio, exemplos que seus companheiros pareciam ignorar. Intelectual exigente, Góes censurava os discursos estéreis e superficiais, sem efeitos para gerações futuras:

> Fala-se de Luiz Gama e [José do] Patrocínio de cinco em cinco minutos.
> Entretanto nem todos [...] conhecem a "verdadeira" obra destes homens [...] se soubessem, veriam que eles não tinham a mania de falar[,] mas tinham o vício [...] de agir. [...]
> Os negros de amanhã falarão novamente só em Patrocínio e Luiz Gama.
> [...] Vamos falar dos vultos do passado. Não para fazer frases bonitas. Mas para compreender o presente e preparar o futuro[14].

O balanço fazia sentido, e Góes logo deu provas de seu próprio pragmatismo. Em 1944, organizou as *Obras completas de Luiz Gama: Trovas burlescas & escritos em prosa*, reunindo a produção poética publicada nas *Primeiras trovas burlescas de Getulino (PTB)*, a partir da edição póstuma de 1904, e acrescidas de cinco textos em prosa: a "Carta a Lúcio de Mendonça", a "Carta ao filho" e três artigos de jornal[15]. O organizador pretendia reunir num só volume, pela primeira vez, "tudo o que o grande abolicionista escreveu". No entanto, seus esforços se revelaram infrutíferos, pois dificuldades na busca e/ou identificação de fontes limitaram o escopo original do projeto. Quanto à produção jornalística, Góes afirmou que, "de toda [a] longa atividade de Luiz Gama na imprensa, bem pouca coisa [era] conhecida". Sentia-se frustrado por não acrescentar novos textos "saídos da pena de um dos verdadeiros grandes homens do Brasil", visto não ter localizado "coleções completas dos jornais onde ele escreveu", limitando-se, portanto, a reproduzir o que se encontrava "esparso em artigos e livros sobre ele", como o *Precursor do abolicionismo no Brasil* (1938), de Sud Menucci, lançado no cinquentenário da abolição. Publicada em plena Segunda Guerra Mundial, a coletânea organizada por Góes era apresentada como "oportuna" e "necessária" por lembrar aos brasileiros, naqueles tempos "inflamados de ódio" e de lutas travadas pela liberdade em várias "partes do mundo", a figura de um tenaz defensor dos "direitos humanos"[16].

A situação descrita por Góes a propósito de Luiz Gama pouco se alteraria até a década de 1980, quando as condições de pesquisa melhoraram sensivelmente. A historiografia da escravidão se viu estimulada por novos temas e pela exploração de novas fontes em arquivos mais organizados que na época das improdutivas buscas de Góes. No final dos anos 1990, tem-se, entre os resultados desses avanços, a obra *Orfeu de carapinha. A trajetória de Luiz Gama na imperial cidade de São Paulo* (1999), de Elciene Azevedo, referência para os estudiosos do abolicionista negro e contribuição fundamental por trazer à tona informações inéditas sobre o personagem-tema, graças à consulta (física), em arquivos paulistas, de jornais como fonte primordial da pesquisa.

II

O desconhecimento da "verdadeira" obra "em prosa" de Luiz Gama, como diria Góes, estendia-se à obra do poeta cujo nome por muito tempo associou-se aos versos antológicos de "Quem sou eu" (também conhecido como "Bodarrada"), fato que acabaria ofuscando outros aspectos de sua rica produção poética. Doze anos depois de começar a ler e a escrever, escapando do silêncio e da ignorância impostos aos escravizados, Luiz Gama entrou para o mundo das letras com o lançamento das *Primeiras trovas burlescas de Getulino* (1859, 1861), coletânea de sátiras políticas, sociais e raciais e de poemas românticos. Depois da segunda edição, não abraçaria outros projetos poéticos, lançando-se exclusivamente à atividade jornalística.

Raros autores referiram-se às *PTB*, que tiveram apenas duas edições e, aparentemente, esgotaram-se no início dos anos 1870. É o que se depreende do seguinte anúncio publicado no *Radical Paulistano* e no *Correio Paulistano* entre novembro de 1869 e o primeiro semestre de 1870: "*Poesias joviais e satíricas por Luiz Gama* — Os últimos exemplares da 2ª edição enriquecidos com belíssimos cânticos do exmo. conselheiro José Bonifácio. Vende-se nesta tipografia a 2$000". Uma edição póstuma veio a lume em 1904 e, ao longo do século XX, serviu de fonte para vários estudos, a despeito da existência de outras edições, recheadas de imperfeições e pouco fidedignas, como a do próprio Fernando Góes, em 1944. A edição organizada por João Romão da Silva, em 1954, tinha como objetivo demonstrar a relação das sátiras com as ideias de um abolicionista desprovido, porém, de talento para as "artes verbais", na visão um tanto ligeira do insigne prefaciador Otto Maria Carpeaux[17]. Na realidade, os analistas, brancos na maioria, viam-se diante de um impasse: qual o lugar, na estrutura social e na história cultural e política do Segundo Reinado, de um negro livre, escritor, político, contestador do *status quo* monarquista e escravocrata? Analogamente, salvo raríssimas exceções, como Paulo Franchetti e Wilson Martins, críticos e historiadores relutam em propor uma classificação para a obra poética de Luiz Gama no campo da literatura brasileira[18].

Um dos primeiros frutos de nossa pesquisa de doutorado, quando evidenciou-se a necessidade de resgatar os escritos de Luiz Gama, foi a publicação da obra poética integral de Luiz Gama em *Primeiras trovas burlescas & outros poemas* (2000), tomando como base as edições organizadas pelo próprio autor (1859 e 1861), muito diferentes entre si, até então pouco referidas e de difícil acesso em bibliotecas — em especial a primeira[19]. No final dos anos 1990, localizamos essas obras raríssimas na biblioteca pessoal de José Mindlin, cuja autorização para copiá-las (a mão, não havia computadores portáteis àquela longínqua época!) garantiu a realização de nosso projeto editorial, segundo as normas da coleção "Poetas do Brasil", coordenada por Haquira Osakabe: no total, 53 poemas, dos quais três constantes da primeira edição e retirados da segunda, e onze publicados entre 1865 e 1876 na imprensa (*Diabo Coxo*, *Cabrião* e *O Polichinelo*).

A esta altura, quem nos lê deve se perguntar quais as relações entre a obra poética e a produção jornalística de Luiz Gama. São muitas. O ex-escravo autodidata, que buscou através da instrução e da palavra escrita sua segunda liberdade, embora não tivesse cursado a Faculdade de Direito, como insistia em afirmar, compartilhava do atributo marcante dos juristas brasileiros do século XIX que atuaram em todos aqueles campos, às vezes em detrimento da advocacia. Na realidade, o "retumbante Orfeu de carapinha", que assim teatralmente se apresentava e desejava ser visto nas *PTB*, nunca se calou sob a pena do jornalista, que, em carta enviada a um amigo em 1870, confessara sua total dedicação ao "plano inclinado da política"[20]. Como se sabe, desde Aristófanes, sátira e política estão intimamente ligadas. Na vida pública, durante a Renascença italiana, assim como em toda Europa ao longo do século XVIII, o gênero satírico desempenhara papel idêntico ao da caricatura no jornalismo moderno. Os ataques à tirania e ao anticlericalismo são temas caros aos versos e à prosa de Luiz Gama. A crítica social sob essa forma lhe convinha perfeitamente, pois exigia uma liberdade de expressão e audácia que nenhum ex-escravizado ou homem negro antes dele tivera para enfrentar os poderes que oprimiam escravizados e antimonarquistas. Entre os tipos sociais visados pelo sátiro moralista, guiado pelo princípio clássico da comédia *castigat ridendo mores* (corrige os costumes pelo riso), o jornalista cínico e sem escrúpulos, ao lidar com a reputação alheia, precisará ser "tratado" com uma boa emenda:

P'ra o torpe jornalista que não sente,
A pena mergulhada na desonra;
E de vícios coberto, o saltimbanco,
Só trata de cuspir na alheia honra

Prudência e tino,
Critério e siso;
Também vergonha,
Se for preciso:
E se esta dose
Lhe não bastar
Um bom cacete
Para o coçar[21].

Impossível, portanto, não pensar nesses versos quando, em vários artigos, ouvimos os protestos de um Luiz Gama furioso com boatos a seu respeito, chamando "retoricamente" para a briga os seus caluniadores[22].

O mundo às avessas, tema tradicional da sátira de caráter moralista à qual se afiliava, é retratado nas *PTB* ("Que mundo? Que mundo é este?/[...]/Vejo o livre feito escravo/Pelas leis da prepotência"[23]) e, depois, retorna na maioria de seus artigos, repletos de vocabulário e imagens para descrever os polos em desaprumo: de um lado, as "pessoas livres ilegalmente escravizadas", "os infelizes postos/mantidos ilegalmente no cativeiro", "ilegalmente mantidas em cativeiro", "indevido cativeiro"; "libertos que sofrem cativeiro ilegal", "africanos ilegalmente importados", a "liberdade [do escravizado] é um crime"; de outro, os "salteadores da liberdade", os "defensores da criminosa escravatura", "o governo, protetor do crime e da imoralidade" etc.

As *PTB* antecipavam, assim, temas tratados posteriormente nos artigos jornalísticos, em tom e retórica não menos ruidosos: a hipocrisia social e racial, os vícios do regime imperial, a corrupção da classe política e dos senhores, a ignorância dos letrados, as transgressões ao direito cometidos por advogados e juízes comprometidos com o *status quo* escravista, a inépcia do sistema judiciário e a desigualdade de tratamento entre negros e brancos, pobres e ricos. Prova disso é a verdadeira obsessão de Gama em fustigar o universo jurídico, ambiente no qual viveu mergulhado por quase duas décadas na cidade que abrigava a Academia de Direito, uma das primeiras instituições de ensino superior do Império. Estudantes, professores e advogados faziam parte do círculo de amigos e aliados; muitos deles fundavam e escreviam nos jornais, além de formar parte do restrito público de leitores da província. Entre os "doutores", o abolicionista também se chocou e ganhou fiéis inimigos, com suas acusações à justiça brasileira de ser venal e criminosa, tópico recorrente em vários poemas e que, no Brasil de hoje (de sempre?), entra governo, sai governo, mantém-se tristemente atual:

> Se temos Deputados, Senadores,
> Bons ministros e outros chuchadores
> Que se aferram às tetas da Nação
> Com mais sanha que o Tigre ou que o Leão;
> [...]
> Não te espantes, ó Leitor, da pepineira,
> Pois que tudo no Brasil é chuchadeira!
> [...]
> Se a justiça, por ter olhos vendados,
> É vendida, por certos Magistrados,
> Que o pudor aferrando na gaveta
> Sustentam que o Direito é pura peta;

E se os altos poderes sociais,
Toleram estas cenas imorais;
Se não mente o rifão, já mui sabido:
— *Ladrão que muito furta é protegido* —
É que o sábio, no Brasil, só quer lambança,
Onde possa empantufar a larga pança![24]

Posteriormente, o jornalista faria referência a essa longa sátira política e social, intitulada "Sortimento de gorras para gente do grande tom", num de seus polêmicos artigos. Quase vinte anos depois do aparecimento das *PTB*, em momento de retrocessos políticos e cisões ideológicas no campo abolicionista e republicano, Luiz Gama, atacado por defender soluções drásticas para a emancipação dos escravizados, respondia com acidez às críticas dos colegas do jornal *A Província de São Paulo*, lembrando que o poeta satírico não morrera: "fui, em outros tempos, quando ponteava rimas, fabricante de sátiras, em forma de *carapuças* e, ainda hoje, tenho o vezo da arte"[25].

Para deleite dos leitores e fúria dos detratores, em outra ocasião jornalista e poeta satírico se fundem, um passa o bastão da escrita para o outro, na construção de um texto híbrido: a descrição em ferinas pinceladas da metamorfose de um arrogante juiz escravocrata ("águia na ferina altivez do olhar", "águia no gênio e na sanha contra os negros") rapidamente descamba para a sátira versificada, no melhor estilo e idêntica métrica de Gregório de Matos, já praticados por Luiz Gama nas *PTB*. O uso de tal recurso parecia ser o mais eficaz para retratar, sob os olhos do público, a baixeza moral da traiçoeira autoridade que fixara uma quantia exorbitante para uma escrava "comprar" sua liberdade. O fato bastou para que o poeta satírico tecesse comparação com os trinta dinheiros pagos ao traidor de Jesus:

Atentem nisto!
A liberdade,
Sem piedade.
Eu vendo como Judas vendeu Cristo.[26]

O exemplo anterior foi extraído de um dos textos até agora inéditos que se poderá ler aqui. Obviamente, as condições para se identificar relações (temáticas, intertextuais) existentes entre os diversos escritos de Luiz Gama dependem não só do conhecimento ampliado como da possibilidade de cotejá-los, preocupação que nos perseguiu depois de reunir a obra poética do autor.

Assim, nos primeiros anos do século XXI, cresceu, dentro e fora do mundo acadêmico, o número de estudos e discursos "sobre" Luiz Gama, alguns fidedignos, apoiados em fontes seguras, outros imprecisos, quando não puramente ficcionais. Aliás, como mostram vários artigos, nosso autor exasperava-se com notícias falsas e fantasiosas a seu respeito, e reagia prontamente pelos jornais no intuito de estancá-las, prova da maneira atenta com que ele — negro, figura notória e formador de opinião pública — zelava por sua imagem e reputação de homem honesto, virtuoso e sincero ("Esta é a verdade que profiro sem rebuço, e que jamais incomodará aos homens de bem"[27]). Gama buscou, por todas as formas, a autonomia incondicional, o direito a ter voz, o desejo de ser ouvido. Note-se, igualmente, que sua biografia excepcional e seus feitos como abolicionista desviaram a atenção do seu principal legado: seus escritos.

Tal constatação motivou-nos a organizar a coletânea *Com a palavra, Luiz Gama. Poemas, artigos, cartas, máximas* (2011), no intuito de oferecer ao público de hoje uma visão panorâmica e a possibilidade de ler textos inéditos na íntegra, e não apenas sob a forma de discursos indiretos ou de breves citações. Conforme anunciava o título, a ideia era acessar diretamente a palavra do autor, colocando-nos na posição dos leitores de seu tempo, a fim de apreciar a forma como inscreve sua subjetividade, coloca sua cor e seu corpo na escrita e no discurso — às vezes numa encenação teatral —, em particular nos textos jornalísticos, nos quais reproduz artifícios empregados em sua poesia satírica. Além disso, não existe texto jornalístico sem a instauração do diálogo ou a interação explícita com os leitores, destinatários de existência real em relação aos quais as expectativas podem variar da adesão à rejeição das ideias e opiniões do redator. Buscávamos, assim, ilustrar a riqueza e a diversidade de sua produção, tanto do ponto de vista dos gêneros textuais quanto do leque temático, por meio de uma antologia contendo doze poemas extraídos da edição anterior das *PTB*, 31 máximas publicadas n'*O Polichinelo* (1876), cinco cartas (correspondência ativa); e dezenove artigos escritos entre 1869 e 1882, dos quais dezesseis foram publicados na imprensa paulistana e três na imprensa carioca.

De lá para cá, os avanços neste campo foram notáveis e ajudam a compreender o que muitos consideram a "inexplicável" ignorância dos escritos de Luiz Gama. Assim, ao "silenciamento" e à invisibilidade da sua obra jornalística, cujo papel fora minimizado em narrativas oficiais do abolicionismo triunfante — encabeçadas por homens brancos —, correspondeu um longo silêncio e invisibilidade a que ficaram confinados arquivos hoje disponíveis ao garimpo de pesquisadores dispostos a (re)discutir visões, atores e discursos consagrados daquela história. O levantamento do *corpus* jornalístico presente em *Com a palavra...* fora feito, em anos anteriores, através de consultas nos arquivos físicos do Instituto Histórico e Geográfico de São Paulo (IHGSP) e do Arquivo do Estado de São Paulo (transferido para a nova sede em 2012), que conserva preciosidades entre os jornais não digitalizados, como a *Gazeta do Povo*, folha abolicionista e republicana raramente explorada, porém de fundamental importância para o estudo da produção jornalística e da atuação profissional e política de Luiz Gama entre dezembro de 1880 e agosto de 1882. Por fim, as buscas realizadas na hemeroteca digital da Fundação Biblioteca Nacional, também criada em 2012, comprovaram nossa hipótese de ser ali possível levantar novas peças para a montagem do extenso quebra-cabeça da obra de um "trabalhador incansável do jornalismo", que teve, como outros intelectuais no século XIX, a "plena convicção de ser ator da história"[28].

Assim nasceu este livro.

III

Apresentamos aqui uma coletânea de 61 artigos relacionados aos temas escravidão, abolição e república, de reconhecida autoria de Luiz Gama, publicados na imprensa de São Paulo e do Rio de Janeiro entre 1864, data do primeiro texto encontrado, e 1882, ano do falecimento do jornalista.

O recorte temporal enfoca um período determinante da história brasileira cujas turbulências, no plano coletivo, afetaram a mentalidade e os destinos da nação e, no plano individual, a vida e a carreira de Luiz Gama, que se faria conhecer em todo o país como figura de proa de dois movimentos para ele indissociáveis: abolicionismo e republicanismo, espinha dorsal de seu ativismo.

O país atravessava "tempos incompreensíveis", desabafou o jornalista no artigo de 29 de janeiro de 1867. As tensões provocadas pela Guerra do Paraguai (1864-1870) ameaçaram fazer ruir o edifício monárquico e escravista. O conflito trouxera à tona as fragilidades das forças armadas constituídas às pressas, com efetivos escravos arregimentados sob ilusórias promessas de liberdade, que "recebiam uma carabina envolvida em uma carta de alforria, com a obrigação de se fazerem matar à fome, à sede e à bala nos esteiros paraguaios e [...] morriam, volvendo os olhos ao território brasileiro", conforme relembrava Luiz Gama numa carta pública a Ferreira de Menezes em 16 de dezembro de 1880. O processo de exclusão era flagrante. O abolicionista provavelmente discordaria de uma interpretação recente, segundo a qual a experiência coletiva no Paraguai representara o "maior fator de criação de identidade nacional desde a Independência"[29], quando, na verdade, expôs as chagas e a insustentabilidade do escravismo brasileiro sobre o qual pairava, igualmente, o fantasma da trágica guerra civil e o fim da escravatura em 1865 nos Estados Unidos. O Brasil adquiria, então, a incômoda posição de último regime monárquico e escravista nas Américas.

Ainda em plena guerra, o fosso entre os dois principais campos políticos, conservadores e liberais, se acentuava. Em 1868, a séria crise desencadeada pela queda do gabinete (formado por ministros de Estado) presidido pelo liberal Zacarias de Góis e Vasconcelos, destituído por d. Pedro II, representou um divisor de águas: a imagem do Imperador saiu arranhada, e seus adversários reforçaram as críticas ao uso abusivo do Poder Moderador, prerrogativa constitucional do monarca para nomear e destituir o conselho de ministros. Os efeitos da ascensão conservadora se espraiavam em todos os níveis da vida pública. De julho a novembro de 1868, o *Correio Paulistano* estampou quase diariamente a lista de funcionários públicos demitidos, dos parlamentares liberais cassados, das vítimas de assassinatos políticos. O ex-escravo Luiz Gama não escaparia à onda de demissões; a sua, motivada por sua coragem, considerada admirável para uns, mas vista como insolência imperdoável para outros. Em 1880, ele deu sua versão dos fatos:

> Em 1856, [...] fui nomeado amanuense da Secretaria de Polícia, onde servi até 1868, época em que *"por turbulento e sedicioso"* fui demitido a *"bem do serviço público"* pelos conservadores, que então haviam subido ao poder. [...] A turbulência consistia em fazer eu parte do Partido Liberal; e, pela imprensa e pelas urnas, pugnar pela vitória de minhas e suas ideias; e promover processos em favor de pessoas livres criminosamente escravizadas; e auxiliar licitamente, na medida de meus esforços, alforrias de escravos, porque detesto o cativeiro e todos os senhores, principalmente os reis[30].

Em 1868, portanto, uma cisão entre os liberais levou à criação do Partido Radical Liberal, responsável pela rápida difusão dos ideais republicanos também gestados, em São Paulo, no seio da Faculdade de Direito e da maçonaria paulista, na qual Luiz Gama se distinguiu como um de seus principais representantes. Em 1869, o ativo Clube Radical Paulistano organizou uma série de "conferências públicas" que mobilizaram a cidade. A primeira delas ficou a cargo de Luiz Gama, que discorreu sobre a necessidade de se extinguir o Poder Moderador, diante de um público de mais de quinhentas pessoas, com ampla repercussão nos jornais: "O sr. Luiz da Gama tanto mais distinguiu-se, quanto se lembram os que o conhecem ser ele um cidadão que não cursou Academias, o que não lhe impede de conhecer os direitos da nação, discuti-los e os pedir" (*O Ipiranga*, 20 de julho de 1869). A iniciativa antecedeu em mais de dez anos os eventos de mesmo nome realizados na corte, por iniciativa da Sociedade Brasileira contra a Escravidão.

No final da década de 1860, assistia-se a uma renovação intelectual e ideológica sob o influxo de pensadores europeus, especialmente os franceses Renan, Taine e Comte. Conforme assinalou Silvio Romero, um "bando de ideias novas" pairou sobre as cabeças de uma nova geração de brasileiros, ansiosos por reformar o país. A maré republicana cresceu com a fundação do Partido Republicano na corte, em 1870, e em São Paulo três anos depois, com a criação do Partido Republicano Paulista, constituído desde seu nascedouro, para o assombro de Luiz Gama, por fazendeiros escravocratas. Por cobrar postura ética e coerência ideológica, ele manteria relações tensas com a agremiação.

A lei de 29 de setembro de 1871, apelidada "Lei do Ventre Livre", único texto emancipacionista entrado em vigor durante a vida do abolicionista, consistiu num passo tímido e, ainda assim, sujeito a violações em sua aplicação, como avaliaria, quase dez anos depois de sua promulgação, nosso atento "observador jurídico":

> A lei áurea de 28 de setembro de 1871, imposta ao governo, e arrancada ao Parlamento [pela] vontade nacional, [...] desde o começo grosseiramente sofismada, senão criminosamente preterida, em sua execução; e que, hoje, muito longe está de satisfazer às aspirações, à civilização e [a]os progressos do país, ainda assim, continua a ser flagrantemente violada pelo governo, pela Magistratura, pela monocracia, e pelos donos de escravos[31].

Naquele mesmo ano, de março a maio de 1871, a França foi surpreendida pela Comuna de Paris, insurreição protagonizada por uma classe operária de orientação socialista, com o objetivo de criar um "governo do povo para o povo". No entanto, o movimento foi derrotado por uma repressão sangrenta na capital francesa, ocupada pelos insurgentes. Hoje seria difícil imaginar que as repercussões desse movimento, apoiado por Marx e por membros da Primeira Internacional, no Brasil respingariam no mais ardoroso defensor dos "trabalhadores" escravizados. Alvo de insinuações caluniosas — de que seria um dos "agentes da Internacional" empenhados em promover "insurreições escravas" na província —, em artigo de 10 de novembro de 1871 busca desmenti-las de forma contundente pela imprensa.

Entre 1872 e 1875, um longo debate disciplinar opôs autoridades tradicionalistas da Igreja à maçonaria e ao governo imperial. Nascida de um incidente anódino, a "Questão religiosa" ganhou dimensão inesperada e agravou a união entre o trono e o altar. A Igreja diabolizou a maçonaria, e os padres foram proibidos de se afiliar a lojas maçônicas, como soía no Primeiro Reinado; além disso, foram impedidos de casar, batizar, rezar missas e participar do funeral de maçons. Os bispos de Olinda e Belém proibiram os maçons de participar das confrarias religiosas e, diante da recusa em suspender a proibição, foram condenados a trabalhos forçados pelo Imperador, já que seus poderes suplantavam os das ordens eclesiásticas. Os bispos foram anistiados em 1875, porém a Igreja jamais perdoaria as condenações dos religiosos por dom Pedro II, nem sua tolerância para com a maçonaria à qual seu pai pertencera. Anos antes da eclosão da Questão religiosa, Luiz Gama, escudando-se num dos principais "escritores da culta França" — o político, historiador, abolicionista e maçom Édouard de Laboulaye —, já defendia um "Estado sem religião assalariada pelo governo e sem padres fidalgos e mercenários", como se pode ler em seu artigo de 29 de janeiro de 1867. A desconfiança mútua entre católicos e maçonaria ainda era viva quando, em 1876, o jornalista anticlerical dedicou uma máxima chistosa aos religiosos n'*O Polichinelo*, periódico de sua propriedade: "Se tão horroroso é o Diabo pintado pelos padres, o que seria dos padres se os pintasse o Diabo"[32].

Desde o final dos anos 1870, o incurável diabetes começava a fragilizar Luiz Gama, sem jamais abalar sua disposição para a "luta renhida" contra os senhores e a certeza de que, em breve, estes iriam "cair"[33]. Contudo, os amigos mais próximos inquietavam-se com sua saúde, receando não ter ele condição de alcançar o advento da abolição e da República. Lúcio de Mendonça, irmão do histórico republicano Salvador de Mendonça, publicou no *Almanaque literário de São Paulo para o ano de 1881* o primeiro ensaio biográfico dedicado a Luiz Gama, elaborado a partir das informações que esse último lhe enviara por carta alguns meses antes[34]. Mas o artigo tinha um segundo objetivo além de enaltecer o velho "mestre": Mendonça elegera o exemplo de seu biografado para restaurar a dignidade de uma família política naquele momento afetada em sua identidade e corroída por defecções. No início dos anos 1880, o Partido Republicano possuía baixa representatividade nacional, resultado provável da tênue fronteira ideológica entre republicanos e liberais. O retorno destes à presidência do Conselho de Ministros nas eleições parlamentares de 1878 golpeara os republicanos, cuja ascensão tanto conservadores quanto liberais desejavam conter, aproveitando-se do fato de os republicanos encontrarem-se divididos — de um lado, uma corrente eminentemente urbana cujos adeptos idealistas abraçavam as "utopias desprezadas" pela ordem imperial; de outro, uma corrente rural, descontente com o Imperador, é encarnada por fazendeiros escravistas e outras categorias dependentes da oligarquia cafeeira[35]. O pomo da discórdia girava em torno da escravidão: manter ou abolir. Porém, alguns republicanos ávidos de ascender rapidamente na carreira política filiaram-se ao Partido Liberal. Alguns líderes republicanos deploraram as dissidências que comprometiam a existência do partido. Oposto a qualquer ideia de aliança, a seus olhos nefasta para a identidade republicana, Lúcio de Mendonça proclama que um "republicano aliado a liberais ou há de ser mau republicano ou há de ser mau aliado"[36].

Aos embates políticos somava-se a agitação crescente nas fazendas das zonas cafeeiras. Entre 1880 e 1881, quando se publica o artigo de Mendonça sobre Luiz Gama, os agricultores escravagistas mobilizam-se sem trégua para estancar qualquer projeto de emancipação dos escravos e para conter revoltas nas fazendas, especialmente em São Paulo. Nas linhas iniciais de seu artigo biográfico, Mendonça colocava como pano de fundo os dilemas então vividos pelos "republicanos brasileiros, a toda hora abocanhados pela recordação injuriosa de meia dúzia de apostasias" e, ao mesmo tempo, enviava um recado discretamente irônico à "nobre província de São Paulo", que deveria rejubilar-se com a "biografia gloriosa" do paradigmático republicano[37].

No início dos anos 1880, se o regime escravocrata resistia, não parecia estar longe a agonia imperial. Aquele ano constituiu um marco para a propaganda abolicionista, em particular na corte. Os abolicionistas negros André Rebouças e José do Patrocínio, e outros indivíduos reunidos em torno de José Nabuco, fundaram a Sociedade Brasileira contra a Escravidão. Ferreira de Menezes lançou a *Gazeta da Tarde*, que se tornaria o principal jornal abolicionista no Rio de Janeiro. Em julho daquele ano, foram inauguradas as conferências públicas, realizadas sem interrupção até 1881. Dava-se início a uma nova fase do movimento abolicionista, com o incremento da mobilização e da participação popular de diversas classes urbanas desde as senzalas.

Este breve contexto "histórico" ficaria incompleto sem aludir ao incômodo gerado, nesse ambiente, pela condição racial dos abolicionistas afrodescendentes, "mestiços" em sua maioria, tidos como radicais, razão pela qual se tornavam alvos de desdém e ofensas racistas. Contribuíram particularmente para a disseminação do racismo, na segunda metade do século XIX, as ideias do conde de Gobineau, ex-cônsul da França no Brasil entre 1869-1870 e autor do *Essai sur l'inégalité des races humaines* (Ensaio sobre a desigualdade das raças), de 1853. Para esse sacerdote do racismo, o cruzamento de espécies diferentes produzia mestiços decadentes, degenerados e avessos a processos civilizatórios, prenunciando, para um país miscigenado como o Brasil, não exatamente o "espetáculo"[38], mas a tragédia das raças. Naquele momento, a questão seria discutida e politizada por eles em seus respectivos escritos jornalísticos (Luiz Gama, José do Patrocínio) ou em diários (André Rebouças).

Não deixa de surpreender que, até recentemente, em livros e manuais de comunicação, história, literatura e direito, quando mencionados, os ativistas negros do século XIX possuam nome, mas não tenham "cor". Essa categoria, assim como a raça e o estigma da escravidão, já havia investido o discurso político e jurídico, mas agora ficava mais patente. Luiz Gama fazia questão de explicitá-lo: embora o sangue africano corresse nas veias de todas as camadas da sociedade brasileira, como discorre no poema "Quem sou eu" ("Se negro sou/ou sou bode,/Pouco importa. O que isto pode? Bodes há de toda a casta,/Pois que espécie é muito vasta/[...] Aqui, n'esta boa terra,/ Marram todos, tudo berra!"), as teses raciais pseudocientíficas nutriram o racismo estrutural ainda lamentavelmente alojado nos corações, mentes e instituições no país[39].

São inúmeros os exemplos presentes nos textos jornalísticos de Luiz Gama, limitemo-nos aos três que seguem. No final de 1880, assim que leu a notícia num jornal, Luiz Gama saiu imediatamente em defesa do colega e ativista José do Patrocínio, insultado durante um comício em Santos, escrevendo o seguinte:

Ilustrado redator,
Acabo de ler, o contristador escrito [...] contra o distinto cidadão José do Patrocínio.

> Em nós, até a cor é um defeito, um vício imperdoável de origem, o estigma de um crime; e vão ao ponto de esquecer que esta cor é a origem da riqueza de milhares de salteadores, que nos insultam; que esta cor convencional da escravidão, [...] à semelhança da terra, ao través da escura superfície, encerra vulcões, onde arde o fogo sagrado da liberdade.
>
> Vim [lembrar ao] ofensor do cidadão José do Patrocínio por que nós, os abolicionistas, animados de uma só crença, dirigidos por uma só ideia, formamos uma só família, visando um sacrifício único, cumprimos um só dever.
>
> José do Patrocínio, por sua elevada inteligência, [...] brios, [...] patriotismo, [...] nobreza [de] caráter, [...], que não têm cores, tornou-se credor da estima e é digno dos louvores dos homens de bem.[40]

Vemos como, em sua argumentação, o autor desconstrói e ressignifica o polissêmico termo "negro" (≠ "defeito", "escravo", escravidão"; = "riqueza", "fogo sagrado da liberdade"). O "eu" torna-se "nós" pelo imperativo de demonstrar solidariedade racial e amplia-se ao "nós" da igualdade e fraternidade abraçadas por uma comunidade coesa ("uma" só crença, "uma só família") e unida por valores éticos e virtudes comuns ("inteligência", "brios", "nobreza de caráter").

O fino analista, por "pensar-se" e saber "ser visto" como negro, era capaz de adivinhar o pensamento, o sentimento e a visão do outro, branco e escravocrata, sobre os escravizados, triplamente estigmatizados pelos elementos que nos seus corpos se misturam: origem geográfica, condição social, cor — esta última tornando-se a mais distintiva, e aprisionadora, diferença: "Os senhores [...] habituados a ver somente a cor negra dos seus escravos, e a calcular sobre as arrobas de café, veem no país inteiro uma vasta fazenda [...]"[41].

Filho de uma africana, segundo ele, "livre", Luiz Gama manteve-se continuamente atento ao destino doloroso de centenas ou milhares de africanos livres, em condição de extrema vulnerabilidade quando caíam nas malhas absurdas, quase enlouquecedoras, de decisões judiciais que, longe de definir-lhes um destino ou situação, atiravam-nos num limbo jurídico em que ser "livre" e "africano" soava como contradição. Ouçamos seu relato:

> Hoje, nos juízos, e nos tribunais, quando um africano livre, para evitar criminoso cativeiro, promove alguma demanda, exigem os sábios magistrados que ele prove *qual o navio em que veio; qual o nome do respectivo capitão*.
>
> Negros boçais, atirados a rodo, como irracionais no porão de um navio; como carga, como porcos, desconhecedores até da língua dos seus condutores, obrigados a provar *a qualidade, e o nome do navio em que vieram; e o nome do respectivo capitão!!*
>
> Isto é justiça para negros [...][42].

Para retratar a lógica de um país às avessas, não há recurso de linguagem mais adequado do que a ironia, em que os sinais também aparecem trocados, já que o interlocutor, supostamente capaz de apreender os sentidos implícitos, deve compreender o contrário do que diz o locutor. Além disso, a ironia carrega a palavra ou o pensamento de outrem com o intuito de desmascará-lo e tornar visível a verdade a quem tiver olhos para ver. Pois, nos escritos de Luiz Gama, nem sempre o artifício retórico é facilmente perceptível, e corre-se o risco de tomar por suas crenças e julgamentos de uma dada pessoa, de um grupo ou da própria sociedade. No trecho a seguir, o jornalista, ao narrar dois casos dignos de crônicas policiais, serve-se da ironia, especialmente na sequência de termos ou expressões qualificativas, para mostrar como a condição social e racial diametralmente oposta de dois criminosos — um jovem "negro" e uma jovem "branca" — interferem diferentemente na apreciação moral e judicial suscitada por seus respectivos atos:

> [Em] Minas Gerais, [...] um negro nascido neste libérrimo país, um miserável escravo, ininteligente, inculto, estúpido, bruto, sem costumes, sem caráter, sem bons sentimentos, sem pudor, criado como coisa, para adquirir a sua liberdade, para fazer-se homem, pegou de um seu senhor moço, menino, inocente, inofensivo, inconsciente, *seu amigo*, e... matou-o!...
>
> Matar um futuro senhor? [...] desfazer a tirania em miniatura?... em projeto?... sob a fórmula ridícula de pueril criança, para evitar o cativeiro, no futuro?!...

> Este acontecimento espantoso atesta a existência de uma ideia fixa, perigosa: acusa uma obliteração mental; o seu autor, porém, é um negro!... [...]
>
> Aquela jovem nobilíssima, paulista distinta, rica, importante, poderosa, que furtivamente, em erma habitação, dava à luz o filho de um escravo; que, de concerto com a sua ilustre família, abusando, com ignomínia, da fraqueza, da sensibilidade de uma mulher escrava, à noite, mandava sepultar vivo, nas águas do Tamanduateí, o fruto pardo das suas relações negras; foi vítima de uma fraqueza inevitável: tem plena justificação nas leis da fisiologia; tem direito à absolvição da sociedade; não é uma ré, é uma vítima [...][43].

Desde seus primeiro artigos, o jornalista não se intimidou em mostrar os preconceitos e as desigualdades enraizados na justiça, um dos pilares do próprio Estado, e o tratamento acintoso do desrespeito aos direitos humanos como um todo. Suas reflexões e perplexidade assemelham-se às que atualmente nos afligem, diante dos sórdidos espetáculos a que sem trégua temos assistido, a ponto de desejar com ele exclamar em coro: "Época difícil é a que atravessamos para as causas judiciárias"[44]!

IV

Cumprindo a intenção inicial, este livro amplia consideravelmente o conhecimento do ativismo exercido por Luiz Gama através da imprensa. Os artigos são recheados de histórias dramáticas e argumentações irrebatíveis, bem como também de elementos (auto) biográficos de um autor que *faz* e *se faz* notícia, e instaura um interessantíssimo diálogo com seu leitor/ouvinte/espectador. Mestre das narrativas e com perfeito domínio da retórica, Luiz Gama constrói imagens de si, ou *éthos*, ciente de sua função como traços fundantes e/ou estruturantes da autoridade, legitimidade e eficácia discursiva buscadas junto ao público leitor/ouvinte/espectador com quem estabelece um diálogo interessantíssimo, do qual agora participamos.

Cerca de dois terços dos textos presentes neste volume são inéditos. Mesmo procurando fazer um levantamento exaustivo, seria arriscado afirmar que dispomos aqui da totalidade dos artigos do autor, segundo os recortes definidos. Naturalmente, não foi possível incluir *todos* os textos da lavra de Luiz Gama que afloraram nas pesquisas e que versavam sobre os mais variados assuntos, diferentes do nosso escopo temático. Descartamos, igualmente, notas ou artigos de quando ele é notícia, o que já se observa a partir de meados dos anos 1850, ou seja, antes mesmo de sua entrada no universo letrado em 1859. Investigar esses dois aspectos, além de tentador, sem dúvida seria útil para complementar o perfil biográfico, bem como o leque variado da produção *de* ou *sobre* um jornalista com forte presença na imprensa e participação ativa nos meios políticos, culturais e sociais da cidade e da província.

O *corpus*, organizado em ordem cronológica, foi recolhido em nove periódicos, todos de orientação abolicionista e republicana: *Correio Paulistano*, *Radical Paulistano*, *O Ipiranga*, *A Província de São Paulo*, *Gazeta do Povo*, de São Paulo; e *A República*, *Gazeta da Tarde*, *O Abolicionista* e *Tiradentes*, do Rio de Janeiro[45]. Embora Luiz Gama tenha iniciado sua atividade jornalística em meados dos anos de 1860 como redator de *Diabo Coxo* e do *Cabrião*[46], não foram encontrados escritos que atendessem aos critérios relativos à autoria e ao recorte temático. Situação idêntica repetiu-se n'*O Polichinelo*, semanário ilustrado fundado por Gama e Pompílio de Albuquerque em 1876[47].

As tabelas a seguir evidenciam alguns aspectos ainda não destacados no conjunto da produção jornalística do autor:

TABELA 1

Ano da colaboração	Quantidade
1864	1
1867	1
1869	12
1870	7
1871	4

CONTINUAÇÃO
DA TABELA 1

Ano da colaboração	Quantidade
1872	6
1873	3
1874	1
1877	1
1880	9
1881	14
1882	2
Total	61

TABELA 2

Jornal	Local	Ano/período da colaboração	Quantidade
Correio Paulistano	SP	1864-1874	27
Radical Paulistano	SP	1869	6
O Ipiranga	SP	1869	1
A Província de São Paulo	SP	1877-1881	4
A República	RJ	1873	1
Gazeta do Povo	SP	1880-1881	7
Gazeta da Tarde	RJ	1880-1882	13
O Abolicionista	RJ	1881	1
Tiradentes	RJ	1882	1
Total			61

Seria impossível, no espaço desta introdução, analisar ou comentar todos os dados, individualmente ou de forma cruzada. Escolhemos abordar alguns aspectos que se sobressaem ou iluminam especificidades só evidenciadas através de uma visão panorâmica, mesmo sob o risco de deixar expostas algumas lacunas.

Na tabela 1, observa-se uma notável concentração de artigos em 1869 (doze) publicados em três periódicos (especialmente *Correio Paulistano* e *Radical Paulistano*), fato que só se repetiria em 1881 (quatorze artigos, dos quais oito na *Gazeta da Tarde* e quatro na *Gazeta do Povo*, de São Paulo). É possível igualmente visualizar períodos de atuação mais intensa: entre 1869 e 1872, encontram-se 29 artigos (a partir de 1870, exclusivamente no *Correio Paulistano*); e, nos anos finais, de 1880 a 1882, 25 colaborações (novamente, sobretudo na *Gazeta da Tarde* e na *Gazeta do Povo*). De 1864 a 1882, o levantamento efetuado aponta alguns hiatos na produção jornalística de Luiz Gama, possivelmente relacionados à acumulação de atividades nos campos familiar, profissional e ativista. Uma hipótese para a lacuna existente entre 1865 e 1866 é o fato de que, além de chefe de família, ele passa a trabalhar no serviço público como amanuense da Secretaria de Polícia e, nas horas vagas, se envolve na redação do *Diabo Coxo* e do *Cabrião*.

Em 1876, já retirando seu sustento unicamente da advocacia, Luiz Gama lança-se como empresário do jornalismo ao fundar o semanário político *O Polichinelo*, ilustrado por Huáscar de Vergara, em formato tabloide de oito páginas, que circulou de 16 de abril a 31 de dezembro. O novo periódico surge como órgão independente, desvinculado de partidos e grupos de interesse, e com o compromisso de ser uma alternativa a uma imprensa paulistana que, segundo seu fundador, equivocava-se quanto a sua verdadeira vocação. Quase nunca ou raramente referindo-se à escravidão, os temas mais recorrentes nos textos e charges do *Polichinelo* vão do anticlericalismo e ataques à monarquia à vida política na província (disputas eleitorais, conflitos partidários, improbidades na administração pública etc.) e críticas à imprensa local. O redator-chefe prometera vigiar a todos "com faro de polícia" sem receio de criar polêmicas e ressentimentos pessoais, em torno da atuação de jornais como o *Correio Paulistano* e, sobretudo, *A Província de São Paulo*. Fundado no ano anterior, este jornal seria, para Luiz Gama, o triste resultado de uma "decomposição da velha ordem das coisas"[48], por razões que ficarão mais claras em seus artigos a partir de 1880.

A tabela 2 mostra que mais da metade das colaborações de Luiz Gama se dá em dois importantes jornais — 27 artigos no *Correio Paulistano*, de São Paulo, de 1864 a 1874, e treze na *Gazeta da Tarde*, do Rio de Janeiro, de 1880 a 1882. Esses dados refletem, por um lado, o prestígio do jornalista e a rede de sociabilidade firmada dentro de sua província e na corte, epicentro dos debates e embates políticos, sociais e econômicos do país. Chama a atenção o número expressivo de artigos seus estampados nas páginas de um único periódico. Mas, por trás das estatísticas, descobrem-se laços de amizade e sociabilidades raramente evocados, apesar de indicarem o protagonismo do Luiz Gama advogado, jornalista e "maçom" nos meios jornalísticos e políticos paulistas.

Fundado em 26 de junho de 1854 por Joaquim Roberto de Azevedo Marques, também proprietário da Tipografia Imparcial, uma das principais da província, o *Correio Paulistano* foi o primeiro veículo diário da cidade, o mais influente da capital por várias décadas, e um dos primeiros abertamente republicano. Reunia os mais talentosos jornalistas, entre os quais Luiz Gama, que ali colaborou por mais de doze anos. Porém, em 1874, para salvar o jornal de uma crise financeira, Azevedo Marques o vende a Leôncio de Carvalho e, a partir de então, torna-se órgão vinculado ao Partido Republicano Paulista. Talvez por essa razão, a partir daquela data não se localizem mais artigos de Gama sobre os temas abordados neste livro.

Os laços de amizade entre Luiz Gama e Azevedo Marques firmavam-se também pelo fato de pertencerem ambos à loja maçônica América, que em pouco tempo se tornou a mais importante da cidade e principal centro irradiador de ideias republicanas e abolicionistas. Instalada por um grupo de liberais radicais em novembro de 1868, a loja adotou as regras e obrigações maçônicas segundo o rito escocês antigo e aceito, ordem oficialmente criada em 1801 no Supremo Conselho dos Estados Unidos. Mui resumidamente, esse rito constitui uma linha da maçonaria moderna originada no século XVIII[49], divide-se em 33 graus (etapas de aprimoramento e ascensão iniciática) e se caracteriza, entre outros, por sua hostilidade ostensiva à Igreja e à sua alta hierarquia. A América nasceu da iniciativa de um círculo restrito de letrados conscientes de representar uma "ilha flutuante num oceano de analfabetos", preocupação que norteou a missão da loja de "propagar a instrução primária e a emancipação dos escravos pelos meios legais", temas caros a Luiz Gama[50]. O nome da sociedade não foi escolhido ao acaso e apontava para um norte diferente daquele que representava o maior modelo das elites de então — a Europa, em particular a França. Tratava-se, pois, de homenagear a grande nação que, ao fim da Guerra Civil, se tornara, ao menos teoricamente, uma república avançada de homens livres e iguais perante a lei. Suas diversas iniciativas de cunho filantrópico (alforriamento de escravizados, assessoria jurídica, criação de cursos gratuitos de instrução primária e de biblioteca popular etc.) eram permanentemente divulgadas no *Correio Paulistano*, inclusive os relatórios para controle do governo[51].

Os vínculos da loja com a imprensa, ferramenta essencial para rapidamente formar e informar a opinião pública, explicavam-se pela presença, entre seus membros, de "profissionais da imprensa" como o próprio Joaquim Roberto de Azevedo Marques, o afrodescendente José Ferreira de Menezes (proprietário d'*O Ipiranga*), Américo de Campos (redator-chefe do *Correio Paulistano*) ou, ainda, Rangel Pestana, Américo Brasiliense, Rui Barbosa, Joaquim Nabuco (que quase nunca se referiu ao seu passado maçônico[52]) e o tipógrafo Antonio Lousada Antunes, responsável pela primeira edição das *PTB* em 1859. Em princípio, ao receberem a iniciação, todos fizeram o solene juramento de "manter sigilo absoluto sobre o trabalho maçônico, praticar a caridade nas palavras e nas ações, socorrer os infelizes, atender a suas necessidades, aliviar-lhes o infortúnio, dispensar conselhos, luzes e ajuda material, segundo suas possibilidades, e, por fim, preferir a todas as coisas a justiça e a verdade"[53]. O maçom Luiz Gama cumpriu tais propósitos à risca, assim como seguiu outro preceito de sua ordem: "trabalha e sê perseverante", recomendação que, mesmo sob ameaça de morte, ele transmitira ao filho numa carta com valor de testamento moral e espiritual, na qual enaltece a instrução ("Faze-te apóstolo do ensino desde já")[54]. Com exceção dele, de um comerciante africano e do afrodescendente Ferreira de Menezes, os "irmãos" da Loja América eram em sua maioria homens brancos, letrados e diplomados. Assim como na vida, Luiz Gama galgou todos os graus e tornou-se respeitada liderança, sendo eleito "Venerável" — cargo no qual presidia reuniões e cerimônias, fixava diretrizes, promovia campanhas para levantar fundos às ações filantrópicas, tomava decisões — por três mandatos seguidos, entre 1874 e 1881.

Anos antes, usando de sua influência junto a Azevedo Marques, Luiz Gama desempenhou um papel importante, em geral desconhecido, na divulgação pela imprensa de ideias e avanços que aconteciam na "melhor porção da América", referindo-se ao país que, desde o final da Guerra de Secessão, suscitava interesse crescente no Brasil e na América do Sul. Em outubro de 1870, seu amigo José Carlos Rodrigues fundou em Nova York *O Novo Mundo*, primeiro periódico em língua portuguesa editado nos Estados Unidos para distribuição e circulação no Brasil — o que ocorreu até 1879. Em carta enviada no mês seguinte, Luiz Gama lhe escreve sobre a calorosa recepção reservada à publicação, que, graças a sua intermediação, teria parte de seu conteúdo reproduzido no mais importante jornal de São Paulo:

> Os poucos e verdadeiros democratas desta cidade[,] onde já existe um clube e uma loja maçônica que trabalham pelas ideias republicanas (escuso dizer-te que sou membro de ambos), tomaram-se de sincero entusiasmo pelo *Novo Mundo*, plaustro de importantes e úteis conhecimentos da melhor porção da América, que é e há de ser o farol da democracia universal.
>
> O *Correio Paulistano* de propriedade de nosso Joaquim Roberto e de hoje redigido pelo distinto Dr. Américo Brasiliense de Campos, ambos republicanos, vai transcrever a maior parte dos artigos do *Novo Mundo*[55].

Essa carta comprova a admiração precoce de Luiz Gama pelo modelo norte-americano, conforme ele já havia declarado no mesmo jornal em 29 de janeiro de 1867 e reiterado em escritos posteriores:

> O dia da felicidade será o memorável dia da emancipação do povo, e o dia da emancipação será aquele em que os grandes forem abatidos e os pequenos levantados; em que não houver senhores nem escravos; chefes nem subalternos; poderosos nem fracos; opressores nem oprimidos; mas em que o vasto Brasil se chamar a pátria comum dos cidadãos brasileiros ou Estados Unidos do Brasil.

Em 1869, quase cem anos antes de Martin Luther King, Luiz Gama volta ao tema quando confessa ter um "sonho sublime": "O Brasil americano e as terras do Cruzeiro, sem reis e sem escravos"[56]. Muitos ignoram que o abolicionista negro adianta-se à posição e ao anseio afirmados, um ano depois, no Manifesto Republicano: "Somos da América e queremos ser americanos". Esta era a intenção de homens que desejavam reformar um país, segundo eles, refém do Poder Moderador que distorcia a monarquia parlamentar brasileira, teoricamente de inspiração inglesa, mas que se descompunha como a França de Napoleão III. A admiração pela nação norte-americana é compartilhada por um grupo de liberais republicanos, paulistas ou que passaram por São Paulo. O convívio desses indivíduos na redação dos jornais, nas lojas maçônicas ou em reunião dos partidos certamente gerou influências recíprocas. Eram seduzidos pelo modelo federativo de descentralização política e pelas oportunidades oferecidas nos Estados Unidos ao *self made man*, que muitos encarnavam e cujo anseio de ascensão política e social se via frustrado no regime imperial. Nesse quesito, o ex-escravo, autodidata e mais velho dos abolicionistas negros, além de ser o único com atuação em São Paulo, distinguia-se ainda mais pelas superações enfrentadas até o final da vida.

Os primeiros artigos desta coletânea, publicados no *Correio Paulistano*, introduzem temas, tramas, tom, personagens e posicionamentos que serão retomados nos textos posteriores. Em 1864, o futuro abolicionista alude a sua "obrigação" de recorrer à imprensa e informar a opinião pública sobre atentados contra os escravizados e sobre calúnias contra si; reporta as ações judiciais sob sua responsabilidade; o enfrentamento com os senhores e com a justiça; declara sua condição de ex-escravo e negro ("ombreio com o infeliz por cujos direitos pugnei") e sua missão ("o rigoroso dever que me impus de zelar pelos meus irmãos desvalidos"). No texto de 1867 aparecem os embates com a imprensa conservadora, o anticlericalismo, a defesa da "democracia" (por oposição à monarquia) e da separação entre Igreja e Estado, as críticas à Constituição de 1824 ou à "nossa teocracia". A partir de então, a despeito das crises políticas que o atingiriam em cheio, Luiz Gama ganha voz própria, e, no final dos anos 1860, inicia-se a sua espiral ascendente, testemunhada por seus escritos na imprensa.

V

Os anos de 1869 a 1872 chamam a atenção por seus números reveladores: quase metade dos artigos jornalísticos de Luiz Gama (29) foram publicados durante esse período na imprensa paulistana.

O final dos anos 1860 foram marcantes para Gama, figura já bem conhecida na cidade de São Paulo: sofreu perseguições políticas, perdeu o emprego, recebeu ameaças de morte por defender "causas de liberdade", envolveu-se em contendas nas quais se misturavam justiça e política e que eram expostas na imprensa, no corpo a corpo e na retórica, de forma teatral. Ao mesmo tempo, alcançou projeção e autonomia excepcional para um homem negro e ex-escravo, que só aumentariam até a sua morte, graças, entre outros, aos polêmicos artigos nos jornais paulistanos, às iniciativas de alforriamento de escravos organizadas por ele e pela Loja América. Sua voz inconfundível se tornou uma das mais ouvidas, influentes, temidas e, naturalmente, detestadas. Condensava-se em sua figura pública o jornalista, o advogado dos escravos, o defensor do direito, o maçom, o republicano e o abolicionista.

Em 1869, ano de considerável produção jornalística (só inferior à de 1881), a atuação política de Luiz Gama foi intensa e marcou-se, igualmente, pela quebra definitiva dos eventuais laços de dependência com homens brancos e poderosos que buscavam entravar sua liberdade de ação e de expressão como "cidadão". Afinal, numa sociedade escravista, assentada no princípio de desigualdade e hierarquia racial, como não se incomodar com a insolência, inteligência e irrefutáveis argumentos de um negro e ex-escravo? Nesse ano, ele obteve no Tribunal da Relação uma "provisão", autorização especial concedida a indivíduos de comprovada idoneidade e conhecimentos jurídicos para exercer a profissão de advogado em primeira instância. Assim, desde o mês de maio, leem-se nas páginas do *Radical Paulistano* e d'*O Ipiranga* anúncios dele oferecendo-se para defender, gratuitamente, "diante de tribunais, todas as causas de liberdade que os interessados desejarem lhe confiar". Sua reputação cresceu rapidamente, a ponto de convertê-lo num dos advogados mais procurados pelos escravizados de São Paulo e até de províncias vizinhas. Sua atuação nos tribunais, amiúde exitosa, atraía dezenas de pessoas, entre as quais estudantes de direito, e era frequentemente noticiada, sobretudo nas páginas do *Correio Paulistano*. Com um grupo de advogados da Loja América, desvendava os labirínticos caminhos para se adquirir ou recuperar a liberdade, situação que ele mesmo enfrentara. O africano escravizado e seus descendentes ignoravam as leis e todas as disposições a seu favor, e não podiam se dirigir diretamente à justiça, razão pela qual precisavam contar com a ajuda de homens livres de boa vontade que os representassem e lhes servissem de porta-vozes.

Em julho de 1869, Luiz Gama inaugura a coluna "Foro de..." no *Radical Paulistano*, órgão do Partido Liberal Radical, e passa a criticar os "sapientíssimos" doutores. Ironia após ironia, atento a toda sentença judicial enviesada, aos erros de jurisprudência, inclusive de terminologia jurídica, seu objetivo era desmoralizar, frente à opinião pública, juízes incautos, corruptos ou incompetentes, analisando pormenorizadamente sentenças de toda ordem, proferidas nos foros da capital ou do interior. Assim, seus artigos transformavam-se numa espécie de extensão de sua atividade como advogado dos desvalidos, homens e mulheres pobres, livres ou escravos, espoliados por magistrados cuja conduta era uma afronta ao próprio direito. A atuação profissional do advogado complementava-se, pois, com a do "jornalista e/ou cronista jurídico", como chamaríamos hoje, que exige habilidades e competências técnicas, precisas e complexas para relatar processos e comentar leis, decisões dos tribunais, o sistema judiciário e o exercício da profissão jurídica. E tal complementaridade, em certo sentido, repousa sobre um denominador comum entre direito e jornalismo jurídico (no caso de Luiz Gama, jornalismo jurídico e político), pois ambos são eminentemente uma questão de discurso, ou de pragmática do discurso, em que o *dizer* é o *fazer*.

Propondo aqui uma breve reflexão, tanto o advogado quanto o jornalista sabiam que, para obter legitimidade perante seus públicos, era preciso combinar pertinência e seriedade frente a um conhecimento específico, ou seja, aspectos éticos e retóricos, conforme a recomendação de Cícero de que o homem deveria ser *vir bonus dicendi peritus*, quer dizer, capaz de associar o caráter moral à capacidade de manejar o verbo. No entanto, do ponto de vista pragmático, a fim de agir sobre seu auditório, o orador não deve apenas empregar argumentos válidos (*logos*) e suscitar emoções (*páthos*); ele deve também afirmar sua autoridade e projetar uma imagem de si (*éthos*) suscetível de inspirar confiança, aspecto que se encontra, pois, no âmago da interação e da intersubjetividade, elementos presentes no conjunto de textos de Luiz Gama. Considerando-se a "mídia", a estratégia retórica do comunicador é astuciosa, e não podia falhar a intenção persuasiva. Apelando para a cumplicidade com os leitores, como se o discurso fosse uma encenação teatral semelhante à que ocorreria num tribunal, ele os convida para admirarem com "seus próprios olhos" o espetáculo deplorável oferecido pelo judiciário brasileiro ("Sentemo-nos de novo na arquibancada, distintos leitores; vai continuar a interrompida representação. Agora também faço eu parte dos espectadores[57]).

Além de agir, ao "jornalista jurídico" era necessário comunicar suas intenções, firmar o "pacto de verdade e/ou sinceridade" com seus leitores e lhes comunicar o que se passava nos bastidores da justiça. Para a montagem da cena enunciativa em seus artigos, o jornalista Luiz Gama servia-se, então, dos mais variados procedimentos. Como provas de verdade, transcrevia parcial ou integralmente suas próprias petições, os despachos dos juízes e às vezes os pareceres de outros juristas, introduzindo em vários textos uma dimensão polifônica, sempre com destaque para sua própria voz. Assim, nas páginas dos jornais o público leitor tinha a possibilidade de acompanhar o trabalho, o raciocínio e as estratégias discursivas (narração, demonstração, argumentação) de Gama. A ironia dos fatos explicava a ironia do discurso, que ganhava relevo inclusive através do uso de elementos paratextuais, como recursos tipográficos, para dar conta da voz de outrem ou traduzir a indignação do enunciador-jornalista (com passagens em letras maiúsculas e em itálico), que estabelecia um diálogo e elucidava seu leitor (com comentários entre parênteses), já que Gama se via obrigado a dar uma "proveitosa lição de direito" ao dr. Rego Freitas, um dos juízes com os quais mais se engalfinhou, desmoralizando-o publicamente sem pudor. Ao final, ele não se privou de lançar-lhe um desafio em tom estrepitoso e enérgico: "[E]u protesto perante o país inteiro de obrigá-lo a cingir-se à lei, respeitar o direito e cumprir estritamente o seu dever[,] para o que é pago com o suor do povo, que é o ouro da Nação"[58].

Muitos atribuíam às críticas contumazes aos juízes motivações provocadas por despeito e frustração por parte de um negro e ex-escravo que, na verdade, nunca tivera a "pretensão desarrazoada" de cursar a faculdade de direito, como Luiz Gama mais de uma vez pontuaria, na medida em que os boatos desviavam a atenção de seus reais propósitos:

> Impus-me espontaneamente a tarefa sobremodo árdua de tentar em juízo o direito dos desvalidos, e de, quando sejam eles prejudicados por uma inteligência das leis, ou por desassisado capricho das autoridades, recorrer à imprensa e expor, com toda a fidelidade, as questões e solicitar para elas o sisudo e desinteressado parecer das pessoas competentes.
>
> Julgo necessária esta explicação para que alguns meus desafeiçoados, que os tenho gratuitos e rancorosos, deixem de propalar que costumo eu, como certos advogados, aliás considerados, clamar arrojadamente contra os magistrados por sugestões odientas, movido pelo malogro desastrado de pretensões desarrazoadas.
>
> Fique-se, pois, sabendo, uma vez por todas, que o meu [...] interesse inabalável que manterei sempre, a despeito das mais fortes contrariedades, é a sustentação plena, gratuitamente feita, dos direitos dos desvalidos que correrem ao meu tênue valimento intelectual[59].

Luiz Gama detestava, e certamente detestaria ainda hoje, ficções a seu respeito, especialmente no tocante a sua formação, resultado de seus estudos particulares, sem passagem pela academia, fato de que se orgulhava. Tampouco buscava a "celebridade", consciente de que esse *status* coloca armadilhas morais ditadas pela vaidade. Ele não poderia ser mais claro quando afirmava peremptoriamente, às vezes de forma lapidar, que não tinha "diplomas", mas não desconhecia a "ciência" jurídica aprendida graças aos seus esforços pessoais. O tom é grave, quase agastado, como sempre carregado de ironia e indignação, como se lê nos seguintes trechos:

Não sou eu graduado em jurisprudência, e jamais frequentei academias. Ouso, porém, pensar que, para saber alguma coisa de direito não é preciso ser ou ter sido acadêmico. Além do que sou escrupuloso e não costumo intrometer-me de abelhudo em questões jurídicas, sem que haja feito prévio estudo de seus fundamentos. Do pouco que li relativamente a esta matéria, colijo que as enérgicas negações opostas às petições que apresentei, em meu nome e no [do] próprio detido, são inteiramente contrárias aos princípios de legislação criminal e penal aceitos e pregados pelos mestres da ciência[60].

[A] inteligência repele diplomas como Deus repele a escravidão[61].

Não sou jurisconsulto, nem sou douto, não sou graduado em direito, não tenho pretensões à celebridade, nem estou no caso de ocupar cargos de magistraturas; revolta-me, porém, a incongruência notória de que, com impávida arrogância, dão prova cotidiana magistrados eminentes que têm por ofício o estudo das leis, e por obrigação a justa aplicação delas[62].

Quase vinte anos antes da abolição, o advogado negro, que sofrera na pele a escravidão de seus ancestrais e dos "milhões" de africanos trazidos ao Brasil, chama reiteradamente para si a tarefa "desinteressada" de representar mulheres e homens imprescindíveis para a construção da riqueza do país[63], mas invisíveis aos olhos da nação e, sobretudo, da justiça. Era preciso mostrar e proclamar o óbvio:

[E] em nome de três milhões de vítimas [...] gravarei[,] nas ombreiras dos parlamentos e dos tribunais subornados, esta legenda terrível:
Nós temos Leis!
São o tratado solene de 23 de novembro de 1826, a lei de 7 de novembro de 1831, o decreto de 12 de abril de 1832.
Por efeito destas salutares e vigentes disposições são livres, desde 1831, todos os escravos que entraram nos portos do Brasil, vindos de fora.
São livres! repetiremos perante o país inteiro, enquanto a peita e a degradação impunemente ousarem afirmar o contrário[64].

Porém, os representantes da justiça mostravam-se surdos ao protesto do obstinado Luiz Gama, que, depois de tentar por meses salvar um escravo de seu poderoso porém crudelíssimo senhor, advertia novamente pela imprensa: "Nós temos leis e eu sei ter vontade"[65]. Onze anos mais tarde, quando um advogado tentou reverter a alforria já concedida a um grupo de escravos pelo próprio senhor, Gama, inamovível em sua determinação, entoou pela terceira vez seu bordão: "É meu intuito, em face do direito, e da jurisprudência, fazer com que as alforrias sejam mantidas; porque são regulares, e irrevogáveis: nós temos lei"[66].

A imprensa se tornava, assim, o veículo perfeito para tocar num velho tabu e revelar à opinião pública, com a intenção proposital de chocá-la, uma legislação ignorada havia cerca de quarenta anos por "corrompidos traficantes de carne humana" e pelo próprio Estado, interessados em perpetuar, sob a pressão distraída dos ingleses, o sistema escravagista[67].

Luiz Gama montava suas demonstrações com especial diligência e as embasava nas "regras da boa hermenêutica" jurídica que sempre observou. Seus argumentos irrebatíveis provavam que os juízes eram os primeiros a violar o direito, comprometidos em garantir a propriedade escrava. Tal realidade manteve-se inalterada até as vésperas de sua morte, levando-o uma vez mais a concluir que "a magistratura [é] o braço de ferro dos senhores", e que "a moral, o direito, a lei, a justiça, estão entregues ao capricho, às conveniências individuais e inconfessáveis, [...] ao arbítrio, à má vontade de juízes, que se incompatibilizaram, de há muito, com a boa razão"[68].

Envolvido em histórias cada vez mais complexas por abraçar a causa dos escravizados, mesmo num clima polarizado e tenso, Gama não se intimidava em declarar em alto e bom som pelos jornais: "Eu advogo de graça, por dedicação sincera à causa dos desgraçados; não pretendo lucros, não temo violências"[69]. Por essas e por outras, mais uma vez, naquele ano particular de 1869, não demoraria a ser punido de forma exemplar e, paradoxalmente, a conquistar novas liberdades. Numa série de artigos publicados no *Correio Paulistano* de 20 de novembro a 2 de dezembro, ele revela as razões de sua exoneração do cargo público que exercia e o rompimento com seu "ex-protetor e amigo", o conselheiro Furtado de Mendonça, chefe da polícia de São Paulo e professor da Faculdade de Direito, a quem Luiz Gama dedicara a segunda edição das *PTB*. O gesto corajoso foi definitivo para sua independência em relação ao paternalismo daquele homem branco que lhe impunha limites à ação e à consciência. Os episódios reais e de desfecho dramático, protagonizados por Gama e outros personagens envolvidos numa trama digna de folhetim, são apresentados em capítulos recheados de imbróglios e tensões que sem dúvida prendiam o leitor, tornando-o incapaz de adivinhar o desfecho do conflito entre os dois homens que simbolizavam antagonismos sociais. O derradeiro artigo — "Pela última vez" — selou a ruptura e nos faz recordar que "os protetores são os piores tiranos", como escreveria Lima Barreto em seu *Diário íntimo*. O autor de *Triste fim de Policarpo Quaresma* compreende, algum tempo depois da proclamação da República — regime que prometera a igualdade —, que a proteção encerra dois outros comportamentos inaceitáveis: autoritarismo e submissão.

Ao romper com Furtado de Mendonça, Luiz Gama matava simbolicamente o pai. Dali em diante, o ex-escravo e homem letrado que se reconstruiu social e "discursivamente", alçando-se ao que considerava ser a plena condição de "cidadão", tomaria publicamente a palavra para afirmar a autonomia de seus atos e de suas opiniões. Em certo sentido, ele ganhou uma nova liberdade frente ao homem que o introduziu no mundo das letras e do direito, mas também perante um sistema em que o paternalismo regia as relações entre negros e brancos, mantendo esses, fossem livres ou libertos, em posição subalterna. A crise entre os dois homens representou, em vários níveis, o confronto entre um branco e um negro, o senhor e o escravo, o mestre e o discípulo, o conservador e o liberal, o escravagismo e o abolicionismo. O profundo sentimento de honra em Luiz Gama o fez rejeitar a acusação de "ingrato", feita por Furtado de Mendonça, ofendido pela conduta de seu antigo protegido. O artigo mencionado selou a ruptura com o poderoso chefe de polícia. Princípios e valores não podiam ser sacrificados em nome da amizade, especialmente se esta tivesse como pressuposto a subserviência, conduta inaceitável para as convicções igualitárias de um Luiz Gama "habituado a medir os homens por um só nível, [distinguindo]-os pelas ações"[70]. O ex-escravo, que se tornara personalidade influente, prestou, com ironia e tristeza, uma última homenagem àquele que transformara o obscuro "discípulo" em cidadão virtuoso. No texto, de caráter autobiográfico, seu autor registrava que, havia tempos, "fazia-se conhecido na imprensa como extremo democrata, e esmolava, [...] para remir os cativos". A despedida tomou ares de manifesto abolicionista e republicano, num texto curiosamente escrito em terceira pessoa, desdobramento enunciativo frequente nas "escritas do eu". Assim, ao enunciar-se desta forma, Luiz Gama produz um efeito de distanciamento em relação àquele outro-ele mesmo, apreciado desde um ponto de vista exterior, fazendo-se espectador da cena enunciativa por ele construída. Sob seus olhos desenrolava-se sua excepcional história, feita de obstáculos heroicamente vencidos:

O ex-soldado hoje, tão honesto como pobre, [...] arvorou à porta da sua cabana humilde o estandarte da emancipação, e declarou guerra de morte aos salteadores da liberdade.

Tem por si a pobreza virtuosa, combate contra a imoralidade e o poder.

Os homens bons do país, compadecidos dele, chamam-no de louco; os infelizes amam-no; o governo persegue-o.

Surgiu-lhe na mente inapagável um sonho sublime, que o preocupa: o Brasil americano e as terras do Cruzeiro, sem reis e sem escravos!

Eis o estado a que chegou o discípulo obscuro do exmo. sr. conselheiro Furtado de Mendonça.

Enquanto os sábios e os aristocratas zombam prazenteiros das misérias do povo; enquanto os ricos banqueiros capitalizam o sangue e o suor do escravo; enquanto os sacerdotes do Cristo santificam o roubo em nome do Calvário; enquanto a venalidade togada mercadeja impune sobre as aras da justiça, este filho dileto da desgraça escreve o magnífico poema da agonia imperial. Aguarda o dia solene da regeneração nacional, que há de vir; e, se já não viver o velho mestre, espera depô-lo com os louros da liberdade sobre o túmulo, que encerrar as suas cinzas, como testemunho de eterna gratidão[71].

Nessa passagem em particular, o jornalista escrevia a si e à história, despontava como arauto e símbolo. Talvez por isso a despedida se tenha feito pelos jornais, e não num plano privado, diante dos leitores-espectadores que aguardavam o desfecho, aliás bem urdido, daquele drama em quatro atos. Naquele momento chave, Luiz Gama fez a declaração pública de que dispensava padrinhos e porta-vozes, e fincou o *éthos* de homem íntegro, movido por valores morais e políticos, e pelo engajamento maçônico.

No início dos anos 1870, dois artigos retratam a interessante postura de Luiz Gama no que diz respeito, por um lado, a suas identidades sociais múltiplas, definidas a partir de seus grupos de pertencimento (maçonaria, partido), aos quais se prende e é solidário; por outro, à maneira como esclarece papéis, percebendo que ataques pessoais, sobretudo infundados, visam não só atingi-lo pessoalmente como também a sua rede, num momento em que, no pensamento embaralhado de seus iníquos adversários, amalgamavam-se preconceito "racial" e preconceito "ideológico". Não seria a primeira e nem a última vez, embora fosse uma das mais contundentes ocasiões, em que Gama precisou defender-se publicamente e corrigir boatos que tinham como objetivo macular tanto a sua reputação como a dos maçons e republicanos. Vejamos: em novembro de 1871, a Loja América fora intimada pelo governo provincial a prestar esclarecimentos sobre a natureza de suas atividades. O ano coincidia com a promulgação da lei n. 2040 de 28 de setembro, a Lei do Ventre Livre, à qual iriam recorrer os advogados e "irmãos" reunidos em torno de Luiz Gama. O relatório publicado no *Correio Paulistano* era assinado por uma comissão formada por Américo de Campos, Luiz Gama, Ferreira de Menezes, entre outros, e enumerava as realizações pioneiras em torno das principais missões da entidade: o "ensino popular" e a "manumissão de escravos", em especial a "libertação de menores".

Uma vez libertas, aquelas "pessoas" (lembrando, com o advogado negro, que o escravo não tinha "pessoalidade jurídica"[72]) continuavam recebendo orientação da Loja. Assim, coube à maçonaria paulista deflagrar a instrução popular, contribuindo para isso o papel pioneiro da Loja América, que criou cursos de alfabetização para crianças e adultos no período diurno e noturno, montou a primeira biblioteca "popular" (pública) da cidade e organizou junto a esta debates sobre temas políticos. Durante alguns anos, os membros da Loja América publicavam regularmente no jornal de Azevedo Marques informações sobre as "escolas populares": perfil dos alunos, disciplinas ensinadas, avaliação e lista de aprovados, locais de ensino, professores e inspetores (Luiz Gama exerceu as duas funções)[73].

O artigo seguinte é instigante e permite aproximações, inclusive de ordem léxico-semântica, com a realidade brasileira atual. Há cerca de 150 anos, o "turbulento", "insolente", obstinado e destemido abolicionista *negro* Luiz Gama foi acusado por seus adversários, conservadores e donos de escravos, de promover "balbúrdia" na província de São Paulo[74]. Talvez não haja mais necessidade de se recorrer ao dicionário para procurar o significado dessa palavra ressuscitada em 2019 e que, desgraçadamente, caiu nas graças do atual vocabulário brasileiro, remetendo ao campo do ensino superior e dos supostos "tumultos", "confusões", "algazarras" e "desordens" provocados por adeptos de ideologias de esquerda. São curiosas as coincidências: os movimentos estudantis daquela época (leia-se, da Faculdade de Direito), que perturbavam a vida da pacata cidade, estariam sendo insuflados por "agentes da Internacional", entre os quais se incluiria o ativista negro, e que, imaginava-se, também estaria "capitaneando uma insurreição de escravos", assim como outrora sua mãe, Luiza Mahin, fora presa por ser "suspeita de envolver-se em planos de insurreições de escravos, que não tiveram efeito"[75]. Os dois artigos foram publicados em sequência e na mesma página do jornal, o que sem dúvida foi proposital, e indicam a complementaridade das respectivas leituras. Para Luiz Gama, a calúnia de que era vítima brotava de uma confusão de conceitos, como se lê na passagem que inspirou o título e é a epígrafe deste livro:

> Se algum dia [...] os respeitáveis juízes do Brasil, esquecidos do respeito que devem à lei, e dos imprescindíveis deveres que contraíram perante a moral e a nação, corrompidos pela venalidade ou pela ação deletéria do poder, abandonando a causa sacrossanta do direito, e, por uma inexplicável aberração, faltarem com a devida justiça aos infelizes que sofrem escravidão indébita, eu, por minha própria conta, sem impetrar o auxílio de pessoa alguma, e sob minha única responsabilidade, aconselharei e promoverei, não

a insurreição, que é um crime, mas a **"resistência"**, que é uma virtude cívica[76].

O defensor dos escravos aqui aparece como um defensor do direito. Recebera a pecha de agente "Internacional", talvez por seus detratores assimilarem esta última à maçonaria, sociedade secreta e sem fronteiras, supostamente aberta a influências alienígenas, que, além de enaltecer, obrava pela "união de todos os maçons espalhados sobre a superfície da Terra". Com as imagens da Comuna de Paris ainda pairando na cabeça de escravagistas e monarquistas, não era raro se referirem à Loja América como um "antro de republicanos". De fato, os maçons apegavam-se aos valores universais herdados das Luzes, em especial disseminados pela primeira *Declaração dos direitos do homem e do cidadão* de 1789, um dos marcos do fim do Antigo Regime e início da Idade Contemporânea. Assim, a concepção de Luiz Gama descendia em linha reta de um dos "direitos imprescritíveis" enunciado no artigo segundo daquele documento seminal: a "resistência à opressão" — no caso do Brasil, a do "rei-tirano" e a do "senhor de escravos" (opressão do homem pelo homem).

Os artigos de Luiz Gama na imprensa com o recorte focalizado neste livro vão se rarefazendo na década de 1870, sobretudo a partir de 1873. Até o ano anterior, uma série deles, publicados em sua maioria no *Correio Paulistano*, retomam os mesmos temas abordados até então; outros tratarão isoladamente de assuntos não menos importantes, como os preparativos para a organização do Congresso Republicano em Itu (1872); a liberdade de imprensa, quando alguns jornais põem em cheque a lisura e a impunidade do Imperador (1873); a interferência estrangeira no tráfico interprovincial e uma petição dirigida ao governo imperial (1874); a traição ao ideal "revolucionário", aos "princípios" e ao "programa" republicano pelos colegas d'*A Província de São Paulo* (1877).

VI

Os amigos da imprensa carioca franquearam a Luiz Gama as páginas de seus jornais e revistas em seus últimos anos de vida, testemunhando o prestígio de que gozava no mais importante espaço de debate e de consagração política. Entre 1880 e 1882, a maioria de seus artigos (treze) foram publicados na *Gazeta da Tarde*, principal folha abolicionista da corte, fato que dá indícios do distanciamento gradual entre o jornalista negro e a "grande imprensa" republicana representada pelo seu principal órgão, *A Província de São Paulo*. As fraturas já haviam sido expostas na "Carta aos redatores da *Província*", em 1877, na qual Luiz Gama (re)afirmava: "Somos radicais, este é o nosso estandarte. [...] Queremos a reforma pela revolução; temos princípios, temos programas". Este pensamento "radical", que ele voltaria a afirmar num artigo de 18 de dezembro de 1880 ("eu amo as revoluções; e julgo ser um ato sublime dar a vida pelas ideias"), era considerado uma provocação inaceitável e ilegítima para os "republicanos escravocratas" de São Paulo, esquecidos de que, da parte deles, também haviam radicalizado suas posições ao projetarem, conforme apontou ironicamente Luiz Gama em análise da lei de 1871, uma "emancipação lenta" (a escravidão seria empurrada até início do século XX), "individual" (aplicável caso a caso, e não à massa escrava como um todo), "com muito critério, com muita prudência", a fim de garantir a indenização dos senhores[77]. Paralelamente a tais enfrentamentos protagonizados pelo jornalista-ativista, percebe-se, à luz de seus escritos a partir de 1880, que ele insistia em chamar seus correligionários a uma revisão autocrítica, em termos éticos e programáticos.

Dirigir críticas a esses reais "adversários" e comentar os minguados avanços da emancipação em São Paulo seriam a tônica da série "Trechos de uma carta" ou de "Cartas a Ferreira de Menezes", publicadas na *Gazeta da Tarde* entre dezembro de 1880 e fevereiro de 1881. No primeiro texto, de 12 de dezembro, ele anunciava o tema ao seu destinatário:

> Preciso é que tu saibas o que por aqui se diz relativamente à nobre cruzada emancipadora.

Não me refiro aos nossos amigos, aos nossos correligionários, aos nossos companheiros de luta; constituímos uma falange, uma legião de cabeças; mas com um só pensamento; animados de uma só ideia: a exterminação do cativeiro e breve.

Tratarei dos nossos adversários, dos homens ricos, dos milionários, *da gente que tem o que perder*[78].

Apesar do título e do artifício epistolar, aqueles escritos nada tinham de íntimo e pessoal. Tratava-se na realidade de "cartas abertas", gênero destinado ao grande público, apresentando ou debatendo assunto polêmico no campo político e/ou social. Porém, a escolha do "destinatário" tinha razão de ser. Os laços entre Luiz Gama e o advogado, jornalista, escritor e tradutor José Ferreira de Menezes, fundador daquele jornal em 10 de julho de 1880, eram de amigos diletos, companheiros de ativismo e "irmãos" da Loja América. Ainda estudante, e um dos raros negros a cursar a Academia, Ferreira de Menezes e seu colega de turma, Salvador de Mendonça, futuro líder republicano, tornaram-se, entre 1868 e 1869, os principais redatores do jornal *O Ipiranga*, no qual Luiz Gama também escreveu e se exercitou nas artes tipográficas. Naquela época, as hostilidades entre liberais e conservadores aguçavam-se, e os jornalistas e políticos reunidos no *Ipiranga* eram frequentemente ameaçados. Com frequência, Luiz Gama e Ferreira de Menezes saíam armados da redação para escoltar o chefe liberal José Bonifácio, o Moço, até sua residência. Na década de 1870, os dois primeiros assinariam juntos alguns artigos pela Loja América e pelo partido republicano. Depois de breve carreira como promotor público, Luiz Gama retorna em meados dos anos 1870 ao Rio de Janeiro, onde passa a se dedicar quase exclusivamente ao jornalismo, colaborando em vários jornais, como o *República*, ao lado dos históricos republicanos e maçons Quintino Bocaiúva e Salvador de Mendonça, o *Jornal do Comércio* e a *Gazeta de Notícias*, onde provavelmente deu-se o encontro com José do Patrocínio.

De volta a sua cidade, Ferreira de Menezes deve ter servido de ponte entre Luiz Gama e abolicionistas "de cor" como André Rebouças e José do Patrocínio. Por um breve período, a partir de 1880, os quatro trabalharam em uníssono na *Gazeta da Tarde* em torno de um objetivo comum: a abolição imediata sem indenização. O quarteto negro sofreria o primeiro desfalque com a morte de Ferreira de Menezes em 1881 e, no ano seguinte, com a de Luiz Gama[79].

Em São Paulo, no período examinado, a maior parte das colaborações de Gama se deram num jornal fundado havia pouco. No entanto, se observarmos os dados quantitativos presentes nas tabelas, eles não nos informam sobre a relação privilegiada entre o jornal carioca e a *Gazeta do Povo*. Pouco se sabe sobre esse "diário republicano e independente", fundado por João da Veiga Cabral em 1879, na capital paulista, e que possui lugar central na produção jornalística de Luiz Gama, entre dezembro de 1880 e novembro de 1881, por concentrar o segundo maior número de artigos (sete). Em termos de conteúdo, o intercâmbio entre os dois periódicos se dava regularmente. Artigos publicados na *Gazeta da Tarde* eram quase imediatamente reproduzidos no jornal de São Paulo e vice-versa. As trocas se davam igualmente em outros planos. De julho a agosto de 1882, a *Gazeta do Povo* anunciava aos leitores ser a "agência da folha fluminense em São Paulo".

Apesar do frágil estado de saúde, acompanhado com preocupação pelos colegas da imprensa carioca[80], Luiz Gama saía carregado, até os últimos dias, para tratar da liberdade de seus esbulhados clientes[81]. Naquelas condições, é admirável o obstinado abolicionista ter conseguido redigir artigos de fôlego, magnificados por virtudes literárias e filosóficas, muitos deles publicados simultaneamente em São Paulo e no Rio de Janeiro, como "Questão jurídica" (1880), uma peça antológica e quiçá texto fundador de uma hermenêutica sob a perspectiva de um jurista negro no Brasil[82]. Trata-se de um dos textos mais densos da lavra de um autodidata, àquela altura reconhecida autoridade em jurisprudência sobre escravidão. Suas análises seguem a estrutura de um parecer jurídico, não muito diferente do que se pratica hoje: delimitação dos fatos, perguntas a que se deseja responder, fundamentação com base na legislação vigente e também em textos de estudiosos do direito etc. Mas a intenção do texto não se limitava a discussões meramente teóricas. Assim como em "Apontamentos biográficos", o ousado "historiógrafo", como o próprio Luiz Gama se denominou, propusera uma contrabiografia do "adorado" e mui "caridoso" bispo d. Antonio Joaquim de Melo, que revogara a liberdade concedida a sete escravos "vítimas de Sua

Santidade"[83], em "Questão jurídica" o objeto de sua desconstrução era ninguém menos do que o conselheiro Nabuco de Araújo, ex-presidente da província de São Paulo entre 1851-1852, representante da oligarquia nordestina e um dos homens mais poderosos e influentes do Império. A imagem que brota dos fatos analisados e das "provas" apresentadas por Luiz Gama contrapõe-se à do homem biografado superlativamente por seu filho Joaquim[84]. O "prestigioso" chefe do partido conservador, que ostentava "ideias liberalíssimas relativamente aos africanos escravizados de modo ilícito", fez vistas grossas e incluiu-se entre as autoridades anuentes com a ilegalidade daquela situação. Em trabalho anterior, já havíamos comentado o silêncio mútuo que reina entre Luiz Gama e Joaquim Nabuco, fato que talvez se origine das críticas do abolicionista negro ao grande "estadista", assim descrito por seu filho[85]. O ensaio "Questão jurídica" teve grande repercussão e foi reproduzido em vários órgãos de imprensa do país. Em 1881, *O Abolicionista*, periódico mensal publicado na corte, reproduziu este texto em três partes nas edições de 1º de abril, 1º de maio e 1º de julho, data de uma edição que trazia outra análise jurisprudencial sua, intitulada "Exercício de hermenêutica". Ambos os artigos revelavam a cultura histórica, política e jurídica de Luiz Gama, essenciais para a interpretação rigorosa das leis, bem como de sua insistente fé no direito. Àquela altura, eram nítidas as diferenças que separavam o ex-escravo do aristocrático, "belo" e branco Joaquim Nabuco. No artigo publicado na *Gazeta do Povo* em 28 de dezembro de 1880, retomado integralmente neste volume, o abolicionista e "bom republicano", como o chamava Lúcio de Mendonça, não escondia sua impaciência, dispondo-se a combatê-la, se necessário fosse, por sua conta e risco, através de métodos revolucionários:

> Eu, assim como sou republicano, sem o concurso dos meus valiosos correligionários, faço a propaganda abolicionista, se bem que de modo perigoso, principalmente para mim e de minha própria conta.
> Estou no começo: quando a justiça fechar as portas dos tribunais, quando a prudência apoderar-se do país, quando nossos adversários ascenderem ao poder, quando da imprensa quebrarem-se os prelos, eu saberei ensinar aos desgraçados a vereda do desespero.
> Basta de sermões, acabemos com os idílios. [...]

Ao positivismo da macia escravidão eu anteponho o das revoluções da liberdade; quero ser louco como John Brown, como Spartacus, como Lincoln, como Jesus; detesto, porém, a calma farisaica de Pilatos[86].

Os modelos citados não eram fortuitos, e a ideia de um movimento com participação dos escravizados, suscetível de desorganizar as fazendas e outros setores da sociedade, repugnavam Nabuco, convencido de que a tarefa da abolição cabia unicamente aos políticos, a fim de preservar de uma "vindita bárbara e selvagem" as camadas mais "influentes e poderosas do Estado", da qual aliás ele era filho. Sua posição, diametralmente oposta à de Luiz Gama, não podia ser mais clara:

> A propaganda abolicionista [...] não se dirige aos escravos. Seria uma cobardia, inepta e criminosa, [...] um suicídio político para o partido abolicionista incitar à insurreição ou ao crime homens sem defesa, e que ou a lei de Lynch ou a justiça pública imediatamente havia de esmagar. [...] Seria o sinal da morte do abolicionismo de Wilberforce, Lamartine e Garrison, que é o nosso, e o começo do abolicionismo [...] de Spartacus, ou de John Brown[87].

Nabuco refere os mesmos nomes que Luiz Gama para, no entanto, rejeitá-los, na tentativa de desacreditar ações contrárias às suas, como a empreendida pelo ativista negro e seu grupo em São Paulo. Esses homens representaram a vanguarda do movimento abolicionista quinze anos antes da publicação de sua obra O abolicionismo (1883), movimento testemunhado pelo próprio Nabuco durante o período em que estudou na Faculdade de Direito de São Paulo, e que, após a morte do advogado dos escravos, se radicalizaria sob a ação de Antonio Bento e dos caifases. Contudo, seria ingênuo ignorar que, mesmo alguns abolicionistas brancos bem-intencionados, como Nabuco, acreditavam na incapacidade psicológica, moral, política e civil dos negros para decidirem seu próprio destino.

A resistência escrava sempre existiu, de Palmares à Revolta dos Malês. E, desde o início dos anos 1870, as condições sociais e físicas dos arredores da capital, onde a opinião pública acolhia favoravelmente as ideias abolicionistas, converteram a cidade num dos destinos principais dos escravizados daquela província e de outras mais distantes. Esses encontravam ali negros livres ou libertos, dispostos a lhes dar guarida[88], a orientá-los sobre a quem recorrer para auxiliá-los em seus desesperados anseios. Ecos da propaganda abolicionista feita através da imprensa chegava às fazendas, e os interessados apressavam-se em conhecer-lhes o teor[89]. Os negros escravizados ou ameaçados de perder uma liberdade prometida ou adquirida a preço exorbitante recorriam cada vez mais à justiça para recuperar os direitos que lhes eram devidos, atitude em grande parte inspirada por Luiz Gama. Assim como ele foi agente no resgate de sua própria liberdade, antes de colocar sua vida e seus talentos a serviço dos seus, muitos negros ligados ao advogado negro, alforriados por ele ou por admirarem-no profundamente, não deram as costas aos seus irmãos no cativeiro. Apoiavam a Caixa Emancipadora Luiz Gama, fundada em 1881 e que, em apenas três meses de existência, levantou uma soma considerável, sendo 70% proveniente das contribuições de pessoas escravizadas, livres ou libertas[90]. Tais gestos, portanto, refletiam uma grande mudança de mentalidade em homens e mulheres negras. Pouco a pouco eles aprendiam a retórica da cidadania e da igualdade, reivindicavam-nas, a fim de se tornar plenamente cidadãos e ter participação ativa na questão política central do país: o fim da escravidão[91].

Entre dezembro de 1880 e fevereiro de 1881, estampou-se na *Gazeta da Tarde* uma série de onze artigos sob o título "Trechos de uma carta" ou "Cartas a Ferreira de Menezes" que tiveram ampla repercussão — positiva e admirada, nos meios genuinamente abolicionistas e republicanos do país; negativa e irada junto aos escravocratas —, reforçada pela particularidade de alguns deles serem reproduzidos simultaneamente, como já se disse, em São Paulo e no Rio de Janeiro. Esses textos distinguem-se do conjunto presente neste livro sob alguns aspectos, a começar pelo fato de se apresentarem sob forma epistolar, redigidos em primeira pessoa, em geral incluídos na primeira página do jornal, e destinadas ao seu proprietário. Remetidas de São Paulo, essas cartas abertas dirigiam-se, em princípio, aos leitores da *Gazeta da Tarde*, mas não só, na medida em que, deliberadamente, visavam tanto a opinião pública da corte como a opinião pública paulista. Formava-se um leque heterogêneo de destinatários: "adversários", adeptos da causa, além das leitoras e leitores que se buscava sensibilizar com o relato das "cenas de horror" que estavam "na moda"[92].

No Brasil, como já demonstrou David Haberly, o discurso antiescravista foi acompanhado paradoxalmente do discurso antiescravizado ou antinegro e justificava-se pelo pânico dos senhores de que, uma vez libertos, os escravizados dariam vazão a incontroláveis ondas de violência e selvageria[93]. O melhor exemplo desse pensamento, colhido na literatura, é *As vítimas-algozes: quadros da escravidão* (1869), de Joaquim Manoel de Macedo, um dos mais populares romancistas da época. A obra, formada por três narrativas, foi por muito tempo impropriamente considerada "abolicionista". Numa divisão moral binária e simplista, no polo positivo, tem-se ali os senhores descritos como pessoas nobres e generosas; e, no polo negativo, os escravos encarnam seres pérfidos, cruéis e de instintos assassinos. O senhor é a vítima; o escravo, o algoz, cuja maldade, inerente a sua natureza, acentua-se com a escravidão. Daí a necessidade de extinguir a nefanda instituição, a fim de libertar a classe senhorial, branca, do nocivo convívio com os escravizados ou libertos negros. Fatos chocantes, a corroborar essa visão, aconteciam na vida real, como amiúde relatava *A Província de São Paulo*: no interior paulista, fazendeiros "caridosos", "brandos", "benévolos", que tratavam seus escravos "de igual para igual", eram brutalmente assassinados por escravos ingratos e traiçoeiros. No entanto, o que se verá na série de "Cartas a Ferreira de Menezes", além de uma linguagem e estilo que jamais se avizinharam tanto da literatura, é que o jornalista abordaria aquelas histórias da escravidão reais sob ângulo diametralmente oposto ao das notícias veiculadas nos jornais, quando o assunto girava em torno das relações entre escravizados e seus senhores: revoltas, fugas, assassinatos de senhores e/ou membros de suas famílias reforçavam estereótipos negativos sobre os negros, legitimando teorias racistas em voga desde meados do século XIX. Para os artigos da *Gazeta da Tarde*, Luiz Gama escolheu estrategicamente as histórias mais ilustrativas do mundo da escravidão, feito de luzes e sombras, dividido entre o Bem e o Mal, a partir de um ponto de vista ausente de jornais como *A Província de São Paulo*, alvo de duras críticas, explícitas ou veladas. Suas narrativas evidenciavam que os africanos, os escravizados, os negros é que sofriam, em vários níveis, as "torpezas de branco"[94]. Luiz Gama oferecia contranarrativas e expunha um mundo às avessas sobre o qual só ele — ex-escravo, estudioso e pensador negro — era capaz de enxergar, a partir da "ciência" jurídica que iluminava sua visão da sociedade e dos fundamentos do Estado brasileiro: "Antes de analisar as disposições de uma lei[,] manda a boa filosofia estudar as causas essenciais ou imediatas da sua promulgação; porque uma lei é um monumento social, é uma página de história, uma lição de etnografia, uma razão de Estado"[95].

No campo da historiografia, da antropologia, da literatura, das artes visuais, não faltam descrições sobre ser escravo no Brasil. Em escritos por tanto tempo desconhecidos, emerge de alguns parágrafos magníficos a vida pungente do "animal maravilhoso chamado escravo", condição na qual milhões de homens e mulheres subordinaram-se não a senhores caridosos, mas a verdadeiras "feras humanas". A linguagem é enxuta, o quadro se desenha em pinceladas que chicoteiam:

> o negro, o escravo, come do mesmo alimento, no mesmo vasilhame dos porcos; dorme no chão, quando feliz sobre uma esteira; é presa dos vermes e dos insetos; vive seminu; exposto aos rigores da chuva, do frio, e do sol; unidos, por destinação, ao cabo de uma enxada, de um machado, de uma foice; tem como despertador o relho do feitor, as surras do administrador, o tronco, o vira-mundo, o grilhão, as algemas, o gancho ao pescoço, a fornalha do engenho, os banhos de querosene, as fogueiras do cafezal, o suplício, o assassinato pela fome e pela sede!... E tudo isto santamente amenizado por devotas orações ao crepúsculo da tarde, e ao alvorecer do dia seguinte[96].

Na "Carta a Ferreira de Menezes" de 16 de dezembro de 1880, com seu extraordinário poder de síntese, Luiz Gama novamente condensa num único parágrafo mais de três séculos da escravidão no Brasil e o destino de homens e mulheres nascidos na África, da qual também se sentia filho. O tom nervoso e dramático traduzia o clamor do único abolicionista negro brasileiro capaz de falar de uma realidade por ele vivenciada, num momento duplamente angustioso: a perspectiva de morte em horizonte próximo num país, em 1880, imune à desonrosa condição de única monarquia e, ao lado de Cuba, últimos regimes escravistas nas Américas. A história, a autobiografia (implícita) misturam-se à emoção e à compaixão:

> Sim! Milhões de homens livres, nascidos como feras ou como anjos, nas fúlgidas areias da África, roubados, escravizados, [...] mutilados, arrastados neste país clássico da sagrada liberdade, assassinados impunemente, sem direitos, sem família, sem pátria, sem religião, vendidos como bestas, espoliados em seu trabalho, transformados em máquinas, condenados à luta de todas as horas e de todos os dias, de todos os momentos, em proveito de especuladores cínicos, de ladrões impudicos, de salteadores sem nome; que tudo isso sofreram e sofrem, em face de uma sociedade opulenta, do mais sábio dos monarcas, à luz divina da santa religião católica, apostólica, romana, diante do mais generoso e mais interessado dos povos; que recebiam uma carabina envolvida em uma carta de alforria, com a obrigação de se fazerem matar à fome, à sede e à bala nos esteiros paraguaios e que nos leitos dos hospitais morriam, volvendo os olhos ao território brasileiro, os que, nos campos de batalha, caíam, saudando risonhos o glorioso pavilhão da terra de seus filhos; estas vítimas que, com seu sangue, com seu trabalho, com sua jactura, com sua própria miséria constituíram a grandeza desta nação, jamais encontraram quem, dirigindo um movimento espontâneo, desinteressado, supremo, lhes quebrasse os grilhões do cativeiro!...[97]

Nas últimas linhas, para quantos o conheciam, o jornalista abolicionista referia-se a si mesmo, ao seu lugar único e ao papel "messiânico" que lhe coube desempenhar, quase ao preço da própria vida.

Em artigos e cartas reunidos neste volume, Luiz Gama referiu-se às ameaças de morte e outras formas de intimidação a ele endereçadas regularmente havia alguns anos. Em 29 de janeiro de 1881, ele comentava, em seu artigo da *Gazeta da Tarde*, continuar recebendo mensagens anônimas, remetidas do interior paulista, em geral com a finalidade de insultá-lo. No entanto, uma delas distinguiu-se pelo tom e teor inusitados. Assinada "Neta de Zambo", a remetente suscitou vivo entusiasmo e admiração em Luiz Gama, que, no conjunto de artigos aqui reunidos, quase nunca evocou a atuação de mulheres no movimento abolicionista, com exceção da Sociedade Redentora, formada por mulheres pertencentes à família de maçons, cujas ações filantrópicas foram mencionadas em relatório da Loja América, do qual ele é um dos signatários, ao governo da província em 10 de novembro de 1871. Luiz Gama comentou longamente sem poupar elogios ao documento recebido e pede a Ferreira de Menezes para divulgar o firme e inspirador depoimento daquela voz feminina, em sua opinião equiparável à sensível autora de *A cabana do Pai Tomás*:

> [A] carta é escrita por uma senhora, tão inteligente quão delicada [...] não é uma *senhora de escravos*: é uma personificação de virtudes [...] uma brasileira benemérita, uma heroína da liberdade. [...]
> Não tem data; e tem por assinatura um nome suposto [...]
> Se o estilo é um retrato moral, eu lobrigo através das sombras do mistério as lindas feições da distinta *Neta de Zambo* [...]
> Envio-te a carta, por cópia: deve ser lida por ti, e pelos nossos dignos companheiros e amigos [...]
> Enfim, podemos exclamar, com os nossos irmãos dos Estados Unidos da América do Norte:
> — Surge radiante a aurora da liberdade; e, no seu ninho de luzes, a nova HARRIET STOWE.

Atendendo ao pedido do amigo, e antecipando a curiosidade dos leitores, Ferreira de Menezes publicou, naquele mesmo dia, os trechos daquela "página de ouro" do abolicionismo no Brasil.

Das *Primeiras trovas burlescas* ao conjunto da obra jornalística, Luiz Gama radiografou a sociedade brasileira atravessada por males congênitos. Contudo, sem medo de lidar com os lados sombrios da vida nacional, o autor ativista não se rendeu ao pessimismo. Seu "sonho sublime" foi marcado pela utopia de liberdade e igualdade. Para ele, que não sofreu, como alguns correligionários, a desilusão com a ordem inaugurada em 1889, a ideia de república como regime virtuoso, logo capaz de inspirar naturalmente uma conduta ética entre as pessoas, foi acompanhada de breves lampejos de esperança. Num dos artigos da *Gazeta da Tarde*, ele pintou o quadro pernicioso da corrupção estrutural entranhada na sociedade brasileira, profetizando seu fim e, com este, a instauração de uma utópica fraternidade entre indivíduos separados pelo abismo social, racial e econômico. O trecho é eloquente, parece retratar o Brasil de hoje, ainda sem lugar e condições propícias para que se concretizem a profecia e a esperança de Luiz Gama:

> Os senhores dominam pela corrupção; têm ao seu serviço ministros, juízes, legisladores; encaram-nos com soberba, reputam-se invencíveis.
>
> A luta promete ser renhida; mas eles hão de cair. Hão de cair, sim; e o dia da queda se aproxima.
>
> A corrupção é como a pólvora; gasta-se, e não reproduz-se.
>
> Hão de cair, porque a Nação inteira se alevanta; e no dia em que todos estivermos de pé, os ministros, os juízes, os legisladores, estarão do nosso lado [...]
>
> Os próprios *senhores* — na granja, na tenda, na taverna, ou no Senado [...] hão de apertar a mão ao liberto; nivelados pelo trabalho, pela honra, pela dignidade, pelo direito, pela liberdade, dirão, com o imortal filósofo:
>
> — "Se fosse possível saber o dia em que se fez o primeiro escravo, ele deveria ser de luto para a humanidade."[98]

Em geral artigos longos, as "Cartas a Ferreira de Menezes" mantêm uma liberdade aparente na organização da matéria epistolar, mas uma análise mais acurada em cada texto indica elaborada construção no plano formal, temático e estético. O jornalista esmerou-se nesses escritos em que direito, jornalismo e literatura (ou escrita literária) se misturam e produzem textos antológicos igualmente recheados de frases lapidares. Se não fossem verídicas, as "histórias da escravidão" presentes em seus artigos poderiam constar no rol das boas narrativas ficcionais do realismo brasileiro.

No penúltimo artigo presente nesta coletânea, destaca-se a contribuição especialíssima de Luiz Gama para a formação do imaginário republicano, cujos artífices desejavam plantar os seus lugares de memória, em plena vigência do Império e na sede da corte. O projeto nascia polêmico. No largo da Lampadosa (atual praça Tiradentes), onde fora enforcado Tiradentes, no Rio de Janeiro, previa-se erigir um monumento a d. Pedro I. Os antimonarquistas mobilizaram-se para contrapor um outro símbolo. Em "À forca, o Cristo da multidão", encomendado pelo órgão republicano *Tiradentes* (RJ), coube a Luiz Gama fazer o retrato e a reflexão política, numa linguagem entre mítica e histórica, daquele que, "h[avia] 90 anos, primeiro propusera a libertação dos escravos, e a proclamação da República" no Brasil[99]. Encontramos ali uma das primeiras (se não a primeira) aproximações entre Cristo e o mártir da Inconfidência, evocada em imagens sugestivas num texto que, por essa razão, já sob a República, inspirou pinturas históricas como o "Martírio de Tiradentes" (1893), de Aurélio Figueiredo de Melo.

Por fim, no artigo que encerra este livro, "Representação ao Imperador", datado de 8 de agosto de 1882, possivelmente um de seus últimos escritos, já que viria a falecer duas semanas depois, o exaurido Luiz Gama reunia as forças que lhe restavam e passava por cima de seus próprios brios, disposto a implorar ao próprio Imperador para que intercedesse em favor da libertação imediata de um grupo de escravos. Embora não se tratasse propriamente de um artigo, o texto foi divulgado na imprensa carioca como uma estratégia para reforçar a súplica do advogado dos escravos. As virtudes do texto seriam louvadas pelo editor da *Gazeta da Tarde*, possivelmente Jose do Patrocínio, cujas palavras nos convidam a descobrir o complexo e instigante conjunto dos artigos de Luiz Gama: "A representação visa a liberdade de homens ilegalmente retidos na escravidão, e nos dispensa de acrescentar-lhe comentários. A singeleza da exposição dá ao leitor conhecimento do assunto e critério para o seu juízo".

VII

Assim como seus poemas, os artigos de Luiz Gama não são textos simples. Além da complexidade referencial, refletem estilo elaborado, domínio retórico e combinação de vários gêneros textuais. Em sua maioria são escritos em primeira pessoa: o "eu" é narrador e, eventualmente, personagem, emprego que influi diretamente no ponto de vista ou na perspectiva adotados. Assim, ocorrem ajustes enunciativos, à medida que se diversificam os temas, o foco e os destinatários implícitos ou explícitos de análises e comentários em que os acontecimentos, locais e/ou pessoais, ganham dimensão política. Do primeiro artigo no *Correio Paulistano*, em 1864, à "Representação do Imperador", em 1882, o jornalista não limitou sua voz: expandiu-a até alcançar "o país inteiro".

Ao adentrar os textos desta coletânea, sob nossos olhos vão saindo das sombras pessoas escravizadas a quem Luiz Gama deu nome e visibilidade, personagens reais de suas narrativas e dos processos intrincados de que se encarregava com o objetivo de libertá-los. Descobriremos os dramas de Tomás, Benedito, Narciso, Elias, Joaquina, Marcela, Benedita; dos casais João e Rita, Paulo e Lucina, Jacinto e Ana; da Parda F.; das 234 "pessoas livres, ilegalmente escravizadas", contrabandeadas da Bahia para o Rio num vapor alemão; dos quatro "Espártacos" linchados por "trezentos cidadãos"; do crioulo chicoteado e queimado vivo por nutrir o "vício de detestar o cativeiro"; do preto Caetano; do bebê "mulatinho" filho de um senhor com uma escrava obrigada a jogá-lo num rio; do ex-escravo José Lopes, "cocheiro e proletário"; alguns nomes, enfim, dentre as "três milhões de vítimas" que, até então, "jamais encontraram quem, dirigindo um movimento espontâneo, desinteressado, [...] lhes quebrasse os grilhões do cativeiro"[100].

A imprensa também serviu para o jornalista negro estampar o nome dos algozes impunes, pessoas "ricas e poderosas" que cometiam ou acobertavam crimes sem castigos contra africanos ou seus descendentes escravizados: Brigadeiro Carneiro Leão; Comendador José Vergueiro, da Sociedade Democrática Limeirense; os "sapientíssimos" juízes Santos Camargo, Rego Freitas e Pereira Tomás; conselheiro Furtado de Mendonça, chefe de polícia de São Paulo; Rafael

Tobias Aguiar, filho do brigadeiro Tobias Aguiar e da marquesa de Santos; conselheiro Nabuco de Araújo, pai do abolicionista Joaquim Nabuco; o governo imperial, entre outros.

Na escrita jornalística, em que *dizer* é *fazer*, Luiz Gama revelou-se um mestre das narrativas, e estas serviram de fundamento a suas análises e interpretações jurídicas. Assim, boa parte de seus artigos poderiam incluir-se num gênero jornalístico semelhante ao da "crônica judicial" que, no século XIX, atraía uma legião de leitores na imprensa francesa. O advogado jornalista não hesita em midiatizar as causas judiciais, usa seus dons retóricos para sensibilizar a opinião pública e aumentar a pressão sobre as autoridades, já que, para atingir seus objetivos, era preciso intervir nas duas frentes.

O conjunto de textos reflete as matrizes do pensamento e as "lições de resistência", entendidas como dever de "virtude cívica" por nosso primeiro abolicionista e republicano negro. No entanto, por mais interessante que sejam esses conteúdos, há dimensões que não podem ser desprezadas, como a "forma" escolhida — gênero jornalístico de tipo variado ou híbrido (opinião/comentários jurídicos, formas narrativas, *faits divers*, retratos...), com linguagem e características textuais e discursivas próprias, condições de produção e recepção enraizadas num presente quase efêmero, situado num passado aparentemente distante. Ademais, Luiz Gama repetiu a trajetória de outros literatos do século XIX nos quais jornalismo, literatura e política se interpenetram, e tornou-se dono de um estilo inconfundível. Faço desde agora essas observações, a fim de sugerir aos interessados que, antes de entrarem em contato com os textos, disponham-se a refletir sobre uma experiência de leitura, conscientes de que, se o *jornal* é "fonte" (de pesquisa, informação, interesse histórico ou literário etc.), o *texto* jornalístico, quando se avizinha da literatura e de sua carga simbólica, é *fruição*.

As leitoras e os leitores deste livro encontrarão, sob a pena do "incansável" jornalista, mais do que o intransigente defensor dos escravos e dos ideais republicanos, cujos fundamentos têm sido particularmente nebulosos e enxovalhados nos dias de hoje, a ponto de reabrir feridas no sentimento de ser este país verdadeiramente uma nação. O debate, para não dizer o dilema, em torno dessa questão nasceu na aurora da Independência e foi reexaminado *ad nauseam*, na política e na literatura, ao longo do século XIX. Assim, descortina-se, neste conjunto inédito de artigos, uma visão original, fruto de análises críticas das grandes questões nacionais, das instituições políticas, dos sistemas econômicos, da estrutura social, das mentalidades, das ideologias raciais, dos direitos humanos, quando não uma anatomia do próprio Estado, aspectos que nos permitem situar o pensador negro Luiz Gama ao lado dos grandes intérpretes do Brasil.

---

1 Ver "Cronologia".
2 *Gazeta do Povo*, 24 de agosto de 1882, in: *Com a palavra, Luiz Gama. Poemas, artigos, cartas, máximas*. Organização, apresentações, notas de Ligia Fonseca Ferreira, São Paulo: Imprensa Oficial, 2011, p. 217.
3 *Gazeta do Povo*, 25 de agosto de 1882, in: *Com a palavra, Luiz Gama...*, op. cit., p. 220.
4 *Gazeta do Povo*, 26 de agosto de 1882, in: *Com a palavra, Luiz Gama...*, op. cit., p. 221.
5 *Gazeta do Povo*, 24 de agosto de 1882, in: *Com a palavra, Luiz Gama...*, op. cit., p. 218.
6 *Gazeta do Povo*, 26 de agosto de 1882, in: *Com a palavra, Luiz Gama...*, op. cit., p. 222.
7 "Luiz Gama — Homenagens e demonstrações", *Gazeta do Povo*, respectivamente 28 de agosto, 4, 13 e 22 de setembro de 1882.
8 *Gazeta de Notícias*, 25 de agosto de 1882.
9 *Gazeta da Tarde*, 28 de agosto de 1882, in: José do Patrocínio, *Campanha abolicionista: coletânea de artigos*. Introdução de José Murilo de Carvalho; notas de Marcus Venicio T. Ribeiro. Rio de Janeiro: Fundação Biblioteca Nacional; Depto Nacional do Livro, 1996, pp. 52 e 50.
10 "Luiz Gama — Homenagens e demonstrações", *Gazeta do Povo*, 27 de agosto de 1882.
11 "Luiz Gama — Homenagens e demonstrações", *Gazeta do Povo*, 24 de setembro de 1882.
12 Cf. Joaquim Nabuco, *Minha formação*, Rio de Janeiro: José Olympio, 1957, p. 246.
13 Cf. Maria Helena T. Machado, *O plano e o pânico, os movimentos sociais na década da abolição*, São Paulo: Edusp, 1994, pp. 151-53; Elciene Azevedo, *Orfeu de carapinha. A trajetória de Luiz Gama na imperial cidade de São Paulo*, Campinas: Editora da Unicamp, 1999.
14 Cf. Fernando Góes, "Inatualidade do negro brasileiro", *Tribuna negra*, n. 1, 1ª quinzena, setembro de 1935, apud Mirian Nicolau Ferrara, *A imprensa negra paulista (1915-1963)*, São Paulo: FFLCH/USP, 1986, p. 141.
15 Cf. Luiz Gama, *Obras completas: Trovas burlescas & escritos em prosa*. Organização de Fernando Góes, São Paulo: Edições Cultura, 1944.
16 Cf. Fernando Góes, "Breve notícia de Luiz Gama e seus escritos", in: Luiz Gama, *Obras completas...*, op. cit., p. 8.
17 Cf. Luiz Gama, *Primeiras trovas burlescas de Luiz Gama*, 3. ed. correcta e augmentada, São Paulo: Typ. Bentley Júnior & Comp., 1904; Júlio Romão da Silva, *Luiz Gama e suas poesias satíricas*. Prefácio de Otto Maria Carpeaux, Rio de Janeiro: Casa do Estudante do Brasil, 1954 (2ª edição 1981).

18 Cf. Ligia Fonseca Ferreira, "Fortuna crítica", *in*: Luiz Gama, *Primeiras trovas burlescas & outros poemas*. Organização e introdução de Ligia Fonseca Ferreira, São Paulo: Martins Fontes, 2000, pp. LXII-LXXI.
19 Cf. Luiz Gama, *Primeiras trovas burlescas & outros poemas*, op. cit.; e Ligia Fonseca Ferreira, "Luiz Gama autor, leitor, editor: revisitando as *Primeiras trovas burlescas* de 1859 e 1861", *Estudos Avançados*, n. 96, maio-ago. 2019, pp. 109-35.
20 Cf. "Carta a José Carlos Rodrigues", 26 de novembro de 1870. Ver, neste volume, p. 362.
21 Cf. "Farmacopeia", *in*: *Primeiras trovas burlescas & outros poemas*, op. cit., p. 107.
22 Cf. "Luiz G. P. Gama", *Correio Paulistano*, 10 de novembro de 1871, p. 198. A maioria dos artigos de Luiz Gama citados nas notas integram este volume. Se houver exceções, será indicada a fonte.
23 Cf. "Que mundo é este", *in*: *Primeiras trovas burlescas & outros poemas*, op. cit., p. 128.
24 Cf. "Sortimento de gorras para a gente do grande tom", *in*: *Com a palavra, Luiz Gama...*, op. cit., p. 70.
25 Cf. "A emancipação ao pé da letra", *Gazeta do Povo*, 18 de dezembro de 1880, p. 267.
26 Cf. "Foro da Capital. Juízo Municipal", *Correio Paulistano*, 4 de agosto de 1872, p. 217.
27 Cf. "Luiz G. P. Gama", *Correio Paulistano*, 10 de novembro de 1871, p. 198.
28 Cf. José-Luis Diaz; Alain Vaillant, "Introduction", *Romantisme*, n. 143, 2009, p. 3. No original, a sentença está no plural.
29 José Murilo de Carvalho, *Pontos e bordados: escritos de história e política*, Belo Horizonte: Editora da UFMG, 1999, p. 246.
30 Cf. "Carta a Lúcio de Mendonça", p. 366.
31 Cf. "Trechos de uma carta", *Gazeta da Tarde*, 28 de dezembro de 1880, p. 291.
32 Cf. *O Polichinelo* n. 19, 20 de agosto de 1876, *in*: *Com a palavra, Luiz Gama...*, op. cit., p. 291.
33 Cf. "Trechos de uma carta", *Gazeta da Tarde*, 28 de dezembro de 1880, p. 291.
34 Cf. "Carta a Lúcio de Mendonça", p. 366; ver também Lúcio de Mendonça, "Luiz Gama", *in*: *Com a palavra, Luiz Gama...*, op. cit., pp. 263-70.
35 Cf. Raimundo Faoro, *Os donos do poder*, São Paulo: Globo, 1989, v. 2, p. 453.
36 Cf. Sérgio Buarque de Holanda, *História geral da civilização brasileira*. São Paulo: Difel, t. 2, v. 5 (Do império à república), 1977, p. 265.
37 Cf. Lúcio de Mendonça, "Luiz Gama", *in*: *Com a palavra, Luiz Gama...*, op. cit., p. 263.
38 Cf. Lilia M. Schwarcz, *O espetáculo das raças. Cientistas, instituições e questão racial no Brasil (1870-1930)*, São Paulo: Companhia das Letras, 1993, pp. 63-4.
39 Cf. Silvio Luiz Almeida, *O que é racismo estrutural*, Belo Horizonte: Letramento, 2018.
40 Cf. "Emancipação", *Gazeta do Povo*, 1º de dezembro de 1880, p. 256.
41 Cf. "Trechos de uma carta", *Gazeta da Tarde*, 1º de janeiro de 1881, p. 297.
42 Cf. "Aresto Notável", *Gazeta da Tarde*, 17 de novembro de 1881, p. 350 — grifos do autor.
43 Cf. "Carta ao Dr. Ferreira de Menezes", *Gazeta da Tarde*, 22 de janeiro de 1881, p. 317.
44 Cf. "Foro da Capital", *Radical Paulistano*, 13 de novembro de 1869, p. 147.
45 Informações mais detalhadas sobre os periódicos serão fornecidas nas notas de fim de texto.
46 Ver "Cronologia". Assinados por Luiz Gama, aparecem no *Diabo Coxo* os poemas "Meus amores" e "Novidades antigas". No *Cabrião*, identifica-se através de um de seus pseudônimos (Barrabrás, formado a partir do nome do ladrão crucificado ao lado de Jesus e do nome do bairro onde Luiz Gama residiu até o

final da vida) apenas a sátira versificada "Epístola familiar". Para os textos dos poemas, cf. *Primeiras trovas burlescas & outros poemas, op. cit.*, pp. 220-55.

47 Ver "Cronologia". Nesse periódico, Luiz Gama publicou cinco poemas satíricos: "Programa", "Cena parlamentar", "Rei-cidadão", "Espiga", "O moralista" e o poema lírico "A Maria (epístola familiar)". Cf. *Primeiras trovas burlescas & outros poemas, op. cit.*, pp. 256-86.

48 Cf. *O Polichinelo* n. 1, 16 de abril de 1876.

49 Cf. Daniel Ligou, *Dictionnaire de la franc-maçonnerie*. Paris: Presses Universitaires de France, 1987, p. 1036.

50 Cf. Boris Fausto. *História do Brasil*, São Paulo: Edusp, 1994, p. 184; "Loja América", *Correio Paulistano*, 10 de novembro de 1871.

51 Cf. "Loja América", *Correio Paulistano*, 10 de novembro de 1871, p. 189.

52 Nabuco foi iniciado na Loja América em 1º de dezembro de 1868, quando ainda era estudante de direito em São Paulo. Cf. Luaê Carregari Carneiro, *Maçonaria, política e liberdade. A Loja Maçônica América entre o Império e a República*, Jundiaí: Paco Editorial, 2016, p. 43.

53 Cf. Gérard Serbanesco, *Histoire de la franc-maçonnerie universelle*, Beauronne (Dordogne): Les Éditions Intercontinentales, 1964, v. 2, pp. 140-57 (tradução nossa).

54 Cf. "Carta ao filho, Benedito Graco Pinto da Gama", p. 361.

55 Cf. "Carta a José Carlos Rodrigues", p. 362.

56 Cf. "Pela última vez", *Correio Paulistano*, 3 de dezembro de 1869, p. 165.

57 Cf. "Ainda o novo Alexandre", *Correio Paulistano*, 27 de novembro de 1869, p. 162.

58 Cf. "Foro da Capital", *Radical Paulistano*, 13 de novembro de 1869, p. 147.

59 Cf. "Foro da Capital", *Radical Paulistano*, 29 de julho de 1869 p. 134.

60 *Ibidem*.

61 Cf. "Pela última vez", *Correio Paulistano*, 3 de dezembro de 1869, p. 165.

62 Cf. "Egrégio tribunal da relação", *Correio Paulistano*, 12 de março de 1874. Este artigo não consta neste volume por não atender ao recorte temático aqui proposto.

63 Cf. "Carta a Ferreira de Menezes", *Gazeta da Tarde*, 16 de dezembro de 1880, p. 262.

64 Cf. "Carta ao comendador José Vergueiro", *Ipiranga*, 21 de fevereiro de 1869, p. 111.

65 Cf. "Coisas admiráveis", *Correio Paulistano*, 2 de dezembro de 1870, p. 179.

66 Cf. "Itatiba. Contraprotesto". *A Província de São Paulo*, 4 de janeiro de 1881, p. 301.

67 Cf. "Escândalos", *Radical Paulistano*, 30 de setembro de 1869, p. 145.

68 Cf. "Carta ao Dr. Ferreira de Menezes", *Gazeta da Tarde*, 4 de janeiro de 1881, p. 302.

69 Cf. *Correio Paulistano*, 20 de novembro de 1867.

70 Cf. "Processo Vira-Mundo", *Gazeta do Povo*, 23 de abril de 1881.

71 Cf. adiante "Pela última vez", *Correio Paulistano*, 3 de dezembro de 1869, p. 165.

72 Cf. "Foro da Capital. Questão de Liberdade", *Correio Paulistano*, 13 de março de 1869, p. 118.

73 Cf. *Correio Paulistano*, 3 de abril de 1870 e 20 de fevereiro de 1874.

74 Cf. "Loja América", *Correio Paulistano*, 10 de novembro de 1871, p. 189.

75 Cf. "Carta a Lúcio de Mendonça", p. 366.

76 Cf. "Loja América", *Correio Paulistano*, 10 de novembro de 1871, p. 189 — grifo nosso.

77 Cf. Carta a Ferreira de Menezes, *Gazeta da Tarde*, 1º de fevereiro de 1881 p. 334.

78 Grifo do autor.

79 Cf. Ligia Fonseca Ferreira, "De escravo a cidadão. Luiz Gama, voz negra no abolicionismo", *in*: *Tornando-se livre*:

agentes históricos e lutas sociais no processo de abolição. Organização de Maria Helena P. T. Machado e Celso Thomaz Castilho, São Paulo: Edusp, 2015, pp. 233-6.
80 Cf. "Aresto notável", *Gazeta da Tarde*, 17 de novembro de 1881, p. 350: "Luiz Gama — Em São Paulo, adoeceu há dias gravemente este nosso amigo, ilustre por muitos títulos da inteligência, do coração e do caráter. Logo que de tal soubemos, telegrafamos imediatamente para ali e recebemos hoje a resposta de que Luiz Gama está ainda doente mas de pé. Todos os amigos da liberdade devem regozijar-se com esta notícia".
81 Cf. Raul Pompéia, "Última página da vida de um grande homem", *Gazeta de Notícias*, 10 de setembro de 1882, *in: Com a palavra, Luiz Gama...*, *op. cit.*, pp. 227-36.
82 Cf. Adilson José Moreira, *Pensando como um negro. Ensaio de hermenêutica jurídica*, São Paulo: Contracorrente, 2019.
83 Cf. "Apontamentos biográficos", *Radical Paulistano*, 24 de maio de 1869, p. 127.
84 Cf. Joaquim Nabuco, *Um estadista do Império*, São Paulo: Topbooks, 1997, 2 v.
85 Traçamos um paralelo entre Luiz Gama e Joaquim Nabuco em "Luiz Gama: um abolicionista leitor de Renan", *Estudos Avançados*, v. 21, n. 60, São Paulo, 2007, pp. 271-88. Disponível em: <http://www.iea.usp.br/iea/revista/>. Acesso em: 13 nov. 2019.
86 Além do artigo supracitado, ver também Ligia Fonseca Ferreira, "Luiz Gama: defensor dos escravos e do direito", *in: Os juristas na formação do Estado-Nação brasileiro*. Coordenação de Carlos Guilherme Mota e Gabriela Nunes Ferreira, São Paulo: Saraiva, 2010, pp. 219-44.

87 Cf. Joaquim Nabuco, *O abolicionismo (1883)*. Recife: Fundaj, 1988, p. 25.
88 Cf. Maria Cristina Cortez Wissenbach, *Sonhos africanos, vivências ladinas. Escravos e forros em São Paulo (1850--1880)*, São Paulo: Hucitec, 1998, p. 153.
89 Cf. Ronaldo Marcos dos Santos, *Resistência e escravismo na província de São Paulo (1885-1888)*, São Paulo: Fundação do Instituto de Pesquisas Econômicas, 1980, p. 74.
90 Cf. Elciene Azevedo, *Orfeu de carapinha...*, *op. cit.*, p. 260.
91 Cf. Célia Maria Marinho de Azevedo, *Onda negra, medo branco. O negro no imaginário das elites (século XIX)*, Rio de Janeiro: Paz e Terra, 1987, p. 183.
92 Cf. "Carta a Ferreira de Menezes", *Gazeta da Tarde*, 16 de dezembro de 1880, p. 262.
93 Cf. David Haberly, "Abolitionism in Brazil: Anti-Slavery and Anti-Slave", *Luso-Brazilian Review*, n. 2, IX, Winter 1972, pp. 38-9.
94 Cf. "Trechos de uma carta", *Gazeta da Tarde*, 28 de dezembro de 1880, p. 291.
95 Cf. "Carta a Ferreira de Menezes", *Gazeta da Tarde*, 7 de janeiro de 1881, p. 309.
96 Cf. "Trechos de uma carta", *Gazeta da Tarde*, 28 de dezembro de 1880, p. 291.
97 "Carta a Ferreira de Menezes", Gazeta da Tarde, 16 de dezembro de 1880, p. 262.
98 Cf. *Gazeta da Tarde*, "Trechos de uma carta", 28 de dezembro de 1880, p. 291.
99 Sobre o significado desse artigo para os republicanos, cf. José Murilo de Carvalho, *A formação das almas*. São Paulo: Companhia das Letras, 1990, pp. 60-2.
100 Cf. "Carta a Ferreira de Menezes", *Gazeta da Tarde*, 16 de dezembro de 1880, p. 262.

NOTA SOBRE A PRESENTE EDIÇÃO

Nosso *corpus* constitui-se de artigos redigidos em linguagem elaborada que refletem a vasta erudição do autor em vários campos do saber além do jurídico, bem como seu apego à correção e precisão linguísticas. Como todo texto jornalístico, convocam em suas narrativas uma plêiade de personagens reais e tratam, ao longo do período enfocado, de fatos e questões candentes no plano local, regional, nacional e, eventualmente, internacional.

A autoria dos artigos incluídos neste volume foi identificada por meio das seguintes assinaturas: "Luiz Gonzaga Pinto da Gama", "Luiz G. P. da Gama", "Luiz da Gama", "Luiz Gama" e "L. Gama". A partir de 1880, alguns deles foram primeiramente publicados em jornais paulistanos (*A Província de São Paulo*, *Gazeta do Povo*) e, em seguida, reproduzidos na *Gazeta da Tarde* (RJ). Contudo, na organização em ordem cronológica, optamos pelas datas em que os artigos saíram no jornal carioca, a fim de que se pudesse apreciar como se dá a divulgação, pouco conhecida, dos escritos de Luiz Gama na corte, nos seus últimos anos de vida.

Os textos foram estabelecidos segundo as regras de atualização ortográfica e outros critérios definidos para garantir a fidedignidade da edição. Os parágrafos seguem a estrutura original, com o cuidado de destacar tipograficamente as inúmeras e, por vezes, longas citações, nem sempre reconhecíveis no documento de base; elas constituem elementos essenciais para se observar a relação intertextual entre o texto do autor e o(s) de terceiros. Conservamos outros elementos importantes do ponto de vista estilístico, como palavras, expressões e frases em itálico e/ou em caixa alta, assim grafadas no original pelo autor, cuja intenção era deixar bem visíveis, por trás da tipografia (arte e ofício que Luiz Gama conhecia bem), marcas e estratégias enunciativas desenvolvidas para dialogar com os leitores, atrair e prender-lhes a atenção, provocá-los a reagir e interagir.

Função semelhante cumprem alguns sinais de pontuação repetidos (exclamações, interrogações) e denotam, igualmente, o vínculo de proximidade que o jornalista busca criar com seu público, ao qual exterioriza impressões pessoais, sentimentos (em geral, de indignação), desabafos, confissões.

A "Cronologia" procura dar uma visão geral dos principais momentos da riquíssima e complexa trama de vida do autor, bem como de acontecimentos marcantes, no plano nacional ou internacional, significativos para sua trajetória, num século XIX marcado por "revoluções da liberdade", da ascensão dos ideais republicanos à abolição da escravatura em várias partes do mundo. No "Apêndice", selecionamos quatro cartas de Luiz Gama, escritos íntimos de gênero textual, destinatários e finalidade opostos aos dos publicados na imprensa. As cartas não só relatam fatos pessoais, profissionais e políticos que eventualmente remetem, completam ou fazem contraponto a assuntos abordados nos artigos, mas também revelam laços de amizade com personalidades que tiveram papel determinante para a perpetuação da memória do abolicionista e "bom" republicano negro, como o escritor e político Lúcio de Mendonça, um dos fundadores da Academia Brasileira de Letras, autor do primeiro ensaio biográfico sobre Luiz Gama (também incluído neste volume).

Não há dúvida de que, lidos de forma bruta, os textos jornalísticos aqui divulgados pela primeira vez se tornariam pouco compreensíveis sem as notas, numerosas e muitas vezes extensas, porém ditadas pelo que julgamos ser pertinente e necessário como subsídio para esclarecer, auxiliar e enriquecer a tarefa dos leitores contemporâneos. O foco na recepção dos textos implicou determinadas escolhas de nossa parte, mesmo sendo impossível ao organizador que assume tal incumbência colocar-se totalmente no lugar dos leitores, sobretudo se, como esperamos, formarem um público amplo e diverso (interessados em geral, estudantes, professores e pesquisadores das áreas de comunicação e jornalismo, história, direito, literatura, ciência política, direitos humanos). Procuramos, sempre que possível, identificar as referências menos evidentes a pessoas, lugares, datas, mitologia, questões de ordem linguística, obras literárias ou jurídicas, às quais o autor alude ou com os quais dialoga de forma cooperativa ou polêmica, fornecendo eventualmente indicações sobre as condições de produção do(s) texto(s), sobre o contexto histórico, político e social do período, no Brasil ou no mundo.

Os artigos desta coletânea são efetivamente acompanhados por um "discurso de escolta", na expressão de Colette Becker, coordenadora responsável pela edição da monumental correspondência de Émile Zola[1]. As recomendações da pesquisadora francesa quanto à formulação de notas "descritivas e explicativas", destinadas a "escoltar" a edição de correspondências, pareceram-nos totalmente aplicáveis à edição de textos jornalísticos. Concordamos com ela quando afirma que o estabelecimento desses tipos de nota "não é simples e raramente satisfaz". Faço, pois, um apelo à benevolência e compreensão dos leitores, a esta altura já ansiosos por descobrir a fascinante obra jornalística de um intelectual negro brasileiro, exposto a riscos por defender a justiça e os direitos humanos e por denunciar violências do Estado, como Zola o faria mais tarde no célebre manifesto *J'accuse* (Eu acuso), de 1898. O procedimento de anotação, como afirma Becker, é um "trabalho de formiga, amiúde ingrato, quando não desesperador, nunca encerrado, sempre problemático e utópico", mas no final caberá ao leitor decidir se atende ou não às "chamadas de nota, ao chamado das notas"[2], às quais, neste volume, teria sido impossível e leviano renunciar.

---

[1] Cf. Colette Becker, "O discurso de escolta: as notas e seus problemas (o exemplo da correspondência de Zola)". Tradução de Ligia Fonseca Ferreira. *Patrimônio e memória*, v. 9, n. 1, jan.-jun. 2013, pp. 144-56.
[2] *Ibidem*, p. 155.

mente empregados na medicina preparam-se com cascas de quina cuja riqueza em principios activos é extremamente variavel; A parte disso, em razão do seu modo de preparação, estes vinhos contêm apenas vestigios de principios activos, e em proporções sempre variaveis.

O **Quinium Labarraque**, approvado pela academia de medicina, constitue pelo contrario um medicamento de composição determinada, rica em principios activos, e com o qual

das, seja por diversas causas de esgotamento, seja por antigas molestias; aos adultos fatigados por uma rapida crescença, ás meninas que tem difficuldade em se formar e desenvolver; ás mulheres depois dos partos; aos velhos enfraquecidos pela idade ou doença.

No caso de chlorosis, anemia, côres pallidas, este vinho e um poderoso auxiliar dos ferruginosos. Tomado junto, por exemplo com as pilulas de VALLET, produz effeitos maravilhosos, pela sua rapida acção.

Deposito em Paris, L. FRERE, rue Jacob 19

Rio de Janeiro, DUPONCHELLE; CHEVOLOT.
Pernambuco, P. MAURER & COMP.
Bahia, HASSE & COMP.
Ouro Preto, CANDIDO WELLERN.

Maranhão, FERREIRA & C.
Pelotas, ANTEIRO LEIVAS.
Maceió, FALCO DIAS.
Porto Alegre, FRANCISCO JOSÉ BELLO.

Poesias joviaes e satyricas
POR
LUIZ GAMA

Os ultimos exemplares da segunda edição, enriquecidas com bellissimos canticos do exm. conselheiro José Bonifacio.

Vende-se nesta typographia a 2$000.

São Paulo

LUIZ G. P. DA GAMA, continua a tratar causas de liberdade.

Outro sim, responde consultas para fóra da capital, tudo sem retribuição alguma.

Luiz G. P. da Gama, encarrega-se de qualquer causa, crime nos juizos desta cidade, assim como de defezas perante o jury, em qualquer municipio da provincia.

Tambem se incumbe de tirar titulos ou promove a solução de qualquer pendencia administrativa, nas repartições da capital.

Póde ser procurado na casa de sua residencia, á rua Vinte e Cinco de Março n. 90.

No estabelecimento commercial da casa de 3 andares da rua do Palácio n. 2, esquina da rua do Rosario, compra-se trastos novos e usados, de todas as qualidades.

Faz-se transacções da quantia de 5$000 para cima.

Trata-se de todo e qualquer negocio commercial, mediante modica commissão. 10—6

S. João do Rio Claro

O ADVOGADO

ANTONIO VIEIRA DA COSTA MACHADO

Encarrega-se de todos os negocios relativos á sua profissão, tanto naquelle termo como circumvisinhos, dentro e fóra da comarca

50—38

DR. EMILIO VAUTIER

MEDICO CIRURGIÃO DENTISTA DA CAZA IMPERIAL.

Approvado pelas faculdades de medicina de Pariz e do Rio de Janeiro.

RUA DO ROSARIO N. 9.

Dá consultas e tira dentes aos pobres gratuitamente todos os dias das 7 ás 9 horas da manhã.

Frutas seccas

Como maçãs, peras, ameixas, e passas. Vende-se na rua do Principe n. 8. (Cruz Preta.)
3—3

CRONOLOGIA

1822 Proclamação da Independência.

1830 Em 21 de junho, às 7 horas da manhã, nasce em Salvador (BA) Luiz Gonzaga Pinto da Gama, filho natural da quitandeira Luiza Mahin, africana livre da Costa Mina, e de um fidalgo baiano de origem portuguesa cujo nome nunca foi revelado.

CASA ONDE NASCEU LUIZ GAMA, NA ANTIGA RUA DO BÂNGALA, EM SALVADOR. DESENHO DE M. CAMPOS PARA *O PRECURSOR DO ABOLICIONISMO NO BRASIL* (1938), DE SUD MENNUCCI.

1831 Abdicação de dom Pedro I em 7 de abril.
Lei de 7 de novembro, declarando livres todos os africanos introduzidos no Império a partir dessa data.

1831-1840 Período regencial, um dos mais turbulentos da história política do país.

1835 Eclosão da Revolta dos Malês em Salvador, a mais importante insurreição negra das Américas ocorrida em contexto urbano e protagonizada por africanos muçulmanos. Até o momento, estudiosos do tema não comprovaram a participação de Luiza Mahin no levante, embora seu filho tenha afirmado que algumas vezes ela fora presa como suspeita de instigar revoltas de escravos, naquela década muito frequentes na Bahia.

1837 Eclosão da Sabinada, em Salvador, na qual, segundo Luiz Gama, seus pais teriam se envolvido. Sob a liderança do jornalista e médico Sabino Barroso, contou com grande adesão popular, de comerciantes e das classes mé-

CORREIO PAULISTANO, 1º DE MARÇO DE 1870, COM TRÊS ANÚNCIOS DE LUIZ GAMA.

dias às ideias federalistas e republicanas.

Luiza Mahin foge para o Rio de Janeiro em virtude das perseguições de que se tornaram vítimas, na Bahia, os africanos considerados turbulentos.

1838 Luiz Gama declara ter sido batizado na Igreja Matriz do Sacramento em Itaparica. Não consta dos arquivos paroquiais certidão com seu nome, nem outra semelhante à sua situação. Sua verdadeira identidade fica, assim, envolta em certo mistério, cultivado por ele próprio ao ocultar deliberadamente o nome do pai.

Luiza Mahin foi possivelmente expulsa do país, segundo informações obtidas por Luiz Gama em 1862.

1840 Em 10 de novembro, Luiz Gama foi vendido como escravo pelo próprio pai, aparentemente arruinado pelo jogo. Segue para o sul, desembarca no Rio de Janeiro, depois em Santos, de onde segue a pé até Campinas. Não sendo ali comprado por ser "baiano", ou seja, "rebelde", dirige-se para São Paulo como refúgio do comerciante e seu futuro senhor, Antonio Pereira Cardoso.

Início do Segundo Reinado.

1842 Revoltas liberais em São Paulo e Minas Gerais.

1847 Ainda escravo, Luiz Gama aprende a ler e a escrever com o estudante Antonio Rodrigues do Prado Júnior, pensionista de seu senhor.

Primeira viagem ao Rio de Janeiro na tentativa de encontrar sua mãe.

1848 Foge da casa de seu senhor, depois de conseguir secretamente provas de ter nascido livre. Alista-se na Guarda Municipal e, nas horas vagas, trabalha como copista no escritório de um escrivão e como ordenança de uma das maiores autoridades da cidade de São Paulo, o conselheiro Francisco Maria de Sousa Furtado de Mendonça, chefe da Polícia e catedrático da Faculdade de Direito.

Em "Carta a Lúcio de Mendonça" (1880), escreve: "Desde que me fiz soldado, comecei a ser homem; porque até os dez anos fui criança; dos dez aos dezoito anos fui soldado".

Fim da escravidão nas colônias francesas.

1850 Lei Eusébio de Queirós, extinguindo definitivamente o tráfico negreiro.

1854 Julgado por ato de suposta insubordinação e condenado a 39 dias de prisão, o cabo de esquadra Luiz Gama abandona a carreira militar.

Torna-se membro da Sociedade 7 de Setembro, que congregava um grande número de associados, com a finalidade de promover atividades patrióticas para celebrar a Independência.

Em 26 de junho, Joaquim Roberto de Azevedo Marques funda o *Correio Paulistano*, primeiro jornal diário da cidade, no qual Luiz Gama se torna colaborador assíduo a partir do final da década de 1860, quando, sob a direção de Américo de Campos e José Maria Lisboa, assume orientação liberal.

1856 É nomeado amanuense da Secretaria de Polícia de São Paulo, onde trabalha por doze anos.

Segunda busca pela mãe no Rio de Janeiro.

1857 Data provável de seu encontro com Claudina Fortunata Sampaio, com quem vive maritalmente por mais de doze anos.

1858 Luiza, filha do casal, morre aos dois meses de idade vítima de bexiga.

Época provável da aproximação entre Luiz Gama e o poeta e professor de direito José Bonifácio, o Moço, um de seus amigos diletos com o qual manteve afinidades políticas e literárias ao longo da vida.

1859 Publica a primeira edição das *Primeiras trovas burlescas de Getulino* em São Paulo.

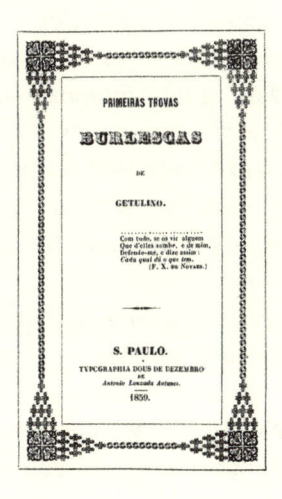

CLAUDINA FORTUNATA SAMPAIO, ESPOSA DE LUIZ GAMA.

Nasce em 20 de julho Benedito Graco Pinto da Gama, filho de Luiz Gama e Claudina Fortunata Sampaio.

1861 Publicação da segunda edição "correcta e augmentada" das *Primeiras trovas burlescas de Getulino* no Rio de Janeiro.

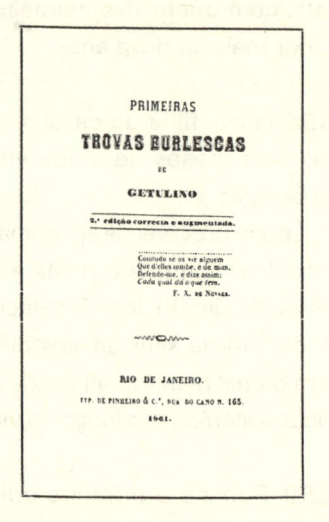

Terceira e última tentativa de ali encontrar Luiza Mahin.

Doravante, o ex-escravo autodidata, agora membro da República das Letras, passa a dedicar-se exclusivamente à imprensa, meio mais adequado para a defesa dos ideais abolicionistas e republicanos.

Início da Guerra de Secessão nos Estados Unidos.

1862 O fluminense José Ferreira da Menezes chega a São Paulo para fazer estudos de direito. Luiz Gama e Menezes não devem ter demorado a se conhecer pessoalmente.

1863 A partir desta data, passa a ser convocado com frequência pelos jornais a compor o Tribunal do Júri em São Paulo.

1864 Ao lado do caricaturista italiano Ângelo Agostini, Luiz Gama funda em setembro o semanário "informativo, crítico e humorístico" *Diabo Coxo*. Colaboram os bacharéis de Direito Sizenando Nabuco de Araújo, irmão mais velho de Joaquim Nabuco, e os irmãos Américo e Bernardino de Campos. O primeiro veículo ilustrado da cidade de São Paulo é acolhido calorosamente pelos paulistanos, satisfeitos com o progresso evidente e por poderem contar com um periódico comparável à popularíssima *Semana Ilustrada*, publicada pelo ilustrador alemão Henrique Fleiuss no Rio de Janeiro.

Luiz Gama defende, provavelmente, a primeira ação de liberdade em benefício do escravizado Tomás, condenado pelo crime de furto, expondo nos jornais a situação de abandono do réu por parte de seu senhor.

Lei de 24 de setembro, que concede emancipação a todos os

africanos livres existentes no Império, a serviço do Estado ou de particulares.

Início da Guerra do Paraguai, com batalhões em grande parte formados por contingentes de escravizados. O conflito sangrento expõe as fragilidades do Segundo Império.

1865 Publicação do último número do *Diabo Coxo*, em dezembro.

Por essa época, deve ter se iniciado na loja maçônica Sete de Setembro.

Fim da Guerra de Secessão e abolição da escravidão nos Estados Unidos.

1866 Ângelo Agostini, Américo de Campos e Antonio Manuel dos Reis fundam o *Cabrião*, o periódico humorístico mais célebre publicado na capital paulista. Com colaboração de Luiz Gama, esse semanário de matiz liberal — tal como seu predecessor *Diabo Coxo* — trata, entre outros acontecimentos, dos impactos da Guerra do Paraguai na vida da população paulista.

1867 Luiz Gama torna-se membro da Sociedade Esperança, cujo objetivo era promover ações filantrópicas voltadas para o alforriamento de escravizados.

Inauguração da estrada de ferro Santos-Jundiaí.

1868 Em 23 de abril, o maçom Luiz Gama recebe o grau dezoito — Soberano Príncipe Rosa-Cruz —, um dos mais importantes do rito escocês antigo, seguido pela maioria das lojas maçônicas da capital.

Queda do gabinete liberal de Zacarias de Góis e Vasconcelos em 16 de julho, com a dissolução da Câmara e a volta dos conservadores ao poder: uma retumbante crise política na vida brasileira.

Retorno triunfal do deputado liberal José Bonifácio, o Moço, a São Paulo, acolhido pelos estudantes da Faculdade de Direito, entre os quais Joaquim Nabuco, Rui Barbosa, Ferreira de Menezes, Castro Alves e outros. Na ocasião, Castro Alves compõe e faz a primeira leitura pública de "O navio negreiro" em cerimônia de homenagem ao mestre.

Luiz Gama é um dos membros fundadores do Clube Radical Paulistano, ao lado dos irmãos Américo e Bernardino de Campos e de Américo Brasiliense, Francisco Glicério e Zoroastro Pamplona, entre outros.

Em 9 de novembro, fundação da Loja América com Antonio Carlos Ribeiro de Andrada, Rui Barbosa, Salvador de Mendonça, Azevedo

Marques, Olímpio da Paixão, Américo Brasiliense, Antonio Louzada Antunes e Ferreira de Menezes.

DIPLOMA MAÇÔNICO, DATADO DE 23 DE ABRIL DE 1868, EM QUE LUIZ GAMA RECEBE O IMPORTANTE TÍTULO DE SOBERANO PRÍNCIPE ROSA CRUZ.

1869 Ano de intensa atividade na imprensa, na política e no foro. Luiz Gama firma-se como figura das mais populares e influentes da cidade de São Paulo.

Em 12 de abril, criação do semanário *Radical Paulistano*, órgão do Clube Radical Paulistano, que circulará até o mês de novembro. Colaboradores: Luiz Gama, Rui Barbosa, Américo de Campos, Américo Brasiliense, Olímpio da Paixão, entre outros.

Em junho, sob os auspícios da Loja América, os "professores" Luiz Gama e Olímpio da Paixão inauguram uma escola gratuita para crianças e um curso primário noturno para adultos na rua 25 de Março.

Um ano após a queda do governo liberal de Zacarias de Góes e Vasconcelos, em 18 de julho, Luiz Gama profere, diante de centenas de pessoas, a primeira conferência pública organizada pelo Clube Radical Paulistano, versando sobre a extinção do poder moderador.

Torna-se "advogado provisionado", ou seja, alguém que, mesmo não tendo diploma de bacharel em direito, recebe autorização expressa do governo para atuar como advogado em primeira instância.

Casa-se com Claudina Fortunata Sampaio no dia 25 de outubro, na Matriz da Freguesia do Brás. Foram testemunhas Antonio Carlos Ribeiro de Andrada Machado e Gustavo de Moura Câmara.

Em novembro, é demitido de seu cargo na Secretaria de Polícia. Apesar das repetidas advertências do juiz municipal Rego Freitas, a quem chamara de "incompetente", e do próprio chefe de Polícia e seu "protetor", Furtado de Mendonça, Gama prosseguia defendendo escravizados contra os "crimes da justiça". Entre 20 de novembro e 3 de dezembro, publica uma série de artigos polêmicos no *Correio Paulistano*, provando ter sido vítima de perseguição política. O fato ganha repercussão na imprensa da corte e de várias províncias. Sem se deixar intimidar, publica o seguinte anúncio em vários jornais paulistanos: "Luiz G. P. da Gama continua a tratar causas da liberdade. Outrossim, responde consultas fora da capital, tudo sem retribuição alguma".

1870 Em janeiro, o "advogado provisionado" Luiz Gama concorre para a libertação de 42 escravos em Jundiaí, causa "sustentada às expensas da Loja América". Aumentam, a partir daí, sua fama como libertador de escravos, bem como as ameaças de morte, mencionadas por ele em vários artigos e na "Carta ao filho Benedito Graco Pinto da Gama". Segundo seu correligionário João Brasil Silvado, tornara-se o "terror dos fazendeiros" na década em que São Paulo desponta como uma das maiores províncias negreiras da nação.

Gama trabalha em estreita colaboração com a banca de Antonio Carlos Ribeiro de Andrada, primo de José Bonifácio, o Moço.

Em abril, Rui Barbosa submete ao Grande Oriente dos Beneditinos um projeto de lei para a emancipação do elemento servil, anteriormente apresentado à Loja América.

Fim da Guerra do Paraguai. Põem-se em marcha as campanhas republicana e abolicionista.

Lançamento do "Manifesto Republicano", publicado em 3 de dezembro no jornal *A República* (RJ).

1871 A Loja América cria uma biblioteca popular na rua do Rosário.

Luiz Gama torna-se primeiro vigilante (vice-presidente) da Loja América.

No ano da Comuna de Paris, Gama é acusado de ser "agente da Internacional" e de fomentar insurreições escravas.

O Clube Radical Paulistano passa a se chamar Clube Republicano de São Paulo.

Promulgação em 28 de setembro da complexa Lei do Ventre Livre: em princípio, são consideradas livres as crianças nascidas de mãe escrava a partir dessa data, porém ficariam em poder dos senhores de suas mães até idade de oito anos. Caso, depois disso, não recebessem indenização do Estado, os senhores manteriam os serviços do menor até a idade de 21 anos, ou seja até 1892, a contar daquela data. Na realidade, essa lei teve poucos efeitos práticos.

1872 Em 17 de janeiro, durante reunião na casa de Américo Brasiliense em São Paulo, lançam-se as bases do futuro Partido Republicano Paulista. Participam, entre outros, Luiz Gama, Américo e Bernardino de Campos, Olímpio da Paixão, Ferreira de Menezes, Campos Sales e Joaquim de Azevedo Marques, dono do *Correio Paulistano*.

Primeiro censo demográfico realizado no Brasil: total de 9.930.478 habitantes, dos quais os escravos representavam 15,2% da população. Em São Paulo, dos 156.612 escravos presentes na província, apenas 104 sabiam ler e escrever. De ex-escravo analfabeto a poeta, jornalista e advogado, Luiz Gama, cuja alfabetização se iniciara 25 anos antes, representava ainda uma grande exceção.

1872-1875 A Questão Religiosa opõe autoridades tradicionalistas da Igreja à maçonaria e ao governo imperial.

1873 Em 18 de abril, realiza-se a primeira Convenção Republicana do Brasil em Itu, dando origem ao Partido Republicano Paulista. Presente à reunião, Luiz Gama logo a abandona, vendo com maus olhos a participação de fazendeiros no PRP. O grupo volta a se reunir em São Paulo no dia 1º de julho. Luiz Gama comparece como representante de São José dos Campos. Primeiras divergências no partido: no dia 2 de julho, depois de inflamado discurso, Luiz Gama, seguido pelos irmãos Campos e por outros partidários da "abolição já", deixa a sessão por recusar propostas de emancipação gradual com indenização aos senhores de escravos. A partir daí, embora desiludido, mas sem romper propriamente com o partido, mantém certo distanciamento crítico. Continuará, no entanto, a participar de congressos e comissões.

1874 Luiz Gama é eleito pela primeira vez venerável (ou presidente) da Loja América. Em reeleições sucessivas, ocupará o cargo até 1881.

1875 Em 4 de janeiro, entra em circulação o jornal *A Província de São Paulo*, fundado por Américo de Campos e Francisco Rangel Pestana (redatores) e José Maria Lisboa (administrador), companheiros de jornalismo e irmãos de maçonaria de Luiz Gama. Nesse órgão que prega a "liberdade de pensamento e a responsabilidade do autor", o jornalista negro, também chamado de "terror dos fazendeiros", publica poucos, mas polêmicos artigos que denunciam atitudes racistas, violências da escravidão, incoerências ideológicas dos redatores e leitores em sua maioria ligados ou simpatizantes do Partido Republicano Paulista. Conforme anunciado desde o primeiro número, o jornal nasce como sociedade em comandita por iniciativa de homens de letras, capitalistas e agricultores, sobretudo cafeicultores do Oeste Paulista.

1876 Luiz Gama torna-se proprietário e redator d'*O Polichinelo*, semanário humorístico publicado aos domingos que circula de 23 de abril a 31 de dezembro, com ilustrações de Huáscar de Vergara. O periódico pretende preencher uma "lacuna sensível no jornalismo de São Paulo", trazendo de volta o riso e a autonomia em relação a partidos políticos. No "Programa" apresentado em versos no primeiro número, é possível reconhecer a fibra do autor das *Primeiras trovas burlescas*: "Do programa a razão tendo por dada,/ Devo agora tratar, sem matinada,/ Dos fatos, dos heróis, e dos sucessos,/ Que devem figurar nos meus processos,/ E de tudo, por alto, dar notícia,/ Que eu sou homem com faro de polícia".

1877 Luiz Gama se estabelece em banca de advogados com Antonio Carlos, Manoel José Soares e Antonio Januário Pinto Ferraz.

1878 Participa de Congresso Republicano como representante de Cotia.

Quase dez anos depois, o Partido Liberal retorna ao poder com o gabinete do Visconde de Sinimbu.

Surgem os primeiros sintomas de diabetes, mal incurável àquela época.

1879 Fundação da *Gazeta do Povo*, em São Paulo, por João da Veiga Cabral.

Os sócios Luiz Gama e Antonio Carlos anunciam nos jornais sua banca de advogados, situada na rua da Imperatriz, número 10.

1880 Comício de Luiz Gama e Martinho Prado Júnior, em apoio à Revolta do Vintém no Rio, reúne em janeiro mais de cem pessoas no Largo da Sé, apesar de forte temporal. Instado por Lúcio de Mendonça, envia-lhe, em 25 de junho, carta dando informes autobiográficos. Nela afirma ter já "arrancado das garras do crime" mais de quinhentos escravos.

Os jornalistas e abolicionistas negros José do Patrocínio e Ferreira de Menezes criam associações emancipadoras no Rio de Janeiro.

Fundada no Rio de Janeiro a Sociedade Brasileira contra a Escravidão (SBE) por André Rebouças e Joaquim Nabuco, que lança o *Manifesto da SBE*, endereçado "aos fazendeiros, agricultores, ao Imperador, aos partidos constitucionais em geral — especialmente ao Partido Republicano —, à juventude, filhos de senhores de escravos, aos senhores de escravos, todos conclamados a lutar pela emancipação dos escravos ao lado da recém-fundada SBE". O texto foi amplamente divulgado no país e no exterior, em francês e inglês.

Em 10 de julho, José Ferreira de Menezes funda a *Gazeta da Tarde*, no Rio de Janeiro, primeiro jornal francamente abolicionista. Por um breve tempo, conjugam-se nessa folha as vozes de um quarteto de proeminentes abolicionistas negros: além do próprio fundador, falecido em 1881, Luiz Gama (o mais velho de todos), André Rebouças e José do Patrocínio. Vários artigos de Luiz Gama, bem como notícias relativas a seu ativismo em São Paulo, são veiculados nesse jornal.

1881 Lúcio de Mendonça publica o artigo biográfico "Luiz Gama" no *Almanaque Literário de São Paulo para o ano de 1881*, de José Maria Lisboa, com o objetivo de prestar homenagem ao "bom republicano" cuja saúde, minada pelo diabetes, dava como próximo seu fim.

Morre em 6 de junho seu dileto amigo Ferreira de Menezes, no Rio de Janeiro.

Fundação da Caixa Emancipadora Luiz Gama em São Paulo, por iniciativa de João Brasil Silvado.

Os sócios Luiz Gama e Antonio Carlos anunciam nos jornais sua banca de advogados, em novo endereço: travessa da Sé, número 4 (janeiro a julho), e, em seguida, outra mudança, para a travessa de Santa Tereza, número 4.

1882 Reunindo suas últimas energias, Luiz Gama funda o Centro Abolicionista de São Paulo com apoio de sua loja maçônica. Entre os sócios, encontram-se Júlio

TÚMULO DE LUIZ GAMA NO CEMITÉRIO DA CONSOLAÇÃO, SÃO PAULO.
FOTO: LIGIA FONSECA FERREIRA.

de Castilhos, Alberto Torres, Luiz Murat, Alberto de Faria, Antonio Bento e João Brasil Silvado.

Em 19 de agosto surge o primeiro número de Ça ira!, órgão dessa associação redigido por Raul Pompéia, Alcides Lima e Ernesto Correa.

Luiz Gama falece em 24 de agosto. Segundo as crônicas da época, seu funeral foi o maior já visto na cidade de São Paulo. Durante meses, os jornais paulistanos dão notícia das homenagens póstumas, que ocorrem por toda província e pelo país.

BUSTO DE LUIZ GAMA LOCALIZADO NO LARGO DO AROUCHE, SÃO PAULO. AUTORIA DE YOLANDO MALLOZZI (1901-1968). FOTO: LIGIA FONSECA FERREIRA.

1883 Primeira marcha cívica ao túmulo de Luiz Gama no cemitério da Consolação, ato que duraria até o final dos anos 1930.

Joaquim Nabuco publica O abolicionismo.

Em maio, José do Patrocínio e André Rebouças criam a Confederação Abolicionista no Rio de Janeiro.

O ex-promotor e juiz municipal Antonio Bento de Souza e Castro e seu grupo, os caifases, tomam a frente do movimento abolicionista em São Paulo e passam a organizar fugas de escravos, com forte apoio popular.

1885 Lei dos Sexagenários. Criação do Quilombo do Jabaquara, ao pé da Serra do Mar, para onde se dirigem escravos fugitivos.

1888 Abolição da escravidão, Lei Áurea, em 13 de maio.

1889 Proclamação da República.

1894 Fundação da loja maçônica Luiz Gama em São Paulo.

1931 Erigida a herma de Luiz Gama no Largo do Arouche, por iniciativa da comunidade negra de São Paulo, um ano depois de seu centenário.

2015 A OAB – SP confere o título

póstumo de "profissional da advocacia" Luiz Gama, em reconhecimento à sua brilhante atuação no campo do Direito, não tendo nunca cursado uma faculdade.

Homenagem da OAB federal a Luiz Gama, pioneiro e símbolo do exercício da advocacia *pro bono*.

2018 A Lei Federal 13.628 inscreve o abolicionista no Livro de Heróis e Heroínas da Pátria, depositado no Panteão da Pátria e da Liberdade Tancredo Neves, em Brasília.

A Lei Federal 13.629 declara-o como "Patrono da Abolição da Escravidão", título concedido a pessoas que tiveram um papel relevante em determinada causa.

Em 17 de maio, inaugurada placa comemorativa em sua homenagem na sede do Sindicato dos Jornalistas de São Paulo

2019 Em 18 de novembro, outorgado a Luiz Gama o título de "Cidadão Paulistano" pela Câmara dos Vereadores de São Paulo.

[Sem título]

Sr. redator,

Acabo de ler a correspondência, que diz-me respeito, assinada pelo ilmo. sr. Luiz Joaquim de Castro Carneiro Leão, inserida no *Correio de hoje*[1].

O profundo respeito que devo ao ilustrado público paulistano e o acatamento que merece-me o sisudo *assignário*[2] dessa correspondência obrigam-me a vir à imprensa dar a razão do ato que acarretou-me a coima de ignorante que, por vir de graça, não rejeito.

Requeri ao integérrimo dr. juiz de direito interino, presidente do tribunal do júri, o depósito do réu Tomás, escravo do sr. Carneiro Leão, para oportunamente e nos termos do direito propor e discutir a sua omissão por abandono, em juízo competente.

Guiaram-me neste procedimento as minhas livres e inabaláveis convicções e o rigoroso dever que impus-me de zelar pelos meus irmãos desvalidos.

Em todos os tempos foram os coxos o amparo e guia dos cegos.

Eu bem sei que na escala social onde foi-me designado ocupar o mais ínfimo lugar[3], assim como ao sr. Carneiro Leão assinalou o real prestígio num dos mais elevados, ombreio com o infeliz por cujos direitos pugnei, mas nem por isso desistirei da empresa começada:

porque se é nobre o esforço da opulência pela manutenção do fausto que a faz deslumbrante e imponente, não [ilegível] que a miséria envergonhada esmole às portas da grandeza os bens de que a todos fez Deus partilha igual.

São Paulo, 23 de agosto de 1864.
L. G. PINTO DA GAMA

1 Em 1863, o brigadeiro Luiz Joaquim de Castro Carneiro Leão ocupou o cargo de vereador da câmara municipal de São Paulo, pelo partido liberal. Desde 1862, eleito juiz de paz, apresentava-se na imprensa como o candidato mais votado na freguesia do Brás (*Correio Paulistano*, 8 de janeiro de 1864). Em 23 de agosto, Carneiro Leão publica no mesmo jornal uma nota de esclarecimento, defendendo-se da acusação de ter abandonado no tribunal seu escravo e réu Tomás, privando-o de um advogado de defesa. Alegava ter se equivocado quanto ao dia do julgamento, desprezando a "opinião *jurídica* do cidadão Gonzaga" (grifo do autor). O motivo bastou para que Luiz Gama, ou Luiz Gonzaga Pinto Gama, solicitasse o depósito do escravo ao presidente do tribunal, retirando-o da posse de seu senhor.
2 Todos os grifos e letras maiúsculas presentes nos artigos deste volume são de Luiz Gama, salvo indicação em contrário.
3 O autor refere-se tanto ao fato de ser negro como ao de ter sido escravizado. Se, por um lado, isso o coloca em posição social diametralmente oposta à de seu opositor, por outro determinará a perspectiva e o *locus* enunciativo-discursivo presentes na maioria dos artigos reunidos neste volume.

[Sem título]

Correio Paulistano | 29 de janeiro de 1867

Ilustrado redator,

Peço-vos um lugar nas colunas do vosso conceituado jornal para responder às reflexões que fez a distinta redação do *Diário de São Paulo*, no número de hoje, relativamente a um dos pontos do "*considerandum* eleitoral" que tive a honra de submeter à discussão da respeitável Assembleia Popular, na reunião efetuada a 22 do corrente.

A conveniência e a cortesia impunham-me seguramente o dever de inserir estas linhas nas páginas do próprio *Diário*; mas devo declarar, em homenagem ao público, que já em outra ocasião, questionando eu sobre matéria semelhante, foram os meus escritos repelidos, pela distinta redação da mesma folha, certamente para evitar justas perigosas em território de seu domínio.

E ainda desta vez, a egrégia redação do *Diário*, não querendo descer até ao minguado autor do *considerandum*, inserto entre as "publicações pedidas", travou galharda luta de laureados cavalheiros com a ilustrada redação do *Correio Paulistano*.

Dois poderosos adversários tenho que combater na grande batalha provocada pela temerária publicação do *considerandum*, os anchos conservadores de todos os absurdos políticos e os deslumbrados liberais, devotos incensadores de todas as visionárias miragens.

Aqueles, encostados ao despotismo, fundem cadeias de ferro para agrilhoar os pulsos dos brasileiros e corrompem a imprensa, com doutrinas anacrônicas, com o fim determinado de perverterem a consciência pública e perpetuarem o fraudulento reinado da imoralidade; os outros postos, de bom grado, entre os horrores da opressão e os gemidos aflitivos do povo, entre as desgraças da pátria e o sacrifício para salvá-la, novos Arquimedes caricatos, pensam absortos na engenhosa descoberta da quadratura do círculo ou do *motu continuo*, meio único por eles visado para a salvação suprema deste grande povo de escravos.

Pela minha parte declaro, com a mais robusta firmeza de convicção, que o povo há de ser salvo por si mesmo, quando, livre de enganos, tiver consciência do que vale e quanto pode, e que para consegui-lo tem indispensável precisão de lançar por terra a poderosa oligarquia de que se compõem os dois partidos militantes, que o oprimem, e de levantar bem alto o estandarte sagrado da democracia.

O dia da felicidade será o memorável dia da emancipação do povo, e o dia da emancipação será aquele em que os grandes forem abatidos e os pequenos levantados; em que não houver senhores nem escravos; chefes nem subalternos; poderosos nem fracos; opressores nem oprimidos; mas em que o vasto Brasil se chamar a pátria comum dos cidadãos brasileiros ou Estados Unidos do Brasil[4].

Tenho ouvido dizer a pessoas de subido conceito que a vaidade e a corrupção poluíram, de há muito, a frágil consciência dos diaristas brasileiros, pondo, destarte, a torpe venalidade remate à obra péssima encetada pela fraqueza e pela ambição; e disto, infelizmente, exibe robusta prova a nossa desconceituada imprensa. Do que, porém, eu sempre duvidei, guiado, talvez, por mal entendido escrúpulo, é que se arrojasse a impudicícia com tanto despejo, ao ponto de contrariar em público as mais esclarecidas lições de direito constitucional, expostas pelos mais eminentes escritores da Europa e da América.

Quem sabe se o bom senso de mãos dadas com o decoro emigraram desta importante porção do novo mundo?...

Mui barulhosa tem sido a celeuma causada pela primeira conclusão do *considerandum*, ante a qual tremeram, de espantados, os mais conspícuos conservadores de alicantinas e os mais esforçados liberais de niilidades; porque, dizem eles, encerra ela um ataque horroroso contra a felicidade do povo e é dissolvente da fé religiosa!...

Serei eu, por acaso, algum novo "Barrière"[5] evadido prodigiosamente dos cárceres jesuíticos?

Felizmente, para mim, a Santa Inquisição dorme inocente o sono dos justos sobre as cinzas malditas de milhares de bárbaros ateus, e eu posso, de ânimo tranquilo, deitar-me no meu leito de misérias, sem o menor temor de despertar no dia imediato ao som compassado do sacro *de profundis*, entre as chamas purificadoras do piedoso São Domingos.

Nos tempos incompreensíveis que atravessamos, em que a astúcia das oligarquias políticas substituiu, com vantagem, a divina violência dos claustros, o povo, sem o saber, transformou-se em fogueira perene dos seus direitos e da sua própria liberdade, e a imprensa, terrível cabeça de Medusa, que outrora petrificou tiranos, tornou-se em novos tribunais do Santo Ofício, onde a devassa aristocracia vela, com estremecido culto, pelo lábaro sagrado do racionalismo e da moral! E, se bem que o heléboro da tolerância tenha trocado as suas virtudes vivificadoras pelos efeitos mortíferos do láudano sonolento, pode o obscuro democrata, sem receio de feroz castigo, contestar os arrojados assertos dos [ilegível] pandectas do bramanismo católico.

A distinta redação do *Diário* deu tratos ao miolo; macerou as faces e queimou as pestanas nas mais árduas elucubrações; e, por fim, bradou — "Eureca!".

Descobriu através das sombras das mais hórridas ambages da inextricável jurisprudência, depois de ter enevoado a clara atmosfera de poeirentas nuvens, que dormiam quedas sobre centenares de bacamartes canônicos acantoados, que a religião de Estado é uma instituição política e sobremodo necessária.

Eu, porém, longe de negá-lo venho robustecer a sua vaga afirmação aduzindo a prova que, por comodidade, não declinou.

São excertos extraídos de uma importante obra escrita por publicista conservador de elevada nota; ei-los:

Nos países que adotam uma religião como lei do Estado (e tal acontece em Portugal com a religião católica, apostólica e romana)[,]

CABRIÃO, N. 18, 3 DE FEVEREIRO DE 1867. DESENHO DE ÂNGELO AGOSTINI.

O PERSONAGEM-TÍTULO TENTA CONCILIAR AS HOSTES DO PARTIDO LIBERAL. À ESQUERDA, JOSÉ BONIFÁCIO, O MOÇO, EMPUNHA A BANDEIRA DO PARTIDO LIBERAL. À DIREITA, UM EXALTADO LUIZ GAMA APARECE À FRENTE DOS LIBERAIS DISSIDENTES, TENDO À SUA ESQUERDA AMÉRICO DE CAMPOS, TAMBÉM REDATOR DO SEMANÁRIO.

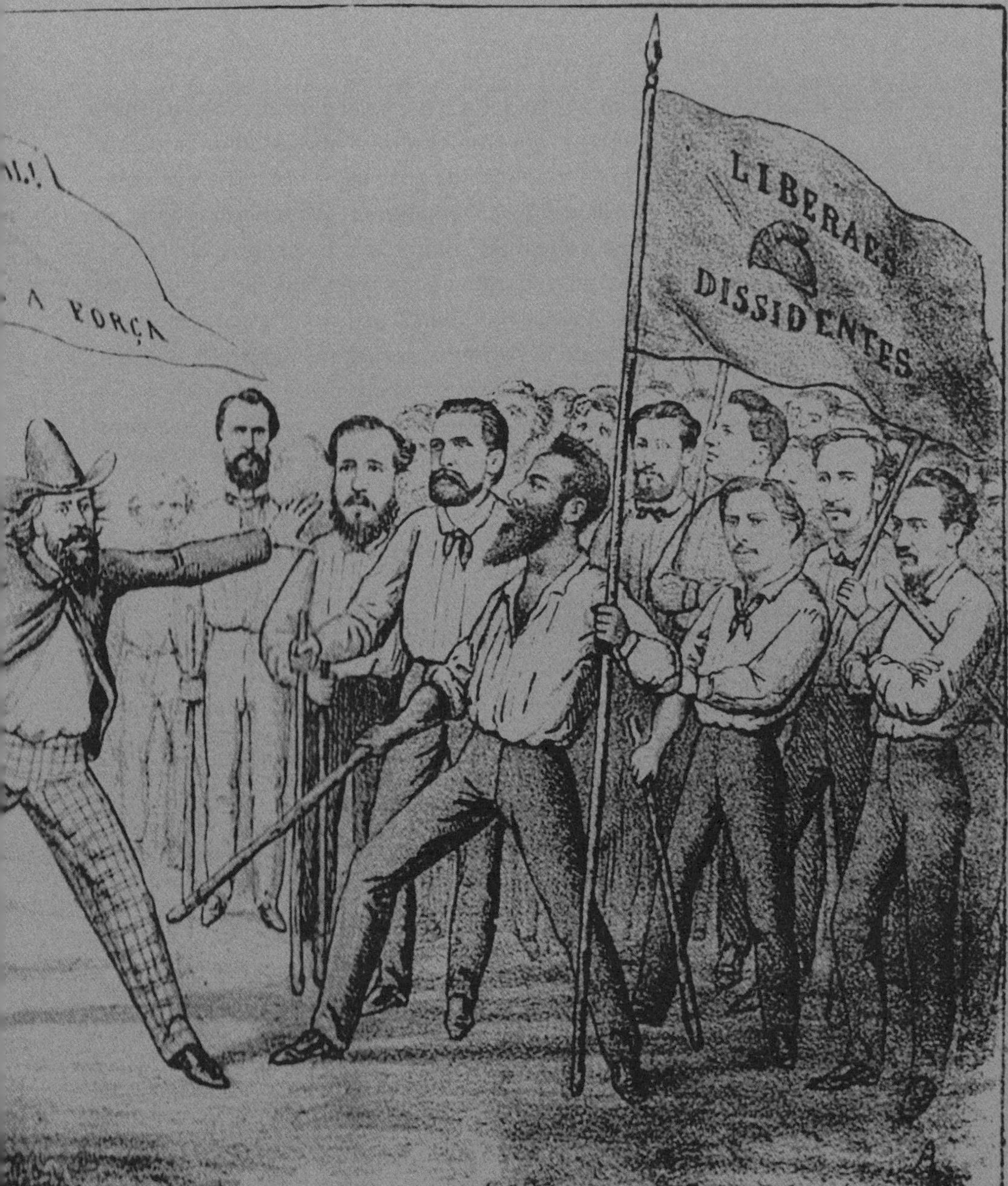
A FORÇA
LIBERAES
DISSIDENTES

adquire essa religião a qualidade e especial consideração de instituição política, e então o governo contrai a obrigação de a manter e proteger, vigiando na execução de suas leis e disciplina que tanto podem influir na ordem pública; zelando o decoro e morigeração dos seus ministros, e exercendo enfim todos os direitos, que os publicistas denominam *circa sacra*[6]; e é neste sentido que o imperador Constantino Magno dizia que os imperadores eram "bispos externos".

Nestes países acontece também que alguns ministros eclesiásticos têm, como tais, certas distinções e prerrogativas políticas e civis, como acontece entre nós com os bispos; que são conselheiros natos do rei, têm títulos de grande nobreza, podem ser membros das câmaras legislativa, ministros do Estado, e todos têm isenções valiosas etc.

Eis a doutrina em que se esteia o art. 5°, parte 1° da Constituição política do império[7], pedra angular do sombrio edifício da perigosa teocracia.

O que ela foi no passado di-lo a história, com eloquência inimitável, soto-pondo aos horrores da Inquisição, a pilhagem desenfreada e a imoralidade espalhadas pelos colégios e pelas congregações de Loyola[8].

O que ela é no presente di-lo o governo em seus relatórios anuais[,] os recolhimentos pejados de ociosos, os seminários criados para edificação de todos os vícios e o clero nacional arrastado pelas [ilegível] da degradação.

O que há de ser no futuro sabê-lo-ão nossos vindouros, a triste consequência do presente, assim como este o é das misérias do passado.

Grande e proveitosa é, por certo, a lição que venho de transcrever. Ela sustenta as opiniões da distinta redação do *Diário* e prova evidentemente que os sublimes princípios constitutivos da Religião Cristã não passam de uma mentira grosseira atirada à face do mundo pelo Divino Mestre, nesta memorável sentença: "O meu reino não é deste mundo", sentença que no dizer de um dos maiores filósofos do século atual[9] firmou as bases inderrocáveis de uma igreja espiritual e completamente livre de todo o pernicioso contato do poder civil e temporal.

Tais são, porém, os maravilhosos efeitos dos progressos morais por que tem passado o povo brasileiro que, em plena luz da publicidade, a redação de um dos mais importantes diários do império proclama de ânimo imperturbável a salvação das almas, a consecução da felicidade social e o exaltamento da fé religiosa por meio dos títulos de conselho, das comendas, das deputações e das senatorias, conferidos a um acervo de mercenários do governo, que a ironia denomina clero!...

Custa a crê-lo, mas a verdade é que a religião do Cristo deixou de ser humana instituição divina e, para felicidade do povo, tornou-se política e aristocrática; e mereceu do sr. conselheiro Antonio Feliciano de Castilho[10] estas palavras:

> Fado mau parece que é este dos povos, ter sempre a sua liberdade de ser combatida pelos dois mais poderosos inimigos, os assentados no trono e os encostados ao altar, os árbitros deste mundo e os introdutores do outro, para que onde a força, a veneração e o sofisma do presente não podem chegar, cheguem as ameaças do futuro, e pela consciência se remate a obra péssima encetada pelo medo e pelo erro.

Já demonstrei, ainda que mal, o que é a religião de Estado e quais têm sido as suas consequências; agora porei termo a este meu escrito, dizendo o que é o Estado sem religião assalariada pelo governo e sem padres fidalgos e mercenários. É o respeitável sr. *Laboulaye*[11] quem vai falar:

> A separação da Igreja e do Estado, a completa liberdade da consciência, foi pela primeira vez exigida no mundo por um pobre pastor, emigrado além dos mares, longo tempo perseguido, mas longo tempo desconhecido, Rogério Williams, o fundador da cidade de Providência, o criador da pequena colônia de Rhode-Island. Em 1644, na época em que as assembleias do clero francês requeriam a extirpação do protestantismo, em que a Igreja escocesa, infiel a seu princípio, insistia a fim [de] que se não concedesse a liberdade dos cultos, um obscuro ministro, vindo à Inglaterra para solicitar uma constituição colonial, anunciava ao mundo escandalizado que

o Estado é instituído para punir o delito, mas que não tem o direito de se ocupar do pecado.

Quase dois séculos foram precisos para que as ideias de Rogério Williams triunfassem na América; hoje, porém, a vitória é completa. A Igreja não conhece o Estado; o Estado não conhece a Igreja. Qual tem sido o resultado desta separação? O enfraquecimento das crenças, a multiplicação das querelas religiosas? Tudo pelo contrário. O cristianismo tem prosperado, o ódio teológico desapareceu. O Estado, que não é senão uma abstração, não tem pretendido mais ingerir-se nos negócios da Igreja; mas a sociedade, que é coisa viva, tem sido demais a mais penetrada do espírito cristão. Qual outra prova disto é necessária do que estes milagres de caridade que, no meio de uma guerra civil, têm admirado a velha Europa, e lhe hão dado o sentimento de uma grandeza ignorada de toda Antiguidade?

Perguntai a um americano, perguntai a um pastor dos Estados Unidos, perguntai aos bispos católicos de além-mar se quererão trocar sua plena liberdade religiosa pela proteção dos Estados: nem vos hão de compreender.

A religião não quer senão obediência voluntária; a glória do pastor é estar inteiramente dependente de suas ovelhas. Disfarçado com um belo nome, o patronato do Estado não é senão uma escravidão; a Igreja cristã nasceu fora do Estado, cresceu pela liberdade, declinou, corrompeu-se no dia em que a mão dos príncipes sustentou-a; por onde quer que ela tenha sido deixada a si mesma, tem-se restabelecido. Permitindo a velha Europa discutir velhos problemas há muito resolvidos, o cristianismo achou de novo na América os belos dias de sua infância; ele não tornará a tomar jugo que voluntariamente quebrou.

Crê-se porventura que a Europa resistirá por muito tempo a este exemplo?

Crê-se que a Igreja Católica nunca, não obstante a nódoa que recebeu de tão longa escravidão, acabará por sentir que tudo perde nesta marcha que a enfraqueceu e empobreceu? Imagina-se que ela não compreenderá que a liberdade lhe daria a alma toda inteira dos fiéis e até recursos materiais que lhe faltam hoje? Quanto a mim, tenho fé no triunfo da verdade; é uma luz que esclarece primeiro as alturas, mas que acaba por penetrar até as últimas profundidades...[12]

Releve-me a esclarecida redação do *Diário* este enorme atentado que cometo, antepondo aos arrojos de sua escandecida imaginação as eruditas palavras de um dos primeiros escritores da culta França, com as quais dou cabal resposta ao seu artigo de hoje.

Peço-lhe também permissão para não responder a outros tópicos do mesmo artigo, por não conterem eles matéria digna de reflexão nem argumentos que mereçam ser refutados.

A muito distinta redação do *Diário* permitir-me-á dizê-lo, com a rude franqueza que me é própria: abusou da sua posição e teve o respeitável público em menosprezo quando os escreveu.

São Paulo, 25 de janeiro de 1867.
L. GAMA

---

4 Provavelmente trata-se do primeiro ou de um dos primeiros textos em que Luiz Gama, sob a expressão "Estados Unidos do Brasil", explicita sua admiração pelo país que, a seus olhos, representa um modelo ideal: uma nação de homens (teoricamente) livres, politicamente reunidos numa república federativa, fundada por maçons ilustres como George Washington e Benjamin Franklin. A ideia retorna em outros escritos do futuro membro da loja maçônica América. Em "Pela última vez", encontra-se uma sentença lapidar, na qual Luiz Gama confessa seu "sonho sublime [...]: o Brasil americano e as terras do Cruzeiro, sem reis e sem escravos!" (ver adiante *Correio Paulistano*, 3 de dezembro de 1869). Tal pensamento ecoa na carta endereçada ao filho, Benedito Graco Pinto da Gama, datada de 23 de setembro de 1870: "Trabalha por ti e com esforço inquebrantável para que este país em que nascemos, sem reis e sem escravos, se chame Estados Unidos do Brasil" (ver íntegra do documento no Apêndice).

5 Em 1593, o fanático soldado católico Pierre Barrière tentou assassinar o rei da França Henrique IV. Protestante de origem, o monarca calculadamente convertera-se ao catolicismo, a fim de garantir legitimidade para ocupar o trono francês, num período turbulento da Guerra das Religiões. Denunciado por um dominicano, Barrière foi preso e executado antes de cometer o regicídio, alegando ter sido instigado por padres jesuítas, ordem expulsa da França em 1595, podendo retornar somente em 1603. (*Manifestação dos crimes e atentados cometidos pelos jesuítas em todas as partes do mundo, desde sua fundação até sua extinção*, Rio de Janeiro: Tipografia de Gueffier e Cia., tomo 1, 1833, pp. 120-2). No artigo de Luiz Gama, é imprecisa a afirmação de que Barrière teria escapado aos

"cárceres jesuítas". Porém, a analogia com o personagem e o período procede, já que os debates sobre separação entre Igreja e Estado no Brasil começam a tomar corpo, prenunciando a Questão Religiosa, surgida do enfrentamento entre a Igreja Católica e a Maçonaria na década de 1870.

6 *Jus circa sacra* ou jurisdicionalismo é "o sistema de política eclesiástica em que o Estado exerce uma ingerência mais ou menos ampla nos atos da autoridade eclesial (como controle de publicações como decretos, pastorais, bulas pontifícais etc.) e na vida da Igreja, sempre que não se trate de matéria propriamente dogmática" (cf. Luigi Salvatorelli, "Jurisdicionalismo", *in*: Norberto Bobbio; Nicola Matteucci e Gianfranco Pasquino (org.), *Dicionário de política*, v. 1, 12ª ed., Brasília: Editora Universidade de Brasília/São Paulo: Imprensa Oficial do Estado, 2002).

7 No artigo 5º da Constituição de 1824, lê-se: "A Religião Católica Apostólica Romana continuará a ser a religião do Império. Todas as outras religiões serão permitidas com seu culto doméstico ou particular em casas para isso destinadas, sem forma alguma exterior de templo".

8 Inácio de Loyola (1491-1556), fundador da ordem dos jesuítas ou Companhia de Jesus.

9 Para os contemporâneos de Luiz Gama a referência é clara: trata-se do filósofo, historiador e filólogo francês Ernest Renan (1823-1892). Conforme apontamos em trabalho anterior, na segunda metade do século XIX, indivíduos situados em campos adversários, de escravistas a abolicionistas emblemáticos como Luiz Gama e Joaquim Nabuco, abraçaram as ideias do autor de obras seminais como *Vie de Jésus* (Vida de Jesus), publicado na França em 1863 e logo traduzido para mais de dez línguas (Ligia Fonseca Ferreira, "Luiz Gama: um abolicionista leitor de Renan", *in*: *Estudos Avançados*, v. 21, n. 60, 2007, pp. 271-88). Renan propôs uma ousada interpretação de Jesus, não como o Messias, mas como um "homem incomparável". A citação feita por Luiz Gama encontra-se no último capítulo de *Vida de Jesus*: "O reino de Deus [...] difere notavelmente da aparição sobrenatural que os primeiros cristãos esperavam surgir das nuvens. Mas o sentimento que Jesus introduziu no mundo é bem o nosso. Seu perfeito idealismo é a mais alta regra da vida desapegada e virtuosa [...]. Ele foi o primeiro a dizer, pelo menos por seus atos: 'Meu reino não é deste mundo'. A verdadeira religião é bem obra sua [...] e Jesus criou a religião da humanidade, como Sócrates nela fundou a filosofia, como nela Aristóteles fundou a ciência" (cf. Ernest Renan, *Vida de Jesus: origens do cristianismo*, São Paulo: Martin Claret, 1995, p. 397).

10 Antonio Feliciano de Castilho (1800-1875) é um poeta, pedagogo, jornalista, político liberal e um dos principais representantes do romantismo em Portugal.

11 Édouard de Laboulaye (1811-1883) é um jurista, escritor, político liberal, maçom e abolicionista francês. Grande observador da política norte-americana, em 1865, finda a Guerra de Secessão, partiu dele a proposta feita ao governo francês de presentear os Estados Unidos com a Estátua da Liberdade. Desde 1862, o *Correio Paulistano* comenta obras, fatos e ideias do pensador francês, bastante conhecido e apreciado pelos leitores paulistanos, conforme destaca o jornal.

12 Citação extraída do artigo "Os Estados Unidos e o Evangelho", publicado no *Correio Paulistano* em 27 de fevereiro de 1866, contendo trechos traduzidos do prefácio de Édouard de Laboulaye à obra *Histoire de la République de États-Unis* (1865), de Jean-François Astié.

"Carta ao comendador José Vergueiro"[13]

A melhor forma de governo é a que ensina aos homens a governarem-se.
SCHILLER

Não há circunstância em que se possa justificar a escravidão.
CONS. BASTOS[14]

A organização de uma sociedade democrática, na importante cidade de Limeira, e a escolha feita de pessoa tão notável, como v. s. [Vossa Senhoria], para seu presidente é fato duplamente memorável, do que devem glorificar-se os verdadeiros patriotas[15].

Eu, por meu turno, se bem que o mais obscuro dentre todos, venho, de minha parte, render solenemente um preito de homenagem, saudando com transporte os novos Trasíbulos[16], no sincero aperto de mão, que a v. s. [Vossa Senhoria] envio.

No magnífico estandarte, hasteado com denodo por v. s. [Vossa Senhoria] e seus arrojados conterrâneos, sobre as verdes colinas dessa memorável porção das plagas do Cruzeiro, está escrita a legenda sublime da regeneração e da igualdade humana: — Abaixo a escravidão!

Todos os homens são filhos de Deus, são irmãos, e um irmão não pode ser escravo de outro.

Essa é a verdadeira doutrina santamente pregada pelo Cristo[17].

Há, portanto, XIX séculos que, como iníqua, o Evangelho condenou a escravidão.

O homem que escraviza outro homem sobrepuja o assassino; é um fratricida abominável. É o que está escrito na religião do Crucificado e gravado na consciência dos homens honestos.

Prescreve-o a moral, e o direito a sanciona; apregoam-no os padres, cultores assalariados da religião do Estado; sabem-no,

O Ipiranga | 21 de fevereiro de 1869

tanto como nós, os filantrópicos possuidores de escravos; só estes o ignoram! Se soubessem, as algemas e o látego de há muito não estariam gravados nas páginas lúgubres da legislação deste Império.

Mas para que repetir inutilmente estas verdades edificantes, a que os surdos não atendem, porque não querem ouvi-las?

V. S. [Vossa Senhoria] e os honrados patriotas limeirenses conhecem-nas melhor do que eu: consola-me esta segurança inabalável.

Não serei eu, por certo, quem perderá o precioso tempo proclamando aos néscios de conveniência.

Para esses a virtude é a fraude; o trabalho, a depredação; a moral, o crime; a liberdade, a força; e o direito, o poder de escravizar.

Dar-se-á que o Brasil transformou-se, por encantamento, em um vasto Monte Aventino; que habitamos a primitiva Roma; e que os salteadores e os assassinos fugitivos promulgam, sem rebuço, as delirantes aberrações de Draco.

Quanto a mim[,] o farol da emancipação ergueu-se há muito das partes do norte proceloso; e sob os raios desse luzeiro inapagável, ao través da densidade dos séculos, repercutem as palavras inspiradas do profeta:

— Quem tiver olhos que os abra; quem estiver em trevas que se ilumine; porque os tempos de luz e da verdade se aproximam[18].

Eu, porém, enquanto os sábios alquimistas meditam extáticos e preocupados sobre a descoberta maravilhosa da encantada pedra filosofal — estabelecimento de democracia e emancipação da escravatura —, à face do país inteiro, às férreas portas dos Pilatos da justiça, no seio desta moderna Jerusalém, em nome de três milhões de vítimas, à semelhança dos antigos israelitas, gravarei nas ombreiras dos parlamentos e dos tribunais subornados esta legenda terrível: — Nós temos leis!

São o tratado solene de 23 de novembro de 1826; a lei de 7 de novembro de 1831; o decreto de 12 de abril de 1832.

Por efeito destas salutares e vigentes disposições são livres, desde 1831, todos os escravos que entraram nos portos do Brasil, vindos de fora.

São livres! Repetiremos perante o país inteiro, enquanto a peita e a degradação impunemente ousarem afirmar o contrário[19].

Observem-se restritamente as normas invariáveis da justiça; mantenham-se integralmente as prescrições legais; e cumpram os magistrados o seu árduo dever, que, dentro do prazo de um ano, ficará a escravatura no Brasil reduzida a menos de um terço.

Cumprida a lei uma única providência restará: a pronta emancipação dos escravos.

A emancipação pronta, e sem indenizações: ela importará a restituição generosa do que os nossos avós roubaram com usura.

O homem emergiu livre dos arcanos da natureza; prepará-lo para a liberdade é um pretexto fútil e farisaico, um crime hediondo, que nós, os solertes democratas, devemos repelir com indignação.

A nobilitação do escravo, e a proscrição do senhor — eis o fato momentoso que nos impõe a moral e a civilização.

É este o meu pensamento relativamente a este gravíssimo assunto.

O contrato será o reinado pernicioso da hipocrisia; o predomínio da mentira sob as vestes da filantropia; o entrave imposto à grandeza nacional; a noite perpétua da existência; o descalabro inevitável da democracia.

A nossa missão é progredir sempre; não tornemos atrás para meter peitos ao oneroso encargo dos erros do passado.

O brilhante programa adotado com firmeza pela Sociedade Democrática Limeirense é um mito.

A sublimidade dos mitos tem a sua existência na pureza das magnas concepções.

Há, entretanto, nesse programa dos erros enormes, dois absurdos inqualificáveis.

Vou referi-los com franqueza, sem faltar à consideração que devo a v. s. [Vossa Senhoria] e aos seus dignos colegas.

Lutadores incansáveis do presente, cidadãos altivos de um país libérrimo, que ainda não existe, mas que visamos com avidez por entre as nuvens tormentosas do futuro, mal cabem, entre nós, as reticências dúbias, e a vulpina simulação.

Digamos inteira verdade: espantemos, embora com a franqueza arrogante dos Cévolas, a covardia dos bifrontados Sejanos: nós americanos não nascemos para idolatrar Tibérios.

É nossa missão iluminar o velho mundo; nossa almenara é a liberdade.

O primeiro erro que venho de notar é a *democracia constitucional*. Este asserto importa o bárbaro encarceramento da razão. Eliminai do vosso lábaro sagrado esse adjetivo que o nodoa.

A democracia é a liberdade objetivada, e tornada lei social; a liberdade é um ditame eterno e imutável promulgado por Deus. Limitá-la é uma heresia audaz e perigosa.

Semelhante limitação é uma arrojada rebeldia; e as rebeldias desta ordem produzem os Lusbeis.

Não é dado ao homem restringir os decretos supremos da Divindade.

A democracia é o misterioso verbo da encarnação social; é a alma coletiva da humanidade: fora temerária insânia o pretender comprimi-la nas páginas humildes de uma constituição. Ela encerra a palavra soberana do Criador: a sua idade é o eterno; tem por limites o infinito.

O segundo erro é a *emancipação gradual dos escravos, dentro do extraordinário prazo de trinta e dois anos*!

A prolongação lenta de uma agonia pungente; o sarcasmo do carrasco injuriando a santidade do martírio; o escárnio imundo estampado no topo do Calvário; Judas cantando sobranceiro, sobre o Gólgota, o poema devasso da venalidade, e ouvindo prazenteiro os ecos do Olivete[20] repetirem-lhe os cânticos!

Trinta e dois anos ainda de torturas, de usurpações e de misérias?!

Por Deus, democratas limeirenses, que as cabeças e as riquezas de todos os senhores não valem, na balança fatal dos sacrifícios, os gemidos de um só escravo, por tempo tão dilatado.

E quantos grilhões, no decurso deste longo século de escravidão, se transformarão em punhais?

Oh! Permita v. s. [Vossa Senhoria] que eu não discuta este ponto negro do programa.

Lavemos de nossa bandeira política esta pasta de lama que a deturpa. Abaixo a escravidão!

―――

Como v. s. [Vossa Senhoria] deseja ardentemente a prosperidade do meu país.

Almejo a proscrição do cetro e do azorrague[21].

Quero que a grandeza da minha pátria tenha por garantia a liberdade, e que todos os brasileiros, apagadas as classes e as hierarquias, possam dizer perante a América inteira:

Acima de nós, Deus tão somente!

Eis a razão por que dirijo esta carta a v. s. [Vossa Senhoria] e saúdo com júbilo a Sociedade Democrática Limeirense.

São Paulo, 18 de fevereiro de 1869.
Seu amigo obrigadíssimo,
L. GAMA

---

13 José Vergueiro (1812-1894), filho do senador Nicolau Pereira de Campos Vergueiro, pertencia à família de agentes pioneiros na campanha de atração de trabalhadores livres em São Paulo.

14 Pelo título que antecede o nome, o autor refere-se ao político alagoano conselheiro José Tavares Bastos (1813-1893), presidente da província de São Paulo de junho de 1866 a outubro de 1867, pai de Aureliano Cândido Tavares Bastos (1839-1875), ambos membros do partido liberal. Este último, formado pela Academia de Direito de São Paulo, mantinha contato com a British and Foreign Anti-Slavery Society e considerava, em projetos de lei, a escravidão como causa da miséria moral e material do Brasil, acreditando que para isso concorreria a efetiva aplicação da lei de 7 de novembro de 1831, que declarava livres os africanos que pisassem em solo brasileiro a partir de então. Cf. Angela Alonso, *Flores, votos e balas: o movimento abolicionista brasileiro (1868-1888)*, São Paulo: Companhia das Letras, 2015, p. 32.

15 Trata-se aqui da Associação Democrática e Constitucional Limeirense, criada em outubro de 1868 por iniciativa do fazendeiro e empresário José Vergueiro. Conforme refere *O Ipiranga*, órgão do Partido Liberal de São Paulo, comandado por Salvador de Mendonça e José Ferreira de Menezes, amigos e correligionários de Luiz Gama, naquela ocasião Vergueiro reunira na sua célebre fazenda Ibicaba os liberais da região "surpreendidos pelos desmandos e prepotências com que dominadores da situação" ameaçavam a "paz do Império". É clara a alusão à crise política que culminara, poucos meses antes, na substituição, promovida pelo próprio dom Pedro II, do governo liberal e emancipacionista de Zacarias de Góis e Vasconcelos pelo governo conservador e escravista do Visconde de Itaboraí.

O golpe foi grande entre os liberais animados pela Fala do Trono de 1867, que colocara em pauta a emancipação dos escravos. Sem esmorecer, a associação limeirense, como outras no país, desejava também salvar a honra do partido liberal, que "não é um punhado de anarquistas a demolir as instituições". Na segunda reunião da associação, durante um banquete oferecido a José Vergueiro, um gesto bastante significativo não deve ter escapado à atenção do liberal Luiz Gama, conforme relata a notícia no jornal de que é colaborador: um liberal de "crenças sinceras" levou consigo o escravo Juvêncio e "apelou para os sentimentos de generosidade e filantropia dos cavalheiros presentes" para que, em nome da "ideia que solenizavam naquele momento sublime", contribuíssem para a "liberdade" daquele homem, com o que concordaram "todas as vozes uníssonas", dizendo: "Escravo! Sede livre!", o que foi feito "porque o partido liberal estava ali" (*O Ipiranga*, 15 de dezembro de 1868). Porém, menos entusiasta do que seus colegas redatores do *Ipiranga*, a Luiz Gama também não escaparam as incoerências das bases que norteavam uma associação formada por grandes fazendeiros a quem interessava, apesar de tudo, dilatar o fim da escravidão. Daí a indignação que expressará adiante, ao passar um pente fino no programa da agremiação elaborada por Vergueiro.

16 Trasíbulo (c. 440 a.C.-388 a.C.) foi um grande general ateniense, conhecido por reconciliar grupos antagônicos que se formaram após a derrota do governo oligárquico de Atenas, composto pelos "Trinta Tiranos" que, por breve tempo, governaram a cidade após a Guerra do Peloponeso (431 a.C.-404 a.C.).

17 A afirmação contida neste e no parágrafo anterior, além de surpreender, pode parecer paradoxal quando se conhece o ferrenho anticlericalismo do maçom Luiz Gama, membro da Loja América, fundada no ano anterior a este artigo. De fato, numa carta ao filho, ele advertia: "Sê cristão e filósofo; crê unicamente na autoridade da razão, e não te alies jamais a seita alguma religiosa. Deus revela-se tão somente na razão do homem, não existe em Igreja alguma do mundo. Há dois livros cuja leitura recomendo-te: a *Bíblia Sagrada* e a *Vida de Jesus*, por Ernesto Renan" (Luiz Gama, "Carta ao filho, Benedito Graco Pinto da Gama, 23 de setembro de 1870", in: *Com a palavra, Luiz Gama. Poemas, artigos, cartas, máximas*. Organização, seleção e notas de Ligia Fonseca Ferreira, São Paulo: Imprensa Oficial do Estado de São Paulo, 2011, p. 193). As raízes desse pensamento, que marcou vários homens da geração de Luiz Gama e retorna em textos posteriores, encontram-se no racionalismo cristão do historiador e filósofo francês Ernest Renan, autor da polêmica obra *Vida de Jesus* (1863), conforme já analisado em Ligia Fonseca Ferreira, "Luiz Gama: um abolicionista leitor de Renan", *Estudos Avançados*, v. 21, n. 60, 2007, pp. 271-88.

18 Alusão à Parábola do Semeador, *Evangelho de Mateus*, capítulo 13.

19 Nesse parágrafo, encontra-se um dos *leitmotivs* de Luiz Gama, conforme se observará em vários textos aqui presentes. A escravidão ilegal de africanos era um tabu, e ainda sob a Guerra do Paraguai e a promessa imperial natimorta, em 1867, de que a emancipação estava a caminho, Luiz Gama trouxe à tona um argumento jurídico inesperado, desenterrando a lei de 7 de novembro de 1831 e nela amparando sua atuação para a defesa, como ele repetirá, de "pessoas livres, ilegalmente escravizadas". Promulgada quando o Ministério da Justiça era ocupado por Diogo Antonio Feijó, inspirador da revolução liberal de

São Paulo em 1842 e personagem pelo qual Luiz Gama nutria grande admiração, essa lei declarava imediatamente livres os escravos que pisassem o solo brasileiro e previa penas severas para os importadores. No entanto, o contrabando de africanos perdurou. Estima-se que entre 1550 a 1850, portanto ao longo de trezentos anos, cerca de 4,8 milhões de africanos foram transportados para o Brasil, transformando o país no maior importador das Américas. A lei de 1831 não bastou para estancar esse fluxo, já que houve desembarque clandestino de cerca de 760 mil escravizados, com a anuência silenciosa das autoridades. Conforme apontou Elciene Azevedo, Luiz Gama deu "nova dimensão ao problema" e manteve-se sempre inteirado das questões jurídicas que envolviam o tráfico ilegal de africanos, pelo menos desde 1867-1868, período em que trabalhava como amanuense encarregado de fazer cópias de documentos oficiais na secretaria de polícia, e obteve certamente a solidariedade de colegas. Cf. Luiz Felipe de Alencastro, "África, números do tráfico atlântico", *in*: Lilia Moritz Schwarcz e Flávio dos Santos Gomes (org.), *Dicionário da escravidão e liberdade: 50 textos críticos*, São Paulo: Companhia das Letras, 2018, p. 60; Elciene Azevedo, *O direito dos escravos*, Campinas: Editora da Unicamp, 2010, pp. 102-6; Ligia Fonseca Ferreira, "Luiz Gama, defensor dos escravos e do Direito", *in*: Carlos Guilherme Mota e Gabriela Nunes Ferreira (org.), *Os juristas na formação do Estado-Nação brasileiro (1850-1930)*, São Paulo: Saraiva, 2010, pp. 219-44; Beatriz Gallotti Mamigonian, *Africanos livres: a abolição do tráfico de escravos no Brasil*, São Paulo: Companhia das Letras, 2017, pp. 17-29.

20 Monte das Oliveiras.

21 Sob outra formulação, Luiz Gama retomará a mesma ideia ao enunciar seu "sonho sublime" no artigo "Pela última vez" (*Correio Paulistano*, 3 de dezembro de 1869, ver adiante p. 165).

"Foro da Capital. Questão de liberdade"

Homem obscuro por nascimento e condição social, e de apoucada inteligência, jamais cogitei, no meu exílio natural, que a cega fatalidade pudesse um dia arrastar-me à imprensa, nestes afortunados tempos de venturas constitucionais, para, diante de uma população ilustrada, como é seguramente a desta moderna Atenas brasileira, sustentar os direitos conculcados de pobres infelizes, vítimas arrastadas ao bárbaro sacrifício do cativeiro, pelos ingênuos caprichos e pela paternal caridade dos civilizados cristãos de hoje, em face de homens notáveis, jurisconsultos reconhecidos e acreditados legalmente, a quem o supremo e quase divino governo do país, em hora abençoada, confiou o sagrado sacerdócio da honrosa judicatura.

É por sem dúvida dificílima a tarefa, sobremodo árdua, a que submeti meus fracos ombros. Luta irrisória e talvez insensata é esta em que venho intrometer-me; eu o conheço e confesso compungido e crente do mesquinho espetáculo a que me ofereço: pigmeu nos páramos do direito, desafiando ousado os gigantes ulpiânicos[22] da jurisprudência!...

A força invencível do destino quis, porém, que os cegos mendicantes esmolassem o óbolo da caridade arrimados à fraca puerícia e às mãos protetoras dos seus irmãos de infortúnio.

Ninguém jamais viu a indigência apoiada ao braço da fortuna. Os andrajos da miséria escandalizariam a nobreza e os brilhos rutilantes da fidalguia.

Eis a razão por que tomei a mim voluntariamente a proteção, se bem que fraquíssima, dos que litigam pela sua emancipação[24].

Valho tanto como eles; estou no meu posto de honra, embora açoitado no patíbulo da difamação pelo azorrague dos escárnios da opulenta grandeza.

———

Afirmam contestes os mestres da ciência, e provoco desde já a que se me prove o contrário, que nas causas de liberdade enceta-se o pleito pela alegação preliminar, em juízo, dos direitos do manumitente; alegação que deve ser feita por escrito e conforme o que se acha estabelecido e prescrito por abalizados praxistas.

Cumprido, pelo juiz, o dever da aceitação em juízo, da alegação do manumitente, quando juridicamente feita, segue-se o depósito judicial do mesmo e a nomeação de curador idôneo, a quem é incumbida a obrigação de velar e defender os direitos e interesses inerentes à causa de que se trata.

E isto assim se faz porque o escravo, não tendo pessoalidade jurídica, não pode requerer em juízo, principalmente contra seu senhor, e menos ainda ser considerado *autor*, enquanto legalmente, por meio de curatela e de depósito, não estiver mantido, protegido e representado.

O depósito, espécie de manutenção, neste caso importa dupla garantia que, assegurando ao detentor, de modo judicial, o seu domínio, quando para isso lhe assistam causas razoáveis, oferece ao detento os meios precisos para desassombradamente e isento de coação fazer valer os seus direitos; direitos que veste o curador, atenta a incapacidade do escravo para sustentá-los.

É só depois destas diligências preliminares — ou antes, garantias pessoais indispensáveis — que o escravo, simples impetrante, pode ser considerado pessoa e admitido, por seu curador, a figurar de *autor* em juízo para regularmente *pedir* que se lhe declare um direito, que por outrem é contestado.

Isto é o que ensina o distinto advogado dr. Cordeiro, firmado nas opiniões esclarecidas dos mais cultos decanos da jurisprudência e na prática inalterável adotada e seguida no ilustrado Foro da Corte, à face e com assentimento dos primeiros e mais respeitáveis tribunais do país.

É o que está escrito em obras importantes, vulgaríssimas, que por aí correm ao alcance de todas as pessoas que lidam no Foro, e ao acesso das mais acanhadas inteligências, não só pela linguagem clara, como pelo estilo da textura.

Do que fica expedido, como ainda do que ensina o egrégio jurisconsulto, exmo. conselheiro Ramalho[25], estribado na douta opinião dos mais acreditados comentadores do direito civil pátrio e subsidiário, e do que escreveram conceituados praxistas, aceitos e seguidos, evidencia-se o modo preciso e incontroverso de auspiciar as causas de liberdade perante as autoridades competentes do país.

Neste sentido, e sem a menor discrepância de um só ponto, requeri do meritíssimo juiz municipal desta cidade, o respeitável sr. dr. Felício Ribeiro dos Santos Camargo[26], em nome da parda Rita, alforriada pelo meu prezado amigo dr. Rodrigo José Maurício, o depósito da mesma e nomeação de curador idôneo para judicialmente intentar a competente ação de liberdade.

Confiado inteiramente na sua reconhecida retidão e imparcialidade[,] aguardava eu, com segurança, benigno deferimento da petição oferecida, quando fui surpreendido com o seguinte despacho exarado pelo eminente magistrado: "J[untem-se] neste a Suplicante os documentos que provam o direito que tem a sua liberdade, a fim de ser ordenado o depósito e tudo mais que de direito for. São Paulo, 18 de janeiro de 1869. Santos Camargo".

A exibição de documentos confirmativos da alforria alegada, antes da garantia de segurança pessoal requerida, importa exigência extralegal de prova prévia, quando, conforme o nosso direito, é no andamento da causa e em ocasião oportuna que se ela exige.

O despacho do benemérito juiz foi uma tortura imposta à desvalida impetrante, que, para fazer valer o seu direito, implorava segurança de pessoa, perante a justiça do libérrimo país, em que ela desgraçadamente sofre ignominiosa escravidão.

É uma violação flagrante dos preceitos característicos do julgador; porque, com semelhante despacho, foi desfavorecida, com desabrimento notável, a suplicante, e, se bem que sem malícia, largamente protegido o detentor, quando é certo que o juiz *não pode tolher os meios legítimos que tem cada um de usar de seu direito, nem favorecer mais a uma do que a outra parte litigante.*

Ao digno Magistrado corria o imperioso dever de atender incontinente à impetrante; porque, segundo os princípios invariáveis do direito natural, devem os magistrados considerar como procedentes, por serem intuitivas, as alegações de liberdade, e só admitir como válidas as de escravidão, quando cabalmente provadas; visto como a escravidão, que constitui direito anômalo, baseando-se em exceção odienta, embora sancionada por ordenação civil, não se presume, e só se aceita, depois de prova completa.

O honrado sr. dr. juiz municipal, sem forma de processo, parece ter condenado a degredo os princípios de direito natural: trocou as lindes e transpôs os contendores: e, assim disposta a cena a seu talante, antes que se tivesse encetado o pleito, visto como tratava-se de uma diligência preliminar obrigatória, exigiu da mísera manumitente prova antecipada de sua liberdade, colocando-a deste modo em posição visivelmente desfavorável. Fato este irregularíssimo, que podia e pode ainda proporcionar ao detentor a livre disposição da detenta e a sua retirada desta cidade para lugar longínquo ou desconhecido, onde jamais possa incomodá-lo.

E deste modo concorre o exímio juiz direta, se bem que involuntariamente, para a perpetração de uma grave e escandalosa extorsão.

Entretanto, para pôr termo ao singular capricho do respeitável juiz, curvei-me respeitoso diante do seu venerando despacho; não como cidadão perante as aras da justiça de um país livre, mas como subalterno diante do superior.

Satisfiz o arbitrário ditame; e por meio da réplica exibi um documento [a]lógrafo, do próprio detentor, por meio do qual mostra-se claramente a concessão de alforria feita à peticionária.

Deste modo estava cortado o nó gordiano.

Submetida, porém, a petição a despacho, o sr. dr. Antonio Pinto do Rego Freitas[27], que então ilustrava a segunda cadeira magistrática da capital, como presidente que é da ilustríssima Edilidade, proferiu o despacho que segue-se: "Justifique. São Paulo[,] 25 de fevereiro de 1869. Rego Freitas".

Ao ser-me apresentado este novo assalto jurídico, que outro nome mais adequado não me ocorre de pronto para dar-lhe, assalto que, conquanto diversifique do primeiro, segundo a forma, lhe é, em fundo, completamente idêntico, ocorreram-me à enfraquecida memória estes versos do satírico lusitano[28]:

> Na forma diferentes se mostravam,
> Mas, em fundo, a clamar sim[u]lcadentes,
> Peregrinas doutrinas expendendo,
> Transportavam de espanto as cultas gentes.

Confesso que, com este meditado despacho, julguei deslumbrado e confundido o meu bom senso, e homem orgulhoso jurei, por tal decepção, vingar-me do seu preclaro autor. E ora o faço muito de caso pensado, mas sem torturar a lei, sem menosprezar o direito, e sem ofender o nobre caráter e imaculada sensatez do severo jurista, mas dizendo-lhe em face e diante do público, que nos observa, verdade que s. s. [Sua Senhoria], ainda que nimiamente modesto, jamais será capaz de contestar; porque a verdade não se contesta.

Será lícito ao escravo demandar o senhor antes de manutenido?

Será aceitável a justificação como prova legal, sem a citação do senhor?

Poderá requerer em juízo o indivíduo a quem o direito nega pessoalidade, e sem que esta haja sido homologada?

A nova jurisprudência dos Dorotéus[29] hodiernos assim o afirmam.

Se em tais causas deve ser prévia a exibição das provas, creio que de hoje em diante, por esta nova doutrina, estão elas proibidas.

Um dia, nos Estados Unidos da federação norte-americana[30], um homem apareceu perante o magistrado territorial reclamando com altivez a entrega de outrem que dizia seu escravo, e comprovava a sua alegação com testemunhas.

O juiz ouvia-as; e depois de breve meditação exclamou:

— Não estou satisfeito; isto não basta!

— O que mais exiges de mim, senhor? — redarguiu o reclamante.

— Que mostreis o título pelo qual Deus vos fez senhor de vosso irmão.

E voltando-se para o paciente, acrescentou:

— Ide-vos daí: e[,] se alguém tentar contra a vossa segurança, defendei-vos como homem acometido por salteadores.

Este singular magistrado, por este ato de moral sublime, foi acusado como violador dos direitos de propriedade nos tribunais superiores, que o absolveram, declarando: que ninguém pode ser compelido à obediência de leis iníquas que o barbarizem e degradem perante Deus e a moral.

Lamento sinceramente que o procedimento dos juízes brasileiros seja diametralmente oposto ao daquele benemérito magistrado, verdadeiro sacerdote da justiça.

Ao terminar este artigo devo declarar que aconselhei à impetrante Rita o abandono da causa, até que melhores tempos a favoreçam.

Escrevendo estas linhas visei tão somente a sustentação do direito de uma infeliz, que tem contra si até a animadversão da justiça, e nunca foi nem é intenção minha molestar, ainda que de leve, dois respeitáveis jurisconsultos, caracteres altamente considerados, que tenho em conta e prezo como excelentes amigos.

São Paulo, 11 de março de 1869.
LUIZ GAMA

---

22 Neologismo derivado de nome próprio, em referência ao jurista, político e economista romano Eneu Domício Ulpiano (c. 150- c. 228), autor da célebre máxima, presente no *Digesto*, contendo os três preceitos fundamentais do direito: "*Iuris praecepta sunt haec: honeste vivere, alterum non laescredere, suum cuique tribuere* [Os preceitos dos direitos são estes: viver honestamente, não lesar a outrem, dar a cada um o que é seu]".

23 A partir deste ano, Luiz Gama "intromete-se" nas causas de liberdade, lançando-se de corpo e alma à defesa do direito dos escravizados perante juízes incompetentes, corruptos, venais e coniventes com a ordem escravista. O ex-escravo transformado em ativista não poupará ataques frontais à atuação dos juízes e autoridades, refletindo ao mesmo tempo sobre a própria natureza do direito e da justiça, aviltados por seus representantes. Se, por um lado, o gesto é interpretado como insolência, por outro reflete a postura e dá a tônica da maneira como Luiz Gama inaugura estratégias jurídicas e políticas para combater o escravismo. A partir de agora, de forma quase teatral, ele exporá à opinião pública, nas páginas dos jornais, "o modo extravagante pelo qual se administra a justiça no Brasil" (ver adiante "Foro da Capital", *Radical Paulistano*, 12 de agosto de 1869).

24 Mais de uma vez, ao longo de sua atividade jornalística, Luiz Gama refere-se à missão redentora que chamou para si, ele mesmo um ex-escravo, devotando-se a libertar seus "irmãos de infortúnio". Como exemplo, cf. adiante "Foro da Capital" (*Radical Paulistano*, 29 de julho de 1869), p. 134, e "Carta ao Dr. Ferreira de Menezes" (*Gazeta da Tarde*, 16 de dezembro de 1880), p. 262.

25 Joaquim Inácio Ramalho (1809-1902), ou barão de Ramalho, foi um jurista, catedrático da Faculdade de Direito de São Paulo e político brasileiro. Recebeu o título de conselheiro do Governo Imperial em 1861. É autor de *Elementos de processo criminal, para uso das Faculdades de Direito do Império* (São Paulo: Typographia Dois de Dezembro, de Antonio Louzada Antunes, 1856) e de *Praxe brasileira* (São Paulo: Ipiranga, 1869), entre outros.

26 As relações serão tensas com o juiz Santos Camargo, abertamente empenhado em entravar, por todos os meios, as ações em favor de escravos, razão pela qual, como mostrou Elciene Azevedo, o juiz se torna naqueles anos o "primeiro do *ranking* na galeria de juízes castigados pela pena de Luiz Gama". Os emperrados trâmites processuais e a má vontade do magistrado serão levados a público de forma mordaz e irreverente, ilustrando o procedimento, dali por diante frequente no advogado negro, de aproveitar todas as chances de politizar os desmandos e arbitrariedades da justiça e firmar seu propósito na luta contra a escravização "ilegal". Cf. Elciene Azevedo, *Orfeu de carapinha: a trajetória de Luiz Gama na imperial cidade de São Paulo*, Campinas: Editora da Unicamp, pp. 220-50.

27 Antonio Pinto do Rego Freitas (1835-1886), formado pela Academia de Direito de São Paulo em 1861. Além da magistratura, teve vários mandatos políticos como vereador pelo partido conservador e como presidente da Câmara Municipal. Homem de posses, escravocrata e saudado como "importante capitalista", figurou entre os diretores do Banco de Crédito Real (*A Província de São Paulo*, 14 de janeiro de 1886). Em 1869, ocupava o cargo de juiz municipal, cabendo-lhe decisões relativas às causas de liberdade. Rego Freitas encontrava-se, pois, sob a mira de Luiz Gama que, lançando-se de corpo e alma à defesa dos escravizados a partir de então, andará às turras com o juiz ao expor jocosa e ironicamente cada ato seu, suas irregularidades processuais, conivência com o *status quo* escravista e incompetência como magistrado. Esse é o primeiro de uma série de artigos publicados por Luiz Gama entre março e dezembro de 1869 no *Radical Paulistano* e *Correio Paulistano*, em colunas nas quais o advogado e o jornalista se fundem na figura de comentarista jurídico. Logo, é possível acompanhar os embates crescentes entre dois homens — separados por interesses e posições sociais e políticas diametralmente opostos — que culminam num processo por desacato, movido por Rego Freitas contra Luiz Gama. Do confronto, este último sairia espetacularmente vitorioso, celebrizado e engrandecido como advogado, de si mesmo inclusive. O fato foi noticiado pelo *Correio Paulistano* em 29 de dezembro de 1870: "Entrou ontem em julgamento o sr. Luiz Gonzaga Pinto da Gama, acusado por crime de calúnia por haver escrito em um requerimento que o juiz municipal dr. Antonio Pinto do Rego Freitas tinha violado a lei por ignorância. [...] Após o prolongado debate[,] a promotoria[,] que não poupou esforços nas raias de suas atribuições para firmar a condenação, e por parte do réu[,] que defendeu-se por si próprio, demonstrando ainda uma vez que sua brilhante inteligência está na altura de seu belo caráter e civismo, deu-se por finda a discussão, dispensando-se a promotoria de replicar. [...] O sr. Dr. Ferreira de Menezes, que acompanhara o réu, comissionado pela Loja América, para prestar-lhe serviços de advogado, [...] igualmente julgou-se dispensado de falar em vista da brilhantíssima defesa [...] A importância do processo, pelas circunstâncias especiais que o rodeavam, quer pela natureza dos fatos de onde originou-se (uma questão de libertação de africano livre), quer pelas condições sociais do réu e do ofendido, despertou a atenção pública[,] fazendo que a tribuna regurgitasse de espectadores. O sr. Luiz Gonzaga Pinto da Gama foi absolvido por unanimidade de votos. Por mais de uma vez, foi a voz do réu coberta de aplausos, sendo saudado por uma roda de palmas por parte dos espectadores ao concluir seu discurso. Depois de encerrada a sessão, para mais de cem cidadãos acompanharam o sr. Gama desde a sala do júri até sua residência [...]". Dois dias depois, a mesma folha, da qual Luiz Gama era colaborador, registrava os esforços vãos da promotoria cujo "propósito" explícito era aniquilar a ascensão e influência daquele negro, de atitude insolente, porém "brilhante, posto que espinhosa posição que ocupa na sociedade como advogado gratuito das causas da liberdade em toda a província de São Paulo". Começa aí a birrenta relação de Luiz Gama com uma certa classe de "doutores".

28 Não identificado.

29 Dorotéu e Teófilo, jurisconsultos bizantinos que redigem, sob a orientação de Triboniano, as *Instituições*, espécie de manual para o ensino do direito no século 6 d.C.

30 Luiz Gama nutria profunda admiração pelo país, que em 1865 abolira a escravidão, sentimento precocemente compartilhado por todo o grupo a que pertencia, formado por políticos e ativistas liberais radicais, futuros republicanos a partir da década seguinte. Em novembro de 1868, Gama encontrava-se entre os membros fundadores da Loja América, a mais influente da cidade de São Paulo, que reunia estudantes de direito, como Rui Barbosa e Ferreira de Menezes, professores, advogados, jornalistas, comerciantes, médicos etc. A escolha do nome não se deu por acaso e apontava para uma direção diferente do norte para o qual olhavam as elites brasileiras — a Europa. Prestava-se, assim, homenagem à nação que se tornara, ao menos teoricamente, uma república avançada de homens livres e iguais perante a lei. No momento em que escrevia este artigo, Luiz Gama já era destacado e atuante membro da maçonaria, na qual se teciam importantes laços de sociabilidade e de solidariedade. Surpreende, no entanto, o fato de Luiz Gama não tecer comentários, em seus escritos, sobre a violação de direitos, a segregação e conflitos raciais que atingiram a população afro-
-americana a partir do pós-abolição. A grande nação do norte representava, aos olhos do entusiasta abolicionista brasileiro, um modelo político, social e econômico ideal para o Brasil. Cf. "Carta a José Carlos Rodrigues, 26 de novembro de 1870", in: *Com a palavra, Luiz Gama...*, op. cit., pp. 194-6.

ANNO I — BRAZIL — N.º 14

Radical Paulistano

CAPITAL

Trimestre	3$000
Semestre	6$000
Anno	12$000

ORGAM DO CLUB RADICAL PAULISTANO

S. PAULO, QUINTA-FEIRA 29 DE JULHO DE 1869

PROVINCIAS

Trimestre	4$000
Semestre	7$000
Anno	13$000

Publica-se, por ora, uma vez por semana e professa a doutrina liberal em toda a sua plenitude, propugnando principalmente pelas seguintes reformas:

Descentralisação;
Ensino livre;
Policia electiva;
Abolição da guarda nacional;
Senado temporario e electivo;

Extincção do poder moderador;
Separação da judicatura da policia;
Suffragio directo e generalisado;
Substituição do trabalho servil pelo trabalho livre;
Presidentes de provincia eleitos pela mesma;

Suspensão e responsabilidade dos magistrados pelos tribunaes superiores e poder legislativo;

Magistratura independente, incompativel, e a escolha de seus membros fóra da acção do governo;

Prohibição aos representantes da nação de accitarem nomeação para empregos publicos e igualmente titulos e condecorações.
Os funccionarios publicos, uma vez eleitos, deverão optar pelo emprego ou cargo de representação nacional.

ASSIGNA-SE NA TYPOGRAPHIA DO «CORREIO PAULISTANO» E NA RUA DA BOA VISTA N.º 29, AVULSO 300 RS.

RADICAL PAULISTANO

Foro da capital

> Em fazer a lei tão clara que seja a mesma para todos os espiritos vae grande sabedoria dos governos cultos.
>
> Padre Antonio Vieira.

Impuz-me espontaneamente a tarefa sobre modo ardua de sustentar em juizo os direitos dos desvalidos, e de, quando sejam elles prejudicados por má intelligencia das leis, ou por desacisado capricho das autoridades, recorrer á imprensa e expor, com toda a fidelidade, as questões e sollicitar para ellas o sizudo e desinteressado parecer das pessoas competentes.

Julgo necessaria esta explicação para que alguns meus desafeiçoados, que os tenho gratuitos e rancorosos, deixem de propalar que costumo eu, como certos advogados, aliás considerados, clamar arrojadamente contra os magistrados por sugestões odientas, movidas pelo malogro desastrado de pretenções desarrasoadas.

Fique-se, pois, sabendo, uma vez por todas, que o meu grande interesse; interesse inabalavel, que manterei sempre, a despeito das mais fortes contrariedades, é a sustentação plena, gratuitamente feita, dos direitos dos desvalidos que, recorrerem ao meu tenue valimento intellectual.

No dia 1.º do corrente, cansado de requerer, em vão, ao meritissimo juiz municipal supplente d'esta cidade—o sr. dr. Antonio Pinto do Rego Freitas—alvará de soltura em favor do preso Antonio José da Encarnação, dirigi ao muito distincto e honrado juiz de direito interino da comarca—sr. dr. Felicio Ribeiro dos Santos Camargo—a seguinte petição de *habeas-corpus*:

« Illm. sr. dr. juiz de direito.

« O abaixo assignado vem respeitosamente perante v. s., fundado na disposição do artigo 340 do codigo do processo criminal, impetrar ordem de soltura em favor de Antonio José da Encarnação, que se acha illegalmente preso na casa de correcção d'esta cidade, á disposição do respectivo juiz municipal.

« Ao detido foi pelo tribunal do jury do termo de Mogy das Cruzes, a 23 de Setembro de 1864, imposta a pena de quatro e meio annos de prisão com trabalho; e, nos termos da lei, remettido para a capital afim de cumprir, na penitenciaria, a pena imposta.

« Chegado á capital foi posto na respectiva cadeia por muito tempo; e, ao depois, remettido para a casa de correcção, onde ainda se acha irregularmente.

« Contando-se o tempo de cumprimento da pena, nos termos de direito, desde o dia em que foi ella imposta (aviso 14 de Junho 1850) terminou o praso da condemnação e deu-se o cumprimento da pena a 23 de Março d'este anno.

« N'esta conformidade requereu o detido ao sabio dr. juiz municipal alvará de soltura, que foi-lhe negado sob o futil e absurdo pretexto de estar aquelle impetrante subjeito mais ainda ao accrescimo da sexta parte do tempo da mencionada pena, que cumpriu em prisão simples, devido isto a mero arbitrio ou desidia do juiz, na cadeia em que foi posto!...

« Esta extravagante e curiosa interpretação, inteiramente incabivel, do esclarecido juiz municipal, alheia completamente á doutrina do aviso de 26 de Janeiro d'este anno, encontra de frente a disposição terminante do artigo 49 do codigo criminal, que subjeita os sentenciados a este accrescimo de pena tão sómente *em quanto se não estabelecerem as prisões com as commodidades e arranjos necessarios para os trabalhos dos réos.*

« No artigo, supra citado, não está, por certo, conferida ao juiz executor das sentenças faculdade para alterar as penas a seu talante, quando ás penitenciarias faltarem celulas para conter-se os réos, ou quando não forem elles, por qualquer motivo alheio aos preceitos legaes, remettidos para taes Estabelecimentos.

« Semelhante illação odiosa, contraria ao preceito constitucional—A Lei será igual para todos quer proteja, quer castigue—e sobre tudo iniqua, repugna ao caracter illibado do jurisconsulto, que não foi talhado seguramente para carrasco dos infelizes.

« O abaixo assignado offerece á consideração de v. s. os dois documentos juntos, jura a presente allegação e

« P. benigno deferimento.

« E. R. Mce.

« Luiz Gama.»

N'esta humilde petição, posto que concebida em linguagem consciencioso e energica, depois de ouvido o juiz detentor e de madura reflexão do juiz *ad quem* foi exarado o despacho que segue-se:

« A vista da informação do juiz das execuções, que subio, acompanhada dos proprios autos de liquidação da pena, que cumpre o supplicante (1) não tem lugar o que ora requer, visto que a mesma não se acha cumprida, e a prisão do mesmo não é de modo algum illegal.

« A elle lembrarei o respeito que deve aos actos do juiz executor, tão irregularmente tractado na presente petição, *e, fazendo-lhe esta lembrança, noto-lhe tambem o perigo que corre, quando por este modo procede.*

S. Paulo, 5 de Julho de 1869.

«Santos Camargo.»

Não sou eu graduado em jurisprudencia, e jamais frequentei academias; ouso, porém, pensar que, para saber alguma cousa de direito não é preciso ser ou ter sido academico. Além de que sou escrupuloso e não costumo intrometter-me de abelhudo em questões juridicas, sem que haja feito previo estudo de seus fundamentos.

Do pouco que li relativamente a esta materia collijo, que as energicas negações oppostas ás petições que apresentei, em meu nome e no do proprio detido, são inteiramente contrarias aos principios de legislação criminal e penal acceitos e pregados pelos mestres da sciencia.

Examinemos a questão.

E' corrente em direito criminal:

1.º que as leis sejam claras e positivas;

2.º que as suas disposições não contenham phrases ou termos ambiguos que deem causa a controversia;

3.º que especifiquem os factos, as especies e os generos, submettidos á acção criminal, em linguagem technica e terminante;

4.º que a clareza e precisão da textura seja tal que obste completamente dualidade na intelligencia das disposições, e perniciosa diversidade nos julgamentos;

5.º que as disposições sejam inequivocas e que se não prestem a accepções differentes;

6.º que os magistrados sejam meros executores d'ellas;

Por quanto:

« *Si aos magistrados couber o poder de interpretar em as leis, não sendo estas positivas e claras, nulla será a liberdade dos accusados, e arbitrarios completamente os julgamentos.*»

II

« Nenhum facto voluntariamente practicado póde ser considerado criminoso sem que lei precedente o tenha qualificado tal.»

« *Nenhuma pena poderá ser imposta restringida ou dilatada por inducção ou deducção de principios, ainda que verdadeiros sejam, desde que o legislador os não tenha estabelecido terminantemente.*»

D'esta incontestavel doctrina decorre:

1.º que os juizes, em materia criminal, não podem interpretar leis;

2.º que tal interpretação só póde ser authentica;

3.º que a intelligencia e comprehensão das leis criminaes não alcanção o facto especial da interpretação;

4.º que o juiz não póde interpretar porque não possue o poder de estatuir;

5.º que o juiz é o rigoroso observador da estricta disposição das leis.

6.º que si a lei penal fôr obscura não póde elle ampliar a coacção, e apenas, excepcionalmente, acceitar a accepção menos lata, conforme os dictames equitativos, só em tal caso admissiveis;

7.º que deve sollicitar ao poder competente a interpretação dos textos obscuros ou difusos.

III

Isto posto, evidencia-se:

1.º que o augmento ou diminuição de pena, practicado por interpretação dos executores das sentenças, constitue abuso culpavel, em face da opinião dos legisperitos;

2.º que semelhante abuso tornar-se-hia impunivel si o poder de interpretar coubesse aos executores;

3.º que dados os mesmos factos revestidos das mesmas circumstancias, verificada a imposição das penas, dar-se-hia o absurdo de tornarem-se ellas variaveis na execução;

4.º que o direito criminal seria uma sciencia arbitraria, differindo a applicação de suas disposições na rasão da intelligencia dos juizes; o que admittido teriamos.

5.º que dois ou mais individuos accusados pelo mesmo delicto, julgados por juizes diversos, sem que variassem as circumstancias qualificativas do grão de criminalidade, seriam regularmente condemnados por diversas penas;

6.º que ainda quando uniformidade houvesse na imposição das penas poderiam estas facilmente variar na execução.

Daqui conclue-se, que a interpretação das leis criminaes não cabe aos magistrados; e que a por elles dada é arbitraria e illegal, como juridicamente affirma o aviso de 26 de Janeiro d'este anno.

Examinemos agora detalhadamente, em suas perniciosas consequencias, a barbara interpretação se não perigosa ampliação dada pelos illustres magistrados de que tracta o artigo 49 do nosso codigo criminal.

Antonio José da Encarnação cumpriu certo tempo da pena que lhe foi imposta na cadeia da capital.

A este tempo, dizem os meritissimos juizes, accrescentou-se a sexta parte, que ainda o réo está cumprindo na casa de correcção.

Ora é incontestavel que o tempo de sentença cumprida na cadeia, na propria opinião dos doutos executores, é de prisão simples; e sendo assim, o addicionamento que livremente fizeram-lhe,—da sexta parte—deve ser tambem de prisão simples; porque é principio incontroverso, que as partes de um todo participam da mesma natureza.

Entretanto não poderão negar os honrados juizes, perante a sua propria consciencia, que o infeliz Antonio José da Encarnação está cumprindo sentença na casa de correcção d'esta cidade.

Dirigindo eu ao digno sr. dr. juiz de direito interino a petição de *habeas-corpus* que transcrevo no começo d'este artigo julgo haver cumprido com recardo o meu sagrado dever; e fico certo de que o illustrado juiz indeferindo-a deu mais uma prova de sua inabalavel coherencia.

S. Paulo, 22 de Julho de 1869.

Luiz Gama.

(1) Houve grave equivoco da parte do meritissimo juiz; o peticionario não está, nem esteve nunca subjeito á pena alguma.

A guerra do Paraguay

Uma carta enviada de Pirajú a 29 do mez passado, e publicada no n.º 54 da *Reforma*, diz a respeito das posições de Lopes, e das circumstancias do nosso exercito o seguinte:

« O novo theatro de operações é limitado a Oeste pelo rio Paraguay, á Leste pelas cordilheiras de Maracajú e Canguazú e pelo rio Paraná, ao Sul pelo Tebicuary (porque não é rasoavel suppôr que Lopes repassasse este rio), e ao Norte (successivamente) pelos rios Manduvirá, Jejui, Ipanê e Aquidabaú.

Nessa grande zona, além dos obstaculos naturaes que se encontram em todo o paiz, como mattas cerradas, pantanos, lagôas, desfiladeiros, etc., etc., existem rios correntosos e grandes cordilheiras cobertas de espessas florestas.

O inimigo occupa a primeira cordilheira do departamento propriamente dito da cordilheira, o qual se estende até o Manduvirá. Antes de chegar a este rio encontra-se a segunda cordilheira, que é parallela á primeira. »

Mais adiante, ainda refere a dita carta:

« O nosso fim não póde ser outro senão occupar os campos que envolvem a cordilheira, onde se acha o inimigo; isto é sitial-a.

« O contorno dessa cordilheira é de 25 legoas, mais ou menos, e os alliados contam apenas 25,000 homens, se tanto. Para que nessa immensa extensão conservem as nossas forças as devidas relações estrategicas, afim de não serem batidas em detalhe, precisamos de, pelo menos, mais 10,000 homens, e isso mesmo attendendo á superioridade numerica do inimigo, á sua desmoralisação e á vantagem de podermos bem fortificar as subdivisões do nosso exercito.

« Ao governo compete fornecer este reforço que imperiosamente exige a empreza, que confiou ao principe.

« Saiba o governo que Lopes póde sustentar por muitos annos o seu pequeno exercito na extensa e fertil cordilheira que occupa, e que, se fôr forçado, pelos esforços que fizessem de frente, a abandonal-a, é preciso não deixal-o passar para a segunda, porque nesta se manteria por outro tanto tempo, e assim se defenderia successivamente até o extenso norte da republica. »

A' vista do que acabamos de transcrever, é fóra de duvida que a guerra não está acabada, como annunciou o sr. duque de Caxias, mas, que, pelo contrario, ella entrou em sua phrase mais critica e perigosa.

O theatro das novas operações militares, pela natureza do terreno, e pelos limites, que o cercam, são um formidavel recurso de defesa para o inimigo, que não poderá ahi ser vencido, sem grandes sacrificios de alguns milhões de contos, e sobre tudo, de alguns milhares de homens, não contando se o tempo necessario para levar-se ávante o plano, que as circumstancias actuaes da guerra exigem.

Mas o Brasil no estado, em que se acha, não póde suportar uma despesa de tal ordem, e muito menos fazer o sacrificio de milhares de homens, dos quaes elle não póde prescindir para a sua lavoura, e para outros misteres da vida social.

E' preciso sitiar-se a cordilheira em que se acham as forças de Lopes, e para isso cumpre que o governo envie ao principe um contingente de 10,000 homens, diz-nos o correspondente da *Reforma*.

Mas cumpre-nos observar que a ida desse contingente, indispensavel ao nosso exercito, é impossivel nas condições, em que se acha o paiz.

Em primeiro logar esta guerra perdeo o caracter popular que teve no seo come-

"Apontamentos biográficos"[31]

O BISPO D. A. JOAQUIM DE MELO, CONDE ROMANO, CONFESSOR DE
S. SANTIDADE, DO CONSELHO DE S. MAJESTADE O IMPERADOR ETC., ETC.

Os grandes homens não são do passado, nem serão jamais do futuro, pertencem à eternidade.

V. DURUY[32]

A história dos grandes homens e os seus atos são exemplos vivos de moralidade e civismo, perante os quais edificam-se os homens, elevam-se os povos e glorificam-se as nações.

Recontar às gerações por vir os feitos notáveis dos grandes homens é o primeiro dever dos historiógrafos do presente; é este o meio de perpetuar na memória dos séculos os atos heroicos dos mártires do socialismo.

Nesta importante província não há quem ignore os relevantes serviços prestados à magna causa da santa religião do Crucificado, pelo nunca assaz chorado bispo diocesano d. Antonio Joaquim de Melo[33].

Feitos notáveis, porém, abundam nas trevas do mistério, encobertos pela tímida mão da esquiva modéstia, que, para a glória da igreja paulistana e honra de tão preclaro varão, devem ser postos a lume.

Os fatos que vamos referir são prova irrecusável e cabal da nobreza de alma, retidão de consciência, ingenuidade de intenções, vastidão de munificência, acrisolamento de piedade e clareza de razão, que distinguiram sempre, no mais súbito grau, a egrégia pessoa do nosso carinhoso pai apostólico, por cujos lábios de contínuo emanaram os ditames sublimes da divina providência.

ANO DE 1828

Inspirado pelo padre Diogo Antonio Feijó, então uma das mais fortes colunas do partido republicano do Brasil[34], o digno padre Antonio Joaquim de Melo, servindo-se do púlpito, onde era ouvido com profunda consideração, pelos bons ituanos, pregou não só contra a introdução de escravos africanos no Brasil, como ainda contra o elemento servil, cuja abolição impunha em nome de Deus, da moral e da religião. E para dar ao povo uma prova inequívoca da sua íntima sinceridade, começou o árduo tirocínio evangélico libertando os seus escravos, como demonstra o seguinte documento:

Eu, o padre Antonio Joaquim de Melo, que possuo quatro escravos — João e sua mulher Rita, Paulo e sua mulher Lucina —, com eles tratei o seguinte:

Prometo-lhes, como prometido tenho, que todos os filhos que lhes nascerem de legítimo matrimônio serão libertos desde o dia de seu nascimento, mas ficando sujeitos a viverem debaixo da minha tutela até terem 25 anos de idade, e então, tendo juízo suficiente para regerem, poderão sair de minha companhia: acrescento que, a terem vícios — de bêbedos, ladrões ou inquietos —, ficarão privados de viver sobre si, até mostrarem emenda de dois anos.

Prometo mais[:] que, tendo eles idade de 17 anos, começarão a ganhar (os homens) dobra[35] por ano; e as mulheres oito mil-réis, o que serei obrigado a entregar, por fundo, quando estiverem nas circunstâncias de viver sobre si, como acima fiz menção; que se eu morrer antes que os ditos filhos de meus escravos tenham inteirado a idade mencionada, irão para outra tutela, que, em testamento, eu declarar, tudo debaixo das mesmas condições.

Aos escravos nomeados prometo e dou o seguinte: João, que agora terá 30 anos de idade, me servirá até ter 45, findos os quais fica liberto;

Paulo, que agora terá 32 anos, me servirá até ter 50;

Rita, que terá 16, me servirá até ter 45 anos;

Lucina, que terá 13 anos, me servirá até ter 40.

Se eu morrer antes de eles terem preenchido o tempo de seu cativeiro, irão preencher o dito tempo em um outro poder e lhes darei a escolha, entre três senhorios, isto em testamento, ou aí declararei cousa que lhes seja mais vantajosa.

Se por algum motivo houver pessoa que possa ter direito a meus bens, não poderá jamais apreender os ditos escravos; eles estarão no poder que lhes parecer, e esse que tiver direito o terá só sobre o valor de seus serviços, para cuja avaliação haverão [sic] dois árbitros, um de cada parte, e se atenderá ao sustento e enfermidades.

Se algum dos ditos meus escravos, no tempo de gozar de sua liberdade, tiver vícios de bebedice, continuará a estar debaixo de senhorio, até ter emenda de dois anos.

Se quiserem mudar de cativeiro, enquanto são obrigados a me servir, fica de nenhum vigor a doação que lhe faço.

A respeito dos quatro nomeados eis o que lhes prometi e eles aceitaram, debaixo das condições declaradas.

Para mais firmeza este documento será escrito no livro público competente.

Itu, 5 de fevereiro de 1828 — Antonio Joaquim de Melo.

(Foi a firma reconhecida e o documento registrado no livro de notas.)

Ano de 1840

No ano de 1840, porém, despersuadido o virtuoso padre Antonio Joaquim de Melo das utopias pueris que sugerira-lhe o sonhador republicano padre Feijó, e nobremente inspirado por beatas senhoras, às quais rendia a sincera homenagem no intuito religioso de beneficiá-las, escravizou alguns de seus libertos e os vendeu.

Nem é para admirar tão estranho procedimento da parte do muito caridoso padre Antonio Joaquim de Melo, pois sabe toda a província de São Paulo, e até o Imperador que o nomeou bispo, que ele tinha fama de santo. E ninguém ousará contestar que os erros dos santos valem mais perante os homens do que os acertos dos míseros pecadores.

Eis, pois, o segundo documento comprobatório das santas e misteriosas virtudes do nosso bem-aventurado ex-bispo[:]

> Pelo presente declaro que revogo e dou por de nenhum efeito a promessa que tinha feito a meus escravos de os libertar, depois de

passados certos anos; e, bem que eu soubesse que eles, segundo as leis, não podiam contratar comigo, os encorajava, por este modo, a melhor se conterem no dever não só para com Deus como para comigo: eles, apesar desta promessa, têm sempre se portado com indiferença, infidelidade, e mesmo imoralidade, por isso, tendo já revogado a respeito de Lucina, a vendi, não podendo mais suportar desregramentos e ingratidão; quando também incluído seu marido, que tem sido tão mau escravo que tem levado até meses sem dar serviço, por manhas muito conhecidas.

Resta João e Rita, para com os quais presentemente revogo, tendo o dito João cada vez se tornado mais negligente no seu serviço, deixando perder-se o que ele deve vigiar, furtando e deixando o que é de seu senhor, além disto queixando-se e imputando caluniosamente o que não faço, como dizer que é meu costume ocupar em dias de guarda; sua mulher Rita jamais querendo prestar serviço que satisfaça, sem jamais fazer ato em que reconheça o bem que lhe fiz libertando seus filhos, dos quais existem três libertos.

Atendendo, pois, à ingratidão destes, tendo consultado a jurisconsultos, certo de que em consciência posso fazê-lo, ficam para sempre sujeitos, salvo uma nova graça que possam merecer.

Os filhos que libertei libertos ficam, menos o que prometi na idade de 17 anos até 25, por ser muito oneroso e nem se achar quem os cure, na minha falta, com tal ônus.

Prolongo mais a tutoria até a idade de 32 anos, emendo o viverem sobre si desde os 25; pois é classe de gente que com muito mais custo se torna pesada. E claro é que nenhum contrato houve entre mim e eles, mesmo quando houvesse, podia revogar.

Esta será lançada no livro de notas, onde está lançada essa promessa, que eu lhes tinha feito e que torno de nenhum vigor.

Itu, 18 de junho de 1840 — Antonio Joaquim de Melo.

A despeito do que encerra este precioso documento, cuja textura alça em relevo a Santidade do seu preclaríssimo autor, e certo de que ilegalmente foram os libertos escravizados, escrevi a seguinte consulta, que foi respondida satisfatoriamente por jurisconsultos de superior conceito:

Pergunta-se:
1°. Em virtude do que se acha disposto, na primeira escritura, são livres João e sua mulher Rita, Paulo e sua mulher Lucina, uma vez que não tenham eles de *motu proprio* faltado aos deveres a que se obrigaram por prazo determinado, para com o benfeitor?

2°. Sendo livres podiam ser revogados à escravidão em face do direito pátrio?

3°. Na hipótese afirmativa, são bastantes para determinar a revogação as simples alegações aduzidas pelo benfeitor, sem audiência judicial dos revogados?

Resposta:
Ao 1° [r]espondemos afirmativamente: os indivíduos mencionados no 1° quesito são forros [por] força da escritura que concedeu-lhes a liberdade, tanto mais quanto claríssima é a intenção do senhor, tentando, pela segunda escritura, revogar a primeira.

Ao 2° [r]espondemos negativamente: a ord. lv. 4 tit. 63 § 7 não pode subsistir por incompatível com os princípios constitucionais — Const. art. 6 § 1 e art. 94 § 2.

E com tanto mais fundamento deve ser aceita esta nossa opinião contra a que sustenta a possibilidade da revogação da alforria, quando, sendo a escravidão um fato contrário à natureza, a liberdade, uma vez adquirida nunca mais deve perder-se — 1rou. ed. lib. 1, tit. 5, — de Stat. hom. lv. 4 § 1 n. 20.

Ao 3°. A Revogação da liberdade, ainda quando estivesse em vigor a ord. lv. 4 tit. 63 § 7, não se dava *ipso jure*: a lei concedeu uma ação pessoal ao doador contra o donatário — Lima ad ord. lv. 4 tit. 63 § 9.

Dependia, portanto, de uma sentença regularmente proferida — Donel. tomo 1° cap. 24 ns. 3 e 4.

A ord. lv. 4 tit. 63 § 7 diz — Poderá ser revogada —, e as causas, constituindo fatos que a lei não presume, dependem de prova em juízo — Masc. de probado cons 898 ns. 1 e 18.

É este nosso parecer, salvo melhor juízo — São Paulo, 4 de março de 1869 — José Bonifácio — Antonio Carlos R. de A. M. e Silva — José Maria de Andrade.

Concordo completamente em todos os pontos do jurídico parecer exarado. "São Paulo, 8 de março de 1869 — Dr. Francisco Justino Gonçalves de Andrade."

Em todas as suas partes concordo com o parecer. "São Paulo, 9 de março de 1869 — Vicente Mamede de Freitas."

Concordo. "São Paulo, 11 de março [de] 1869 — Crispiniano."

Curvo-me perante os venerandos pareceres supraexorados. "São Paulo, 11 de março [de] 1869 — Lins de Vasconcellos."

Tenho consciência de haver prestado relevante serviço a esta heroica província e ao país inteiro, com mais vivo contentamento dos sinceros amigos do exmo. finado bispo D. Antonio Joaquim de Melo, publicando estes dois preciosos documentos. Nem era preciso a inserção que venho de fazer, de cinco pareceres jurídicos para consolidar a justa fama de sábio e virtuoso que foi sempre o mais resplandecente laurel de tão pio varão.

É, pois, certo que os anciãos respeitáveis que comparavam-no ao egrégio pregador — padre Antonio Vieira — não se enganaram no conceito.

Resta-me agora um duplo dever que, com indizível prazer, passo a cumprir.

Implorar a Deus que ilumine os Pontífices e os reis para que felicitem as dioceses com a nomeação de bispos iguais ao sempre chorado d. Antonio Joaquim de Melo, e reclamar perante os tribunais a emancipação de sete infelizes, que se acham em cativeiro como vítimas da santidade do nosso finado e adorado bispo.

São Paulo, 26 de abril de 1869.
L. GAMA

31 Trata-se do primeiro artigo assinado por Luiz Gama no *Radical Paulistano*.
32 Victor Duruy (1811-1894), historiador e político francês.
33 Nascido em Itu, São Paulo, em 1791, dom Antonio Joaquim de Melo faleceu em fevereiro de 1861 em sua cidade natal, oito anos antes da publicação deste artigo. Esse padre "virtuoso", segundo Jacintho Ribeiro, foi nomeado bispo de São Paulo em 5 de maio de 1851. Empreendeu várias iniciativas no campo da educação de religiosos e leigos. Deve-se a ele a criação do primeiro seminário diocesano da capital paulista (as primeiras ordenações de padres paulistas realizam-se em 1861). Em 1859, fundou o colégio das meninas, Nossa Senhora do Patrocínio, em Itu. Profundo admirador dos jesuítas, do papa e da monarquia, condenou a revolução liberal de 1842, ocorrida em São Paulo, em virtude de sua coloração republicana. No plano ideológico, dom Antonio Joaquim de Melo se dessolidarizou do Padre Antonio Diogo Feijó (1784-1843), ao qual estivera ligado até então. Cf. José Jacintho Ribeiro, *Cronologia paulista ou relação histórica dos fatos mais importantes ocorridos em São Paulo desde a chegada de Martim Afonso de Sousa a São Vicente até 1898*, São Paulo: [s.e.], 1899-1901, v. I, pp. 210-1.
34 A lei de 7 de novembro de 1831, por cuja aplicação Luiz Gama incansavelmente se baterá, é promulgada durante o período regencial, tendo o padre Diogo Antonio Feijó à frente do Ministério da Justiça (1831-1832). As simpatias de Luiz Gama pelo "republicano" Feijó são reiteradas em vários escritos. Sobre iniciativas abolicionistas de Feijó, ver neste volume o artigo "Questão jurídica".
35 Antiga moeda portuguesa.

"Foro da Capital"

> *Em fazer a lei tão clara que seja a mesma para todos os espíritos vai grande sabedoria dos governos cultos.*
> PADRE ANTONIO VIEIRA

I

Impus-me espontaneamente a tarefa sobremodo árdua de tentar em juízo o direito dos desvalidos, e de, quando sejam eles prejudicados por uma inteligência das leis, ou por desassisado capricho das autoridades, recorrer à imprensa e expor, com toda a fidelidade, as questões e solicitar para elas o sisudo e desinteressado parecer das pessoas competentes.

Julgo necessária esta explicação para que alguns meus desafeiçoados, que os tenho gratuitos e rancorosos, deixem de propalar que costumo eu, como certos advogados, aliás considerados, clamar arrojadamente contra os magistrados por sugestões odientas, movido pelo malogro desastrado de pretensões desarrazoadas.

Fique-se, pois, sabendo, uma vez por todas, que o meu grande interesse[,] interesse inabalável que manterei sempre, a despeito das mais fortes contrariedades, é a sustentação plena, gratuitamente feita, dos direitos dos desvalidos que correrem ao meu tênue valimento intelectual.

No dia primeiro do corrente, cansado de recorrer em vão ao meritíssimo juiz municipal suplente desta cidade — o sr. dr. Antonio Pinto do Rego Freitas — alvará de soltura em favor do preso Antonio José da Encarnação, dirigi ao muito distinto e honrado juiz de direito interino da comarca — sr. dr. Felício Ribeiro dos Santos Camargo — a seguinte petição de *habeas corpus*:

Ilm. sr. dr. juiz de direito[,]

O abaixo assinado vem respeitosamente perante v. s. [Vossa Senhoria], fundado na disposição do artigo 340 do código do processo criminal, impetrar ordem de soltura em favor de Antonio José da Encarnação, que se acha ilegalmente preso na casa de correção desta cidade, à disposição do respectivo juiz municipal.

Ao detido foi pelo tribunal do júri do termo de Moji das Cruzes, a 23 de setembro de 1864, imposta a pena de quatro e meio anos de prisão com trabalho; e, nos termos da lei, remetido para a capital a fim de cumprir, na penitenciária, pena imposta.

Chegado à capital[,] foi posto na respectiva cadeia por muito tempo e, ao depois, remetido para a casa de correção, onde ainda se acha irregularmente.

Contando-se o tempo de cumprimento da pena nos termos de direito desde o dia em que foi ela imposta (aviso 14 de junho de 1850)[,] terminou o prazo da condenação e deu-se o cumprimento da pena a 23 de março deste ano.

Nesta conformidade requereu o detido ao sábio dr. juiz municipal alvará de soltura[,] que foi-lhe negado sob o sutil e absurdo pretexto de estar aquele impetrante sujeito mais ainda ao acréscimo da sexta parte do tempo da mencionada pena, que cumpriu em prisão simples, devido isto a mero arbítrio ou desídia do juiz na cadeia em que foi posto!...

Esta extravagante e curiosa interpretação, inteiramente incabível, do esclarecido juiz municipal, alheia completamente à doutrina do aviso de 26 de janeiro deste ano, encontra de frente a disposição terminante do artigo 49 do código criminal, que sujeita os sentenciados a este acréscimo de pena tão somente *enquanto se não estabelecerem as prisões com as comodidades e arranjos necessários para os trabalhos dos réus*.

No artigo supracitado não está, por certo, conferida ao juiz executor das sentenças, faculdade para alterar as penas de seu talante, quando às penitenciárias faltarem células para conter-se os réus, ou quando não forem eles, por qualquer motivo, alheio aos preceitos legais, remetidos para tais Estabelecimentos.

Semelhante ilação odiosa contraria o preceito constitucional — a Lei será igual para todos, quer proteja quer castigue — e sobretudo iníqua, repugna ao caráter ilibado do jurisconsulto, que não foi talhado seguramente para carrasco dos infelizes.

O abaixo-assinado oferece à consideração de v. s. [Vossa Senhoria] os dois documentos juntos, jura a presente alegação e
P[ede] benigno deferimento.
E. R. Mce.[36]
Luiz Gama

Nesta humilde petição, posto que concebida em linguagem conscienciosa e enérgica[,] depois de ouvido o juiz detentor e de uma dura reflexão do juiz *ad quem* foi exarado o despacho que segue-se:

> À vista de informação do juiz das execuções, que subiu acompanhado dos próprios autos de liquidação da pena, que cumpre o suplicante, não tem lugar o que ora requer, visto que a mesma não se acha cumprida e a prisão do mesmo não é de modo algum ilegal.
>
> A ele lembrarei o respeito que deve aos atos do juiz executor, tão irregularmente tratado na presente petição e, fazendo-lhe esta lembrança, noto-lhe também o perigo que corre quando por este modo procede.
>
> São Paulo, 5 de julho de 1869.
> Santos Camargo.

Não sou eu graduado em jurisprudência, e jamais frequentei academias. Ouso, porém, pensar que, para saber alguma coisa de direito, não é preciso ser ou ter sido acadêmico. Além do que sou escrupuloso e não costumo intrometer-me de abelhudo em questões jurídicas, sem que haja feito prévio estudo de seus fundamentos. Do pouco que li relativamente a esta matéria, colijo que as enérgicas negações opostas às petições que apresentei, em meu nome e no [do] próprio detido, são inteiramente contrárias aos princípios de legislação criminal e penal aceitos e pregados pelos mestres da ciência.

Examinemos a questão.
É corrente em direito criminal:
1° que as leis sejam claras e positivas;

2° que as suas disposições não contenham frases ou termos ambíguos que deem causas a controvérsias;

3° que especifiquem os fatos, as espécies e os gêneros, submetidos à ação criminal, em linguagem técnica e terminante;

4° que a clareza e precisão da textura seja tal que obste completamente dualidade na inteligência das disposições, e perniciosa diversidade nos julgamentos;

5° que as disposições sejam inequívocas e que não se prestem a acepções diferentes;

6° que os magistrados sejam meros executores delas;

Porquanto: *"se aos magistrados couber o poder de interpretarem as leis, não sendo estas positivas e claras, nula será a liberdade dos acusados, e arbitrários os julgamentos."*

II

"Nenhum fato voluntariamente praticado pode ser considerado criminoso sem que lei precedente tenha qualificado tal."

"Nenhuma pena poderá ser imposta, restringida ou dilatada por indução ou dedução de princípios, ainda que verdadeiros sejam, desde que o legislador os não tenha estabelecido terminantemente."

Desta incontestável doutrina decorre:

1° que os juízes em matéria criminal não podem interpretar leis;

2° que tal interpretação só pode ser autêntica;

3° que a inteligência e compreensão das leis criminais não alcançam o fato especial da interpretação;

4° que o juiz não pode interpretar porque não possui o poder de estatuir;

5° que o juiz é rigoroso observador da estrita disposição das leis;

6° que se a lei penal for obscura, não pode ele ampliar a coação, e apenas, excepcionalmente, aceitar a acepção menos larga, conforme os ditames equitativos, só em tal caso admissíveis;

7° que deve solicitar ao poder competente a interpretação dos textos obscuros ou difusos.

III

Isto posto, evidencia-se[:] 1° que o aumento ou diminuição de pena praticado por interpretação dos executores das sentenças constitui abuso culpável em face da opinião dos legisperitos; 2° que semelhante abuso tornar-se-ia impunível se o poder de interpretar coubesse aos executores; 3° que dados os mesmos fatos revestidos das mesmas circunstâncias, verificadas em posição das penas, dar-se-ia o absurdo de tornarem-se elas variáveis na execução; 4° que o direito criminal seria uma ciência arbitrária, diferindo a aplicação de suas disposições na razão da inteligência dos juízes[,] o que admitido teríamos[;] 5° que dois ou mais indivíduos acusados pelo mesmo delito julgados por juízes diversos, sem que variassem as circunstâncias qualificativas do grau de criminalidade, seriam regularmente condenados por diversas penas; 6° que ainda quando uniformidade houvesse na imposição das penas, poderiam essas facilmente variar na execução.

Daqui conclui-se que a interpretação das leis criminais não cabe aos magistrados; que a por eles dada é arbitrária e ilegal, como juridicamente afirma o aviso de 26 de janeiro deste ano.

Examinemos agora detalhadamente[,] em suas perniciosas consequências, a bárbara interpretação[,] senão perigosa ampliação[,] dada pelos ilustres magistrados de que trata o artigo 49 de nosso código criminal.

Antonio José da Encarnação cumpriu certo tempo da pena que lhe foi imposta na cadeia da capital.

A este tempo[,] dizem os meritíssimos juízes, acrescentou-se a sexta parte, que ainda o réu está cumprindo na casa de correção.

Ora, é incontestável que o tempo de sentença cumprido na cadeia, na própria opinião dos doutos executores, é de prisão simples; e[,] sendo assim, o adicionamento que livremente fizeram-lhe — da sexta parte — deve ser também de prisão simples; porque é princípio incontroverso que as partes de um todo participam da mesma natureza.

Entretanto não poderão negar os honrados juízes, perante a sua própria consciência, que o infeliz Antonio José da Encarnação está cumprindo sentença na casa de correção desta cidade.

Dirigindo eu ao digno sr. dr. juiz de direito interino a petição de *habeas corpus* que transcrevo neste artigo[,] julgo haver cumprido com reca[t]o[37] o meu sagrado dever; e fico certo de que o ilustrado juiz indeferindo-a deu mais uma prova de sua inabalável coerência.

São Paulo, 22 de julho de 1869.
LUIZ GAMA

36 E. R. M. ou E. R. Mce: Espera Receber Mercê.

37 "Com recato": respeitosamente, com deferência.

"Foro da Capital — Juízo de Paz do Distrito Norte"

Ilmo. sr. juiz de paz do Norte[,]

O abaixo assinado tomou de aluguel[,] ao administrador da praça do Mercado Antonio Pinto Praxedes Guimarães, um dos quartos (o de nº 20) por três ou quatro dias, na razão de 300 réis diários, isso no dia 3 do corrente, pelo meio-dia.

Nesse mesmo dia e hora mencionados[,] o abaixo assinado recebeu a chave do quarto, e nele recolheu-se cinquenta galinhas.

Às três horas da tarde[,] o administrador Guimarães propôs ao abaixo assinado troca de quarto aludido por outro desconsertado e sem segurança.

Recusou o abaixo assinado a troca oferecida, para não arriscar-se a perder, por falta de segurança, as aves de sua propriedade.

O administrador Guimarães despoticamente, em face do peticionário, dirigiu-se ao quarto, abriu a porta, soltou as galinhas, e alugou o aposento a outra pessoa; e, com este procedimento, deu lugar a que as ditas aves se extraviassem; pelo que prejudicou o peticionário na quantia de RS40$000[38], conforme o preço regular no mercado da capital.

E, pois, à vista do alegado, requer o suplicante a v. s. [Vossa Senhoria] que se digne mandar citar o suplicado para a primeira audiência desse juízo, a fim de conciliar-se, e, caso não compareça, proceder contra ele nos termos da lei, ouvindo as testemunhas à margem indicadas e condenando-o em principal e custas, como é de direito.

E. benigno deferimento,
São Paulo, 15 de março de 1869.
Francisco Pereira Tomás.

Provada esta alegação com depoimentos de testemunhas, requereu em seguida, o suplicado, provar não só a inexatidão do contexto da petição supra, como ainda a falsidade dos depoimentos.

Isto foi-lhe concedido; as testemunhas, porém, apresentadas pelo réu, depuseram o contrário do que ele pretendera provar e confirmaram os assertos do autor.

A 1º do corrente, *três meses depois de iniciada a causa*[,] lavrou o meritíssimo sr. juiz de paz a seguinte memorável sentença para a qual ouso invocar a sisuda atenção dos homens de bom senso:

> Vistos e examinados estes autos entre partes — Francisco Pereira Tomás, autor, e Antonio Pinto Praxedes Guimarães, réu —, e *refletindo que este, pelo fato de soltar as aves[,] não destruiu nem prejudicou a propriedade do autor, e sendo certo, por provado e confessado,* que ao autor *era indiferente utilizar-se do quarto arruinado, pois que o aceitaria se lhe fosse dado gratuitamente,* depreende-se que, *sem fundamento, e nem razão,* tomou deliberação de abandonar sua incontestada propriedade, *fácil de ser de novo recolhida, para fazer ou tentar fazer pesar ao réu* indenização *inaplicável e injusta*[39].
>
> Absolvo, pois, o réu da indenização pedida e condeno o autor nas custas.
>
> Dou esta por publicada em mão do escrivão que fará as precisas intimações.
>
> São Paulo, 21 de junho de 1869.
> Dr. Francisco Honorato de Moura.

Sentenças destas tenho eu lido muitas em comédias e em outros escritos burlescos, próprios para provocar o riso e a galhofa; o que jamais pensei, confiado sinceramente na civilização de meu país, é que, na importante cidade de São Paulo, às portas de uma egrégia faculdade jurídica, em altos ordenados em nome da justiça para manutenção do direito, um cidadão respeitável pelas suas luzes e pela sua honradez pusesse termo a uma lide com essa irrisória peça de entremez.

Era minha intenção dar à estampa o processo inteiro, para que o povo bem admirasse o modo extravagante pelo qual se administra a justiça no Brasil; a sentença, porém, que venho de inserir é tão fértil de brilhantes fundamentos que dispensa-me de maior trabalho.

Ela por si prova que o meritíssimo juiz[,] depois de *prolongada reflexão*[,] resolveu-se a amputar sem piedade os direitos do infeliz Francisco Pereira Tomás.

São Paulo, 20 de julho de 1869.
LUIZ GAMA

---

38 Quarenta mil-réis.
39 Nossa hipótese é de que as passagens grifadas em itálico por Luiz Gama remetem ao discurso de um terceiro (nesse caso, o depoimento do "autor", Francisco Pereira Tomás, o dono das galinhas. É um procedimento frequente em Luiz Gama para chamar a atenção sobre pontos que deseja colocar em evidência e que serão alvo de sua contestação.

"Foro de Belém de Jundiaí"

Acaba de dar-se um fato contristador, senão indigno e escandaloso, no importante termo de Belém de Jundiaí, fato para o qual ouso invocar a benigna atenção de pessoas sensatas.

Benedito, pertencente ao espólio de d. Ana Francisca de Morais, foi alforriado pelo herdeiro reconhecido José Bueno do Amaral.

Posto, por este fato legal e incontestável, na condição de *statu liber*, requereu como devia, ao juiz inventariante, para que ordenasse o recebimento, na estação competente, da quantia complementar do preço da avaliação pertencente aos demais herdeiros, que a isso não se opuseram.

Atendida esta justa providência, e cumpridos os demais preceitos jurídicos, dever-se-ia, em prol do peticionário, passar carta de liberdade.

O estólido juiz, porém, resolveu a questão indeferindo o requerimento, e mandando vender em hasta pública o peticionário, quando ele já não era escravo!...

Esta lamentável ocorrência é nada menos que um grave atentado, cometido bruscamente pela autoridade ignorante, contra uma vítima desprotegida.

É mais uma prova eloquente, exibida, em nome do bom senso revoltado, contra o fatal sistema de confiar-se cargos de judicatura a pessoas nimiamente ignorantes, despidas até dos mais comezinhos rudimentos de direito, como é seguramente o sr. Florêncio Soares Muniz, suplente do juízo municipal no Belém de Jundiaí.

Em homenagem à verdade, que muito prezo, sou forçado a declarar que, escrevendo estas linhas, não tenho o intento de pôr em dúvida ou desabonar a nobreza de caráter, a honradez, ou a influência política, que hão de, por certo, sobejar ao sr. Soares Muniz, mas patentear, diante do público judicioso, a completa incapacidade intelectual desse cidadão para o desempenho de importantíssimas funções, inerentes à magistratura.

É meu fim discutir um fato real, sobremodo contrário aos direitos incontestáveis de um indivíduo que teve a infelicidade de pretender mantê-los perante tão desazado juiz.

Quero que a lei seja uma verdade respeitada no município de Belém, e não um joguete pernicioso, posto fortuitamente nas mãos da imbecilidade.

Ao exmo. governo da província, requeri providências em favor da esbulhada vítima do sr. Soares Muniz, e conto que a justiça ser-lhe-á feita.

São Paulo, 27 de setembro de 1969.
LUIZ GAMA

"Escândalos"[40]

Em vista do movimento abolicionista que se está desenvolvendo no império, a despeito do crocudilismo[41] [sic] do imperador, e dos inauditos desplantes do seu imoral governo, começam de acautelar-se os corrompidos mercadores de carne humana.

As vozes dos abolicionistas têm posto em relevo um fato altamente criminoso e assaz defendido, há muitos anos, pelas nossas indignas autoridades. É o fato [de] que a maior parte dos escravos africanos existentes no Brasil *foram importados* depois da lei proibitiva do tráfico promulgado em 1831[42]. Começam[,] amedrontados pela opinião pública, os possuidores de africanos livres a vendê-los para lugares distantes dos de sua residência.

Da cidade de Jaguari, província de Minas Gerais, acaba, um sr. Antonio Gonçalves Pereira, de enviar para esta província os africanos Jacinto e sua mulher para serem aqui vendidos, isto porque é ali sabido e muito se falava ultimamente que tais africanos foram importados há 20 anos!...

Podemos afirmar que em idênticas circunstâncias existem *muitos africanos nesta cidade*[43], *com conhecimento das autoridades*, que são as principais protetora[s] de crime tão horroroso.

E mais afirmamos que o governo de S. M. [Sua Majestade] o Imperador tem dado a essas autoridades instruções secretas, *para que não tomem conhecimento das reclamações que em tal sentido lhes forem feitas!...*

Deverão os amigos da humanidade, os defensores da moral, cruzar os braços diante de tão abomináveis delitos?

---

40 Embora não traga assinatura do autor, é plausível supor que o texto seja da lavra de Luiz Gama, "especialista" na questão abordada e autor da maioria dos artigos, se não de todos, relativos à escravidão ou à emancipação neste jornal.

41 Provavelmente, neologismo formado a partir de "crocodilo" ou "crocodilar" (agir com falsidade, hipocrisia).

42 A lei de 7 de novembro de 1831 foi a primeira lei nacional destinada a reprimir o tráfico de africanos. Por quase quarenta anos permaneceu engavetada, a despeito de manter-se em vigor. Só no final da década de 1860, a chamada "lei para inglês ver" passaria a ser utilizada por iniciativa de advogados como Luiz Gama, representando uma ameaça para os senhores, pois poderia diminuir o número de escravos, ao afetar os africanos chegados após 1831 e seus descendentes. Essa ei esteve no cerne de questões e manobras espinhosas, tanto do ponto de vista jurídico como político, econômico e social, mesmo após a promulgação da Lei Eusébio de Queirós, de 1850, decretando a definitiva extinção do tráfico. O tema será recorrente nos escritos de Luiz Gama. Sobre os antecedentes e implicações da aplicação da lei de 1831, cf. Beatriz Gallotti Mamigonian, *Africanos livres...*, op. cit., pp. 63-89.

43 Luiz Gama refere-se à cidade de São Paulo.

"Foro da Capital"

Época difícil é a que atravessamos para as causas judiciárias.

Muito longe vai o tempo dos rotineiros emperrados do sexto século; agora brilham com esplendor deslumbrante os sábios juristas da moderna jurisprudência d[ivi]natória das *incompetências*, que tanto tem de *cômoda* como de *agradável*.

Para mim principalmente[,] mísero capa-em-colo [sic] da ciência, que não pertenço ao luminoso grêmio dos divinos purpurados da egrégia Faculdade, torna-se inextricável a gordiana[44] urdidura jurídica, de que fazem alardo os plecaríssimos doutores.

Creio que bem perto está o tempo almejado em que os *leigos*[45] tarelos serão lançados fora dos átrios da justiça pelos seus perreiros de roupeta e cândida gargantilha para neles imperarem soberanos os tardos Pandectas[46] de cabeleira empolvilhada.

Perto está o tempo feliz em que o direito moderno, livre dos atrevidos impertinentes rábulas[47], se expandirá em chamas no cenáculo das academias, por sobre as frontes predestinadas dos inspirados Doroteus.

Enquanto, porém, não chega a suspirar a idade do ouro, conveniente é que eu me aproveite do ensejo para tasquinhar, com incontestável *competência*, sem embargos da *incompetência* oposta pelos doutos Magistrados desta cidade, nos seus memoráveis e *competentíssimos* despachos.

Ao eminente jurisconsulto, sr. dr. Antonio Pinto do Rego Freitas, juiz municipal suplente da capital, em exercício, dirigi eu a seguinte petição:

Ilm. sr. dr. juiz municipal,
Acha-se nesta cidade o preto Jacinto, africano, congo de nação, importado do Rio de Janeiro, [no] ano de 1848, e levado para a cidade de Jaguari, província de Minas Gerais, no ano de 1849, por Antonio da Cunha.

Tendo falecido este Antonio da Cunha, foi o preto Jacinto *arrematado em praça, sendo ainda visivelmente boçal*, por Antonio Gonçalves Pereira.

Em poder deste casaram-no com a preta Ana, de nação cabinda, importada no Brasil, [no] ano de 1850, e vendida em Jaguari, por Aureliano Furquim de Almeida, que levou-a do Rio de Janeiro para ali, ao mesmo Antonio Gonçalves Pereira.

Tanto Jacinto como Ana, sua mulher, foram batizados na cidade de Jaguari pelo finado padre Joaquim José de Melo.

Não existe, porém, nos livros competentes, assentamento algum a respeito, seguramente para evitar-se conhecimento da fraude, com que procedera o referido padre, batizando como escravos africanos livres[48].

Foram padrinhos de Jacinto — Manuel da Rosa, já falecido; e de Ana — Beralda de Tal, que ainda vive em Jaguari.

Ultimamente Antonio Gonçalves Pereira, sabendo que a propriedade que tinha de tais indivíduos era ilegal, e que corria iminente perigo de perdê-la, veio cautelosamente a esta província e, no município do Amparo, vendeu o africano Jacinto e sua mulher a Inácio Prieto, trazendo-os amarrados e escoltados — por José de Lima de Oliveira e Pedro, filho deste —, fato que foi observado por Francisco de Assis Flemisch, pela mulher deste e por José Ribeiro de Morais.

Sabem da importação ilegal e criminosa, destes africanos, porque viram-nos chegar a Jaguari, ainda completamente boçais, nos anos de 1849 e 1850:
— João Pedro Oliveira de Sá;
— Tenente Francisco José Lourenço;
— Bernardo da Cunha e Sousa; e sua mulher, Maria Custódia;
— Tenente Manuel Luiz Pinto Monteiro;

— Francisco Ponciano; Dona Ana Ponciano;
— José Custódio (das Antas);
— Francisco do Prado;
— Alferes Francisco Gonçalves Barbosa;
— José Mariano da Silva (do Morro);
são todos do município de Jaguari.

Em vista do que exposto fica[,] vem o abaixo assinado perante V. S. [Vossa Senhoria] requerer que se digne mandar por incontinente em depósito o africano Jacinto; requisitar, com urgência, a apreensão e remessa da mulher do mesmo, de nome Ana, do Amparo para esta cidade, para ser igualmente depositada; e por precatória, mandar ouvir as testemunhas indicadas; e afinal, declarando livres os ditos africanos — nos termos da lei de 7 de novembro de 1831, regulamento de 12 de abril de 1832, e mais disposições em vigor —[,] oficiar ao juiz municipal de Jaguari para que se reconheça e mantenha em liberdade, pelos meios judiciais, os filhos dos mencionados africanos de nome — Joana, Catarina, Inácia, Benedito, Agostinho, Rita, João, Sabino, Eva e Sebastião, e os seus netos Mariana e Marcelino.

O abaixo assinado jura a boa-fé com que dá a presente denúncia e compromete-se a acompanhá-la em juízo, prestando os esclarecimentos que forem necessários.

P. a V. S. [Pede a Vossa Senhoria] deferimento de direito.
E. R. M.
São Paulo, 13 de outubro de 1869.
Luiz Gama.

Neste requerimento todo firmado em lei, e sem período ou frase alguma que possa oferecer controvérsia, pôs o meritíssimo juiz este inqualificável despacho:

— Constando da presente *alegação* [aliás, denúncia, sapientíssimo senhor doutor][49] que *o senhor do escravo Jacinto é morador no termo do Amparo*, não estando, por isso, debaixo da jurisdição deste juízo, *requeira ao juízo competente*.
São Paulo, 25 de outubro de 1869.
Rego Freitas.

E doze dias estudou o sábio jurisconsulto para lavrar este inconcebível despacho que faria injúria à inteligência mais humilde!
REQUEIRA AO JUÍZO COMPETENTE?!...
Consinta o imponente juiz, sem ofensa do seu amor próprio, que muito respeito, e da reconhecida ilustração de seus venerandos mestres, que eu lhe dê uma proveitosa lição de direito, para que não continue a enxovalhar em público o pergaminho de bacharel que foi-lhe conferido pela mais distinta das faculdades jurídicas do Império.
Esta lição está contida e escrita com a maior clareza na seguinte disposição de Lei, que o meritíssimo juiz parece ou finge ignorar:

> Em qualquer tempo, em que o preto requerer a QUALQUER JUIZ DE PAZ, OU CRIMINAL, que veio para o Brasil depois da extinção do tráfico, o juiz o interrogará sobre todas as circunstâncias que possam esclarecer o fato, e OFICIALMENTE PROCEDERÁ A TODAS AS DILIGÊNCIAS NECESSÁRIAS PARA CERTIFICAR-SE DELE, obrigando o senhor a desfazer as dúvidas que suscitarem-se a tal respeito.
> HAVENDO PRESUNÇÕES VEEMENTES DE SER O PRETO LIVRE, O MANDARÁ DEPOSITAR e proceder nos mais termos da Lei.

Nessa disposição é que deverá o sr. dr. Rego Freitas estribar o seu despacho, como juiz [íntegro], e não em sofismas fúteis que bem revelam a intenção de frustrar o direito de um miserável africano, que não possui brasões nem títulos honoríficos para despertar a simpatia e a veia jurídica do eminente e amestrado jurisconsulto.
Descanse, porém, o sr. dr. Rego Freitas, porque eu protesto perante o país inteiro de obrigá-lo a cingir-se à lei, respeitar o direito e cumprir estritamente o seu dever[,] para o que é pago com o suor do povo, que é o ouro da Nação.

1869 — outubro 26.
LUIZ GAMA

44 Equivalente a górdio.
45 "Leigos tarelos" (tagarelas) é uma referência a si mesmo que, não sendo formado em direito, se permite opinar e apontar incorreções ou desmandos das sentenças emitidas pelos juízes.
46 Em grego, "o que contém tudo". Refere-se às leis compiladas por Justiniano, imperador de Constantinopla de 527 a 565, apoiando-se no direito romano, base do direito moderno.
47 Essa palavra significa, em sentido pejorativo, advogado incompetente, desprovido de cultura jurídica, bem como advogado que obtém, como Luiz Gama, uma "provisão", ou seja, uma autorização especial para advogar mesmo não sendo formado, recurso existente no Brasil até os anos 1930. Aqui, Luiz Gama joga com os dois sentidos: como ele não tem diploma, talvez não seja competente o bastante nem tenha legitimidade para questionar os verdadeiros "doutores", egressos das academias de direito. Logicamente, o que se segue demonstra bem o contrário.
48 Luiz Gama denuncia obstinadamente, com virulência cada vez maior, os padres que, agindo assim, colaboram com a escravidão ilegal dos africanos, tema abordado em vários artigos deste volume.
49 Comentário de Luiz Gama.

"Um novo Alexandre"[50]

> *Para os déspotas a violência é o principal meio de convencer os recalcit[r]antes.*
> ALFIERI[51]

I

Honro-me com a demissão que acabo de receber do cargo de amanuense da repartição de polícia desta província, porque para autorizá-la o muito digno e ilustrado chefe de polícia interino, exmo. dr. Vicente Ferreira da Silva Bueno[52], teve precisão de procurar motivo em factos inteiramente alheios aos deveres, que solenemente contraí perante a lei, e como empregado jurei cumprir.

Sou empregado público há 12 anos, e ufano-me de que neste longo e não interrompido período de tempo se não encontrasse um só fato para galvanizar-se a *violenta* e *ilegal* demissão com que fui calculadamente fulminado.

S. ex. [Sua Excelência] o respeitável sr. dr. chefe de polícia dignou-se registrar as razões que obrigaram-no a exonerar-me, mas atilado e cauteloso não julgou conveniente exibir todas as causas que influíram no seu experimentado espírito; pelo que vou dar-me ao trabalho de mencionar o principal fundamento que ele hipocritamente ocultara.

No dia 2 do corrente (foi no dia da comemoração dos mortos!) um ancião[53] venerando, a quem presto a mais profunda consideração, procur[ou]-me, com empenho, na secretaria de polícia, e, chamando-me de parte, intimou-me formalmente, em nome de s. ex. [Sua Excelência] o sr. presidente da província, dr. Antonio Cândido da Rocha, *para que deixasse eu de promover e patrocinar causas de manumissão de escravos, sob pena de, continuando, ser demitido do lugar de amanuense da secretaria de polícia; além de outras graves... coerções pendentes da vontade presidencial!...*

Eu não sei transigir com a infâmia. Entre mim e o governo da província seria impossível o acordo proposto.

Sou da escola de Poredorax[54] [*sic*]: o homem honesto sofre, mas não se corrompe, nem se vende.

Ao estimado amigo que interpelava-me declarei que prosseguiria sempre, a despeito da demissão, da *prisão* e da *deportação* que, mais de uma vez, fora objeto de íntimos colóquios no gabinete presidencial...

Eu advogo de graça, por dedicação sincera, as causas dos desgraçados; não pretendo lucros, nem temo violências.

A minha demissão foi por modo sobremaneira escandaloso imposta pelo presidente ao sr. dr. chefe de polícia interino; porque o sr. dr. Antonio Cândido da Rocha protege às ocultas e toma vivo interesse contra uma causa da liberdade, que eu defendo com pertinácia, e continuarei a defender.

É a causa do infeliz africano Jacinto, acintosamente contrariada pelo Dr. Antonio Pinto do Rego Freitas, como juiz municipal desta cidade.

S. ex. [Sua Excelência] neste negócio há sido o principal assessor daquele dócil juiz cujos despachos, manifestamente contrários à evidência da lei, hão sido por mim publicados pela imprensa, com espanto das pessoas sensatas[55].

Para minha completa justificação basta-me a singularíssima portaria de exoneração que foi-me endereçada.

Admirem-na:

> O dr. Vicente Ferreira da Silva Bueno, chefe de polícia interino desta província etc.
>
> Chegando oficialmente ao meu conhecimento (*por comunicação oficiosa que lhe fizera o presidente da província*)[56] a maneira inconveniente e desrespeitosa com a qual o amanuense da secretaria da polícia Luiz Gonzaga Pinto da Gama tem tratado ao dr. juiz municipal suplente em exercício, do termo desta capital, em requerimentos sobre não verificados direitos de escravos,

que, subtraindo-os ao poder de seus senhores[,] encontram apoio no mesmo amanuense, e sendo por isso inconveniente a sua conservação na repartição da polícia, demito-o do lugar de amanuense (!!!)[57]
Secretaria de polícia de São Paulo[,] 18 de novembro de 1869.
O chefe de polícia interino
Vicente Ferreira da Silva Bueno.

Mentira!
Dentro do prazo de um ano tenho conseguido a manutenção judicial de 30 pessoas que achavam-se em cativeiro indébito. Nenhuma delas fugiu da casa dos seus senhores ou detentores. Foram todas por mim arrancadas, por meios legais[,] do poder da usurpação imoral.

Assiste-me o direito de perguntar ao ex. sr. dr. chefe de polícia: quem são esses escravos, aos quais ele refere na sua memorável portaria?

De onde e quando vieram eles?

A quem pertencem?

Qual o lugar em que os acoutei?

A falta de verdade em um alto funcionário é uma nódoa inapagável.

Há um africano, um só[,] que veio da província de Minas Gerais em procura dos meus minguados esforços.

Em favor desse infeliz, requeri eu, no mesmo dia em que ele aqui chegou, ao celebérrimo sr. dr. juiz municipal suplente desta cidade, as providências ordenadas pela lei de 7 de novembro de 1831, e decreto de 12 de abril de 1832.

A petição que então escrevi já é conhecida do público; foi por mim publicada no *Radical Paulistano*.

Nessa petição, depois de 12 dias de reiteradas conferências, pôs o sr. dr. Rego Freitas um despacho inepto, ofensivo da lei; e todo inspirado pelo exmo. sr. dr. presidente da província.

Se eu presto criminoso abrigo a escravos fugitivos, deixe o sr. dr. o indigno ardil das sancadilhas em que se envolve, sem consciência do risível papel, que com sobeja inópia representa. Processe-me, ou mande processar-me; cumpra o seu dever, porque eu saberei manter ileso o meu direito.

Creia o exmo. sr. dr. Vicente Ferreira da Silva Bueno que o meu nome jamais servirá de pancadaria, para galardoar-se as prevaricações ingênuas do adiposo sr. dr. Rego Freitas.

Agora duas palavras ao público judicioso.

Há seis anos, quando o sr. dr. José Inácio Gomes Guimarães exercia o lugar de juiz municipal no termo de Limeira, a propósito de um discurso ultramontano, que ali pronunciara em pública reunião, escrevi, como democrata sincero, alguns artigos estigmatizando as doutrinas desse respeitável magistrado; artigos que, pelo ferino da sátira e forte energia de linguagem que encerravam, molestaram-no de algum modo.

Há quatro anos, sendo acre e violentamente acometido pela tribuna e pela imprensa o sr. dr. Vicente Ferreira da Silva Bueno, como juiz de direito da comarca de Campinas, por decisões, que dera no processo crime instaurado contra os culpados no homicídio do dr. Bernardino José de Campos, resistindo eu obstinadamente às rogativas e reflexões dos meus amigos íntimos, inspirado tão somente por princípios de justiça, a mim tomei espontaneamente, e por mera simpatia, a causa digna do encanecido juiz, e tenho plena convicção de havê-la defendido, com louvável independência, nas colunas da *Revista Comercial*.

Há pouco tempo foi chefe de polícia desta província o sr. dr. José Inácio Gomes Guimarães que, durante a sua administração, desfez-se em provas de estima e sincera consideração para comigo, ao ponto de opor-se obstinadamente à minha demissão, que, por motivos políticos, fora-lhe formal e tenazmente imposta[58]!

Serve, hoje, interinamente de chefe de polícia desta província o sr. dr. Vicente Ferreira da Silva Bueno, que acaba de demitir-me, *segundo ele próprio declarou-me, de ordem do presidente da província, por inconveniente e desrespeitoso procedimento para com o exmo. jurisconsulto do Arouche!*...

Esta triste ocorrência é prova cabal de que a honra e a dignidade não pertencem exclusivamente aos magistrados.

Entre eles há homens de bem, assim como há miseráveis togados.

São Paulo, 18 de novembro de 1869.
LUIZ GAMA

50 Luiz Gama alude provavelmente ao tsar Alexandre I (1801-1825), neto de Catarina II, a "déspota esclarecida". Desde sua ascensão ao trono, empreendera algumas reformas liberais (abolição da tortura, da censura, reorganização do ensino, direito aos plebeus de adquirirem terra etc.). Vencido por Napoleão em três batalhas, assina o tratado de paz de Tilsit (1807). Entra novamente em guerra com Napoleão, que invade a Rússia em 1812. Em 1820 e 1825, Alexandre faz reinar todo o contrário de um despotismo esclarecido. Em 1815, uma parte da Polônia passa à autoridade russa. Os sucessores de Alexandre I enfrentarão várias insurreições dos poloneses decididos a lutar contra o inimigo russo. Depois do fracasso de 1863, que termina com uma política de repressão e russificação, a Polônia aparece como uma espécie de "lugar sagrado de peregrinação espiritual" para os liberais que, em diversos países, lhe manifestarão apoio. O destino dos poloneses dali em diante cristalizaria um tema que inspiraria muitos escritores no Brasil. Machado de Assis expressou sua compaixão para com aquele povo combativo nos versos seguintes: "Não ama a liberdade/ Quem não chora contigo as dores tuas [...]"; no mesmo sentido, Pedro Luiz Pereira de Sousa comporá um "canto épico" em homenagem aos "Voluntários da Morte" (sobre o assunto, cf. Wilson Martins, *História da inteligência brasileira*, São Paulo: T. A. de Queiroz, 1996, v. III, pp. 200-1).

Este título refere-se ao fato de Gama comparar a atitude do déspota russo com a do chefe de polícia interino Vicente Ferreira da Silva Bueno, o "novo Alexandre", que "impôs" a extinção de seu cargo. A "novela" continua no artigo seguinte ("O novo Alexandre"). No dia 21 de novembro, o jornalista e irmão de loja maçônica Américo de Campos escreve um artigo em defesa e apoio a seu amigo Luiz Gama no *Correio Paulistano*, retomando a metáfora da Polônia rebelada contra seus opressores e atribuindo, de forma grandiloquente, um amplo significado político à "despótica" e parcial perseguição de seu amigo e digno funcionário público, que agia sob o comando de sua consciência e razão. Escreve ele: "Queriam-no [Luiz Gama], na repartição, empregado inteligente e honesto; fora da repartição, lacaio! [...] Sob o influxo do despotismo constitucional em vigor [no Brasil], despotismo forte como o da Rússia, porém mascarado como o da França, o emprego público absorve o cidadão, mutila o homem".

51 Vittorio Alfieri (1749-1803), poeta e dramaturgo italiano cuja obra literária contribuiu para a formação intelectual e afetiva do *Risorgimento*. Hostil aos déspotas e a toda forma de servidão, suas tragédias e diversos tratados, como *Da Tirania* (1779), são uma apologia da liberdade e exortam a humanidade a lutar contra um destino medíocre e aviltante.

52 Vicente Ferreira da Silva Bueno foi juiz de direito em Campinas de 1865 a 1869, antes de ser nomeado chefe de polícia interino, substituindo José Inácio Gomes de Guimarães. Cf., neste volume, a "Carta de Luiz Gama a Lúcio de Mendonça".

53 Francisco Maria Furtado de Mendonça (1812-1890), um dos homens mais poderosos da província, ocupou os cargos de bibliotecário interino e catedrático da Faculdade de Direito e de delegado da polícia de São Paulo. Luiz Gama foi seu ordenança e dedicou-lhe a segunda edição das *Primeiras trovas burlescas de Getulino* (1861), manifestando publicamente sua gratidão ao "protetor e amigo" de quem recebera "boas lições de letras e civismo" (ver aqui "Carta a Lúcio de Mendonça", 25 de julho de 1880, p. 366). No entanto, como se lê neste artigo, as relações entre Luiz Gama e Furtado de

Mendonça ficariam dramaticamente estremecidas, na medida em que Furtado de Mendonça tentou cercar a atuação de seu subordinado como advogado de escravos. Numa série de artigos com ares de folhetim, publicados em 21/11, 27/11 e 03/12, Luiz Gama imbui-se da tarefa de tornar públicas as razões dos constrangimentos e perseguições políticas que o levaram a ser exonerado do cargo público que exercera por vários anos. Ao engajar-se em "causas de liberdade", Luiz Gama tocara num vespeiro e estava consciente de que seus detratores tentariam desvencilhar-se dele ou silenciá-lo. O ex-escravo ousara atacar o escravismo, espinha dorsal dos interesses políticos, econômicos e sociais do Brasil. Sobre a estrepitosa ruptura das relações entre Furtado de Mendonça e Luiz Gama, cf. Elciene Azevedo, *Orfeu de carapinha*, op. cit., pp. 110-25 e 190; Ligia Fonseca Ferreira, "Luiz Gama, defensor dos escravos e do Direito", *in*: Carlos Guilherme Mota e Gabriela Nunes Ferreira (org.), *Os juristas na formação do Estado-Nação brasileiro (1850-1930)*, op. cit., pp. 232-40.

54 Provável erro de impressão no original. Talvez se trate de Corax (Sicília, séc. V a.C.), mestre da arte oratória e um dos precursores da retórica, segundo Aristóteles. Corax publicou um tratado destinado ao uso dos advogados que assumiam a defesa dos indivíduos cujos bens eram confiscados pelos tiranos.

55 Trata-se dos despachos de Rego Freitas publicados por Luiz Gama no *Radical Paulistano* em 13 de novembro de 1869, um dos estopins da crise.

56 Comentários do autor.

57 As exclamações traduzem o pasmo de Luiz Gama que, através dessa notação, busca compartilhar seus sentimentos com os leitores. Trata-se de uma estratégia em que se busca chamar "visualmente" a atenção, persuadir e criar adesão do leitor à sua argumentação, explicitando-lhe seus sentimentos diante dos fatos narrados. O mesmo recurso será observado em outros artigos.

58 Luiz Gama refere-se, provavelmente, à irresistível pressão exercida sobre Guimarães por parte de seu ex-protetor e influente político, o conselheiro Furtado de Mendonça, desde que começou a defender as chamadas "causas de liberdade". A natureza das relações e as causas da ruptura ficam mais claras no último artigo da série, "Pela última vez".

"O novo Alexandre"

*A rigorosa observância das leis constitui
a sólida reputação dos magistrados.*

DES. M. F. TOMÁS

II

Como empregado da secretaria de polícia, tinha os meus deveres marcados no código do processo criminal, na lei nº 261 de 3 de dezembro de 1841, no regulamento nº 120 de 31 de janeiro de 1842, e nos decretos nº 1746, de 16 de abril de 1856, e nº 1898, de 21 de fevereiro de 1857.

Em nenhuma destas disposições acha-se estabelecida a obrigação de tratarem os empregados subalternos com subserviente vassalagem os seus superiores; e menos ainda a qualquer outro funcionário ou magistrado de diversa hierarquia.

O juiz municipal nenhuma interferência tem, quer como autoridade judiciária, quer como funcionário administrativo, nas repartições de polícia.

Nem eu tampouco, na qualidade de amanuense da secretaria de polícia, tinha dever algum que cumprir em tal juízo.

Nas petições que firmei, a ele endereçadas, exerci um direito incontestável, como qualquer do povo ou simples cidadão.

Se no exercício imperturbável de semelhante direito cometi algum delito, é porque tive liberdade para perpetrá-lo.

Por tais atos a ninguém devo satisfazer senão às autoridades competentes.

De tais atos só podem conhecer as autoridades por meio de sumário criminal e nos termos da lei.

Assim, pois, o arbitrário procedimento do exmo. sr. dr. chefe de polícia, para comigo, encerraria uma indignidade revoltante se a miopia fatal que lhe obscurece os olhos já lhe não tivesse penetrado a consciência rustida pelos anos, e pelas mesuradas homenagens à fraqueza.

S. exc. [Sua Excelência] é jurisconsulto abalizado; não pode, de boa-fé, infringir grosseiramente a lei para violar os direitos sagrados dos seus concidadãos.

S. exc. [Sua Excelência] declarou-me que foi compelido pelo governo a demitir-me, e que o fizera contra a sua vontade!... e podia acrescentar — contra o seu dever.

Ao confessar, porém, esta vergonhosa fraqueza[,] esqueceu-se da disposição do art. 45 do regulamento nº 120 — de 31 de janeiro de 1842 —[:] os amanuenses da repartição da polícia são *livremente* nomeados e demitidos pelo chefe de polícia.

Se o presidente da província foi bastante iníquo para impor tão estranho arbítrio[,] ao sr. dr. chefe de polícia, cônscio dos seus deveres, cabia repeli-lo com energia, não por amor dos meus interesses, mas em consideração do seu próprio pudor.

O presidente exigiu!

Se aprouver amanhã ao sr. presidente da província, *o que não será novidade*, mandar recolher-me à prisão, e se para satisfazer o seu malévolo capricho tiver a inspiração de escolher, para instrumento, o bondoso sr. dr. Vicente Ferreira, nutro a segurança de que o integérrimo chefe de polícia, depois de recalcitrar um pouco, por nímia modéstia, mandará submisso executar o firman [*sic*]; feito o quê, sairá contrito e opado, de porta em porta, mussitando aos seus fiéis amigos — que o presidente usou e abusou da sua pudicícia; e que, perverso, o arrastou à perpetração da hórrida monstruosidade!...

Que governo, santo Deus, e que magistrados!

São estes os garantidores da honra, dos direitos e da segurança dos cidadãos!!

Proh pudor!!!

Os superiores, sr. dr. Vicente Ferreira, as autoridades altamente colocadas pela vontade nacional, quando não estão poluídas pela morfeia da desídia, só devem exigir o rigoroso cumprimento do que as leis determinam.

O país paga para ter juízes honestos; os algozes depravados procuram-se nos cárceres, entre os abomináveis criminosos.

Mandar o contrário é um crime, é provocar, com desazo, a indignação dos empregados sisudos.

O ato da minha demissão encerra uma miséria inqualificável, que tornaria réu de prevaricação o seu autor, se de há muito a idade e os dissabores políticos lhe não houvessem arrebatado o fardel oneroso da imputabilidade.

Ousa dizer o exmo. sr. dr. chefe de polícia que eu prestei abrigo indevido a escravos subtraídos ao domínio senhorial!

Quão gasta pelas tricas incontestáveis vai de tropel a enfraquecida memória de s. exc. [Sua Excelência]!...

Eu requeri ao sr. juiz municipal suplente, dr. Rego Freitas, *depósito judicial do africano Jacinto, importado no Brasil depois da lei proibitiva do tráfico*[60].

O sr. dr. Rego Freitas, assessorado juiz, por excelência, inspirado pelo honrado presidente da província, nega-se obstinadamente ao cumprimento da lei.

Entretanto, enquanto eu sustentava, com tenacidade e energia, o direito desse infeliz, o exmo. sr. dr. chefe de polícia, por misterioso acordo com o presidente, expedia ordem secreta ao exmo. conselheiro delegado da capital, para mandar apreender, clandestinamente, o desgraçado africano e entregá-lo manietado ao reclamante, suposto senhor, a fim de conduzi-lo para a província de Minas, por dois expressos postos à espera nas cercanias desta cidade!...

E ousa afirmar o exmo. sr. chefe de polícia que eu dou a escravos proteção ilegal!...

S. ex. [Sua Excelência] sofre da vista e tem a simplicidade de crer que o mundo é composto de cegos.

Digamos a verdade sem rebuço.

A minha demissão era um nó górdio que, há tempos, preocupava muitos espíritos. E, para cortá-lo, achou-se alfim um inculpado Alexandre de cataratas.

Consta-me que a horda esfaimada de garimpeiros políticos, e de refalsados estelionatários, que por aí se arrastam atidos à fímbria dos taumaturgos do partido, mendigando sinecuras e depredações, começa de exercer contra mim a sua costumeira maledicência.

O meu primeiro artigo inserto no *Correio*[61] de hoje na opinião sáfara destes gastos polinetores [sic] do governo não é uma expansão da moral revoltada perante o cinismo autocrático da administração; é a cólera do despeito, exacerbada pela perda do emprego!

Míseros turcomanos despudorados, para quem mais vale o dinheiro do que a honra!

E jactam-se de cidadãos brasileiros indivíduos que, sem corar, põem acima da razão e do direito os preconceitos sociais e as conveniências imorais de alguns funcionários prevaricadores!

Descansem, porém, os turiferários do escândalo e da corrupção, que eu hei de continuar impávido na tarefa encetada, se bem que sobremodo árdua, ainda que pese o arbítrio desfaçado com que pretendam vencer-me.

Agora aguardo o processo cuja instauração foi requisitada ao sr. dr. juiz municipal suplente.

Do tribunal do júri darei aos meus concidadãos conta completa dos meus atos.

Quanto ao sr. dr. Rego Freitas direi apenas que é um pobre de espírito, para quem Deus aparelhou o reino do céu.

São Paulo, 20 de novembro de 1869.
LUIZ GAMA

P. S.
Consta-me que algumas pessoas julgaram apócrifa a portaria de minha demissão, e forjada por gaiatice, para injuriar-se o bom senso e a ilustração do sr. dr. chefe de polícia.

Este fato obriga-me a deixá-la em exposição na tipografia do *Correio Paulistano*, para desilusão dos *Tomés* incrédulos.

---

[59] Este artigo é igualmente reproduzido no jornal *O Ipiranga*, de 24 de novembro de 1869.

[60] Referência à lei de 7 de novembro de 1831.

[61] Trata-se do artigo "Um novo Alexandre".

"Ainda o novo Alexandre"

Tinha-se representado a tragédia, e o sr. dr. Vicente Ferreira bem desempenhado o seu papel de Alexandre.

Eu estava demitido, e a propriedade servil acautelada.

Os salteadores da liberdade dormiam o sono dos justos, e a lei de 1831 estava esmagada pela rocha presidencial.

O espetáculo, porém, não se havia completado.

Houve surpresa. O público não estava prevenido. Deu-se a representação sem programa, a curiosidade fora tomada de assalto.

A fé! Em urdiduras de bastidores o nosso amável governo é o primeiro!

Sentemo-nos de novo na arquibancada, distintos leitores; vai continuar a interrompida representação.

Agora também faço eu parte dos espectadores.

Comprei, por bom preço, bilhete de *segunda ordem*; mas deram-me assento na plateia!...

Isto, porém, acontece impunemente, porque o sr. dr. chefe de polícia, inspetor do teatro, é gerente secreto da empresa...

Nada reclamo, entretanto; porque comprei o direito de patear ao meu sabor.

Para dissipar impressões veementes, causadas pela exibição da tragédia policial, vão deleitar-nos com festival comédia.

Ouçamo-la:

Secretaria da Polícia — Dessa repartição comunicam-nos o seguinte:

Não tendo estado com o ex-amanuense Luiz Gama depois de sua demissão, por incômodo de saúde, que me tem privado de sair; por isso, tendo lido a exposição que ele fez, *não sei se a mim se refere no 4°§*. Se é, cumpre-me retificá-lo, em honra da verdade.

Pela amizade que a ele tenho há vinte e dois anos, tendo ido à secretaria da polícia em dia que não tenho presente para informar-me de quantas licenças tivera o carcereiro Taborda, encontrando o mesmo Luiz Gama disse-lhe, *que mais uma vez e a última lhe dizia terminantemente deixasse de envolver-se em questões de liberdade, e que era estar mexendo em um vulcão, e que eu achava inconveniente, bem como o dr. Antonio Cândido da Rocha*, assim proceder ele, *sendo empregado de polícia* (!!!); e de minha conta acrescentei — QUE O PODERIAM DEMITIR E PERSEGUIR. — Eu não podia intimar em nome de quem pela lei não podia demitir, e que semelhante recomendação me não fizera. — F. M. Furtado de Mendonça.⁶²

Este precioso documento, aliás escrito com ingenuidade mui notável, e, ao que parece, no seguro intuito de não ver a luz da imprensa, foi com irrisório ardil extraído das *partes oficiais* da delegacia à secretaria de polícia, pelo deslumbrado sr. dr. Vicente Ferreira da Silva Bueno.

Admirável originalidade!...

A sua especiosa e meditada publicação pela imprensa é um depoimento inconcusso da culposa prevaricação do chefe de polícia, e da refalsada conivência do presidente nesta questão.

Depois da inserção importante deste documento, os exms. srs. presidente e chefe de polícia, para serem coerentes e mostrarem-se dignos dos lugares que ocupam, deveriam ter requerido carta de guia para o hospício de dom Pedro II.

Estou plenamente justificado perante os homens honestos do meu país.

A eloquência incontrastável da sentença proferida por juiz competente dispensa-me de ociosos arrazoados.

Resta-me agradecer ao exmo. sr. conselheiro F. M. S. Furtado de Mendonça, meu ilustre mestre, honrado amigo e protetor, a sátira pungente com que acaba de fulminar a corruptora administração dos srs. Antonio Cândido da Rocha e Vicente Ferreira da Silva Bueno.

"Deixa-te de patrocinares a causa dos infelizes, postos ilegalmente no cativeiro, porque o governo, protetor do crime e da imoralidade, DEMITIR-TE-Á do emprego que exerces, e te PERSEGUIRÁ!!!..."

E a demissão realizou-se!...

Resta a perseguição, que de ânimo tranquilo aguardo.

São Paulo, 26 de novembro de 1869.
LUIZ GAMA

---

62 Todas as partes dessa citação destacadas por Gama em itálico ou em letras maiúsculas atestam suas reações diante das declarações do autor da mensagem, o conselheiro Furtado de Mendonça, de quem fora tão próximo e por quem nutria genuína reverência. Gama procura assim tornar evidente, aos olhos de seus leitores, o que aquelas afirmações têm de cínicas e mentirosas. São as declarações de Furtado de Mendonça que levam seu ex-ordenança, pupilo e protegido a redigir o artigo "Pela última vez", o último dessa série que vinha sendo publicada desde 20 de novembro.

"Pela última vez"[63]

Correio Paulistano | 3 de dezembro de 1869

O meu ilustre mestre e honrado amigo, o exmo. sr. conselheiro Furtado de Mendonça, teve a infelicidade de ler com prevenção os meus escritos: traduziu mal as minhas ideias, tomou a nuvem por Juno[64] e julgou-me com inconveniente precipitação.

A prova cabal desse asserto está estampada na sua primeira explicação, que corre impressa "com caráter oficial". Eis o motivo por que eu tachei de "ingênua e notável"[65] essa publicação. Será isto um novo doesto?

Um meu distinto amigo e ilustrado colega da redação do *Radical Paulistano* escreveu em minha ausência algumas palavras amargas, mas sinceras, relativamente à minha demissão[66]. S. Excia. [Sua Excelência] teve a infeliz lembrança de amistosamente impor-me a responsabilidade desse escrito.

Pois bem, satisfaço os desejos do meu nobre amigo e desvelado protetor, aceito com orgulho a responsabilidade que me impõe. Agora uma última palavra:

A ninguém dei ainda o direito de acoimar-me de ingrato.

A minha história encerra o evangelho da lealdade e da franqueza. O benefício é para mim um penhor sagrado, letra que não se resgata, porque escrita no coração.

Há cerca de vinte anos, o exmo. sr. conselheiro Furtado, por nímia indulgência, acolheu benigno em seu gabinete um soldado de pele negra que solicitava ansioso os primeiros lampejos da instrução primária.

Hoje, muitos colegas desse soldado têm os punhos cingidos de galões e os peitos de comendas.

Havia ele deixado de pouco os grilhões de indébito cativeiro que sofrera por 8 anos, e jurado implacável ódio aos senhores.

Ao entrar desse [sic] gabinete, consigo levava ignorância e vontade inabalável de instruir-se.

Seis anos depois, robustecido de austera moral, a ordenança da delegacia de polícia despia a farda, entrava para uma repartição pública, fazia-se conhecido na imprensa como extremo democrata, e esmolava, como até hoje, para remir os cativos.

Não possuía pergaminhos, porque a inteligência repele diplomas como Deus repele a escravidão.

O ex-soldado hoje, tão honesto como pobre, quaker[67] ou taciturno ebionita[68], arvorou à porta da sua cabana humilde o estandarte da emancipação, e declarou guerra de morte aos salteadores da liberdade.

Tem por si a pobreza virtuosa, combate contra a imoralidade e o poder.

Os homens bons do país, compadecidos dele, chamam-no de louco; os infelizes amam-no; o governo persegue-o.

Surgiu-lhe na mente inapagável um sonho sublime, que o preocupa: o Brasil americano e as terras do Cruzeiro, sem reis e sem escravos!

Eis o estado a que chegou o discípulo obscuro do exmo. sr. conselheiro Furtado de Mendonça.

Enquanto os sábios e os aristocratas zombam prazenteiros das misérias do povo; enquanto os ricos banqueiros capitalizam o sangue e o suor do escravo; enquanto os sacerdotes do Cristo santificam o roubo em nome do Calvário; enquanto a venalidade togada mercadeja impune sobre as aras da justiça, este filho dileto da desgraça escreve o magnífico poema da agonia imperial. Aguarda o dia solene da regeneração nacional[69], que há de vir; e, se já não viver o velho mestre, espera depô-lo com os louros da liberdade sobre o túmulo, que encerrar as suas cinzas, como testemunho de eterna gratidão.

São Paulo, 2 de dezembro de 1869.
LUIZ GAMA

63 Este artigo encerra a polêmica decorrente da demissão de Luiz Gama e a ruptura com o "ex-protetor e amigo", gesto que, conforme já apontamos, equivaleria simbolicamente a "matar o pai" e, naquelas circunstâncias, beneficiou o futuro advogado em sua luta pela libertação daqueles que chamava "pessoas ilegalmente escravizadas". Enfrentou juízes, autoridades, protetores, o mundo branco da classe senhorial. A partir desta data, a meu ver, o ex-escravo se porta como cidadão e anuncia publicamente a autonomia de seus atos e opiniões, optando por uma espécie de desobediência civil e por afirmar sua inexorável missão. Não é à toa que, embora mergulhado na efervescência dos acontecimentos que o empurravam para frente do palco, Luiz Gama ainda encontrava tempo para renovar o texto dos anúncios que publicava na imprensa, com uma ponta de provocação, a fim de tranquilizar sua clientela escrava (e também os seus senhores) de que suas atividades permaneciam intactas e *pro bono*: "Luiz G. P. da Gama *continua* a tratar causas da liberdade. Outrossim, responde consultas para fora da capital, *tudo sem retribuição alguma*" (*Correio Paulistano*, 26 de novembro de 1869, grifos nossos). Cf. Ligia Fonseca Ferreira, "Luiz Gama, defensor dos escravos e do Direito", *in*: Carlos Guilherme Mota e Gabriela Nunes Ferreira (org.), *Os juristas na formação do Estado-Nação brasileiro (1850-1930)*, op. cit., pp. 238-9.

64 Juno, deusa latina assimilada à divindade grega Hera, esposa de Zeus. Juno/Hera protege as mulheres e o casamento, a fidelidade conjugal e a fecundidade, exercendo importante influência sobre os fenômenos celestes e atmosféricos. Como seu esposo, pode mover as nuvens e desencadear tempestades.

65 Cf. artigo anterior.

66 Referência ao artigo "A demissão de Luiz Gama", publicado no *Radical Paulistano*, em 27 de novembro de 1869 e que, efetivamente, não traz assinatura. Furtado de Mendonça, sabendo que Luiz Gama era um dos principais redatores desse jornal, imputou-lhe a autoria do artigo que comentava de forma indignada sua demissão.

67 Seita religiosa protestante inglesa, fundada no século XVII, cujos membros valorizam a simplicidade, vivem em recolhimento, reconhecem a luz interior presente em todos os homens e pregam a prática do pacifismo, da solidariedade e da filantropia. Os *quakers* influenciaram o abolicionismo anglo-saxônico, baseado na religião e na Declaração dos Direitos Humanos. Foram os primeiros a postular a escravidão como princípio incompatível com a religião cristã. Muitos membros emigraram para os Estados Unidos, onde tiveram destacada atuação abolicionista. Cf. José Murilo de Carvalho, *Cidadania no Brasil: o longo caminho*, op. cit., p. 49.

68 Do hebraico *evionim*, "pobre". Seita judaico-cristã, surgida entre os séculos II e IV, que enfatiza a natureza humana de Jesus Cristo. Sobre Luiz Gama e a sua visão do cristianismo, cf. Ligia Fonseca Ferreira, "Luiz Gama: um abolicionista leitor de Renan", *Estudos Avançados*, op. cit., pp. 271-88.

69 Ou seja, o advento do regime republicano.

"Distinto redator"

O vosso jornal de hoje deparou-me um artigo, com endereço a mim, incerto entre as publicações pedidas, subscritas pelo pseudônimo — O HOMEM LIVRE[70].

Peço-vos permissão para responder-lhe.

A ninguém ainda conferi o direito de, por qualquer motivo, pôr em dúvida a sinceridade e o aferro com que sustento as causas de liberdade, que me hão sido confiadas; sendo certo que o tenho feito espontânea e gratuitamente.

Agora, pelo artigo que acabo de ler, sei que os indivíduos libertados pelo comendador Ferreira Neto acham-se em cativeiro indébito. Vou promover, como me cumpre, a manumissão desses infelizes.

Lamento, entretanto, que o distinto republicano, autor do escrito que respondo, me não tivesse imediatamente transmitido os precisos documentos relativos a essa manumissão. Se o tivesse feito, mais pronto seria eu em promover a ação judicial.

Ao distinto HOMEM LIVRE, pois, rogo o obséquio de prestar-me, por carta ou verbalmente, os esclarecimentos que tenha obtido, relativos a esta magna questão a que vou meter ombros.

São Paulo, 10 de fevereiro de 1870.
LUIZ GAMA

70 Trata-se do artigo "Ao sr. Luiz Gama", no qual o autor insinua estar o advogado se mostrando negligente em sua obstinada luta em prol dos escravizados. Transcrevemos na íntegra:
"Qual a razão por que, sendo, como és, ardente propugnador da emancipação, deixas que fiquem nas fazendas sitas nos termos do Amparo e de Campinas, na escravidão[,] os escravos que foram de Manoel Joaquim Ferreira Netto e que por seu testamento são livres? Tendo disputado ao cativeiro um por um todos os que têm direito à liberdade — como desaproveitas esta grande ninhada? Dar-se-á[,] acaso, que já esmorecesse o teu santo zelo? Até hoje tem sido o teu coração um templo, sempre aberto à liberdade; nele sempre acharam as vítimas do cativeiro refúgio modesto, mas seguro. Mas, se já não é assim, se outro é o teu propósito, convém torná-lo público para desengano dos infelizes que pretenderem procurar o teu amparo. É preciso que a imprensa — como sentinela fiel — ou como outrora em Roma os ganços do Capitólio — diga à liberdade — quando ela, seguindo o costumado caminho, procurar o teu amparo: — Vestal — não entreis naquele templo, está às escuras, o fogo sagrado já não arde; podeis tropeçar nas piras. [Assinado] O HOMEM LIVRE" (*Correio Paulistano*, 10 de fevereiro de 1870, seção "A pedido").

"A pensão aos filhos do senador Furtado"[71]

Nada valemos no mundo social, mas isso não nos impede de julgar e discutir qualquer ideia entregue ao domínio público, seja por adversários políticos, seja por amigos.

Não há um ato mais digno de aplauso e apoio do que aquele para o qual os distintos srs. drs. Américo Brasiliense[72] e Ferreira de Menezes[73] concitam a democracia; trata-se de amparar o infortúnio na sua mais veneranda manifestação — a infância, a orfandade e a pobreza.

De nossa parte, por pouco que possamos, concorreremos em prol da realização do desejo daqueles nossos dois amigos.

Assim procederemos, porém, debaixo de um só ponto de vista — na hipótese de que o infortúnio e só o infortúnio das seis filhas órfãs do senador Furtado reclama aquele socorro.

Isto mostra que, aplaudindo o fato lembrado por aqueles amigos, dissentimos deles, entretanto, no que respeita aos motivos em que se fundam.

Dois pontos capitais nos separam.

Em primeiro lugar não tivemos nunca aquele senador, aliás respeitável por seu caráter e talento, em conta de democrata. Há bem pouco era ele "a última esperança" do Centro Liberal.

Em segundo lugar não julgamos que no exercício da caridade se faça, com justiça, distinção de cor política ou de qualquer outra ordem.

A caridade deve ser cega em tais relações.

São Paulo, 16 de agosto de 1870.
AMÉRICO DE CAMPOS
LUIZ GAMA

---

71 Francisco José Furtado (1813-1870) ocupou vários cargos públicos. De tendência conservadora, acumulou a função de ministro da Justiça e presidente do Conselho de Ministros entre 1864 e 1865, e cumpriu mandato de senador do Império entre 1864 e 1870. É surpreendente que a família de um homem com tal trajetória tenha passado necessidade material após seu falecimento. No entanto, prestar auxílio aos familiares após a perda do chefe de família era, na época, uma atitude comum. Os signatários do artigo saúdam o gesto nobre e desprendido de seus "irmãos" da Loja América.
72 Américo Brasiliense de Almeida Melo (1833-1896) formou-se pela Academia de Direito de São Paulo e exerceu a advocacia em sua cidade, antes de ocupar a função de vereador na capital e deputado provincial em vários mandatos. Foi o primeiro presidente do estado de São Paulo e Ministro do Supremo Tribunal Federal de 1894 a 1896. À época deste artigo, era membro da Loja América.
73 Poeta, dramaturgo, tradutor, advogado, jornalista e ativista afrodescendente, José Ferreira de Menezes (1842-1881) formou--se em 1866 na Faculdade de Direito de São Paulo, da qual foi um dos raros alunos afrodescendentes da instituição no século XIX. Permaneceu alguns anos na capital paulista, onde colaborou desde cedo em vários jornais, acadêmicos ou comerciais, publicando contos, crônicas, críticas teatrais, ensaios etc. Ao lado de Salvador de Mendonça, foi um dos diretores-redatores do *Ipiranga*, órgão do Partido Liberal fundado em 1868, no qual também colaborava o primeiro e legendário abolicionista negro Luiz Gama, com o qual criou laços duradouros e afinidades de ordem política, ideológica, literária. Ambos, aliás, assinaram artigos juntos, como o relatório, publicado neste volume, sobre as atividades da Loja América, à qual também se afiliara Ferreira de Menezes (*Correio Paulistano*, 10 de novembro de 1871). Fundador da folha abolicionista *Gazeta da Tarde* em 1880, Ferreira de Menezes será um elo fundamental entre Luiz Gama e outros abolicionistas negros da corte, como o jornalista José do Patrocínio, o engenheiro André Rebouças e o médico Vicente de Sousa. À época deste artigo, era igualmente membro da Loja América. Sobre as lideranças negras na campanha abolicionista, cf. Ligia Fonseca Ferreira, "De escravo a cidadão: Luiz Gama, voz negra no abolicionismo", *in*: Maria Helena Pereira Toledo Machado e Celso Thomas Castilho (org.), *Tornando-se livre: agentes históricos e lutas sociais no processo de Abolição*, São Paulo: Edusp, 2015, pp. 213-36; e Ana Flávia Magalhães Pinto, "As muitas evidências de José Ferreira de Menezes", *in*: *Fortes laços em linhas rotas: literatos negros, racismo e cidadania na segunda metade do século XIX*, 350 f., tese (doutorado em História Social), Universidade Estadual de Campinas, Campinas: 2014, pp. 13-56.

"Ao público"

Mais de uma vez amigos íntimos e importantes, residentes no interior da província, hão me dado aviso para acautelar-me, com segurança, contra planos de atentados sérios, projetados contra minha humilde pessoa.

Entendi dever prevenir-me e nisto fiz consistir o meu plano de represália.

Hoje, porém, o caso é mais sério.

Pessoa de subida distinção desta cidade possui documento, que foi-me manifestado, de que os meus gratuitos inimigos do município de *** estão resolvidos a *enviar-me para a eternidade*.

Façam o que entenderem.

Eu estou no meu posto de honra.

Tenho amigos em toda a parte. E se os que almejam o meu assassinato, pessoas que eu bem conheço, estão vivos, devem-no a minha nímia prudência.

Podem, entretanto, satisfazer o seu magno e louvável intento. Eu continuarei na empresa encetada, sem temer os arrojos de alguns salteadores depravados.

São Paulo, 23 de setembro de 1870[74].
LUIZ GAMA

74 Um fato curioso salta aos olhos quando comparamos este texto, de caráter público e de natureza política, redigido e enviado à redação de um jornal em 23 de setembro de 1870, com um outro texto de caráter privado, escrito na mesma data, mostrando que o destemido advogado sofria pressões terríveis que poderiam custar-lhe a vida, impedindo-o até de rever seus entes queridos. Numa carta breve, dirigida ao filho Benedito Graco Pinto da Gama em 23 de setembro de 1870, o destemido advogado explicava sob que condições redigira o documento, provavelmente antes de sair para se ocupar da defesa de alguma grave "causa de liberdade", enfrentando a fúria escravagista: "Lembra-te que escrevi estas linhas em momento supremo, sob a ameaça de assassinato. Restava-lhe deixar conselhos, exaltar princípios e valores para a vida pessoal e para a ação política: 'Sê republicano [...] crê, porém, que o estudo é o melhor entretenimento, e o livro o melhor amigo. Faze-te apóstolo do ensino, desde já. Combate com ardor o trono, a indigência e a ignorância [...]'". Dois meses depois, em 26 de novembro de 1870, comentaria a José Carlos Rodrigues, fundador do periódico *O Novo Mundo*, publicado em português em Nova York: "Sou detestado pelos figurões da terra, que me puseram a vida em risco, mas sou estimado e muito pela plebe. Quando fui ameaçado pelos grandes, que hoje encaram-me com respeito, e admiram a minha tenacidade, tive a casa rondada e guardada pela gentalha". Para uma análise da carta ao filho, cf. Ligia Fonseca Ferreira, "Luiz Gama: um abolicionista leitor de Renan", *Estudos Avançados*, op. cit., pp. 278-83; o texto integral das cartas citadas encontra-se em *Com a palavra Luiz Gama...*, op. cit.

Correio Paulistano | 24 de setembro de 1870, seção "A pedido"

"Coisas admiráveis"

A exma. sra. d. Maria Carlota de Oliva Gomes, por seu falecimento, reconheceu a liberdade do pardo Narciso, seu escravo, e impôs-lhe a condição de prestar serviços, por dez anos, à exma. consorte do sr. dr. Rafael Tobias de Aguiar[75].

Os serviços de Narciso foram avaliados em 200$000 réis no respectivo inventário, que corre pelo cartório da provedoria.

Algumas pessoas desta cidade, no louvável intuito de darem caridoso auxílio ao pardo Narciso, ofereceram-lhe a quantia de réis 200$000 para resgate dos serviços que cumpre-lhe prestar; e o sr. dr. Camargo, por parte da [Sociedade] Emancipadora Fraternização[76], de que é digno presidente[,] requereu ao meritíssimo dr. provedor a exibição da mencionada quantia. E o meritíssimo dr. provedor mandou, por despacho seu, que dissessem sobre a impetra os interessados.

Hoje, pelas 6 horas da manhã, o sr. dr. Rafael Tobias de Aguiar veio à cidade, mandou chamar à sua casa da travessa de Santa Thereza o pardo Narciso, que trabalhava fora a jornal, mandou tosquiar-lhe os cabelos, e aplicar-lhe seis dúzias de palmatoadas para curá-lo da mania emancipadora de que estava acometido!...

Não comentarei este fato. Deixo ao sr. dr. Rafael Tobias a impunidade deste delito, e a justa admiração dos seus concidadãos.

Apenas acrescentarei que o sr. dr. Rafael Tobias de Aguiar pertence a uma das principais famílias de São Paulo; é nobre e rico;

membro proeminente do partido liberal; formado em ciências sociais e jurídicas; já exerceu os cargos de deputado, de juiz municipal e de juiz de direito; é *maçom* e como outros muitos *jurou manter os grandes princípios evangélicos da liberdade, igualdade e fraternidade!*...

Cidadãos conspícuos de tão elevada hierarquia devem ser recomendados à consideração do país.

São Paulo, 26 de novembro de 1870.
LUIZ GAMA

---

75 Trata-se aqui de Rafael Tobias de Aguiar, filho de Domitila de Castro Canto e Melo (marquesa de Santos) e brigadeiro Rafael Tobias de Aguiar (1794-1857), fazendeiro sorocabano de grandes posses, por duas vezes presidente da província de São Paulo (1831-1834; 1834-1835) e deputado provincial. Em 1842, foi um dos principais líderes da Revolução Liberal ao lado do padre Diogo Antônio Feijó (cf. Roberto Pompeu de Toledo, *A capital da solidão: uma história de São Paulo das origens a 1900*, São Paulo: Companhia das Letras, 2003, p. 388). Vê-se, por este e por outros artigos polêmicos, que Luiz Gama ataca um dos homens mais ricos, "bem-nascidos" e poderosos da província de São Paulo. Além de denunciar aqui a frustração do direito de um escravo que deve ter procurado o advogado para garantir a sua liberdade, e quiçá obtê-la mais cedo, o indignado Luiz Gama não hesita em denunciar publicamente a conduta hipócrita de um pretenso "liberal" e "irmão" da maçonaria. As relações entre Luiz Gama, maçom abolicionista, e Rafael Tobias de Aguiar, maçom escravista, foram analisadas em Elciene Azevedo, *Orfeu de carapinha...*, op. cit., pp. 207-15, e em Luaê Carregari Carneiro, *Maçonaria,* *política e liberdade: a Loja Maçônica América entre o Império e a República*, Jundiaí: Paco, 2016, pp. 137-9.

76 Esta associação, destinada a constituir fundos para comprar alforria de escravos, foi criada pela Loja América e era mantida por seus membros, contando com a diligência de Luiz Gama. Recorde-se que, no ano de 1869, o Partido Liberal, ao qual pertencia a grande maioria dos membros da loja maçônica a que pertencia Luiz Gama, intensificou sua mobilização em prol de um projeto de Lei do Ventre Livre. Cerca de duas semanas antes da publicação deste artigo, em 9 de novembro, a Loja América celebrou seu segundo aniversário. Durante a sessão solene, foi lido um relatório indicando o nome e a idade dos escravos cujas manumissões foram obtidas "por esforços ou a expensas" e algumas vezes gratuitamente por parte de maçons da loja, honrando o compromisso moral de não possuírem propriedade escrava, como o autor reforça ao final do texto. É lícito imaginar que Luiz Gama e seus companheiros haviam tomado as providências mencionadas no intuito de, talvez, conseguir livrar Narciso do cativeiro até o aniversário da Loja (*Correio Paulistano*, 9 de novembro de 1870).

"Coisas admiráveis"

O respeitável e muito ilustre sr. dr. Rafael Tobias de Aguiar veio à imprensa[77], e dotado de finíssima educação, como é, teve a nímia delicadeza de baixar até a minha humilde pessoa e responder ao artigo que fiz inserir no n. 4311 deste jornal.

É lamentável, entretanto, que s. s. [Sua Senhoria], despindo-se estranhamente da sua reconhecida e proverbial cordura, tratasse-me com desabrimento e grosseria impróprios do seu elevado caráter e posição social.

Isto, porém, será desculpável desde que se atenda que o sr. dr. Rafael Tobias, como ele próprio o afirma no escrito notável a que dou resposta, *mamou com leite* os princípios liberais que o distinguem.

O ilmo. sr. dr. Rafael Tobias (é ele quem o diz) *castigou* o pardo Narciso *porque é seu escravo*. Entretanto é certo que[,] no testamento da exm.ª sr.ª d. Maria Carlota de Oliva Gomes, Narciso *está declarado livre*, sob a condição de *prestar serviços por 10 anos* à exm.ª consorte do sr. dr. Rafael Tobias!... E, no respectivo inventário, esses serviços foram avaliados sem reclamação alguma, em 200$!...

É singular a opinião doutíssima do seleto sr. Rafael Tobias de Aguiar! É própria de quem mamou com leite os salutares princípios liberais!...

É certo, sr. dr. Rafael Tobias, que eu[,] contribuindo para alforrias de escravos, contribuo igualmente para aumentar-se o número dos cidadãos, e tendo os libertos direito de votar também contribuo indiretamente para o aumento dos votantes[78]; mas é certo também que se alguém pode auferir lucros políticos deste meu procedimento é s. s. [Sua Senhoria] que, por mais de uma vez[,] tem saído de porta em porta *a solicitar votos para si*, e não eu que nunca à pessoa alguma pedi votos para mim.

Eu nunca mamei liberdade com leite.

Não chamarei sobre o sr. dr. Rafael Tobias a mão da justiça, como s. s. [Sua Senhoria] pede-me no seu aludido escrito, porque estou certo da impotência das autoridades diante de pessoas prestigiosas; pois não me esqueci ainda da tentativa de homicídio perpetrada, há alguns anos, contra a pessoa do sr. João Antonio Baptista Rodrigues, no Tanque do Zunega, e da impunidade com que foi agraciado o impudico assassino, autor desse bárbaro delito...

O sr. dr. Rafael Tobias sabe que em nossa pátria o poder dos régulos é superior ao império da lei.

Ao pardo Narciso (a ele somente) cabe sindicar a ofensa de que foi vítima; ele que o faça se quiser. Eu apenas sou e serei o defensor dos seus conculcados direitos.

Eu não mamei liberdade com leite.

Não aceito o convite que faz-me o sr. dr. Rafael Tobias de ir eu à sua casa, para assistir aos castigos que ele costuma infligir aos seus cativos. Declino de mim peremptoriamente tão elevada honra. Eu não sou fidalgo; não tenho instintos de carrasco; não mamei liberdade com leite[79].

Deleite-se s. s. [Sua Senhoria] prazenteiro ao som cadente dessa orquestra sonorosa: que lhe faça bom proveito. Essa é naturalmente a teta em que s. s. [Sua Senhoria] mama liberdade...

Por último[,] declaro ao respeitável sr. dr. Rafael Tobias de Aguiar, que[,] acostumado a viver pobre e honestamente do meu trabalho, nunca assalariei a minha inteligência ao ouro das Maçonarias, ou a quem quer que seja apregoar ideias que me não pertençam, nem tampouco sei que alguém o tenha feito.

De minha parte repilo essa asquerosa calúnia; se bem que venha de cidadão conspícuo habituado a beber com leite princípios liberais, e a dar surras nos seus escravos.

Fico à mercê do sr. dr. Rafael Tobias para o que der e vier.

São Paulo, 29 de novembro de 1870.
LUIZ GAMA

77 As altercações entre os dois homens se nutrem de ofensas mútuas, insinuações e provocações explícitas, em tom irônico e irado. Luiz Gama comenta a seguinte resposta de Rafael Tobias de Aguiar, que proclama o direito "assegurado por lei" de fazer o que bem entende com o "corpo" de seus escravos: "Provoco ao Sr. Luiz Gama e aos seus protetores para que chamem sobre mim a mão da justiça para o castigo que apliquei ao escravo Narciso. Sou tudo o que o Sr. Luiz Gama em seu artigo diz que eu sou, e até liberal; mas não pertenço ao Partido Liberal da época, que põe à margem aqueles que com leite materno beberam ideias liberais. Tenho mais escravos e hei de castigá-los sempre que merecerem. E convido ao Sr. Luiz Gama para em algumas destas ocasiões vir à minha casa para apadrinhá-los. Na vida de amarguras, a que fui destinado, não tenho tempo, não posso, não tenho loja maçônica que me dê dinheiro para engrandecer o nome de Luiz Gama entretendo-me com ele. [...]" (Rafael Tobias de Aguiar, "Coisas admiráveis", *Correio Paulistano*, 29 de novembro de 1870, *apud* Elciene Azevedo, *op. cit.*, p. 208).

78 A Constituição de 1824 separa os "cidadãos ativos" em "votantes" e "eleitores". Na primeira categoria, encontram-se os homens livres e libertos com renda mínima de 100 mil-réis, que podem exercer o direito político através do voto nas eleições primárias. Os libertos, como as pessoas livres e pobres, são, porém, excluídos da categoria "eleitores" nas eleições secundárias, permitida apenas a homens livres e com renda superior a 200 mil-réis, os únicos também a poder se eleger a cargos representativos (deputados, senadores e membros dos conselhos de província). Cf. José Murilo Carvalho, *Cidadania no Brasil: o longo caminho*, Rio de Janeiro: Civilização Brasileira, 2006, pp. 29 e 39.
79 Luiz Gama pinta a imagem de Tobias de Aguiar como senhor truculento e tirânico, decerto porque não ignorasse as violências vividas pelos escravos sob seu teto, alguns sucumbindo ao desespero. Em 6 de julho de 1870, o *Correio Paulistano* noticiara o suicídio com um tiro de garrucha de "um escravo de nome Alberto, pertencente ao sr. Dr. Rafael Tobias de Aguiar, na própria casa de seu senhor, à Travessa da Sé".

"Coisas admiráveis"

Não é ao ilmo. sr. dr. Rafael Tobias de Aguiar a quem tenho a honra de responder o artigo incerto no *Correio Paulistano* de hoje[80], relativo à questão do pardo Narciso, mas ao exmo. sr. dr. João Mendes de Almeida, que meditadamente o escreveu, *como advogado*,

> Não para contestar ao sr. Luiz Gama, *mas* [Eis que à baila torna a *mamalhuda* questiúncula![81]] para orientar o público sobre essa questão que interessará a todos os que possuem escravos [Aí vem já o exmo. sr. dr. João Mendes com o costumeiro artifício das odiosidades pessoais], transcrevo a verba testamentária relativa ao *escravo Narciso legado* (!!!) por minha sogra à minha mulher.

Admirem agora os judiciosos leitores a notável disparidade que se observa entre as palavras do artigo escrito pelo exmo. sr. dr. João Mendes — *escravo Narciso* LEGADO —, e as da verba testamentária — *serviços legados por dez anos*.
Eis a verba:

> O meu escravo Narciso SERVIRÁ por dez anos depois da minha morte à dita minha herdeira, e findo esse prazo *ficará livre*.

Nos autos de inventário lê-se mais:

Narciso, foram avaliados OS SERVIÇOS de dez anos, que o mesmo tem de prestar por 200$, findos os quais, segundo a verba testamentária fica livre.

Por minha parte, exmo. sr. dr. João Mendes, declaro nada ter que ver com a doutíssima opinião dos possuidores de escravos, invocada por v. ex. [Vossa Excelência]; não são da minha particular afeição esses Covarrubias de azorrague. Prezo muito o meu bom senso para não arriscá-lo em discussões e consultas com os admiradores da *escada* e do *bacalhau*[82].

O que cumpre-me demonstrar é a libertação real e incontestável conferida ao pardo Narciso, e isto vou fazer em face do direito, guiando-me somente pelos princípios da ciência, e sem socorrer-me dos sábios conselhos dos honrados mercadores de carne humana.

Guardarei essa autorizada opinião para algum dia se tiver eu a desgraça de sustentar alguma causa sobre coisas ilícitas, pois não desconheço o antigo provérbio italiano: "Buscam-se os autores conforme são as matérias".

Tratemos da questão: — O pardo Narciso foi libertado por D. Maria Carlota de Oliva Gomes, sob condição de servir sua filha por dez anos, ou foi legado a esta com a condição de por ela ser libertado, ou por outrem, findo este prazo?

Da verba testamentária conclui-se necessariamente — que D. Maria Carlota libertou o pardo Narciso, porque ela diz: "*O meu escravo* Narciso SERVIRÁ por dez anos, depois da minha morte, à dita minha herdeira, e *findo esse prazo ficará livre*".

A testadora não *legou* à sua herdeira o seu *escravo* Narciso, e apenas, *por seu falecimento, doou os serviços* do mesmo pelo prazo de dez anos. E não doou o *seu escravo* porque ela pessoal e diretamente libertou-o dizendo: — "E findo esse prazo *ficará livre*"; e isto assim é porque — As alforrias, em verba testamentária, são realizáveis por dois modos:

1.° direto;
2.° fideicomissário.

É direto o modo quando o testador por si mesmo confere a liberdade, sem condições ou com elas;

É fideicomissário quando o testador incumbe ou impetra a alguém de conceder ou alcançar a liberdade, mediante as condições por ele preestabelecidas.

As do primeiro modo chamam-se imediatas, por partirem diretamente da pessoa do testador;

As do segundo, mediatas, por dependerem do concurso de terceira pessoa. As de um e outro modo podem ser incondicionais ou a termo.

Na hipótese vertente trata-se da alforria conferida por *modo direto* e a termo, visto como a testadora, não tendo legado pessoalmente o seu escravo, mas tão somente os serviços por prazo fixo, faz depender o pleno gozo da libertação *que ela concede* de uma condição que impõem ao liberto.

Ora, se a liberdade ao pardo Narciso foi diretamente conferida por D. Maria Carlota; se por essa verba a testadora claramente legou à sua filha não a pessoa do *seu escravo*, mas somente os seus *serviços*, por dez anos; se ela em tal verba a ninguém cometeu a concessão de liberdade, segue-se que ninguém tem o direito de chamá-lo seu escravo; e[,] se ele não é escravo, é certo que não pode pertencer ao sr. dr. Rafael Tobias.

To be, or not to be: that is the question[83].

Está provado, portanto, com os próprios documentos escolhidos pelo exmo. sr. dr. João Mendes de Almeida[,] que Narciso é livre[,] e não escravo, e isto a despeito dos *avisos e pastorais* desencavados por s. exc. [Sua Excelência] para firmar a propriedade do seu infeliz cliente.

Desta vez, pois, não fez vaza a reconhecida e provada argúcia alicantineira de s. exc. [Sua Excelência].

Narciso está sob a minha humilde proteção, e em depósito judicial.

É livre; e tão livre como o sr. dr. Rafael Tobias e o seu distinto advogado.

Nós temos leis e eu sei ter vontade.

São Paulo, 1º de dezembro de 1870.
LUIZ GAMA

P.S.
O exmo. sr. dr. chefe de polícia mandou hoje expedir mandado de busca para apreensão do pardo Narciso em minha casa, apreensão que não conseguiu.

Permita-me S. Exc. [Sua Excelência] que eu pergunte:

O inventário de d. Maria Carlota já está findo?

Já fizeram-se as partilhas?

Já foi judicialmente entregue ao dr. R. Tobias o pardo Narciso?

Não tendo o dito doutor título de posse, poderia ter obtido esse mandado?

Haverá da parte da polícia o fim calculado de exasperar-me ou provocar-me a prática de algum fato para motivar alguma ordem de prisão?

L. G.

---

80 Referência à edição do *Correio Paulistano* de 1° de dezembro de 1870. O artigo mencionado traz a assinatura de Rafael Tobias de Aguiar, e não do magistrado e político João Mendes de Almeida (1831-1898). Luiz Gama levanta suspeitas de que o texto publicado não foi escrito por quem o assina, dando mostras de ter informações privilegiadas sobre o assunto, possivelmente graças a contatos na redação do jornal.

81 Neste parágrafo, comentários do autor entre colchetes.

82 "Escada" é uma forma de castigo em que o escravo, amarrado de costas em uma escada, recebe golpes nas costas e nas nádegas com um "bacalhau" ou chicote de couro cru, trançado ou retorcido.

83 "Ser ou não ser, eis a questão": célebre frase de Hamlet, personagem homônimo da peça de Shakespeare.

"Questão do pardo Narciso"

Admirou-se o exmo. sr. dr. João Mendes de Almeida, não sei se o mais ditoso, porém, com irrecusável certeza, um dos mais afamados jurisconsultos desta capital, que o sr. juiz municipal — dr. Felício Ribeiro dos Santos Camargo — tenha a opinião atentatória, e até anticristã, que os escravos podem ser alforriados, ainda contra a vontade dos senhores, exibindo o seu justo valor.

Eu desembuço-me perante a questão; pois sei que o que é incontestável não se nega com vantagem.

Se fosse eu escravocrata ou traficante de escravos, havia de repelir essa perigosa opinião com a mesma tenaz ojeriza com que o ladrão repele a corda.

Sem embargo, porém, deste meu modo de pensar, pois que eu posso ser ateu e buzinar pelos católicos, por minha conveniência, por meu turno, e sem fazer injúria à provada ilustração do exmo. sr. dr. João Mendes de Almeida, peço-lhe licença para admirar-me da sua catolicíssima ingenuidade...

É certo, e eu abalanço-me a sustentar, se o exmo. sr. dr. João Mendes quiser dar-me a honra de travar comigo reto literário pela imprensa, que — quer por direito romano, quer por direito português, quer por direito pátrio — são admitidas as alforrias forçadas; isto é, contra a vontade dos senhores, mediante retribuição, e até sem ela.

Esta doutrina é sobremodo jurídica, aceita pelos nossos melhores juristas, e mantida com elevada independência pelos tribunais superiores do império.

Eu sou bastante franco e sincero para não faltar com a verdade ao exmo. sr. dr. João Mendes de Almeida. Não ocultarei, pois, o sentimento que me anima ao traçar estas linhas.

Tenho para mim que s. exc. [Sua Excelência] melhor conhece estes acertos e princípios do que eu; e se manifesta opinião contrária a eles não o faz por convicção íntima, senão para com sutileza, engenho e arte anunciar o seu escritório de advocacia aos possuidores de escravos e inimigos da emancipação... O seu a seu dono, excelentíssimo.

Longe de mim, porém, vá o danado pensamento de condenar eu tão bem concertada quão humorística cilada; pois não ignoro — que indigno do ofício que é o obreiro alvar que o malbarata.

O bom advogado, como o cômico, disse-o Alfieri, deve aparecer em público *com o rosto envolvido em tintas*. E o exmo. sr. dr. Mendes de Almeida, conquanto inimigo acérrimo da *pintura*, é mestre no seu louvável ofício.

Quando se é admirável, excelentíssimo, contrai-se a obrigação indeclinável de aceitar louvores.

Ponha s. exc. [Sua Excelência], portanto, de parte a sua natural modéstia, e digne-se de aceitar os meus rendidos protestos de consideração e apreço.

Eu[,] quando diviso o mérito glorificado[,] torno-me hinógrafo por metamorfose: o exmo. sr. dr. João Mendes seria digno de uma estátua, se no mármore e de bronze já se não houvesse talhado e fundido santos, papas e reis.

A propósito da estudada admiração do digno sr. dr. João Mendes de Almeida e da religiosa escravidão por ele descoberta em seu gabinete, nos misteriosos arcanos de um *aviso*, para felicitar o mísero pardo Narciso, vou citar uma questão análoga, e a insuspeita opinião sobre ela emitida por dois advogados da maior consideração.

Manoel, no testamento com que faleceu, pôs a seguinte verba: "Declaro que o meu escravo pardo João servirá a meu irmão Antonio durante a sua vida, e por sua morte ficará livre".

PERGUNTA-SE:
Pode o pardo João libertar-se da prestação de serviços que foi-lhe imposta pelo testador?
No caso afirmativo — como deve ser feita essa avaliação?

RESPOSTA:
O escravo, *por virtude da disposição testamentária[,]* ficou liberto, só com a obrigação de prestar serviços ao irmão do testador, e obedecer-lhe; como, pois, não pode já ser reduzido novamente à escravidão, entendo que pode esse escravo assim liberto remir-se da obrigação de prestar serviços, pagando estes e indenizando o legatário, pela avaliação que se fizer dos mesmos serviços; porque o contrário seria reduzir novamente à escravidão pessoa livre.

Para isso deve o dito liberto requerer ao juiz um curador que o represente em juízo e o defenda.

Este curador deverá no juízo contencioso fazer citar o instituído para se avaliarem esses serviços a que ele tem direito, por peritos, por ambas as partes nomeados e aprovados, e que[,] feita a avaliação, receba o preço ou o veja depositar por sua conta, ficando assim o mesmo liberto, desde logo, no pleno gozo de sua liberdade; sendo essa citação feita com a pena de revelia.

Essa avaliação por peritos deverá ser feita calculando-se os anos que poderá viver o instituído, e o preço porque poderia o liberto estar alugado em cada ano, abatendo-se os juros respectivos, e o mais que reputar-se razoável, pela eventualidade de moléstias, despesas de tratamento, vestuários etc., etc.

Este o meu parecer que sujeito à emenda dos doutos.
Rio, 6 de março de 1857. — Caetano Alberto Soares.
Concordo. — Deocleciano A. C. Do Amaral.

Este último acrescenta que o escravo que tiver o valor necessário para a sua alforria pode depositá-lo em juízo e judicialmente obter a sua liberdade.

Já vê o exmo. sr. dr. João Mendes que boas razões tive eu para dizer em público que o pardo Narciso é livre; afirmação esta de que estou bem convencido, e que manterei a despeito das maiores dificuldades.

Sei que alguns especuladores impudicos tomarão a má conta estas minhas expansões; eu, porém, já estou habituado a rir-me desses pantafaçudos camaleões.

São Paulo, 2 de dezembro de 1870.
LUIZ GAMA

"Foro da Capital"

É notável a morosidade com que o ilustrado sr. dr. Felício Ribeiro dos Santos Camargo estuda e resolve questões de alforria, principalmente as tendentes à importação de africanos, depois da promulgação da Lei de 7 de novembro de 1831...

Sei que s. s. [Sua Senhoria] tem mais de um motivo ponderoso para dormir a sono solto sobre estas perigosíssimas questões, que põem em perigo a segurança de muitos salteadores ilustres; não ignoro, porém, que a magistratura, instituída para assegurar direitos, não pode[,] sem quebra da dignidade dos juízes[,] servir de broquel aos roubadores da liberdade, e violadores das leis criminais.

Sei o afinco com que alguns imprudentes procuram desordens e catástrofes, à custa do inglório sacrifício de inocentes vítimas, para terem ocasião de proclamarem-se salvadores da honra, da propriedade, e da paz; e por minha parte declaro que não lhes embargarei o passo.

Ao sr. dr. Juiz municipal desta cidade apenas refiro as seguintes palavras, firmadas pelo exmo. sr. conselheiro Nabuco[84], quando ministro: — "Cumprindo que v. s. [Vossa Excelência] declare ao dito juiz que deve executar as leis, sob sua responsabilidade, e abster-se de fazer consultas ao governo sobre causas pendentes".

São Paulo, 31 de outubro de 1871.
LUIZ G. P. DA GAMA

84 José Tomás Nabuco de Araújo (1813-1878), político que ocupou cargos importantes no Segundo Império: presidente da província de São Paulo (1851-1852), duas vezes ministro da Justiça (1853-1859 e 1865-1866) e conselheiro de Estado (1866). Luiz Gama desferirá críticas acerbas ao estadista, pai do abolicionista Joaquim Nabuco, revelando fatos que comprovam ter ele fechado os olhos ao contrabando e registro ilegal de africanos entrados no Brasil após 1831. Cf. adiante o artigo "Questão jurídica", p. 272.

"Loja América"

AO M∴ I∴ E HONR∴ IR∴ VEN∴[86]
DR. AMÉRICO BRASILIENSE DE ALMEIDA MELO

A comissão abaixo assinada, em cumprimento dos deveres impostos pela [Loja América] em sessão ordinária de 21 do próximo passado mês[,] vem apresentar-vos o relatório e parecer que servirão de base à resposta, que deveis ao ofício a vós dirigido por s. ex. [Sua Excelência] o sr. dr. presidente da província, em data de 18, pedindo ser informado: 1. dos meios de que dispõe a loja; 2. dos serviços por ela prestados, na manumissão de escravos; 3. das medidas que a associação julga conveniente para seu desenvolvimento; 4. se ela se propõe, e sob que condições, a proteger os menores filhos das escravas, de que trata o artigo 2° da lei 2040 de 28 de setembro próximo findo.

A Loja América, instalada em novembro de 1868, além de rigorosa observância das obrigações maçônicas, conforme aos Estatutos Gerais da Ordem e Rito Escocês Antigo e Aceito[87][,] resolveu trabalhar no intuito de promover a propagação da instrução primária e a emancipação dos escravos pelos meios legais.

Foi a primeira oficina[88] nesta província, e talvez no Império, que encarou a caridade sob o mais elevado ponto de vista, desde que não a limitou a prestação de socorros pecuniários aos necessitados, mas considerou-a também compreensiva dos encargos de difundir o ensino popular e tornar uma realidade a igualdade dos homens no gozo de seus direitos naturais indebitamente postergados.

Correio Paulistano | 10 de novembro de 1871[85]

Nestas condições, a caridade é poderoso elemento da civilização e regeneração social, e a loja orgulha-se de, por sua parte, cooperar para a vulgarização de princípios e práticas de atos perfeitamente conformes com as aspirações públicas e sentimentos de humanidade.

Na carreira que vai trilhando, não conta com outros recursos financeiros, senão os produzidos pelas joias[89] de iniciação, mensalidades dos sócios, subscrições que faz correr e donativos.

É com tais rendimentos que ela dá satisfação aos deveres a seu cargo, conservando em reserva uma pequena quantia, que só poderá ser despendida em casos extraordinários a juízo da oficina.

Cumpre, porém, à comissão francamente dizer que de sabida importância e benefícios afeitos é a notável dedicação dos associados, sempre que há urgências de qualquer serviço pessoal em favor do ensino, da emancipação ou dos pobres.

Ninguém se farta ao desempenho das comissões que lhe tocam.

É esta uma das circunstâncias à qual se devem o prestígio de que goza a loja e os bons serviços por ela prestados, e que são principalmente abaixo indicados.

Em relação ao ensino popular, ela fundou e sustenta nesta capital uma escola noturna de primeiras letras[90], onde se acham matriculados 214 alunos, sendo efetivamente frequentes 100.

Os trabalhos correm ali com toda a regularidade e com grande proveito para os alunos, que em geral mostram a melhor vontade em aprender e comportam-se com toda a conveniência, sem que, entretanto, estejam sujeitos a punição alguma[91].

Além dos esforços do professor, para o preenchimento de seus deveres, há o concurso dos auxílios de um dos membros da loja, o qual, durante a semana que lhe é designada, tem de assistir todas as noites à escola.

Além desta, há em várias localidades da província outras instaladas por adeptos da oficina e por ela pecuniariamente auxiliadas.

Resolveu criar nesta cidade uma Biblioteca Popular[,] para o que encarregou uma comissão de dar os necessários passos.

A pedido desta se tem obtido importantes donativos, quer em livros, quer em dinheiro, feitos por distintos cavalheiros, o que tudo consta de publicações do *Correio Paulistano*[92].

A biblioteca, apesar de não se achar definitivamente instalada[,] já presta alguns serviços, achando-se já mobiliada a casa n. 32 da rua do Rosário, colocados os livros nas estantes, e nomeado o empregado, a cujos cuidados está a guarda do estabelecimento e o fornecimento dos volumes escolhidos pelas pessoas que ali os quiserem ler, e igualmente dos jornais.

No intuito de se alcançar a remessa, para a biblioteca, de todos os jornais políticos e literários que se publicam no Império, expediu a comissão circulares às redações.

Relativamente à manumissão de escravos, de não pequeno mérito são os trabalhos da oficina. Por sua iniciativa e esforços foi instalada em julho de 1869 a sociedade *Redentora*, que funciona com estatutos aprovados pelo governo provincial e assinala-se pelos constantes e relevantes serviços a bem da libertação de menores[93]. O número de pessoas emancipadas até hoje por esta sociedade sobe a dez, além de outras que por seu intermédio foram concedidas.

No mesmo ano, tomou a loja as seguintes resoluções: 1ª. que todos os sócios eram obrigados a declararem livres os filhos de suas escravas, compromisso este que devia ter a execução desde a organização da sociedade quanto a seus fundadores, e quanto a outros desde sua iniciação[94]; 2ª. intentar e auxiliar causas de manumissão perante os tribunais e autoridades em favor de pessoas ilegalmente detidas na escravidão; 3ª. realizar e favorecer as alforrias dando preferência às de escravas de menor idade.

Quanto à primeira deliberação, já deixou de conter uma obrigação especialmente imposta aos membros da loja, desde que foi promulgada a lei 2040 declarando de condição livre todos os filhos da mulher escrava nascidos desde a lei.

Para fiel cumprimento da 2ª, não se limitou a oficina a fornecer recursos pecuniários exigidos pelo andamento dos processos; patrocínio destes corre sob o cuidado de advogados, sócios dela, ou estranhos por ela incumbidos.

A importância do dispêndio, em auxílios a libertandos, vai além de 2.000$ de réis.

O número de libertados por via de ações no foro desta capital, e em outros, por determinação da loja, sobe a mais de trezentos.

Em sessão magna do segundo aniversário (novembro de 1870) de sua fundação, foram concedidas vinte alforrias, sendo algumas por subscrições e outras gratuitamente dadas por irmãos [da loja] a escravos de sua propriedade, distinguindo-se o irmão tesoureiro João Antonio da Cunha.

Os libertados pela oficina são protegidos por ela *ex vi*[95] de uma decisão, cuja observância está a cargo de uma comissão especial, e são convidados com instância a matricularem-se nas escolas e frequentá-las.

Atualmente, seguem seus termos causas relativas a 50 indivíduos indebitamente escravizados.

Depois do que fica exposto rapidamente sobre os recursos e serviços da loja, resta à comissão manifestar seu parecer em relação à última parte do ofício de s. s. [Sua Senhoria] o sr. presidente da província.

Entende ela que a loja não pode e nem deve propor ao governo as medidas que porventura julgue convenientes para conseguir mais amplo desenvolvimento, e nem declarar sob que condições se encarregará da proteção dos filhos das escravas, de que trata o artigo 2° da lei citada n. 2040.

Sendo a oficina uma sociedade secreta, nos termos dos Estatutos Gerais da Ordem Maçônica, não funcionando sob o regime das leis e decretos publicados desde o ano de 1860[96], que regulam a organização de associações, é evidente que não se acha constituída nas condições de manter relações jurídicas com autoridades, contrair obrigações e adquirir os direitos concedidos pela referida lei n. 2040 aos que se incumbem da criação e educação daqueles menores.

ANÚNCIO PEDINDO DOAÇÃO DE LIVROS PARA A BIBLIOTECA POPULAR CRIADA PELA LOJA AMÉRICA. LOGO ABAIXO, ANÚNCIO PARA ASSINATURA DO *NOVO MUNDO*, O PRIMEIRO PERIÓDICO EM LÍNGUA PORTUGUESA EDITADO NOS ESTADOS UNIDOS, DE 1870 A 1879, COM O OBJETIVO DE INFORMAR O PÚBLICO BRASILEIRO INTERESSADO NAS "PRINCIPAIS MANIFESTAÇÕES DO PROGRESSO" NORTE-AMERICANO. *CORREIO PAULISTANO*, 21 DE JULHO DE 1871.

Em conclusão, pensa a comissão que a Loja América[,] continuando a prestar os serviços que suas forças permitirem, a bem dos desvalidos, da instrução popular e da emancipação, deve fazê-lo com plena liberdade em seus atos nas raias da legalidade, não por contratos de qualquer espécie, com as autoridades administrativas ou judiciais, ainda mesmo quando possível lhes fosse celebrá-los[97].

A comissão dá por terminado o trabalho, de que foi incumbida, fazendo votos pela prosperidade da oficina e união de todos os maçons espalhados sobre a superfície da Terra.

O Supremo Arquiteto vos ilumine e guarde.

Feito aos 6 do 9° Mês do ano da ver[dadeira] l[uz]. 5871 (era vulgar, 6 de novembro de 1871).

AMÉRICO DE CAMPOS (1° VIG[ILANTE])
LUIZ GAMA (2° VIG[ILANTE])
J. FERREIRA DE MENEZES (ORAD[OR])
VICENTE R. DA SILVA (ADJ[UNTO] AO ORAD[OR])
CARLOS FERREIRA (SECRET[ÁRIO])
FERNANDO LUIZ OZORIO (ADJ[UNTO] À COM[ISSÃO])
OLÍMPIO DA PAIXÃO (ADJ[UNTO] À COM[ISSÃO])

85 Este artigo apresenta o relatório elaborado por uma comissão de membros da loja maçônica, atendendo à solicitação feita em ofício pelo então presidente da província de São Paulo, José Fernandes da Costa Pereira Júnior, conforme se lê nas duas notas que precedem o artigo. Na primeira, o presidente da província menciona que fora intimado a prestar contas ao Ministério da Agricultura acerca dos "meios de que a associação Loja América dispõe, os serviços que tem prestado relativamente à manumissão de escravos, as medidas que julga convenientes para o desenvolvimento da mesma associação, e se esta se propõe a proteger, e sob que condições, os menores filhos de escravos de que trata o 2° artigo da lei n. 2040 de 28 de setembro" daquele ano, a Lei do Ventre Livre. Na nota seguinte, Américo Brasiliense de Almeida Melo, venerável (posição mais elevada na hierarquia interna) da Loja América, agradece a oportunidade de esclarecer o público a respeito da atuação daquela entidade (*Correio Paulistano*, 10 de novembro de 1871). Para um estudo detalhado da Loja América, cf. Luaê Carregari Carneiro, *op. cit.*

86 Sigla com a saudação maçônica: "Ao Mestre Instalado e Honorável Irmão e Venerável".

87 O rito se define como conjunto de normas e procedimentos a serem observados durante a realização de uma cerimônia maçônica, composta de símbolos, palavras, gestos e sinais. As lojas maçônicas em geral adotam um modelo de rito, entre os inúmeros existentes na maçonaria. Acredita-se que o Rito Escocês Antigo e Aceito (REAA), de origem antiga, tenha se disseminado efetivamente a partir do século XVIII, surgindo na Inglaterra a partir de 1733 e na França a partir de 1743. Tem como característica essencial sua estrutura em 33 graus, a serem trilhados em etapas e iniciações sucessivas por seus membros (cf. Daniel Ligou, *Dictionnaire de la franc-maçonnerie*, Paris: PUF/Presses Universitaires de France, 1987). Conforme apontamos anteriormente, "o Rito Escocês Antigo e Aceito possui, entre outros objetivos, o de instaurar no mundo a 'ordem natural', ou seja, uma 'República' ideal formada de homens bons e esclarecidos. O indivíduo torna-se responsável por seu desenvolvimento pessoal e seus sentimentos altruístas contribuindo, assim, com o progresso da humanidade [...] Nas lojas maçônicas paulistas, viveiros de líderes liberais e republicanos, predomina o Rito Escocês Antigo e Aceito que se espalha no Brasil a partir dos anos de 1850". Segundo Célia Maria Marinho de Azevedo, em seu fundamental estudo sobre a presença de intelectuais negros na maçonaria e a luta antirracismo no Brasil, o sucesso alcançado pelo Rito Escocês no Brasil talvez se deva ao fato de essa orientação ter atendido "aos anseios democratizantes de muitos maçons mais humildes que veriam num sistema ritualístico de muitos graus a possibilidade de alcançar os graus superiores por mérito (e não por nascimento), além de ter esta ascensão bem demarcada simbolicamente", o que me parece aplicar-se ao caso de indivíduos com a história de vida como a de Luiz Gama (cf. Célia Maria Marinho de Azevedo, *Maçonaria, antirracismo e cidadania: uma história de lutas e debates transnacionais*, São Paulo: Annablume, 2010, p. 94). Sobre a participação específica de Luiz Gama na Loja América, cf. Ligia Fonseca Ferreira, "Luiz Gama, franc-maçon", *in*: *Luiz Gama (1830-1882): étude sur la vie et l'œuvre d'un Noir citoyen, militant de*

la lutte anti-esclavagiste au Brésil, tese (doutorado em Estudos Portugueses e Brasileiros), Universidade de Paris 3/ Sorbonne Nouvelle, Paris: 2001, v. I, pp. 310-32.
88 Sinônimo de "loja maçônica".
89 Quantia paga no ato de admissão ao quadro de membros de associações, clubes etc. (*Dicionário Houaiss da Língua Portuguesa*, Rio de Janeiro: Objetiva, 2009).
90 Como ressaltam os signatários do relatório, trata-se da primeira iniciativa desta natureza na capital paulista, quase nunca referida no campo da história da educação em São Paulo no século XIX. Ciente de seu pioneirismo, a Loja América fazia questão de apresentar ao público um balanço sobre o funcionamento da escola. Suas atividades iniciaram-se em 22 de abril de 1869 com cursos noturnos, das dezoito às vinte horas, com significativo número de alunos (252, sendo 217 livres e 35 escravos) de várias faixas etárias (de 5 a 70 anos, a maioria concentrando-se de 11 a 20 anos, com 132 alunos, e entre 21 a 30 anos, com 55 alunos). Além de brasileiros, havia também alunos de outras nacionalidades (18 portugueses, 5 africanos, 3 alemães, 1 suíço, 1 espanhol, 1 italiano) e das mais diversas profissões (alfaiates, sapateiros, militares, padeiros, cocheiros, carroceiros, ferreiros, pintores, lavradores etc.). Luiz Gama incluía-se entre os quatro professores do curso noturno, todos membros da Loja América. A partir de junho do mesmo ano, passaram a funcionar igualmente cursos diurnos, das oito ao meio-dia, para menores de "ambos os sexos", sendo 21 do sexo masculino (2 escravos, 1 estrangeiro, 18 brasileiros), 20 do sexo feminino (1 escrava, 2 estrangeiras, 17 brasileiras), e as aulas ficavam a cargo da senhora Guilhermina de Santa Anna Junker. Porém, neste caso, não se sabe se meninos e meninas estudavam juntos na mesma classe ou não. Como a Constituição de 1824 dispunha que "a instrução primária e gratuita" destinava-se "a todos os cidadãos", ficavam excluídos os escravos (Art. 179, § 32). A Loja América advertia que, na escola por ela mantida, "os escravos só são admitidos apresentando autorização escrita de seus senhores e os menores com a autorização dos pais, tutores etc." (cf. "Escolas Populares", *Correio Paulistano*, 3 de abril de 1870). Eventualmente, encontram-se notícias sobre a escola em anos posteriores, publicadas especialmente no *Correio Paulistano*, cujo dono, Joaquim Roberto de Azevedo Marques, era membro ativo da Loja América, cuja experiência no campo da instrução popular acabaria sendo seguida por lojas maçônicas de outras cidades da província. Alguns anos depois, apresenta-se novo balanço e resultados alcançados graças ao zeloso e constante acompanhamento das atividades: "os alunos frequentes deram provas de aproveitamento. São eles em sua totalidade operários ou filhos de operários. A escola e a biblioteca popular são fiscalizadas continuamente por uma comissão composta pelos senhores: Dr. Américo de Campos, Vicente Rodrigues e Luiz Gama" (*Correio Paulistano*, 20 de fevereiro de 1874). Os projetos de educação da Loja América são abordados suficientemente em Luaê Carregari Carneiro, *op. cit.*, pp. 57-72.
91 Em 1871, um leitor com pseudônimo "O Cocheiro" envia ao *Correio Paulistano* uma nota elogiosa à criação da escola e aos resultados por ela obtidos, em sugestiva escrita: "Não se admirem que um cocheiro acostumado somente a manejar as grosseiras guias de um carro possa também pegar as penas, e diga suas palavras sobre tudo quanto

vê e ouve. Desde que o amigo senhor Luiz Gama e mais alguns homens da *Maçonaria* começaram a dar escola à gente que tem barba na cara, e isto de graça, vamos saindo da burrice em que andávamos, e podemos falar mais fresco. E por tratar no sr. Luiz Gama, enquanto os homens que nos governam andam lá por cima cuidando dos negócios, ele e outros [ilegível] do povo criam escolas para nos ensinarem, de graça, a ler, coisa que ninguém até hoje se tem lembrado, nem mesmo os senhores frades do Seminário, que além de santos, são os homens mais sábios e caridosos que conheço. [...] Hoje, portanto, que já estou adiantado, e aprecio as leituras dos jornais, deu-me na veneta também ser jornalista (com o perdão da palavra) [...]" (*Correio Paulistano*, 10 de março de 1871). Pelo tom e teor da carta, o "cocheiro" deve ter sido um ex-aluno da escola fundada por Luiz Gama e a Loja América, sua única oportunidade de se alfabetizar e criar o desejo de escrever.

92 A Biblioteca Popular deve ter iniciado seu funcionamento, ainda que restrito, como afirma no artigo, por volta do mês de junho de 1871. A partir desta data, por alguns meses encontram-se anúncios solicitando doações de livros a serem entregues na redação do *Correio Paulistano*, propriedade de Joaquim Roberto de Azevedo Marques, membro da Loja América. Meses depois, o periódico *Imprensa Acadêmica*, "jornal dos estudantes de São Paulo", saudava a criação de uma "biblioteca popular, corolário fatal das escolas noturnas", ressaltava o papel de "vanguarda" da Loja América e conclamava os "cidadãos" a contribuir com seu "óbolo para o soerguimento de tão nobre instituição" (*Imprensa Acadêmica*, 4 de junho de 1871).

93 A Sociedade Redentora é formada exclusivamente por 113 mulheres, pertencentes a famílias dos maçons da Loja América, mostra o envolvimento feminino na luta abolicionista e talvez seja, neste sentido, a primeira de São Paulo. Em 1873, ainda ativa, a sociedade publica o seguinte comunicado: "A diretoria desta sociedade, tendo ainda em seu cofre a quantia necessária para libertação de uma menor, convida por meio deste a todas as pessoas que tiverem menores do sexo feminino para libertar, queiram apresentar suas propostas, acompanhadas de exame médico, no prazo de 15 dias, contados da presente data, à abaixo assinada rua do Imperador. Assina secretária Luiza Emília da Conceição e Azevedo (*Correio Paulistano*, 20 de julho de 1873, *apud* Luaê Carregari Carneiro, *op. cit.*, p. 140).

94 É evidente o pioneirismo da Loja América na adoção de medidas que antecipam a Lei do Ventre Livre em 1871. A presença de um jovem e brilhante estudante baiano em seu seio deve ter contribuído para isso: em 1868, Rui Barbosa apresenta um projeto para a libertação de filhos de escravos à Loja, que, como se vê, logo seria posto em prática. Cf. Antonio Barreto do Amaral, *Dicionário de História de São Paulo*, São Paulo: Imprensa Oficial, 2006, p. 92.

95 *Ex vi*: por força, por determinação.

96 Trata-se dos decretos 2.711 e da lei 1.083 de 1860, nos quais se incluiriam as sociedades maçônicas, filantrópicas, abolicionistas. Segundo Ronaldo Pereira de Jesus, o número de associações aumenta significativamente na segunda metade do século XIX, "direcionadas para os objetivos mais diversos, agrupando desde integrantes da elite política mais alta do país, preocupada com os destinos da classe senhorial escravista, até simples ex--cativos reunidos em torno do ideal de libertação dos escravos pela compra de alforrias". Cf. Ronaldo Pereira de Jesus, "Associativismo no Brasil do século XIX: repertório crítico dos registros de sociedades no Conselho de Estado (1860-1889)", *Locus, Revista de História*, Juiz de Fora: 2007, v. 13, n. 1, p. 145.

97 Nas entrelinhas deste parágrafo, é possível reconhecer um dos princípios basilares da maçonaria — "maçom livre em loja livre" — e a afirmação de independência em relação a poderes políticos, judiciários e religiosos.

"Luiz G. P. Gama"

Meu caro redator[98],

Permitir-me-á que, por um pouco, eu abuse da vossa reconhecida benevolência[99].

Sei que algumas pessoas desta cidade, aproveitando caridosamente o ensejo do movimento acadêmico, mandaram dizer para a corte, e para o interior da província, que isto por aqui, ao peso de enormes calamidades, ardia entre desastres temerosos, e desolações horríveis, atestados por agentes da INTERNACIONAL[100]!... e que eu (que não deveria, por certo, faltar à sinistra balbúrdia) estava capitaneando uma tremenda insurreição de escravos!...

Parece, à primeira vista, que tudo isto não passou de simples manejo de boatos humorísticos, propalados por histriônicos de suíça, no intuito de promoverem o riso dos parvalhões seletos; e de certo os ânimos joviais muito terão folgado com estes chorrilhos de mentiras extravagantes.

Preciso é, porém, não perder de vista em toda esta calculada urdidura o malévolo espírito de intriga política, tão ardilosa quanto oportunamente manejado; pois é digno da mais sisuda observação que, ao passo que se anunciava o incêndio do edifício da academia jurídica[101], as barricadas pelas ruas, o encontro das canoas bélicas no Tamanduateí e a sanguinolenta insurreição dos escravos, insinuava-se com a mais requintada perfídia, em cartas endereçadas a pessoas consideradas, que a Loja América não é estranha à resistência acadêmica, e que esta loja maçônica trabalha sob os influxos de agentes da Internacional!... E tudo isto é calculadamente dito para obstar adesões ao partido republicano cujo desenvolvimento começa a incomodar os graves servidores do rei, e deste modo explica-se a cuidada hipocrisia da imprensa monarquista, que não cessa de propalar que o partido republicano compõe-se de "comunistas[102], de abolicionistas, de internacionalistas" e muitas outras associações "irreligiosas" e perigosíssimas.

Não quero que meu humilde nome sirva de móvel a especuladores impudicos, nem alimentar, com o meu modesto silêncio, a indecisão de alguns espíritos timoratos, para os quais são industriosamente escritas semelhantes balelas.

Sou agente da Loja América em questões de manumissão, e, com o eficaz apoio dela, tenho promovido muitas ações em favor de pessoas livres, ilegalmente mantidas em cativeiro. A isto somente e à promoção das subscrições filantrópicas em proveito dos que pretendem alforriar-se tem-se limitado todo o meu empenho em prol da emancipação; nem outra há sido a nobre missão da Loja América.

Protesto sinceramente, não só para fazer calar os meus caluniadores políticos, como aos inimigos da Loja América, que não sou nem serei jamais agente ou promotor de insurreições, porque de tais desordens ou conturbações sociais não poderá provir o menor benefício à mísera escravatura, e muito menos ao partido republicano, a que pertenço, cuja missão consiste, entre nós, em esclarecer o país.

Se algum dia, porém, os respeitáveis juízes do Brasil, esquecidos do respeito que devem à lei, e dos imprescindíveis deveres, que contraíram perante a moral e a nação, corrompidos pela venalidade ou pela ação deletéria do poder, abandonando a causa sacrossanta do direito, e, por uma inexplicável aberração, faltarem com a devida justiça aos infelizes que sofrem escravidão indébita, eu, por minha própria conta, sem impetrar o auxílio de pessoa alguma, e sob minha única responsabilidade, aconselharei e promoverei, não a insurreição, que é um crime, mas a "resistência", que é uma virtude cívica, como a sanção necessária para pôr preceito aos salteadores fidalgos, aos contrabandistas impuros, aos juízes prevaricadores e aos falsos impudicos detentores.

Esta é a verdade que profiro sem rebuço, e que jamais incomodará aos homens de bem.

Sou vosso respeitador e amigo,

São Paulo, 9 de novembro de 1871.
LUIZ GAMA[103]

---

98 O fundador, diretor e redator-chefe do *Correio Paulistano* é José Roberto de Azevedo Marques.

99 Nesta edição do jornal, o artigo de Luiz Gama vem logo em seguida ao anterior, que ele assina como membro da comissão da Loja América. Essa formulação inicial explica-se, pois, pelo fato de Luiz Gama agora se manifestar individualmente sobre ataques e falsas insinuações que lhe dizem respeito e às quais revida, com sua atitude habitualmente enérgica, colocando os pingos nos "is". No *Correio Paulistano*, Luiz Gama era tanto um colaborador frequente como também "notícia".

100 Em 1864, é fundada em Londres a Associação Internacional dos Trabalhadores, ou I Internacional, que tem em Karl Marx um de seus articuladores e mentor ideológico. Lançam-se, então, os alicerces da organização proletária internacional para a luta revolucionária pelo socialismo.

101 Referência à Faculdade de Direito de São Paulo.

102 No plano internacional, o ano de 1871 foi marcado pela *Comuna de Paris*, cujas imagens seguramente pairaram na cabeça dos detratores de Luiz Gama e de seu grupo. A insurreição deflagrada sob a Guerra Franco-Prussiana, conforme já mencionamos, criou em Paris o primeiro poder revolucionário, de março a junho de 1871. Contida pela repressão, dali em diante torna-se, no entanto, emblemática, para os movimentos anarquistas, de esquerda e extrema-esquerda.

103 De 1874 a 1881, Luiz Gama exercerá o cargo de venerável da Loja América, o mais alto posto de uma loja maçônica e o terceiro desde sua criação, sucedendo a Antonio Carlos Ribeiro de Andrada (1868-1870) e a Américo Brasiliense de Almeida Melo (1870-1873). Cf. a galeria completa dos veneráveis da Loja América em Luaê Carregari Carneiro, *Maçonaria, política e liberdade: a Loja Maçônica América entre o Império e a República*. Jundiaí: Paco, 2016, pp. 207-8.

"Até que seja satisfeito. Foro da Capital"

Correio Paulistano | 10 de novembro de 1871

Pede-se ao ilustrado sr. dr. juiz municipal[104] o obséquio de despachar, como entender de justiça, as duas causas de manumissão, que jazem no seu escritório, sendo para notar-se que seis dos manumitentes requereram depósito, e estão sofrendo prisão na cadeia.

9 de novembro de 1871.
L. G.

---

[104] Felício dos Santos Camargo, a quem Luiz Gama tenazmente fustiga, sempre dando a entender que a morosidade do juiz em resolver as questões de manumissão é proposital.

"Foro de Jacareí"

D. Maria Angélica do Nascimento, por *escritura pública*, lavrada a 18 de agosto de 1863[,] alforriou os seus escravos — Elias, Joaquina e Marcelina —, com a obrigação ou ônus de prestarem-lhe serviços até a sua morte, e depois do seu falecimento, por dois anos mais, prestarem-nos ao seu marido Joaquim Antonio Raposo.

Este cavalheiro, por escrituras lavradas a 24 e a 29 de dezembro de 1869, VENDEU CRIMINOSAMENTE os mencionados libertos, que até hoje sofrem cativeiro ilegal.

A 14 do corrente, exibindo certidão da escritura manumissória, requereu o sr. advogado José Antonio Miragaia, ao distinto dr. juiz municipal de Jacareí, o depósito judicial e a nomeação de curador aos libertos, para ser proposta regularmente ação liberal em favor deles.

O honrado sr. dr. juiz municipal indeferiu essa petição!!!

É certo que o sr. advogado Miragaia, com os documentos que exibiu, não andou bem requerendo a propositura de ação liberal, pois que, nos termos da lei, é o caso de manumissão incontinente, por ofício do juiz; que este, porém, indeferisse tal petição, e deixasse em cativeiro ilegal pessoas evidentemente livres, é o que não posso compreender.

Vou dirigir ao governo uma petição, no intuito de chamar o sr. dr. juiz municipal de Jacareí ao rigoroso cumprimento do seu dever, petição que hei de publicar nas colunas deste jornal[105].

Esta publicação tem por fim levar ao conhecimento do público um atroz atentado, e recomendar ao exmo. sr. dr. chefe de polícia o cidadão sr. Joaquim Antonio Raposo, como benemérito do art. 179 do Código Criminal.

Maio de 1872.
LUIZ GAMA

---

105 Cf. artigo seguinte.

"Foro de Jacareí"

A publicação que faço da seguinte petição que, nesta data, dirijo a s. ex. [Sua Excelência] o sr. dr. presidente da província[106] tem o duplo fim de inteirar o respeitável público de uma ocorrência gravíssima, e de evitar, com a publicidade, que a petição fique arquivada em algum cartório ou gaveta de autoridade, e os míseros libertos sepultados vivos em bárbara escravidão.

São Paulo, 23 de maio de 1872.
LUIZ GAMA

Ilmo. e Exmo. Sr. Dr. Presidente da Província,
    O abaixo assinado vem respeitosamente requerer a v. ex. [Vossa Excelência] que seja servido mandar ao juiz criminal do termo de Jacareí que, de próprio ofício, em face dos incontestáveis documentos à presente petição juntos, nos termos do alvará de 10 de março de 1682, período 5.º, e mais disposições relativas em vigor, se ponha incontinente em liberdade, estado de que violenta e criminosamente foram tirados, por Joaquim Antonio Raposo, os libertos — Joaquina, Elias e Marcolina —, e mandar outrossim que haja vista imediatamente desta petição e seus documentos o dr.

promotor público da comarca, para que requeira instauração de processo criminal contra o dito Joaquim Antonio Raposo, de conformidade com o que prescrevem o Código do Processo Criminal art. 37 § 1 — Regulamento n. 120 de 31 de janeiro de 1842 art. 221 — Aviso 15 de 16 de janeiro de 1838 e Lei n. 2033 de 20 de setembro de 1871 art. 16; a fim de que seja o indiciado devidamente punido pelo delito de reduzir pessoa livre à escravidão, previsto no Código Criminal art. 179.

O impetrante residente nesta cidade, na impossibilidade de dirigir-se diretamente ao juiz criminal de Jacareí, vem requerer pela mediação de v. ex. [Vossa Excelência] as providências retro mencionadas, firmado na legal e jurídica doutrina da provisão de 20 de setembro, e 1º de 15 de dezembro de 1823 — Avisos 2º de 17 de março e de 27 de junho de 1830 — e 2º de 29 de agosto e de 16 de setembro de 1831.

Elias, Joaquina e Marcolina são livres, e estavam em gozo de liberdade, quando foram criminosamente escravizados, e vendidos por Joaquim Antonio Raposo, porquanto:

1º — EM TESTAMENTO ABERTO, solene e publicamente feito no livro de notas do tabelião José Leme da Silva Ramalho, a 18 de agosto de 1863. — D. Mariana Angélica do Nascimento alforriou diversos escravos, entre os quais — Elias, alfaiate, Joaquina e Marcolina — com *obrigação expressa* de servirem-na durante a sua vida, e de, por seu falecimento, prestarem dois anos de serviço a seu marido Joaquim Antonio Raposo, e que findo este determinado prazo, que se contaria do momento da morte da concessora outorgante, *entrassem os libertos no pleno gozo de sua liberdade*. (Doc. n. 1)

2º — O TESTAMENTO ABERTO, feito no livro de notas do tabelião, com observância restrita dos requisitos legais, é considerado *escritura pública* para os atos de outorga voluntária do testador — *mortis causa* (Ord. L 1º Tit. 78 § 4º, L. 4º Tit. 80 pr., Corr. Telles[107] Sec. 1º Cap. 1º § 1º etc.)

3º — A alforria concedida pelo modo legal por que o fez d. Mariana Angélica do Nascimento não é uma doação *mortis causa manumissora*, embora tenha o fato de manumissão muita afinidade com esta doação; entende-se a liberdade, *assim conferida*, concedida a *termo* para que o *liberto* dele goze quando faleça o senhor (V. o Doc.

n. 1 — Dig. de manum. L. 15, 1 — *in exterminium tempus manumissoris veto*, Savigny[108] Dt. [Direito] Romano tom. 4 § 170)

4° — A liberdade concedida pelo próprio senhor de modo direto — com obrigação expressa do liberto prestar serviços, como o fez d. Mariana Angélica do Nascimento, reputa-se em face do D[ireito], concedida a título oneroso, e o ato de alforria, por parte do concessor, completo desde o momento de concessão, porque a concessão, como ensina Bremou, na vertente hipótese, *está no ato, e não na condição ou na obrigação*; doutrina esta verdadeira e aceita pela nossa lei n. 2040 de 28 de setembro de 1871 art. 4° § 5°; pelo que a alforria assim concedida *não é revogável ad nulum*, por exceção a regra geral nas doações *causa mortis*, pois que não só não é de essência ou de substância de doação *causa mortis* a revogação arbitrária, como porque esta faculdade (de revogar) considera-se tacitamente renunciada em face da concessão, e como consequência necessária de perfectibilidade do ato, solenemente praticado por escritura pública (L. 35 § 4° Dig. de M. C. dom. XXXIX, 6, Nov. 87. pr. Cap. 1°, Savigny cit., Corrêa Telles Dig. Port. tom. 3° art. 123, Coelho da Rocha[109] Dit. Cit. 76 § 3)

5° — E assim transformada, por exceção jurídica, a doação *causa mortis* em doação *inter vivos*, pela natureza do ato, e seus consequentes efeitos, só podia, por *justa causa*, e por sentença judicial, em ação competente, *intentada pela manumissora*, ser revogada a liberdade (L. 39 Dig. de m. c. dorrat. xxxix, 6 Savigny cit., Ord. L. 4 Tit. 63 § 1° a 5°, 7° e 8° sec. Rel. da corte 24 de abril de 1847, sec. 19 de fevereiro e 21 de outubro de 1848, sec. Sup. Trib. Just. e 5 de fevereiro de 1850.)

O abaixo assinado, pelos documentos que apresenta, exuberantemente prova:

1° Que d. Mariana Angélica do Nascimento faleceu a 21 de abril de 1870, e que, até esta data, nenhum pleito intentou no intuito de obter revogação da alforria, que concedera aos seus escravos (doc. ns. 2 e 3);

2° Que seu marido Joaquim Antonio Raposo, arbitrária e criminosamente por escrituras lavradas a 24 e 29 de dezembro de 1869, vendeu os libertos Elias, Joaquina e Marcolina a Antonio José Nogueira, Claudio Manoel dos Santos e Mariano Galvão Bueno (Docs. ns. 4, 5 e 6);

3º Que é notória a má-fé com que em três atos se houve Joaquim Antonio Raposo, porque reconheceu, como firme e valiosa, a manumissão aludida, em relação às escravas, Miquelina e Jacinta, cujos serviços, pelo prazo de dois anos, transferiu a terceiros (Docs. ns. 4, 7 e 8);

4º Que o meritíssimo dr. juiz municipal do termo de Jacareí, cuja ilustração é proverbial e cuja honradez é inconcussa, procedeu precipitada e irregularmente e com violação manifesta ao dito escrito, indeferindo a petição, que endereça-lhe, com os documentos que a este acompanham, o advogado José Antonio Miragaia; ato este tanto mais revoltante quanto é certo que, no seu memorável despacho, o meritíssimo juiz invoca desastradamente um grosseiro sofisma, ofensivo do seu grau científico, e indigno da sua posição de magistrado (v. os cits. docs. ns. 9 e 10).

Este mal pensado procedimento do juiz deu causa à bárbara prisão de um dos libertos por capangas do pretendido senhor, e à sua condução, amarrado, para o poder de quem nenhum direito tem para mantê-lo em escravidão; e que o não faria, por certo, se não fora poderosamente auxiliado pela inaudita incúria, e pela indesculpável ignávia[110] do meritíssimo juiz (V. o cit. doc. n. 9).

Da presente exposição, documentos citados, leis e princípios de direito invocados evidencia-se:

Que Elias, Joaquina e Marcolina foram manumitidos a *termo*, por escritura pública, por d. Mariana Angélica do Nascimento, que podia fazê-lo;

Que esta manumissão não podia ser revogada por mero arbítrio da manumissora, e de modo algum por seu marido;

Que não tendo sido judicialmente revogada a manumissão, por quem podia fazê-lo, permaneceu ela perfeita;

Que o ato de venda dos libertos praticado por Joaquim Antonio Raposo é uma violação voluntária e flagrante da disposição do art. 179 do código criminal.

Que em conclusão, à vista do exposto e provado, devem os libertos ser repostos incontinente no gozo de sua plena liberdade, por ofício do juiz, e processado, como indiciado em crime inafiançável, Joaquim Antonio Raposo.

O abaixo assinado, por manutenção dos direitos dos libertos e por desagravo da lei.

P. a v. ex. [Pede a Vossa Excelência] benigno deferimento, e não paga selo.

(Lei 2040 de 28 de setembro de 1871, art. 4° § 6°).
E. R. M.

São Paulo, 27 de maio de 1872.
LUIZ G. P. DA GAMA

---

106 José Fernandes da Costa Pereira Júnior foi presidente da província de São Paulo de 30 de maio de 1871 a 19 de junho de 1872.
107 José Homem Corrêa Telles (1780-1849), jurista e político português.
108 Friedrich Carl von Savigny (1779-1861), influente jurista alemão, especialista em direito civil.

109 Manuel António Coelho da Rocha (1793-1850), jurista português.
110 Qualidade de "ignavo", que não trabalha, indolente, covarde, pusilânime (*Dicionário Houaiss da Língua Portuguesa*, op. cit.).

"Foro da Capital. Juízo Municipal"

(COISAS DO SAPIENTÍSSIMO SR. DR. FELÍCIO)

I

Era grande, era tremendo;
Magistrado era de arromba;
Derrubava mais de pena,
Que um elefante com a tromba!
(JOSÉ DANIEL — ALMOCREVE DE PETAS[111])

É uma questão de direito, se bem que vulgaríssima, a que ora exponho à pública consideração; e para que as pessoas sisudas possam bem apreciar o procedimento do ríspido magistrado — sr. dr. Felício Ribeiro dos Santos Camargo —, para com míseros e desprotegidos escravos, passo a reproduzir as petições por mim feitas, e os doutíssimos despachos por ele proferidos:

Ilmo. sr. dr. juiz municipal[,]
    A parda F..., ex-escrava de d. B..., querendo alforriar-se, e não tendo podido para isso chegar a acordo, com o herdeiro da mesma senhora — A. B. C. —, vem respeitosamente perante v. s. [Vossa Senhoria], nos termos da lei, impetrar segurança pessoal, mediante depósito judicial, em mão de pessoa particular e idônea, para poder litigar em juízo; ficando desde logo intimado o referido herdeiro — para vir na primeira audiência deste juízo propor e escolher louvados que pratiquem o arbitramento legal, para ter lugar o depósito da quantia equivalente ao valor da suplicante que seja estimado, e seguirem-se nos termos de direito, os mais do respectivo processo.
    Assim, por ser de plena justiça,
    P. a v. s. [Pede a Vossa Senhoria] benigno deferimento, e
    E. R. M.

Correio Paulistano | 28 de julho de 1872

Pela suplicante — o curador *L. Gama*.
(Despacho) — "Apresente o pecúlio com que pretende *comprar a liberdade*! (!) São Paulo, 24 de julho de 1872. — *Santos Camargo*."

As disposições legais referidas na petição, que fica transcrita, nas quais fundei-me para endereçá-la ao meritíssimo juiz, são as seguintes:

E porque em favor da liberdade são muitas coisas outorgadas contra as regras gerais: se alguma pessoa tiver algum mouro cativo, o qual seja pedido para na verdade se haver de dar e resgatar algum cristão cativo em terra de mouros, que por tal mouro se haja de cobrar e remir: mandamos que a pessoa, que tal mouro tiver, *seja obrigado de o vender*, e seja para isso pela justiça constrangido. E se o comprador e o senhor do mouro se não acordarem no preço, no lugar, onde houver dois juízos, eles ambos, com um dos vereadores mais antigos, não sendo suspeito, e onde não houver mais que um juiz, ele com dois vereadores sem suspeita, e sendo algum suspeito, se meterá outro em seu lugar, em maneira que sejam três, avaliem o mouro; informando-se bem do que pode valer segundo comum valia etc. (Ord. liv. 4, tit. 11 § 4. — Vid. mais para maior clareza. — Provs. 8 agosto 1821; 23 outubro e 15 dezembro 1824; Res. 21 janeiro 1828; e avs. 17 março e 29 julho 1830; e 13 março 1845.)
— É permitido ao escravo a formação de um pecúlio com o que lhe provier de doações, legados e heranças e com o que, por consentimento do senhor, obtiver do seu trabalho e economias. O GOVERNO providenciará nos regulamentos sobre a *colocação e segurança* do mesmo pecúlio.
O escravo que, por meio de seu pecúlio, obtiver meios para indenização de seu valor tem direito a alforria. Se a indenização não for fixada por acordo, o será por arbitramento. Nas rendas judiciais ou nos inventários o preço da alforria será o da avaliação.
É, outrossim, *permitido ao escravo[,] em favor da sua liberdade*, contratar com terceiro a prestação de futuros serviços, por tempo que não exceda de sete anos, mediante o consentimento do senhor, e aprovação do juiz de órfãos. (Lei n. 2040 - 28 setembro 1872, art. 4°, §§ 2° e 3°.)

Ilmo. sr. dr. juiz municipal[,]

Replicando, diz a parda F..., por seu curador, que lei alguma do império, ou disposição regulamentar ou aresto de tribunal existe que autorizar possa a vexatória e de todo arbitrária exibição do seu pecúlio neste juízo; nem tampouco lei ou disposição alguma existe, que a v. s. [Vossa Senhoria] dê o direito de fiscalizar *ex officio* e administrativamente o pecúlio dos escravos.

A suplicante requereu depósito pessoal e nele insiste, para tratar judicialmente da sua manumissão. O depósito é ato preliminar da propositura da ação de liberdade, e não a exibição do pecúlio, como v. s. [Vossa Senhoria] por vontade própria ordenou, da qual exibição em semelhante hipótese lei alguma cogitou. (B. Carn. Dir. Civ. liv. 1, tit. 3, § 32; A. 5 novembro 1783; Arg. do av. 6 novembro 1850, Cons. leis civ. Bras. 2ª ed., pág. 249.)

A suplicante, meritíssimo juiz, ainda quando não tivesse pecúlio, não estaria inibida de questionar neste juízo, sobre a sua manumissão, e de obtê-la legalmente; porque uma vez reconhecido o seu direito podia obrigar os seus *serviços futuros*, para com terceiros, para o pagamento do preço de sua alforria, ou obter do governo a soma para isso necessária (lei n. 2040 cit., art. 3° e 4°, § 3°); é certo, entretanto, e doloroso é dizê-lo, que a manutenção do venerando despacho, por v. s. [Vossa Senhoria] proferido, importa revogação expressa dessa lei!...

Estas considerações exclusivamente baseadas na boa jurisprudência, se bem que ofensivas de bárbaros preconceitos, e prevenções antiliberais, dão à suplicante a lisonjeira esperança de que v. s. [Vossa Senhoria] dignar-se-á ordenar o depósito requerido.

P. [Pede] deferimento, e

E. R. M.

Pela suplicante — *Luiz Gama*.

(Despacho) — "Cumpra-se o despacho supra. São Paulo, 24 de julho de 1872. — *Santos Camargo*."

Ilmo. sr. dr. juiz municipal[,]

A suplicante torna respeitosamente à presença de v. s. [Vossa Senhoria], para que se digne declarar *onde, quando e como* deve ser feita a exibição do pecúlio, visto ser inevitável o cumprimento do venerando despacho de v. s. [Vossa Senhoria], para cuja observância são precisas fórmulas novas, que devem estar preestabelecidas na lei, que a suplicante não conhece, mas que v. s. [Vossa Senhoria] sabiamente está confeccionando.

A impetrante implora a v. s. [Vossa Senhoria] humildemente de relevar esta insistência, porque o seu pecúlio é a sua fortuna, a sua propriedade; e ela não o deixará neste juízo, sem que se dê a mais estrita observância das formalidades garantidoras da sua propriedade, a despeito da novíssima jurisprudência promulgada nos sábios despachos de v. s. [Vossa Senhoria].

P. [Pede] benigno deferimento, e

E. R. M.

Pela suplicante — *L. Gama.*

(Despacho) — "Faça-se o *depósito* em mão da pessoa que receber o *depósito* da suplicante, que ordeno se faça conjuntamente, depois de apresentado o pecúlio no cartório do escrivão, a quem for *este* distribuído. Feito o *depósito* nos termos ordenados, *cumpra-se o requerido* (!) na petição primeira. — São Paulo, 24 de julho de 1842. — *Santos Camargo.*"

São dignos de nota os luminosos despachos do sr. dr. Felício!

Deles, o primeiro[,] principalmente, é de apavorar tíbios espíritos, e para abrir larga concorrência a emigrantes aventureiros!

É de venalidade a época; e estamos no primeiro país comercial do mundo! São mais do que despachos; parecem anúncios americanos.

Na autorizada opinião do sr. dr. Felício, tudo se vende no império do Brasil: estamos em contínua e plena barganha: de tudo se faz comércio, desde os canudos de papelão, encampados à província, para encanamento de chafarizes *gratuitos*, até a liberdade, que se compra perante certos magistrados!

Chegamos felizmente aos ditosos tempos em que tudo é lícito vender...

É que o juiz integérrimo[112], que isto afirma nos seus venerandos despachos, tem plena consciência de que enverga paletó burguês, em vez da trabia [sic] romana, e sabe que em certas mãos o gládio mitológico dos helenos converteu-se em macete de leiloeiro.

De minha parte, e creio estar de acordo com os homens honestos, rendo sincera homenagem ao sr. dr. Felício, pela memorável franqueza de soldado espartano, com que lavra os seus marciais despachos; é que as armaduras de Marte não prejudicam a facúndia de Minerva...

Peço permissão a s. s. [Sua Senhoria] para repetir com entusiasmo as suas admiráveis palavras:

— "Apresente o pecúlio com que pretende *comprar a liberdade.*"
— E chegue-se a ele... que receberá seu lanço!

25 de julho de 1872.
L. GAMA
(*Continua*[113].)

---

111 *Almocreve de petas ou moral disfarçada, para a correção das miudezas da vida* é um periódico jocoso português publicado entre 1798 e 1799 em Lisboa pelo escritor e jornalista José Daniel Rodrigues da Costa, sucesso de público em seu tempo. Posteriormente, o *Almocreve de petas...* foi compilado em dois tomos e impressos em 1819, edição possivelmente consultada por Luiz Gama e da qual extraiu a epígrafe acima.

112 Superlativo de íntegro.

113 Luiz Gama adverte o leitor, habituado a leitura de folhetins, que o entrevero, embora real e não calcado em ficção, conhecerá outros capítulos.

"Foro da Capital. Juízo Municipal"

(COISAS DO SAPIENTÍSSIMO SR. DR. FELÍCIO)

II

Examinar os fatos, e a eles aplicar sábia e escrupulosamente a lei, tal é a nobre missão do juiz.

(SENADOR PIMENTA BUENO)

O asserto com tanta sabedoria escrito, que serve de epígrafe, ao presente artigo, mostra clara, filosófica e praticamente qual a elevada missão do juiz perante a sociedade: é o homem da Lei, porque foi ele escolhido para velar pela sua rigorosa observância.

Cumpre agora ver como o ilustrado sr. dr. Felício observa os preceitos legais, e distribui justiça pelos seus concidadãos.

Em obediência do último despacho, por s. s. [Sua Senhoria] proferido, e por mim publicado no artigo precedente, embora esse despacho extravagante na forma, e absurdo na essência, atacasse em seus fundamentos, à disposição do artigo 4°, última parte, da Lei n. 2040 de 28 de setembro de 1871, QUE RESERVOU AO GOVERNO, em seus regulamentos, que ainda não foram confeccionados, a guarda e a administração do pecúlio dos escravos, exibi no cartório respectivo o pecúlio da manumitente, no valor de 30$000. Isto feito, o escrivão lavrou os mandados para o depósito da manumitente, e do seu pecúlio, nos termos prescritos no mencionado despacho, e os submeteu à assinatura do digno juiz, que os devolveu ao cartório, no mesmo estado, determinando, por um simples recado seu — que autuadas as petições com os documentos da manumitente, lhe fossem conclusos. E assim se cumpriu imediatamente.

Às 5 horas da tarde tornaram os autos ao cartório, com o seguinte estupendo despacho:

Não sendo a quantia constante do documento de folhas, *em caso algum*, suficiente para comprar a liberdade da suplicante, *mesmo* porque em tempo algum se comprou um escravo por 30$000[,] indefiro a petição de folhas em todas as suas partes (!!!), enquanto a suplicante não apresentar, em juízo, *um pecúlio com que razoavelmente* possa conseguir os seus fins. — São Paulo, 25 de julho de 1872. — *Santos Camargo*.

A este venerando despacho que importa, senão grosseira inverdade, ao menos uma atroz calúnia, irrogada pelo preclaríssimo sr. dr. Felício a sua própria memória, repliquei com a seguinte petição:

Ilmo. sr. dr. juiz municipal,
    A parda F..., com o acatamento devido, pela mediação do seu humilde curador, tendo sido intimada do respeitável despacho, em que foi v. s. [Vossa Senhoria] servido, se bem que contra expressa disposição de lei, negar-lhe depósito pessoal, como providência preliminar, para propositura de ação manumissória, e repelir por exígua e insuficiente o pecúlio de 30$000 réis por ela exibido, para alforriar-se, dizendo e afirmando v. s. [Vossa Senhoria] no aludido despacho que nunca escravo algum foi vendido, nem comprou a sua liberdade por tal preço, implora permissão sem embargos do reconhecido critério, e sempre honrada palavra de v. s. [Vossa Senhoria], para ponderar e provar, com o documento junto, extraído de autos, que correm por este juízo egrégio, e *nos quais v. s.* [Vossa Senhoria] *tem oficiado*:
    1° — Que, até pela quantia de VINTE MIL-RÉIS, se tem avaliado escravos, os quais em virtude da lei, e se for da vontade de v. s. [Vossa Senhoria] sapientíssima, poder-se-ão libertar (pelos 20$000 réis) exibindo o preço da avaliação;
    2° — Que, se é verdade, como v. s. [Vossa Senhoria] acaba de observar, e jamais poderá contestar, que por este juízo tem-se avaliado escravos, em certos inventários, a VINTE MIL-RÉIS, não é extraordinário, e menos ainda ofensivo da cobiça dominical, que não pode ser alimentada, nem graciosamente defendida por v. s.

[Vossa Senhoria], o fato de haver a suplicante exibido um pecúlio de 30$000, no intuito de obter a sua manumissão;

3° — Finalmente que, se é verdade, como a história da Igreja o atesta, e v. s. [Vossa Senhoria] não a ignora, que a liberdade de Nosso Senhor Jesus Cristo foi vendida no tribunal de Sinédrio, perante o magno juiz hebreu, por trinta dinheiros, não é estranhável, nem caso de lesa empolgadura que, perante v. s. [Vossa Senhoria], a suplicante avalie a sua própria liberdade em trinta mil-réis.

À vista, pois, do doutíssimo despacho de v. s. [Vossa Senhoria], a suplicante requer que seja servido declarar, a seu talante, qual a quantia que determina para a constituição razoável e legal do pecúlio, para que, quando seja obtida, possa a suplicante tornar à presença de v. s. [Vossa Senhoria], para, de novo, implorar o cumprimento da lei bem entendida.

Nestes termos

P. a v. s. [Pede a Vossa Senhoria] benigno deferimento.

L. Gama.

(Despacho) — "Nos autos[.] São Paulo, 26 de julho de 1872. — *Santos Camargo.*"

A esta petição acompanha um certificado, extraído do inventário do capitão José Joaquim de Jesus, pelo escrivão sr. dr. Soares de Souza Junior, do qual consta que os escravos *José* e *Geraldo* foram avaliados a 20$ rs., cada um, *perante o sr. dr. Felício há dez dias.*

Há quatro dias tem o sr. dr. Felício em seu poder os autos para despachar: s. s. [Sua Senhoria], que anda atualmente com a bossa da energia pejada, estará de certo preparando algum despacho-bomba, para estrondar e iluminar sinistramente o foro.

Fico à espera do mau *sucesso*, de pena em punho, e prometo não deixar em silêncio a glória excelsa do marcial juiz.

1872, 30 de julho.
L. GAMA

"Foro da Capital. Juízo Municipal"

(COISAS DO SAPIENTÍSSIMO SR. DR. FELÍCIO)

III

Já frio de terror sussurra o povo,
Porque a tua cachola anda pejada,
E mui cedo se espera um parto novo!...
(ELMANO[114])

Está racionalmente resolvida a magna questão do arbitramento da parda F..., minha curatelada.

Motivos tinha eu de sobra quando declarei, no meu segundo artigo, que o respeitável sr. dr. Felício anda com a bossa da energia sinistramente abarrotada; e o eminente magistrado, que, por devoção própria, rende cultos pomposos à verdade, não quis deixar em falha a minha proposição.

Eis o seu último despacho, o qual justamente se deve denominar chave de ouro:

Uma vez oferecido um pecúlio equivalente à quantia de um conto de réis, faça-se depósito da suplicante. São Paulo, 1º de agosto de 1872. — *Santos Camargo.*

Finda a leitura deste sublimado disparate judicial, os venerandos lentes da faculdade jurídica, os decanos da famosa academia paulistana, tão duplamente respeitados pelo seu saber, como pela sua prudência, devem cobrir as frontes envergonhados. O sr. dr. Felício obteve um título de jurisconsulto, conferido por eles, que, subscrevendo-o, não poderiam alienar as virtudes que os distinguem, e menos ainda faltar aos seus deveres... O pergaminho existe; o sr. Felício é jurisconsulto; o governo fê-lo magistrado; e ele, novo Eróstrato[115], na vaidade, incendeia as leis, para eternizar seu nome!

> Que Licurgo improvisado!
> Quem jamais viu sábio assim?
> Fero, teso, empavesado
> Qual da China um mandarim![116]...

É esplêndida e incomparável a atitude arrogante do magno juiz, espancando as sombras deste mísero foro paulistano! Que originalidade de concepções, e que leonino rompante nas manifestações! É incontestavelmente a águia sublimada da jurisprudência, e nem há de negá-lo. Águia na ferina altivez do olhar; águia nas abas da casaca e nas esguias gâmbias; águia nos gabedos[117], em falta de lustrosas penas, águia nas unhas, posto que não tenha garras; águia na vontade, nas arrojadas pretensões e na ardência da palavra; águia, enfim, no gênio e na sanha contra os negros: águia sem penas, mas águia de cabelo.

Grande é o perigo que correm as cabras[118] diante das águias; e é por isso que a parda F... foi tão infeliz perante o sr. dr. Felício. Vê-la e tomá-la nas unhas foi coisa de momento.

Aqui vem apelo dizer:

> Olha de riba,
> E de soslaio;
> E, como raio,
> Lá ferra na mulata pela giba[119]!

> Com sede e sanha
> Exclama o bicho:
> Quero a capricho
> Mostrar-me doutoraço[120] na patranha[121].

> Quero dar prova
> De quanto valho;
> Que dou vergalho
> Nas mãos da tirania para a sova.

> Com *trinta bicos*
> Se alforriar?

Vá se abanar,
Que eu Minos[122] sou tremendo ou mata-micos.

De réis um conto,
Depositados;
Já, bem contados,
Que em trinchas desta laia não dou ponto.

Mão no pecúlio,
Senhor meirinho;
Vá de mansinho
De tudo que pilhar fazendo embrulho.

Parva negrada
Não quer carrego?
Salta que é rego;
Há muito que eu, por mim, não tomo nada.

Quer liberdade?
Busque outro ofício,
Que eu — grão Felício —
O pregão já mandei pela cidade:

— Atentem nisto!
A — liberdade —,
Sem piedade,
Eu vendo como Judas vendeu Cristo.

Pecúlio à vista;
Nada de tralhas,
Nada de malhas,
De gimbo[123] de contado ando na pista[124].

Ponhamos, entretanto, de parte estes contrapontos de zombaria, e consideremos, com profunda seriedade, estes gravíssimos trechos de canto-chão-forense, que tão admiravelmente entoa o memorável sr. dr. Felício.

Vão responder ao sr. dr. Felício jurisconsultos distintos cujas opiniões autorizadas não podem ser suspeitas ao doutíssimo juiz. A jurisprudência singularíssima e incompreensível do sr. dr. Felício vai ser julgada *sem prevenções e sem paixões* por cultores preclaríssimos da ciência.

A escrava F... não tendo chegado a acordo com seu senhor, para o fim de libertar-se, requereu depósito pessoal, e a intimação do senhor, para arbitrar-se judicialmente o preço. O juiz, porém, para permitir o depósito, mandou que a escrava exibisse previamente o pecúlio no cartório; mas exibindo este, no valor de 30$000, não o aceitou, e marcou, de próprio arbítrio, a quantia de 1:000$000, mediante a exibição da qual se verificasse depósito.

PERGUNTA-SE:
1° — Pode o juiz exigir a exibição do pecúlio em juízo por ordenar o depósito pessoal da manumitente?
2° — Pode o juiz taxar ao escravo o *quantum* constitutivo do seu pecúlio?
3° — Pode o escravo ser constrangido a exibir dinheiro em juízo, antes de praticado o arbitramento judicial?

RESPOSTA:
O primeiro quesito tem duas partes:
1° — A escrava F... podia requerer o depósito de sua pessoa, como preliminar para a ação manumissória contra seu senhor?
2° — É essencial ou de direito que ao depósito preceda ou acompanhe a exibição de pecúlio resgatante da liberdade?
Respondo: (quanto à primeira) em virtude do § 2°, art. 4° da lei n. 2040 — de 1871, a escrava F... podia requerer o depósito referido, porquanto, tendo direito de demandar a sua alforria, contra a vontade de seu senhor, não o poderia fazer estando em poder e companhia do mesmo. O direito, para garantir a ação de divórcio à mulher casada, muito sabiamente prescreve o depósito de sua pessoa para, afastada de obediência, e quiçá maus-tratos do marido, fazer valer o mesmo divórcio.

Esse depósito, que se dá à mulher, que está sob o poder marital, não podia ser recusado ao escravo, sujeito a um poder mais severo, e que o desviaria de gozar do direito de alforriar-se, contra a vontade de seu senhor. A lei não é absurda, não podia conceder um direito e negar o meio de usá-lo.

Quanto à segunda parte, deste primeiro quesito, respondo negativamente. O pecúlio, na hipótese em que estamos, e como se depreende do citado § 2°, não é uma coisa indeterminada, mas sim o *quantum* correspondente ao valor da indenização pela alforria: logo o pecúlio só pode ser juridicamente conhecido, depois de sabido o valor da indenização, que infalivelmente pressupõe o competente processo de ação de arbitramento; mas este processo entre partes — o senhor e o escravo — considera a este *já habilitado em juízo*, logo o pecúlio não precede e nem acompanha o depósito.

Ao segundo quesito também respondo negativamente: o pecúlio que a lei (§ 2° cit.) se encarregou de definir é o valor da indenização pela alforria, sendo essa indenização fixada *por acordo ou arbitramento*, o acordo é a combinação entre o senhor e o escravo; o arbitramento é a avaliação judicial, feita *por peritos escolhidos pelas partes*: é, portanto, intuitiva a incompetência do juiz para taxar o *quantum* constitutivo ao pecúlio, incompetência essa que ainda se evidencia pelo nenhum interesse do juiz, naquilo que só afeta à fortuna do senhor e do escravo.

O terceiro quesito está prejudicado pelo que respondi ao primeiro. São Paulo, 1° de agosto de 1872 — Américo de Abreu.

Concordo em tudo com o parecer supra. — Dr. José Rubino de Oliveira.

Concordo. — Dr. J. J. Vieira de Carvalho.

Mais dois pareceres, no mesmo sentido, foram escritos pelos exmos. srs. conselheiro Ramalho, dr. Almeida Reis e dr. Sá Benevides.

Está, portanto, justa e imparcialmente julgado o sr. dr. Felício, que, se tem a precisa inteligência para exercer o importante cargo, que obteve, pelos seus merecimentos, certo é que dá largas aos boatos, que se espalham, de que s. s. [Sua Senhoria] falta com a devida justiça a míseros escravos, para agradar aos grandes senhores, que empenham esforços, para presentearem-no com uma boa comarca de primeira entrância...

O que por mim sei, e que de minha conta afirmo, é que o sr. dr. Felício não é o mesmo juiz de outros tempos, nem o mesmo homem de outras eras não remotas. S. s. [Sua Senhoria] está patenteando uma face nova do seu caráter, e dando prova da maleabilidade da sua moral. Está se manifestando homem de corte, de quem a fisionomia é uma máscara de carne, e anunciando a sua aptidão para arrojados cometimentos.

A estrada é ampla, e eu lhe desejo próspero futuro. Peço-lhe, entretanto, que, nas alturas do poder, que tão nobremente almeja, não se esqueça da planície em que outrora juntos lutamos pela mesma causa, que eu fico defendendo, que deixa-me ao lado da miséria e da escravidão; e que os aventureiros, quando partem do seio do povo, e penetram nos palácios, deixam nas soleiras a probidade e o pudor[125].

1872, 3 de agosto.
LUIZ GAMA

---

114 Pseudônimo de Manuel Maria de Barbosa Du Bocage (1765-1805), renomado poeta satírico português.
115 Por volta de 356 a.C, Eróstrato ou Heróstrato, um indivíduo obscuro, incendiou o templo de Artêmis em Éfeso (atual Turquia), então considerada uma das sete maravilhas do mundo, no intuito de se tornar conhecido na posteridade.
116 Acredito serem os versos presentes neste artigo composições do "poeta" Luiz Gama, autor da coletânea de sátiras sociais e políticas *Primeiras trovas burlescas*. Cf. Luiz Gama, *Primeiras trovas burlescas & outros poemas*, edição preparada por Ligia Fonseca Ferreira, São Paulo: Martins Fontes, 2000.
117 Regionalismo (Minho, Portugal): vasilhame ou recipiente de qualquer capacidade (*Dicionário digital Aulete*).
118 A palavra "cabra" é aqui usada em duplo sentido, visto designar a mestiça ou mulata de pele mais clara (*Dicionário Houaiss da Língua Portuguesa, op. cit.*)
119 Pelas costas.
120 Homem que se cobre de ridículo colocando-se pretensamente como grande sábio (*Dicionário Houaiss da Língua Portuguesa, op. cit.*).
121 Mentira, engodo, falsidade (*ibidem*).
122 Figura mitológica, Minos é um semideus filho de Zeus e da princesa fenícia Europa. Violento e cruel, depois de sua morte se torna um dos juízes do inferno.
123 Sinônimo de dinheiro (*Dicionário Houaiss da Língua Portuguesa, op. cit.*).
124 Interessante notar que os versos dessa sátira possuem a mesma métrica que um poema presente nas *Primeiras trovas burlescas* — "A um nariz" —, por sua vez inspirado num poema composto por Gregório de Matos, de mesmo gênero e tema, do qual Luiz Gama extraiu uma epígrafe. Cf. Luiz Gama, *Primeiras trovas burlescas & outros poemas, op. cit.*, pp. 61-3.
125 Nesse parágrafo, transparece uma amarga decepção, sugerindo que o juiz Santos Camargo estivera, no passado, ao lado de Luiz Gama na defesa dos escravizados, o que não foi possível comprovar.

"Ainda o Congresso Republicano em Itu"[126]

A comissão abaixo assinada resolve pelo presente comunicar a seus correligionários da província o seguinte:

Considerando que no Rio discute[m]-se bases gerais da organização do partido, conforme as últimas notícias;

Considerando que estas bases devem ser submetidas ao juízo e aprovação dos núcleos provinciais;

Julga oportuno e de alta conveniência demorar a reunião do Congresso republicano que se vai instalar em Itu, adiando sua abertura para a época da inauguração da linha férrea daquela cidade, ficando neste ponto modificado o convite anteriormente publicado.

A razão importante acima apontada acresce em justificação do adiamento a circunstância de oferecer a instalação da linha férrea mais facilidade de trânsito a grande número dos amigos que concorrerem ao Congresso.

A comissão abaixo assinada acredita que este seu ato merecerá a aprovação de todos os correligionários, atentas as razões que o determinaram.

Recorre à imprensa, dispensando circulares, em vista da necessidade de levar mais rapidamente a notícia a todos os pontos da província.

São Paulo, 18 de dezembro de 1872.
MALACHIAS R. SALLES GUERRA

**DIOGO ANTONIO DE BARROS
LUIZ GAMA
(NÃO ASSINAM OS DOIS OUTROS MEMBROS DA COMISSÃO, POR ESTAREM AUSENTES.)**

126 A histórica Convenção Republicana de Itu, primeiro encontro dessa natureza promovido no Brasil, realizou-se em 18 de abril de 1873, um dia depois da inauguração da estrada de ferro que ligava São Paulo àquela cidade. Na ocasião, foi fundado o Partido Republicano Paulista (PRP). Como se vê, desde o ano anterior, Luiz Gama tinha participação ativa como membro da comissão organizadora do evento no interior paulista, no qual se decidiu que um evento de mesma finalidade aconteceria na capital paulista, como de fato aconteceu. A presença de fazendeiros e senhores de escravos paulistas num encontro republicano provocou indignada reação no ex-escravo abolicionista, adepto da abolição imediata e sem indenização, e selou seu distanciamento do PRP. O inflamado discurso de Gama entrou para os anais da História, graças ao relato de seu amigo Lúcio de Mendonça, presente no encontro:
"Recordo-me, como testemunha presencial, [da] solene ocasião em que o nobre vulto de Luiz Gama destacou-se a toda a luz. Estava reunido em S. Paulo, num palacete da rua Miguel Carlos, em 2 de julho de 1873, o Primeiro Congresso Republicano, da província, presidido [por] dr. Américo Brasiliense.
Era uma assembleia imponente [...] estavam presentes vinte e sete representantes de municípios. Agricultores, advogados, jornalistas, um engenheiro, todos os membros do Congresso, moços pela maior parte, compenetrados da alta significação do mandato que cumpriam [...].
Lidas, discutidas e aprovadas as bases oferecidas pela "Convenção de Itu", para a constituição do congresso, e depois de outros trabalhos, foi por alguns representantes, submetido ao congresso, e afinal aprovado, um manifesto à província relativamente à questão do estado servil. No manifesto, em que se atendia mais às conveniências políticas do partido do que à pureza dos seus princípios, anunciava-se que, se tal problema fosse entregue à deliberação dos republicanos, estes resolveriam que cada província da União Brasileira realizaria a reforma de acordo com seus interesses peculiares 'mais ou menos lentamente', conforme a maior ou menor facilidade na substituição do trabalho escravo pelo trabalho livre; e que, 'em respeito aos direitos adquiridos' e para conciliar a propriedade de fato com o princípio da liberdade, a reforma se faria tendo por base a indenização e o resgate. Posto em discussão o manifesto, tomou a palavra Luiz Gama, representante do município de S. José dos Campos. Protestou contra as ideias do manifesto,

contra as concessões que nele se faziam à opressão e ao crime, propugnava ousadamente pela abolição completa, imediata e incondicional do elemento servil. Crescia na tribuna o vulto do orador; o gesto a princípio frouxo alargava-se, enérgico e inspirado; estava quebrada a calma serenidade da sessão: os representantes, quase todos de pé, mas dominados e mudos, ouviam a palavra fogosa, vingadora e formidável do tribuno negro. Não era já um homem, era um princípio, era uma paixão absoluta, era a paixão da igualdade que rugia! Ali estava na tribuna, envergonhando os tímidos, verberando os prudentes, ali estava, na rude explosão da natureza primitiva, o neto da África, o filho de Luiza Ma[h]in." (Cf. Lúcio de Mendonça, "Luiz Gama", *Almanack Literário de São Paulo para o ano 1881*, ano VI São Paulo, Tipografia da "Província", 1880, pp. 50-62, reproduzido integralmente em *Com a palavra, Luiz Gama...*, op. cit., pp. 263-70.)

"O imperador e a liberdade de imprensa"

É conhecida a pendência levantada no Porto, quando ali esteve o imperador, entre este e a proprietária de um Hotel, por amor do preço do alojamento do hóspede imperial e sua comitiva. A conta do hotel foi impugnada por excessiva e depositada pelo cônsul brasileiro do Porto, até ser a questão liquidada em juízo.

A ação judiciária proposta pelo cônsul foi anulada pelos tribunais em razão da incompetência do autor, que ao que consta a ia renovar como mandatário da mordomia imperial do Rio.

Entretanto, chega agora à capital do Brasil a proprietária do hotel do Porto a implorar diretamente a paga de sua conta, alegando falência e ruína completa de sua casa, se não conseguir o que suplica à magnanimidade do imperial devedor, ou se em falta disto não obtiver um equivalente por via de subscrição *pública* que desde já solicita da população do RJ.

Esta última fase da questão foi largamente exposta pela credora portuense em uma publicação feita sob sua assinatura no *Jornal do Comércio*. Até aqui nada de notável, a não ser o escândalo que as próprias prerrogativas monárquicas prestam ao litígio, pois um rei, embora esteja no pleno direito de resguardar seu dinheiro como qualquer mortal, deve ser o primeiro a remir tais dissabores e salvar a *honra do posto*, em perfeito acordo com o prolóquio antigo: *vão-se os anéis, mas fiquem os dedos.*

Mas o publicado do *Jornal do Comércio* produziu verdadeira sensação, e daí nasceu nova e importante polêmica.

Ao que parece, a população da corte referveu em grossa indignação ante aquele publicado, havido como descomunal afronta ao imperador.

As iras ergueram-se principalmente contra o *Jornal do Comércio*, tomando parte direta na clamorosa vindicta alguns jornais da corte, e notadamente o *Diário do Rio* e a *República*.

Esta indignação contra o *Jornal do Comércio* é que se nos afigura absolutamente injusta e mal cabida.

O publicado inserido naquela folha contra "o primeiro cidadão do Império" representa um alto e nobre princípio — a liberdade de imprensa.

Atacar o jornal pelo motivo exposto é atacar aquele princípio; é pretender que a imprensa abata-se às condições de turíbulo[128], sempre que ante ela assome o vulto de um alto personagem.

Solicitam muito especial atenção as doutrinas exibidas a tal propósito pelo *Diário do Rio*.

Mais realista que o rei, o *Diário* apela para o inviolável e *sagrado* da pessoa imperial, elevando a constitucional ficção ao grau de refinado fetichismo.

O que é certo é que a magna questiúncula está dando brados.

Tão grande importância não costumam ter assuntos de interesse público, o que aliás é lógico e coerente com os tristes abatimentos a que o imperialismo mais e mais afeiçoa o aviltado feudo.

Feios tempos estes!

Não concordamos igualmente com a posição assumida na polêmica pel[o jornal] *República*.

Pesa-nos isto sobremodo, mas sem dúvida serão aqueles nossos distintos correligionários os primeiros em reconhecer que em nossa franqueza não vai ofensa alguma, porém somente o exercício de um direito, se não o cumprimento de um dever.

Versam ainda sobre o assunto acima exposto as seguintes linhas, que representam uma manifestação individual, aliás em plena harmonia com o juízo da redação desta folha[129].

Os republicanos abaixo assinados, fiéis sempre ao evangelho de seu partido, vêm à imprensa declarar que na questão debatida na corte, entre a *República*, o *Diário do Rio* e o *Jornal do Comércio*, a propósito de uma senhora portuguesa com referência ao imperador, aceitaram e prestam culto à posição assumida pelo *Jornal do Comércio*.

Esta folha, na opinião dos abaixo assinados, mantém a doutrina democrática e civilizadora da liberdade de imprensa, a qual assim elevada deve servir aos pequenos em litígio com os grandes e ser soberana mesmo ante o próprio *soberano*.

Pensam também os abaixo assinados que as questões pessoais e interesses particulares do imperador não envolvem nunca a honra nacional.

Ante os tribunais judiciários e a opinião pública pode uma mulher, *embora hoteleira*, obrigar às custas e à sem-razão um homem, embora imperador.

Sentem os abaixo assinados discordar, neste assunto, da opinião dos ilustres correligionários que redigem a *República*; mas entendendo preferível a tudo e apesar de tudo a verdadeira doutrina republicana, que é no caso a franquia da imprensa, a todos sem distinção de classes ou de posições constitucionais, pois é a imprensa o foro nobilíssimo para o debate de todas as queixas e todos os direitos.

Concluindo, julgam os abaixo assinados poder asseverar que estas ideias que avançam são comuns a todos os seus correligionários desta província.

São Paulo, 31 de outubro.
FERREIRA DE MENEZES
AMÉRICO DE CAMPOS
LUIZ GAMA

---

127 Essa crônica, que aparece na primeira página do *Correio Paulistano*, apresenta, segundo os editores do jornal, um fato ocorrido na corte e que desencadeara polêmicas e protestos no meio jornalístico de todo o país, por ter caracterizado aos olhos dos antimonarquistas um atentado à "liberdade de imprensa". Embora não seja da lavra de Luiz Gama, era necessário reproduzi-la a fim de se compreender a nota, incluída como reforço à opinião dos editores do *Correio Paulistano*, assinada por ele e dois outros reconhecidos e respeitados jornalistas e líderes republicanos que falam em nome dos correligionários paulistas. Marcam assim posição, protestando inclusive contra o principal órgão republicano do Rio de Janeiro — *A República* —, diante de uma situação que desabona o monarca por ter este abusado de seu poder, desrespeitando e prejudicando uma pessoa de classe inferior.

128 Espécie de incensário de metal.
129 Comentários do editor do jornal, introduzindo a nota de Luiz Gama e seus companheiros.

"O imperador e a liberdade de injúria"

Na questão da conta do Porto a redação do Correio Paulistano e os nossos ilustres correligionários Ferreira de Menezes, Américo de Campos e Luiz Gama deram o seu voto da seguinte forma:

> É conhecida a pendência levantada no Porto, quando ali esteve o imperador, entre este e a proprietária de um hotel, por amor do preço do alojamento do hóspede imperial e sua comitiva. A conta do hotel foi impugnada por excessiva (4:500$ fortes) e depositada pelo cônsul brasileiro do Porto, até ser a questão liquidada em juízo.
>
> A ação judiciária proposta pelo cônsul foi anulada pelos tribunais em razão da incompetência do autor, que ao que consta a ia renovar como mandatário da mordomia imperial do Rio.
>
> Entretanto, chega agora à capital do Brasil a proprietária do hotel do Porto a implorar diretamente a paga de sua conta, alegando falência e ruína completa de sua casa, se não conseguir o que suplica à magnanimidade do imperial devedor, ou se em falta disto não obtiver um equivalente por via de subscrição *pública* que desde já solicita da população do RJ.
>
> Esta última fase da questão foi largamente exposta pela credora portuense em uma publicação feita sob sua assinatura no *Jornal do Comércio*.
>
> Até aqui nada de notável, a não ser o *escândalo* que as próprias prerrogativas monárquicas prestam ao litígio, pois um rei, embora

esteja no pleno direito de resguardar seu dinheiro como qualquer mortal, deve ser o primeiro a remir tais *dissabores* e salvar a *honra do posto*, em perfeito acordo com o prolóquio antigo: *vão-se os anéis, mas fiquem os dedos.*

Mas o publicado do *Jornal do Comércio* produziu verdadeira sensação, e daí nasceu nova e importante polêmica.

Ao que parece, a população da corte referveu em grossa indignação ante aquele publicado, havido como descomunal afronta ao imperador.

As iras ergueram-se principalmente contra o *Jornal do Comércio*, tomando parte direta na clamorosa vindicta alguns jornais da corte, e notadamente o *Diário do Rio* e a *República*.

Esta indignação contra o *Jornal do Comércio* é que se nos afigura absolutamente injusta e mal cabida.

O publicado inserido naquela folha contra "o primeiro cidadão do Império" representa um alto e nobre princípio — a liberdade de imprensa.

Atacar o *Jornal* pelo motivo exposto é atacar aquele princípio; é pretender que a imprensa abata-se às condições de turíbulo, sempre que ante ela assome o vulto de um alto personagem.

Solicitam muito especial atenção as doutrinas exibidas a tal propósito pelo *Diário do Rio*.

Mais realista que o rei, o *Diário* apela para o inviolável e *sagrado* da pessoa imperial, elevando a constitucional ficção ao grau de refinado fetichismo.

O que é certo é que a magna questiúncula está dando brados.

Tão grande importância não costumam ter assuntos de interesse público, o que aliás é lógico e coerente com os tristes abatimentos a que o imperialismo mais e mais afeiçoa o aviltado feudo.

Feios tempos estes!

Não concordamos igualmente com a posição assumida na polêmica pela *República*.

Pesa-nos isto sobremodo, mas sem dúvida serão aqueles nossos distintos correligionários os primeiros em reconhecer que em nossa franqueza não vai ofensa alguma, porém somente o exercício de um direito, se não o cumprimento de um dever.

Versam ainda sobre o assunto acima exposto as seguintes linhas, que representam uma manifestação individual, aliás em plena harmonia com o juízo da redação desta folha:

Os republicanos abaixo assinados, fiéis sempre ao evangelho de seu partido, vêm à imprensa declarar que na questão debatida na corte, entre a *República*, o *Diário do Rio* e o *Jornal do Comércio*, a propósito de uma senhora portuguesa com referência ao imperador, aceitaram e prestam culto à posição assumida pelo *Jornal do Comércio*.

Esta folha, na opinião dos abaixo assinados, mantém a doutrina democrática e civilizadora da liberdade de imprensa, a qual assim elevada deve servir aos pequenos em litígio com os grandes e ser *soberana* mesmo ante o próprio *soberano*.

Pensam também os abaixo assinados que as questões pessoais e interesses particulares do imperador não envolvem nunca a honra nacional.

Ante os tribunais judiciários e a opinião pública pode uma mulher, *embora hoteleira*, obrigar às custas e à sem-razão um homem, embora imperador.

Sentem os abaixo assinados discordar, neste assunto, da opinião dos ilustres correligionários que redigem a *República*; mas entendendo preferível a tudo e apesar de tudo a verdadeira doutrina republicana, que é no caso a franquia da imprensa, a todos sem distinção de classes ou de posições constitucionais, pois é a imprensa o foro nobilíssimo para o debate de todas as queixas e todos os direitos.

Concluindo, julgam os abaixo assinados poder asseverar que estas ideias que avançam são comuns a todos os seus correligionários desta província.

São Paulo, 31 de outubro.
FERREIRA DE MENEZES
AMÉRICO DE CAMPOS
LUIZ GAMA

A opinião autorizada de ilustrados colegas e correligionários merece--nos tanto maior acatamento quanto que eles julgam poder asseverar que as ideias que avançam são comuns a todos os nossos correligionários da província de São Paulo.

"O imperador e a liberdade de imprensa"

Correio Paulistano | 22 de novembro de 1873

As seguintes linhas que nos são endereçadas para dar à estampa ainda referem-se a essa magna questiúncula:

Os abaixo assinados por uma muito devida consideração aos ilustres redatores da *República* se haviam imposto o silêncio, na polêmica levantada a propósito do protesto contra opiniões que aquele jornal dissera no conflito das dívidas do imperador.

O silêncio fora-lhes também aconselhado pelas *pretendidas* conveniências do partido, vozeadas por muita gente, malgrado pensarem os abaixo assinados que a vida dos partidos de propaganda nada padece com a acentuação dos princípios cardeais, sendo que os partidos nessa cidade e em tais condições têm como primeiro dever e destino fatal[,] ao lado da proclamação das teses, o expor bem à luz e muito em relevo as individualidades dos seus adeptos.

Rompem, porém, o selo desse propósito os abaixo assinados pelo valor que prestam aos três contraprotestantes na *República* do dia 18.

Disseram os abaixo assinados — "*que julgavam* poder asseverar que as suas ideias eram comuns a todos os correligionários da província de São Paulo".

Este fecho do protesto não revelava imposição do sentir dos protestantes aos correligionários da província, sim tão somente que conhecedores como são da índole dos paulistas os abaixo assinados iam ao ponto de avançar que na publicação do Jornal do Comércio viam os paulistas republicanos como os abaixo assinados uma *questão de princípios*, os princípios da liberdade plena, de direito da imprensa — e não uma questão *pessoal*.

E tão razoáveis fomos pensando assim que a mesma *República*[,] numa fraqueza toda louvável, veio em apoio das previsões confessando isso mesmo no número do dia 5 do mês corrente.

Pedimos licença para transcrever o trecho:

"Mal interpretando, quer a questão em si, quer a maneira por que a encaramos e discutimos, os nossos amigos fizeram de *uma questão pessoal e incidental uma questão de princípios, uma questão fundamental*."

Tivessem sido os abaixo assinados convencidos do erro, que para sua absolvição bastara-lhes o trecho citado!

E pensam também os mesmos ter amparado com a citação o golpe de censura que no contraprotesto lhes atiram os ilustres cidadãos de Campinas.

Os abaixo assinados não podem, não podiam impor opinião deles aos demais correligionários na província, mas da esperança desse assentimento por parte destes se nutrem ainda, tanto que não julgam que os contraprotestantes de Campinas possam vir ao prelo com a opinião de que o Jornal do Comércio dando a lume o célebre *a pedido* não estava com o princípio da *liberdade de imprensa*.

Dariam por acabada neste ponto a polêmica os abaixo assinados se ainda não se julgassem obrigados a insistir em certas doutrinas, sobre as quais os dignos e muito ilustrados redatores da *República* não acordam com os mesmos.

São elas que não podem convir com aqueles dignos republicanos, glórias do partido; "que os vícios ou defeitos reais (?) ou assacados à pessoa do imperador revertem em definitiva sobre o país que o suporta".

Com esta teoria estaria hoje padecendo na história a reputação moral da Inglaterra no reinado de Henrique 8° e Jorge IV; a mesma reputação da Rússia no domínio de Catharina 2ª; a da França sob Luiz 15; a do papado sob Alexandre 6° e Papisa Joanna; e mal cogita-se o que se poderia dizer da Espanha por ter suportado a última rainha!

Essa doutrina levada às suas naturais consequências justificaria o xá da Pérsia e a Pérsia aonde desde que aquele espirra, espirra o povo inteiro.

Justificaria outrossim a mesma doutrina o brasão simbólico de Luiz 14.

Como este, o imperador do Brasil podia proclamar-se o "Sol" desta terra. Ele erguido, nós em claro; ele deitado, todos às escuras!

E não foi esta mesma nefasta doutrina que armou o braço àqueles que na monarquia de Carlos 10 de França arrancaram do seio da representação nacional o grande Manuel?

Também aproveitam-se do momento os abaixo assinados para dizerem que nem são *adoradores do Jornal do Comércio* nem pleiteiam pela "liberdade da injúria"[,] sendo que não atinam com a possibilidade da injúria pela imprensa, sem que haja a liberdade desta.

Não compreendem outrossim os abaixo assinados a designação de *folha estrangeira*. Todo periódico que se levanta é um farol ou um combatente.

No primeiro caso, há um lucro, no segundo há a ocasião de uma vitória para as ideias livres.

No mundo só a China teme e conta os estrangeiros e guarda a chaves o seu alfabeto. O direito de falar, como o Sol, é para todos.

Tais são as ideias e são tais os sentimentos dos abaixo assinados.

Como na declaração dos denodados redatores da *República*, lavram o presente e assinam-no com a "isenção e independência com que costumam proceder em todos os casos".

Por isso que republicanos entendem-se com o direito de dizer o que pensam, principalmente aos seus correligionários.

Não julgam que possam ter ofendido as conveniências do seu partido: mas quando assim acontecesse, não fora por intenção e[,] em último caso, muito respeitadores embora dessas conveniências, entendem contudo que acima delas está o culto aos princípios.

E de junto desta ara onde estão guardados os destinos desta terra, reverenciam os seus irmãos maiores da *República* e os da cidade de Campinas.

São Paulo, 20 de novembro.
FERREIRA DE MENEZES
LUIZ GAMA
AMÉRICO DE CAMPOS

"Questão manumissória. Petição dirigida ao Governo Imperial"

Correio Paulistano | 27 de fevereiro de 1874[130]

Senhor!

No dia 18 de dezembro do ano precedente, com o tácito apoio das autoridades civis e criminais da cidade de São Sebastião do Rio de Janeiro, foram importadas, vindas de fora do império, e ilegalmente escravizadas, 238 pessoas livres, das quais 37 vieram com destino à mencionada cidade, e 201 em trânsito.....

Este gravíssimo atentado deu-se, com mais flagrante violação do nosso direito escrito, pela mediação do vapor alemão *Rio*, procedente de Hamburgo, e escalas, comandante *R. O. Sibedanx*[,] segundo a letra do manifesto publicado no *Jornal do Comércio* de 19 de dezembro de 1873, página 1ª, coluna 4ª, na seção inferior, ou *Lorenzen*, segundo faturas e documentos expedidos de bordo do mesmo vapor, que trouxe 28 dias de viagem, sendo 3 dias do porto de São Salvador da Bahia, onde recebera ao seu bordo as 238 vítimas sacrificadas à feroz ambição de alguns exploradores atrevidos.

É certo, porque esta é a boa e corrente doutrina de direito das gentes, geralmente admitida entre as nações cultas de Europa — "que os navios de uma nação, navegando no alto-mar, são considerados como porções flutuantes dessa nação a que pertencem, ou, segundo a técnica expressão dos jurisconsultos franceses, como continuação ou prorrogação de território" (Heffter, *Droit publ. intern. de l'Europe*, L. II. cap. II. § 78 p. 15. — Paris, 1866[131].)

Este navio, tendo largado do porto de S. Salvador da Bahia, 3 dias antes de sua assinalada entrada na cidade do Rio de Janeiro, fez-se ao largo, e navegou efetivamente no alto-mar, fora dos mares territoriais do Brasil; e, por isso mesmo, segundo o preceito de direito das gentes supracitado, constituiu, de modo incontestável, porção do território confederado do império alemão[132], ao qual pertence a cidade de Hamburgo, cuja [sic] é o navio aludido, e onde não é permitida a escravidão; e assim sendo é inquestionável que os escravos neles postos *tiveram assistência voluntária, em país estranho*, no qual é proibido o cativeiro, enquanto o mesmo navio navegou no alto-mar, e adquiriram, por tal fato, até que o contrário seja regularmente provado, a liberdade legal, da qual licitamente não poderão jamais ser despejados (Bren_eu, Un jur., Tract. 1°, tit. 7 § 6° pág. 27; Dr. P. Malheiros — *A escravidão no Brasil* —, Part. II. § 97, n. 10, Lei 7 de novembro de 1831 art. 1°).

Os melhores publicistas e jurisconsultos, tanto antigos como modernos, são acordes em afirmar, esteados em bons fundamentos, e em face do direito dos povos cultos de Europa, que a escravidão supõe-se permanentemente abolida nos Estados que a não admitem; e que, por isso, livre se deve considerar o escravo que[,] espontaneamente levado sem constrangimento do senhor, tiver assistência no território do país que a não permite; e que, segundo princípio inconcusso, como a liberdade uma vez adquirida não mais se perde, segue-se necessariamente que o escravo que tornar ao país da escravidão é de pleno direito livre, para jamais ser a ela forçado (Lei citada 7 de novembro de 1831 arts. 1°, 2° e 3°; cod. crim. art. 179[133])

No Rio de Janeiro (assim o afirmaram ao suplicante) foi censurado o comandante do referido vapor, pela irregularidade de haver admitido escravos a bordo, como passageiros, pelo respectivo cônsul, o cavalheiro H. Haupt; e principalmente pelos ter, como tais, entregado imprudentemente, quando pelas leis do Brasil haviam adquirido liberdade.

Aqui vem de molde lamentar o peticionário, que o ilustrado e respeitável cônsul se limitasse a censurar inconsequentemente o comandante do navio, e não exigisse das autoridades do país a manutenção de liberdade dos importados.

E, pois, para restrita observância da lei, requer o suplicante a V. M. [Vossa Majestade] Imperial que se digne mandar que sobre esta lamentável ocorrência proceda-se a minuciosa sindicância pela repartição dos negócios da justiça, e que os escravizados sejam restituídos à liberdade.

Pede deferimento e justiça.
LUIZ GAMA

130 Nesse artigo, evidenciam-se os sólidos conhecimentos jurídicos de Luiz Gama também na área do direito internacional. O tema é de particular interesse, por denunciar um navio alemão acusado de praticar tráfico interprovincial de escravos no Brasil. Por ser uma questão de natureza diplomática, Luiz Gama dirige uma petição diretamente ao imperador do Brasil.
131 August Wilhelm Heffter (1796-1880), renomado jurista alemão e professor de direito das Universidades de Bonn, Halle e Berlim. Sua obra *Das Europäische Völkerrecht der Gegenwart* (O direito público europeu na atualidade), lançada em 1844 e traduzida para o francês em 1866 com o título *Le Droit international public de l'Europe*, trata da questão das embarcações que navegam em águas internacionais. No parágrafo citado por Luiz Gama, Heffter afirma que: "os navios, lançados pelas nações de suas águas territoriais ao alto mar, são, em certo sentido, partes mutantes desses territórios que, mesmo navegando por oceanos de outros países, não perdem sua nacionalidade, desde que a propriedade desses navios não seja transferida a outrem. A equipe de comando do navio constitui uma corporação própria sob a proteção do Estado que a enviou e a cujas leis deve obediência, mesmo que se encontre fora de suas águas territoriais". Cf. Adrian Johannes Engels, *Die Fragilität der Freiheit: Gesetz und Praxis im brasilianischen Sklavereisystem des 19. Jahrhunderts am Beispiel des Wirkens von Luiz Gama*, Masterarbeit für iberische und lateinamerikanische Geschichte, Fachbereich Lateinamerikanische Geschichte (orientador: Prof. Dr. Michael Zeuske; supervisora da pesquisa realizada no Brasil, com bolsa do Daad — Serviço Alemão de Intercâmbio Acadêmico: Profa. Dra. Ligia Fonseca Ferreira), Universität zu Köln, 2015.
132 Referência à Unificação da Alemanha, política e administrativamente, como Estado-Nação, ocorrida em 1871, que deu origem ao Império Alemão, formado pela Confederação da Alemanha do Norte e os estados do sul (Baden, Hesse-Darmstadt, Württemberg e Baviera).
133 Referência ao primeiro código penal brasileiro, em vigor de 16 de dezembro de 1830 a 1891. O artigo 179, mencionado por Luiz Gama, inscreve-se na terceira parte do Código e descreve como sendo crime contra a liberdade individual "reduzir à escravidão a pessoa livre, que se achar em posse da sua liberdade".

O POLICHINELO, N. 11, 25 DE JUNHO DE 1876.

POLÍTICOS E REPRESENTANTES DA IMPRENSA PAULISTANA FESTEJAM DE MÃOS DADAS O "SÃO JOÃO POLÍTICO", NO ALEGRE DESENHO DE HUÁSCAR DE VERGARA. DA ESQUERDA PARA A DIREITA: CARLOS FERREIRA (*CORREIO PAULISTANO*), PAULO DELFINO DA SILVA (*DIÁRIO DE SÃO PAULO*), LUIZ GAMA (*O POLICHINELO*), JOSÉ BONIFÁCIO DE ANDRADA E SILVA, ANTONIO CARLOS RIBEIRO DE ANDRADA MACHADO E SILVA, AMÉRICO DE CAMPOS (*A PROVÍNCIA DE SÃO PAULO*) E BERNARDINO GAVIÃO PEIXOTO.

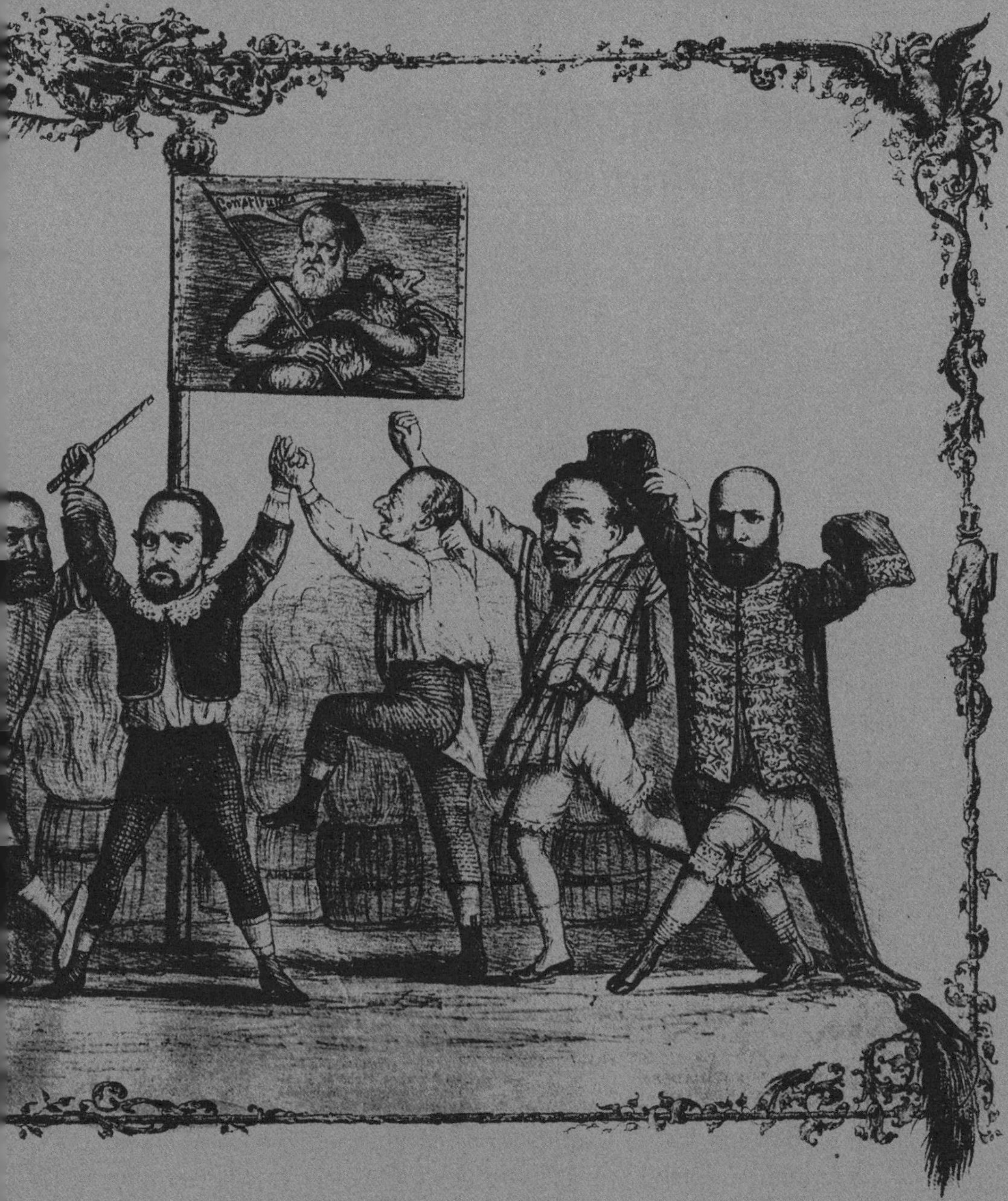

"Carta aos redatores da *Província*"

Quando, em tempos passados, que não muito se distanciam do presente, nos reunimos sob a bandeira, e à luz dos princípios da democracia pura, cristã e socialista, animavam-nos dois grandes pensamentos, tínhamos duas grandes ideias: derruir a monarquia, em nome do país e da civilização; estabelecer a república em nome da liberdade.

Então constituíamos um partido, o partido nacional, o partido radical, o partido da revolução; não se media a sua força pelo número dos congregados, senão pelo arrojo das concepções, pela firmeza da vontade, pela singularidade da abnegação, pelo trasonismo das manifestações.

Éramos demolidores das obras do despotismo, sob todas as formas conhecidas, e construtores de uma nacionalidade inteiramente livre.

Declaramos guerra formal aos partidos militantes do império, mórbidas coortes de valetudinários Druidas, entibiados há muito pelo fumo do incenso e da mirra dos palácios; condenamos, sem detença, o parlamento e as assembleias, sáfaras chancelarias do rei e dos seus agaloados sátrapas[134]; e votamos à execração pública essa mentira codificada pela hipocrisia, que a ironia dos poderosos, por mero escárnio, qualificou de *Constituição política do império*.

Queríamos construir, depois da luta, da completa derrota e do aniquilamento indispensável dos nossos adversários, sob a égide de uma ditadura provisória e necessária, ilustrada e intransigente, inspirada pelo direito, dirigida pela razão e dominada pela justiça, não sobre ruínas, porque tudo seria removido, até os alicerces, mas *em uma superfície plana*, o edifício moderno da nova sociedade, sem municípios atrelados, sem magistratura cômica, sem parlamentos subservientes, sem eleitores autômatos, sem ministérios de fâmulos, sem religiões de Estado, sem ciência oficial e professores tutelados, sem regimentos monocráticos, sem exército de janízaros[135], e sem escravos, porque estava proscrito o senhor.

Tínhamos um programa infinito, encerrado em uma só palavra — PROGRESSO —, alterável todos os dias, porque um programa político não é um evangelho sedicioso, que desafia à revolta, quando não planta o indiferentismo, pelo estoico sofisma da sua desastrosa imutabilidade; é o relatório fiel das necessidades públicas, e de todas as aspirações legítimas; e da sua restrita satisfação dependem a felicidade dos povos, a segurança dos governos, a tranquilidade dos Estados, e a conservação das instituições; em política não há dogmas; os deuses foram-se com a mitologia.

Eis o que, há dez anos, pretendiam os válidos republicanos do Brasil.

Hoje, este programa pertence a uma minguada fração do grande partido republicano, disseminado em todo o país.

Somos radicais; este é o nosso estandarte.

Escrevemos estas linhas em resposta ao editorial da *Tribuna Liberal*, de hoje.

Queremos a reforma pela revolução; temos princípios, temos programas.

— "Somos homens, enfim, temos futuro!"

São Paulo, 3 de novembro de 1877.
L. GAMA

---

134 Na antiga Pérsia, "sátrapa" designa o governador de um extenso território; aqui significa déspota, indivíduo que leva vida faustosa (*Dicionário Houaiss da Língua Portuguesa*, op. cit.).

135 Soldados de um corpo de elite das tropas turcas, abolido no século XIX; aqui é sinônimo de indivíduo vadio, vagabundo (*ibidem*).

"Questão forense"

— *Podem ser vendidos como bens do evento os escravos fugidos, cujos donos se não conheçam depois das diligências legais para descobri-los?*

Não podem ser vendidos como bens do evento os escravos fugidos, cujos donos se não conheçam depois das diligências legais para descobri-los; porque tais escravos devem ser declarados livres.

Cumpre, porém, que o asserto seja demonstrado; por que o asserto é um fato; o fato tem sua causa; e esta causa é o direito.

I

Como o homem, porque é a sua razão, o direito nasceu; presidiu à constituição da sociedade; animou o seu desenvolvimento; e sagrou-a sua estabilidade; sua Gênesis é a do homem; e, como o deste, o seu crescimento é de intussuscepção.

O direito é a vida; repele por sua índole as soluções de continuidade; como a verdade[,] é sempre o mesmo; como o progresso[,] é a evolução perpétua; como a luz[,] é uma força regeneradora; e, como a liberdade, eterno e inquebrantável.

Difere da lei, porque é o princípio; e esta[,] uma modalidade.

Toda a lei que contraria o direito em seus fundamentos é uma violência; toda a violência é um atentado; o legislador que o decreta é um tirano; o juiz que o executa[,] um algoz; o povo que o suporta[,] uma horda de escravos.

A lei só é legítima quando promulgada pelo povo; o povo que legisla é um conjunto de homens livres; a lei é a soberana vontade social; a causa[,] o direito natural.

II

O escravo fugido, cujo senhor se ignora, como a coisa perdida, em análogas circunstâncias reputa-se abandonado.

O *abandono* considerado como fenômeno jurídico é relativo, e consiste na desistência de um direito ou de um dever; pelo que é essencialmente formal.

O *abandono* é *voluntário* ou *presuntivo*; no primeiro caso, é direto e individual; no segundo, dispositivo e conjectural; e, quer na primeira, quer na segunda hipótese, é expresso e legal.

Com aplicação a fatos manumissórios, e esta é a questão vertente, o *abandono voluntário* conserva a nomenclatura técnica; o conjectural toma ordinariamente o nome de *prescrição-aquisitiva*; e, por isso, torna-se condicional.

No Brasil o abandono voluntário com imediata aplicação à espécie que se debate está definido no artigo 76 do regulamento n. 5135 de 13 de novembro de 1871, e dá-se — "quando o senhor, residindo no mesmo lugar, e sendo conhecido[,] não procura pelo escravo, não o mantém em sujeição, nem manifesta vontade de conservá-lo sob sua autoridade".

O *abandono conjectural* ou prescrição, pelo contrário, mediante condições preestabelecidas na lei dá-se independente da vontade dominical por preterições reais ou presumidas, por considerações de Estado ou de ordem pública.

Exemplo:

— "Estando de *fato* livre o que por direito deva ser escravo, poderá ser demandado pelo senhor por cinco anos somente, no fim do qual tempo se entende prescrito o direito de aucionar" (Alv. 10 de março de 1682, n. 5).

III

Aplicação feita dos princípios de direito, das disposições da lei e das regras de jurisprudência que ficam expostos ao caso emergente; e considerada a espécie — indivíduo preso como escravo fugido, que espontaneamente confessa a sua condição, cujo senhor não é conhecido, ou sendo não o reclama — em face da ord. do liv. 3° tit 94 §§ 1, 2, 3 e 4; portaria de 24 de dezembro de 1824; instruções anexas à portaria 2ª de 4 de novembro de 1823 §§ 11 e 12; avisos de 28 de janeiro de 1828, 1° de 13 de abril, o 3° de 5 de março de 1831, e de 12 de agosto de 1834; decretos de 9 de março de 1842, artigo 44; e n. 1896 de 14 de fevereiro de 1857, artigos 1 a 6; leis da assembleia legislativa desta província sob ns. 2 de 21 de março de 1860 e 33 de 7 de junho de 1869; regulamento n. 2433 de 15 de junho de 1859; lei n. 2040 de 20 de setembro de 1871, artigo 6°; regulamento n. 5135 de 13 de novembro de 1872, artigos 75, 76, 77 e 78; avisos ns. 318 de 10 de setembro do mesmo ano e 639 de 21 de setembro de 1878; opinião do respeitável sr. dr. Teixeira de 1878; opinião do respeitável sr. dr. Teixeira de Freitas na — *Consolidação das Leis Civis* — nota 33 ao artigo 58, páginas 63 e seguintes da 3ª edição; pág. 249 — resulta de modo evidente, racional, inconfutável — que o escravo preso como fugido, quer seja conhecido o senhor, quer não, só por inqualificável absurdo, com inversão flagrante dos bons princípios, e violação manifesta, proposital, dos preceitos da lei, por guia inconsiderado ou inconsciente, poderá ser vendido em hasta pública como coisa achada à guisa de besta ou gado, como *propriedade do vento!*...

IV

Bens do evento, como define o art. 44 do decreto de 9 de março de 1842, são "escravos, gado ou bestas, achados, *sem se saber o senhor ou dono a quem pertençam*".

Desta claríssima disposição, em sentido direto, inevitavelmente resulta que, se o *senhor* do escravo é *conhecido*, o escravo não pode pertencer ao evento; e se, tendo aviso da sua prisão, o não procura, depois de notificado pelos meios, e pela autoridade competente, o tem voluntariamente, formalmente, de modo direto abandonado, de conformidade com as disposições combinadas dos arts. 4° do decreto n. 1896 — de 14 de fevereiro de 1857, e 76 do de n. 5.135 — de 13 de novembro de 1872; pelo que deve ser declarado livre, como estatui a lei n. 2040 — de 28 de setembro de 1871, art. 6° § 4°.

Assim também, se o senhor não é conhecido, ou porque não seja encontrado, por mudança ou por ausência, ou porque o escravo, com ardil, oculta o seu próprio nome, ou o do seu senhor, ou o do lugar do seu domicílio, *considera-se abandonado*, para o mesmo efeito, de alforriado ser, nos rigorosos termos da lei citada; e isto assim deve ser, não só porque verifica-se o caso — do *abandono indireto* ou conjectural — como porque não pode o escravo ficar indefinidamente em prisão, sem causa justificativa, e contra as disposições em vigor; nem, principalmente, pela impossibilidade inobstável da sua venda.

V

O art. 8° da memorável lei n. 2040 — de 28 de setembro de 1871, com previdência muito judiciosa, e para cimeira acautelar corruptelas judiciárias, estabeleceu a matrícula — especial de todos os escravos existentes no império, e decretou a manumissão imediata dos que não fossem matriculados.

E, no regulamento de 1° de dezembro de 1871, promulgado pelo decreto n. 4.835 — da mesma data, para estrita execução daquela mencionada parte da lei, de 28 de setembro, imperativamente está determinado, arts. 35 e 45:

1.° A pessoa que celebrar contrato, dos mencionados no art. 45, *sem exibir as relações* ou *certidões das respectivas matrículas;* a que aceitar as estipulações dos ditos contratos, sem exigir a apresentação de alguns desses documentos; a que não comunicar, à estação competente, a mudança de residência para fora do município, transferência de domínio, ou o falecimento de escravos, ou de menores livres, nascidos de mulher escrava, conforme prescreve este regulamento; o oficial público que lavrar termo, auto ou escritura, de *transferência de domínio*, ou de penhor, de hipoteca ou de serviços de escravos, sem as formalidades prescritas no citado art. 45; o que der passaporte a escravos, sem exigir a apresentação das relações ou certidões de matrículas; e o que não participar aos funcionários incumbidos da matrícula as manumições que houver lançado nas suas notas incorrerão na multa de 10$000 a 50$000.

2.º Depois do dia 30 de setembro de 1872 não se lavrará escritura de contrato de alienação, transmissão, penhor, hipoteca ou serviço de escravos, sem que ao *oficial público*, que tiver de lavrar a escritura, sejam presentes as relações das matrículas, ou certidão delas, *devendo ser incluídos no instrumento os números de ordem dos matriculados*, a data, e o município em que se fez a matrícula, assim como os nomes e mais declarações dos filhos livres de mulheres escravas, que as acompanharem, nos termos do art. 1° §§ 5° e 7° da lei n. 2040 de 28 de setembro do corrente ano.

Também se não dará passaporte a escravos, sem que sejam presentes à autoridade, que o houver de dar, o documento da matrícula, cujos números de ordens, data e lugar em que foi feita serão mencionados no passaporte; e[,] se forem acompanhados por seus filhos livres[,] devem os passaportes conter os nomes e mais declarações relativas a estes.

Assim também nenhum inventário ou partilha, entre herdeiros, ou sócios, que compreender escravos, e nenhum litígio, que versar sobre o *domínio* ou a *posse* de escravos, será admitido em juízo, se não for, *desde logo*, exibido o documento de matrícula.

Como, portanto, à vista destas disposições inconcussas, há de o juiz provedor, improvisado, por extravagante arbítrio dos poderes judiciários, descurado dos seus deveres, e do executivo, por inveterado desplante, mercador, sem carta, de *escravos furtados*, expô-los à venda, sem possuir e sem apresentar as relações ou as certidões da matrícula especial?

Como lavrará o escrivão, corréu convencido do crime, escritura ou termo de arrematação menosprezando a sanção legal, e dispensando-se de cumprir os preceitos imprescindíveis dos artigos 35 e 45 do decreto n. 4.835?

E quem será o comprador culposo desta venda fraudulenta?

Como cumprirá ele a disposição do artigo 21, que o obriga, para a necessária averbação, a dar conhecimento da transferência de domínio à repartição fiscal?

Haverá, por privilégio do evento, matrículas por suposição?

Podem os juízes, ou o governo, revogar a lei ao seu talante?

Já foi eliminado das disposições vigentes o § 8° do artigo 15 da Carta Constitucional?

VI

A questão não é nova; e já foi, com madureza, resolvida.

A 12 de março de 1874, a recebedoria do município da corte deu categórica e proveitosa lição de direito ao douto juiz da provedoria; e fê-lo de modo louvável, recusando, com ríspido civismo, o recebimento de imposto de transmissão de propriedade de escravos irregularmente arrematados como bens de evento, por não constar, da respectiva *guia, a exibição da matrícula especial* — no ato da arrematação —, segundo as prescrições legais em vigor; e o governo, entaliscado, entre o direito, e o monstruoso erro, resolveu, com exemplar sabedoria, por aviso n. 3 — de 12 de novembro de 1875 — "que aos escravos recolhidos em casa de detenção, e arrematados, como bens do evento, aproveita a disposição do artigo 19 do regulamento de 1° de dezembro de 1871, *devendo ser considerados livres*, sem prejuízo dos direitos dos senhores, reclamados por ação ordinária, no juízo competente".

Isto, sim, é jurisprudência; tem fundamento jurídico, e foi externado com critério.

VII

O legislador de 1871 estabeleceu praticamente, como princípio abolicionista, e necessário, que seriam declarados livres:

— Os escravos pertencentes à nação;
— Os escravos dados em usufruto à coroa;
— Os escravos das heranças vagas;
— Os escravos abandonados por seus senhores.

Esta medida altamente humanitária, que assinala uma vitória da civilização e um grande processo social no Brasil, é[,] na expressão de um exímio filósofo[,] essencialmente moral e política; e tanto mais inatacável, na razão da sua existência, quanto é certo que o legislador não só decretou a libertação, no tempo presente, sem *restrições onerosas*, dos escravos existentes, sem remuneração alguma, para os cofres do Estado, como calculadamente estendeu-a, prevendo, como devia, sucessos futuros, *aos escravos da nação, aos das heranças vagas, e aos abandonados pelos senhores*.

Como, pois, mantida cientificamente a economia da lei, supor isentos do benefício os escravos fugidos, cujos donos não sejam sabidos, como tais, devolvidos ao evento, vendidos pela provedoria, em proveito dos cofres da nação?!

Que! O legislador diretamente decreta a manumissão dos escravos das heranças vagas, dos pertencentes à Nação, e dos abandonados pelos senhores, e, por meios indiretos, às ocultas, com solapado sentimento, procura locupletar-se com as migalhas salpicadas pelos acasos do evento?!

E será isto sério?

Será filosófico e moral?

Em que compêndio se encontram estes estólidos princípios de tão exótica hermenêutica?

Qual é a base ontológica dessa doutrina original?

O direito é um corpo; tem a sua anatomia; tem as suas cavidades esplâncnicas; e estas contêm vísceras delicadas, que devem ser observadas por peritos, e tratadas profissionalmente.

Se a lei de 18 de agosto de 1769 está em vigor, os Palinuros[136] da escravidão, por honra sua, devem exigir um mausoléu ao ministério do exmo. sr. Conselheiro Laffayete[137], e comemorar, com funerais, o monumental aviso n. 639 de 21 de setembro de 1878.

Por que escrevo este artigo?

Na sessão judiciária do Tribunal da Relação, do dia 8 do corrente, perante numeroso auditório, quando se discutia a ordem de *habeas corpus*, por mim impetrada, em favor de seis infelizes, e quando já me não era permitido falar, o exmo. sr. desembargador Faria, muito digno procurador da Coroa — porque eu, na exposição, disse acidentalmente que o evento estava extinto, quanto aos escravos fugidos, cujos donos eram ignorados, baseando-me na insuspeita opinião do exmo. sr. conselheiro d. F. B. da Silveira —, declarou, para resguardo de sua opinião:

> Que o evento existe, para os escravos fugidos, cujos donos são ignorados; que tais escravos devem ser vendidos pela Provedoria, e o seu produto recolhido aos cofres do Estado, na forma da lei, como decidiram os avisos ns. 318 de 10 de setembro de 1872 e 639 de 21 de setembro de 1878!

Estas palavras tão valiosas, pela autoridade do cargo, proferidas em plena sessão do egrégio Tribunal, por magistrado distinto, tanto pelo seu caráter como pela sua ilustração, em um debate importante, constituem duplo e gravíssimo perigo: autorizam o curso forçado de um erro jurídico (tal é a minha humilde opinião), e cavam abismos aos manumitentes, já sobejamente premados pela prepotência dos senhores, e pela má vontade de muitos juízes interessados.

Sou abolicionista, sem reservas; sou cidadão; creio ter cumprido o meu dever.

São Paulo, 11 de outubro de 1880.
LUIZ GAMA

---

136 Aqui significa "guia, piloto", em referência a Palinuro, o piloto de Eneias na *Eneida* de Virgílio (70-19 a.C.) (*Dicionário Houaiss da Língua Portuguesa*, op. cit.).
137 Lafayette Rodrigues Pereira (1834-1917), proprietário rural, advogado, jornalista, diplomata e político mineiro. Formou-se na Academia de Direito de São Paulo em 1857. Foi ministro da Justiça de janeiro de 1878 a março de 1880.

"Trechos de uma carta"

Não li o discurso que me dizem ter proferido nestes últimos dias o Dr. Moreira de Barros[138], no qual dissera que a Lei de 1831, bem como toda a legislação anterior ou posterior a essa época, promulgada para evitar o tráfico [negreiro], ficará sem efeito algum, desde que este cessou completamente!

Será isto verdade? Se é, o orador estava louco.

Tu sabes que a lei mais terrível, e que vedou o tráfico, é a de 4 de setembro de 1850, regulamentada por decreto de 14 de outubro do mesmo ano, proposta pelo grande conselheiro Eusébio [de Queirós][139], "o espírito mais justo e liberal, até hoje conhecido no Brasil".

Esse eminente estadista quando teve de dar explicações relativas à execução da Lei, em sessão de 16 de julho de 1852, LEU uma exposição de motivos, na qual se acha o seguinte:

> Um único meio assim resta para reprimir o tráfico [...] é deixar que a respeito do passado continue a Legislação existente; que ela continue igualmente a respeito dos pretos introduzidos para o futuro, mas que só se apreenderam depois de internados pelo país, e não pertencerem mais aos introdutores... os filantropos não terão que dizer, vendo que, para as novas introduções, se apresentam alterações eficazmente repressivas, e que, para o passado, não se fazem favores, e apenas continua o que está [...][140].

Por isso entreguei não só a formação da culpa, como todo o processo ao juiz especial dos Auditores de Marinha, com recurso para a Relação: bem entendido só nos casos de apreensão, no ato de introduzir, ou sobre o mar.

Depois desta leitura, continuando o ministro em seu discurso, disse mais:

> Vê, pois, a Câmara que eu havia comunicado aos meus colegas que os grandes pensamentos da lei de 4 de novembro de 1850 eram pensamentos nossos em 1849. Nós já então reparávamos a questão das presas, dos julgamentos do réu; já então mantínhamos a lei de 7 de novembro de 1831, reservando-a, porém, *somente para o passado*[141], ou para os escravos depois de internados e compreendidos com os outros; já então distinguíamos os introdutores dos compradores...

Veja agora o que diz o decreto de 12 de abril de 1832[142] publicado para a lei de 1831 no art. 10:

> Em qualquer tempo, em que o preto requerer a qualquer juiz de paz ou criminal, que veio para o Brasil depois da extinção do tráfico, o juiz o interrogará sobre todas as circunstâncias, que possam esclarecer o fato, e oficialmente procederá a todas as diligências necessárias, para certificar-se delas; obrigando o senhor a desfazer as dúvidas que suscitaram-se a respeito. Havendo presunções veementes de ser o preto livre, o mandará depositar e procederá nos mais termos da lei.

Se é verdade que o Dr. Moreira de Barros disse o que ouvi se lhe atribuir, aí está na Lei e nas palavras do grande Eusébio a mais cabal resposta.

LUIZ GAMA

138 Antônio Moreira de Barros (1841-1896), paulista de Taubaté, formou-se na Academia de Direito de São Paulo em 1861. Foi deputado em diversas legislaturas e conselheiro do Império. Ocupava o cargo de ministro das relações exteriores do Brasil à altura em que Luiz Gama escreveu este artigo. Poucos dias antes, proferira discurso sobre o "Elemento servil" na Câmara dos Deputados. De fato, Luiz Gama não teria tido tempo de lê-lo, embora tivesse sido publicado na íntegra ainda naquele ano. Porém, as repercussões foram imediatas, e seu discurso refutado pelos parlamentares abolicionistas presentes à sessão, como Joaquim Nabuco ou Jerônimo Sodré, partidário da abolição imediata sem indenização. Fundamentando-se em falaciosa argumentação, Moreira Barros gerou polêmica ao afirmar que "o direito que se quis atribuir ao africano importado como escravo depois da lei de [7 de novembro] 1831, de ser equiparado a pessoa que nasceu livre no Brasil, para o gozo de plena liberdade civil, não tem apoio em lei alguma" (Antonio Moreira Barros, *Elemento servil: discurso proferido na Câmara dos Deputados, sessão de 22 de novembro de 1880*, Rio de Janeiro: Typographia Nacional, 1880, p. 13). Desde os anos 1860, como se sabe, Luiz Gama assentara suas bem-sucedidas estratégias para libertar os africanos ilegalmente escravizados lançando mão da lei de 1831. Dados biográficos extraídos de Sacramento Blake, *Dicionário bibliográfico brasileiro*, Rio de Janeiro: Imprensa Nacional, 1893, v. 1, p. 270. Sobre a controvérsia causada pelo discurso de Moreira Barros, cf. Beatriz Gallotti Mamigonian, *Africanos livres...*, op. cit., pp. 433-4. A publicação contendo o discurso de Moreira Barros encontra-se disponível em: <http://www2.senado.leg.br/bdsf/bitstream/handle/id/222290/000053306.pdf?sequence=1>. Acesso em: 2 dez. 2018.
139 Sobre Eusébio de Queirós, cf. adiante nota 174.
140 Para uma análise do contexto e teor desse discurso desenvolvido a partir de reflexão jurídica, social, política e de afirmação frente à Inglaterra, que atribuía a si, em detrimento das autoridades brasileiras, a concretização da lei antitráfico, cf. Eliardo França Teles Filho, "Eusébio de Queiroz e o Direito: um discurso sobre a lei n. 581 de 4 de setembro de 1850", *Revista Jurídica*, Brasília: dez./2005- jan./2006, v. 7, n. 76, pp. 52-60.
141 Possivelmente, grifo do autor.
142 O decreto de 1832 regulamentou a execução da lei de 1831, fixando regras para vistoriar navios nos portos brasileiros, com vistas à apreensão de africanos transportados ilegalmente. Cf. Beatriz Gallotti Mamigonian e Keila Grinberg, "Lei de 1831", *in*: Lilia Moritz Schwarcz e Flávio dos Santos Gomes (org.), *Dicionário da escravidão e liberdade...*, op. cit., pp. 285-9.

NA PÁGINA AO LADO, JOSÉ DO PATROCÍNIO, EM LITOGRAFIA DE ANTONIO PEREIRA NETO PARA A *REVISTA ILUSTRADA* N. 516, 1888.

APÓS A ABOLIÇÃO, OS DETRATORES DO ARDOROSO ABOLICIONISTA JOGAM-LHE PEDRAS, ACUSANDO-O DE SERVILIDADE PERANTE A MONARQUIA, PELO FATO DE PATROCÍNIO DEDICAR HOMENAGENS CONSIDERADAS EXCESSIVAS À PRINCESA ISABEL, QUE ASSINARA A LEI ÁUREA DE 13 DE MAIO DE 1888, PONDO FIM À ESCRAVIDÃO.

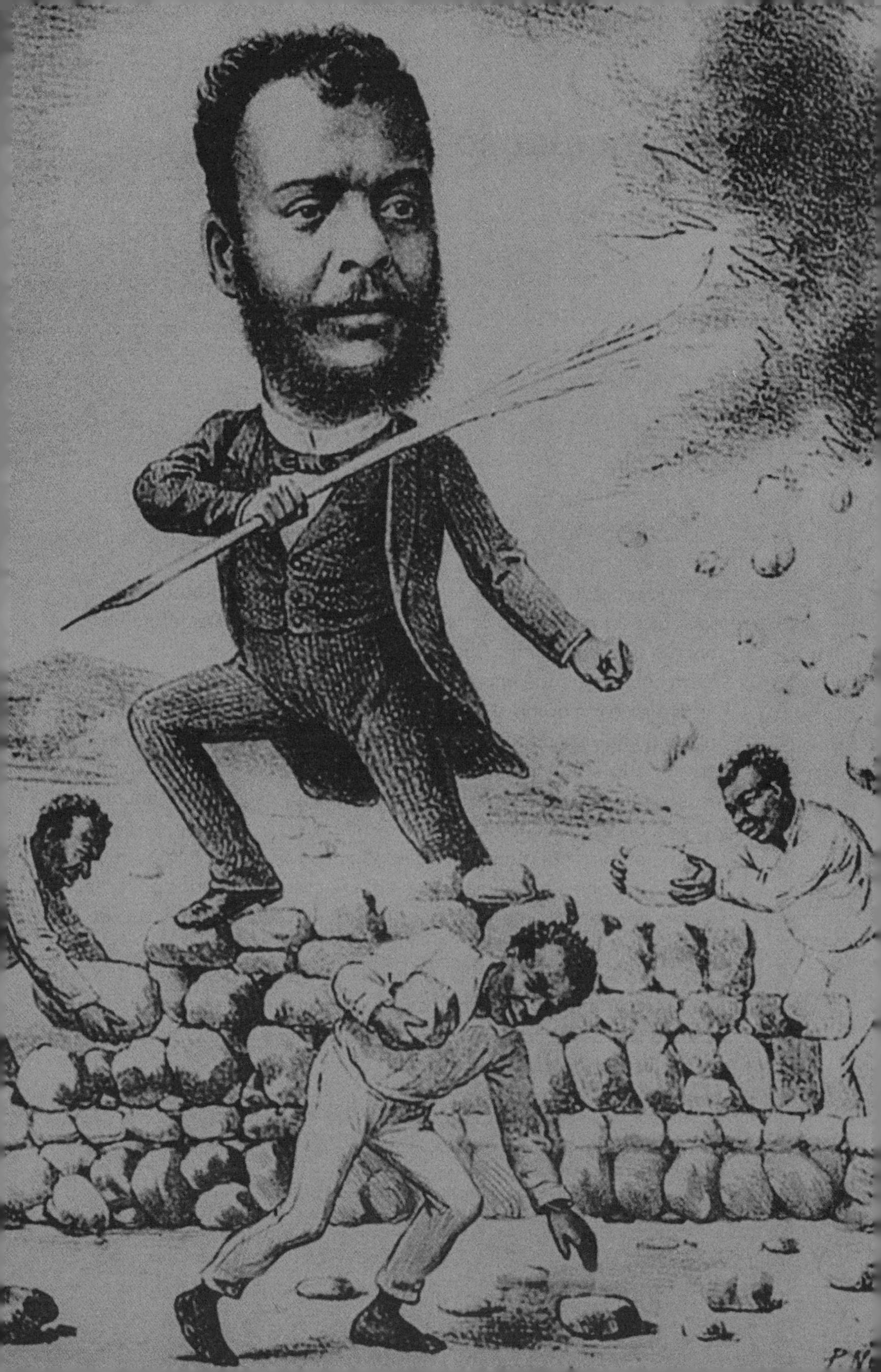

"Emancipação"[143]

Ilustrado redator: Acabo de ler, sem espanto, mas com pesar, o contristador escrito, publicado na [...] *Província [de São Paulo]* de hoje, contra o distinto cidadão José do Patrocínio[144].

Em nós, até a cor é um defeito[145], um vício imperdoável de origem, o estigma de um crime; e vão ao ponto de esquecer que esta cor é a origem da riqueza de milhares de salteadores, que nos insultam; que esta cor convencional da escravidão, como supõem os especuladores, à semelhança da terra, ao través da escura superfície, encerra vulcões, onde arde o fogo sagrado da liberdade.

Vim [lembrar ao] ofensor do cidadão José do Patrocínio por que nós, os abolicionistas, animados de uma só crença, dirigidos por uma só ideia, formamos uma só família, visando um sacrifício único, cumprimos um só dever.

José do Patrocínio, por sua elevada inteligência, pelos seus brios, pelo seu patriotismo, pela nobreza do seu caráter, pela sua honradez, que não têm cores, tornou-se credor da estima e é digno dos louvores dos homens de bem.

---

[143] Nome da coluna ou seção na qual este e outros jornais da época publicam textos diversos referentes à questão.

[144] O autor em questão escrevera: "Com muita propriedade, poderíamos [...] chamar o orador do [Teatro] S. Luiz

de 'produto' do gazetismo da corte. Esse homem a quem a polícia em qualquer outro país, em qualquer outro lugar, aqui mesmo na roça, habitada por gente 'pior do que etc.' já teria convencido de que crime é dirigir injúrias contra pessoas que não o conhecem, que não se incomodam com as suas bravatas na rua do Ouvidor [...]; a polícia já o teria convencido que o crime não está em possuir escravos legitimamente adquiridos, e que as nossas leis garantem o direito de propriedade, e entretanto a polícia da corte não o tem feito. [...] O célebre orador festejado pretende fazer curvar diante do seu gênio todos os varões ilustres desta nação [...]; em uns não vê senão uma figura de feitor [...]; em outros só vê comanditários de casas comerciais contrabandistas, sócios de bancos falidos, [...] senhores de fazenda, donos de engenho, solicitadores de votos, oradores fofos, outros que ao chegarem ao espelho recuam diante da figura de um negro (ilusão de ótica de que está para todo o sempre livre o escritor da Gazeta [da Tarde] e orador do S. Luiz) [...] A questão carece de uma solução pronta; ou se dê as rédeas do governo a esse homem e a seus colegas da Gazeta da Tarde para que se acabem os inauditos abusos, que em tudo pretendem enxergar, para que passem carta de alforria aos nossos escravos, mas sem injuriar-nos, sem pregar a insurreição contra nós, que inermes, desprotegidos, longe das capitais, estamos ameaçados de cair, uns após outros, vítimas dos ódios que acendem em seus se[dicio]sos discursos; para que enfim ponham termo ao estado inteiramente anômalo (segundo dizem) deste país de velhacos e beócios, ou chame-os a polícia à ordem [...]". Em agosto de 1880, José do Patrocínio dera início às "Conferências abolicionistas", realizadas no Teatro São Luiz, Rio de Janeiro, proferidas por ele e outros fervorosos militantes abolicionistas, como o também mulato Ferreira de Menezes, fundador da *Gazeta da Tarde*. Com a morte de Ferreira de Menezes, em 1881, Patrocínio tornara-se diretor e proprietário desse jornal, que desde sua criação recusou-se a publicar anúncios de venda, compra e fuga de escravos.

145 A origem da expressão "defeito de cor" data do período colonial, e particularmente do século XVIII, quando, na América Portuguesa, a Igreja proibia o acesso de afrodescendentes aos quadros eclesiásticos. Caso emblemático, e dos raros documentados, é o do músico José Maurício Nunes Garcia, filho de pardos libertos, que, em 1791, enviou petição à Câmara Eclesiástica do Bispado do Rio de Janeiro solicitando "dispensa da cor", a fim de se qualificar para obter ordenação sacerdotal. No seu processo, demonstrava ter cedo manifestado vocação para a vida sacerdotal, para tanto aplicando-se aos "estudos de gramática, retórica e filosofia racional e moral, e arte da Música". Afirmava ser "temente a Deus e obediente às leis", e a fim de obter a "graça" de tornar-se padre, comprometia-se em provar não possuir em sua vida nenhuma irregularidade a não ser o "defeito de cor". Cf. MATTOS, Cleofe Person de. José Maurício Nunes Garcia - Biografia. Rio de Janeiro: Ed. Fundação Biblioteca Nacional, 1997, pp. 39 e 41.

Gazeta do Povo | 1º de dezembro de 1880

ANNO I. Rio de Janeiro, Quinta-feira 16 de Dezembro de 1880 N. 137.

GAZETA DA TARDE

NUMERO AVULSO 40 RÉIS — NUMERO AVULSO 40 RÉIS

Escriptorio da redacção e typographia da «Gazeta da Tarde»: á rua da Uruguayana n. 43

A NOTRE-DAME DE PARIS

Os primeiros armazens de fazendas e modas do Imperio.

GRANDE VENDA ANNUAL.

E' franca a entrada no estabelecimento. Todos os artigos estão expostos, tornando-se destarte mais facil a escolha. Em cada objecto ha um rotulo, no qual se acha marcado em algarismos o preço fixo. Toda e qualquer mercadoria comprada que não corresponde á garantia dada ou não agrade, é sem difficuldade trocada, ou o seu importe restituido, á vontade do comprador. A administração remette, livres de despeza, para as provincias ainda as mais affastadas, as amostras e preços correntes que lhe são pedidas.— Os preços das sedas são sem exemplo.

AO PUBLICO

A *Gazeta da Tarde* não quiz até o presente abrir assignaturas para não tomar compromissos, pois sendo uma simples e despretenciosa tentativa jornalistica, á custa de um só homem, sem protecções de seita ou partido algum, guardava a liberdade de fechar as portas quando e como bem o entendesse.

A *Gazeta da Tarde*, porém, tem sido feliz, já vive sem impôr sacrificios, já póde aceitar compromissos e tem conseguido esse favor do publico porque tem trabalhado com affinco, e se ha mostrado livre, imparcial e honesta.

A' vista d'isto, portanto e tendo em attenção muitas e constantes solicitações, abre desde hoje assignaturas, que começarão a correr de 1º de Janeiro do anno proximo.

CORTE E NICTHEROY		PROVINCIAS	
Anno......	12$000	Anno........	15$000
Seis mezes..	6$000	Seis mezes...	8$000
Tres mezes..	4$000	Tres mezes...	5$000

NOTICIARIO

CARTA AO DR. FERREIRA DE MENEZES

S. Paulo, 11 de Dezembro de 1880.

Meu caro Menezes.— Estou em a nossa pittoresca choupana do Braz, sob as ramas verdejantes de frondosas figueiras, vergadas ao peso de vistosos fructos, cercado de flôres cheirosas, no mesmo lugar onde, no começo deste anno, como aves felizes, passamos horas festivas, entre sorrisos innocentes, para desculpar ou esquecêr humanas impurezas.

Daqui, a despeito das melhoras que experimento, ainda pouco saio ás tardes, para não contrariar as prescripções do meu escrupuloso medico, e excellente amigo, Dr. Jayme Serva.

Descanso dos labores e das elocubrações da manhã, e preparo o meu espirito para as lutas do dia seguinte.

Este mundo é uma mythologia perpetua; o homem é o eterno Sysipho.

Acabo de ler, na *Gazeta do Povo*, o martyrologio sublime dos quatro Espartacos, que mataram o infeliz filho do fazendeiro Valeriano José do Valle.

E' uma imitação, de maior vulto, da tremenda hecatombe que aqui presenciou a heroica, a fidelissima, a jesuitica cidade de Itú, e que foi justificada pela eloquente palavra do Exm. Sr. Dr. Leite Moraes, deputado provincial, e professor considerado da nossa faculdade juridica.

Ha scenas de tanta grandeza ou de tanta miseria, que, por completas, em seu genero, se não descrevem: o mundo e o atomo por si mesmos se definem: o crime e a virtude guardam a mesma proporção; assim o escravo que mata o senhor, que cumpre uma prescripção inevitavel de direito natural; e o povo indigno, que assassina herões, jámais se confundirão.

Eu, que invejo com profundo sentimento, esses quatros apostolos do dever, morreria de nojo, de vergonha, si tivesse a desgraça de, por torpeza, achar-me entre essa horda inqualificavel de assassinos.

Sim! Milhões de homens livres, nascidos, como féras ou como anjos, nas fulgidas areias da Africa, roubados, escravisados, azorragados, mutilados, arrastados, neste paiz classico da sagrada liberdade, assassinados impunemente, sem direitos, sem familia, sem patria, sem religião, vendidos como bestas, espoliados em seu trabalho, transformados em machinas, condemnados á luta de todas as horas e de todos os dias, de todos os momentos, em proveito de especuladores cynicos, de ladrões impudicos, de salteadores sem nome, que tudo isto soffreram e soffrem, em face de uma sociedade opulenta, do mais sabio dos monarchas, á luz divina da santa religião catholica e apostolica romana, diante do mais generoso e do mais desinteressado dos povos; que recebiam uma carabina envolvida em uma carta de alforria, com a obrigação de se fazerem matar á fome, á sêde e á bala, nos esteiros paraguayos; e que, nos leitos dos hospitaes, morriam, volvendo os olhos ao territorio brazileiro, ou que, nos campos de batalha, cahiam, saudando risonhos o glorioso pavilhão da terra de seus filhos; estas victimas, que, com o seu sangue, com o seu trabalho, com a sua jactura, com a sua propria miseria, constituiram a grandeza desta nação, jámais encontraram quem, dirigindo um movimento expontaneo, desinteressado, supremo, lhes quebrasse os grilhões do captiveiro.

Quando, porém, por uma força invencivel, por um impeto indomavel, por um movimento soberano no instincto revoltado, levantam-se como a razão, e matam o senhor, como Lusbel mataria a Deus, são mettidos no carcere; e, ahi, a virtude exaspera-se, a piedade contrahe-se, a liberdade confrange-se, a indignação referve, o patriotismo arma-se, *trezentos concidadãos* congregam-se, ajustam-se, marcham direitos ao carcere; e, ahi (oh! é preciso que o mundo inteiro applauda), á faca, á páu, á enchada, a machado, matam valentemente a *quatro homens*; menos ainda, a quatro negros! ou ainda menos, a quatro escravos, manietados em uma prisão!...

Não! Nunca! Sublimaram, pelo martyrio, em uma só apotheóse, quatro entidades immortaes!

Que! Horrorisam-se os assassinos de que quatro escravos matassem seu senhor? Tremem porque elles, depois da luctuosa scena, se fossem apresentar á auctoridade?

Miseraveis; ignoram que mais glorioso é morrer livre, em uma forca, ou dilacerado pelos cães, na praça publica, do que banquetear-se, com os Neros, na escravidão.

Sim! Já que a quadra é dos grandes acontecimentos; já que as *scenas de horror* estão em moda; e que os nobilissimos corações estão em boa maré de exemplares vindictas, leiam mais esta:

Foi no municipio da Limeira: o facto deu-se ha dois annos.

Um rico e distincto fazendeiro tinha um creoulo, do norte, esbelto, moço, bem parecido, forte, activo, que nutria o vicio de detestar o captiveiro: em tres mezes fez dez fugidas!

Em cada volta soffria um rigoroso castigo; incentivo para nova fuga.

A mania era pessima; o vicio contagioso; e perigosissima a imitação.

Era inadiavel um prompto e exemplar castigo.

Era a decima fugida; e dez são tambem os mandamentos da lei de Deus, um dos quaes, o mais philosophico, o mais salutar é—*castigar os que erram*.

O escravo foi amarrado, foi despido, foi conduzido ao seio da cafezal, entre o lenho mudo; escravos, testemunhas, dos aterrados parceiros: um Christo negro, que se ia sacrificar pelos irmãos de todas as côres.

Fizeram-no deitar; e *cortaram-no* a chicote, por todas as partes do corpo: o negro transformou-se em Lazaro; o que era preto se tornou vermelho.

Envolveram-no em trapos...

Irrigaram-no a *kerozene*; deitaram-lhe fogo... Auto de fé agrario!...

Foi o restabelecimento da inquisição; foi o renovamento do *touro de Phalaris*, com dispensa do simulacro de bronze; foi uma figura das candeias vivas dos jardins romanos: davá-se, porém, aqui, duas differenças: a illuminação fazia-se em pleno dia; o combustor não estava de pé empalado; estava deitado; tinha por leito o chão, de que sahira, e para o qual ia volver em cinzas.

Isto tudo consta de um auto de um processo formal; está archivado em cartorio, emquanto o seu auctor, rico, livre, poderoso, respeitado, entre sinceras homenagens, passeia ufano, por entre os seus eguaes.

Dirão que é justiça de salteadores?

Eu limito-me a dizer que é digna dos nobres ituanos, dos limeirenses, e dos habitantes de Entre-Rios.

Estes quatro negros espicaçados pelo povo, ou por uma alluvião de abutres, não eram quatro homens, eram quatro idéas, quatro luzes, quatro astros: em uma convulsão siderea desfizeram-se, pulverisaram-se; formaram uma nebulosa.

Nas épochas por vir, os sabios astronomos, os Aragos do futuro, hão de notal-os entre os planetas; os sóes produzem mundos. Teu

LUIZ GAMA.

INAMOVIBILIDADE DA ESCRAVATURA

A imprensa desta capital, os orgãos dignos da santa missão de Liberdade e Progresso, incumbida aos filhos de Guttemberg, exhibiram hontem argumentos irrespondiveis, em prol da humanitaria causa da inamovibilidade da escravatura.

Na *Gazeta de Noticias* veio publicado o projecto do Dr. Domingos Jaguaribe, filho, apresentado aos fazendeiros e negociantes do Rio Claro, a 28 de Novembro de 1880, no qual lê-se, no segundo capitulo:

—Meios para augmentar o fundo de Emancipação e a gradual Libertação dos escravos.

«1º E' urgente a prohibição da entrada dos escravos de umas para outras provincias sob pretexto algum, ainda mesmo que provenham de herança.»

Bem se vê que é impossivel exprimir em phrase mais terminante, a philantropica aspiração da generosa provincia de S. Paulo, de acabar quanto antes, com o hediondo commercio de carne humana.

No *Jornal do Commercio* foi admirado um excellente artigo de fundo, tão notavel pela superioridade da intenção, como pela riqueza de argumentos que apresentou. Ahi se acha demonstrado, na maior evidencia possivel, que não póde achar o presidente da provincia do Rio de Janeiro pretexto algum para negar sancção á lei da Assembléa Provincial; que esta provincia tem 289,239 escravos; que é uma loucura querer abolil-os mais por impostos verdadeiramente fabulosos; que a idéa de inconstitucionalidade é inteiramente ociosa, porque todos sabem que, desde o Acto Addicional até hoje, raríssima é a lei de Orçamento Provincial que não invade o circulo de acção do Governo Geral, e que o Conselho de Estado e os Ministros têm sido impotentes para reprimir as justas aspirações de independencia e autonomia das Assembléas Provinciaes.

No entanto, apezar das repetidas manifestações do Senado, da Camara dos Deputados, das Assembléas Provinciaes, do Club da Lavoura de Campinas, dos fazendeiros e negociantes do Rio Claro; a despeito da Evolução Abolicionista, que abrasa todo o Imperio, na eloquente phrase de Timon, os traficantes de carne humana acham patronos e advogados para fazerem pressão sobre o Presidente do Rio de Janeiro.

Entre elles sobresahem os Srs. Martinho Campos e Pedro Luiz. O primeiro, no justo dizer de um deputado liberal, fica hydrophobo, quando se tracta de abolição: o segundo, sentimental poeta da infeliz Polonia, julga fazer jus á cadeira de um senador moribundo, adulando o partido escravocrata, e até os commissarios de escravos e os traficantes de escravos.

Mas é bom lembrar-lhe que o Supremo Eleitor de senadores terá de justificar-se, perante seus amigos Abolicionistas da Europa, si commetter o erro de collocar no Senado um protector de traficantes de carne humana e de *Cafres* de suas proprias escravas...

Dr. Duque Estrada Teixeira, advogado.—Rua do Rosario n. 86.

Sahio hontem do Rio Grande para o nosso porto, o paquete *Calderon*.

A Alfandega rendeu hontem 117:457$474.

O papa Leão XIII adoptou ultimamente novas medidas repressoras contra monsenhor Dumont, ex-bispo de Tournay, Belgica, o qual se achava ha alguns mezes já em luta aberta contra a Santa Sé e o clero diocesano. O breve pontificio priva monsenhor Dumont do titulo de bispo e tira-lhe toda a jurisdicção, tanto espiritual como temporal sobre a diocese, tudo sob pena de excommunhão maior.

A recebedoria do Rio de Janeiro rendeu hontem 35:481$596.

Na manhã de 1.º do corrente celebraram-se no Rio Grande do Sul officios divinos em suffragio da alma do visconde do Rio Branco, promovidos por diversos representantes do commercio, e muitos membros do partido conservador.

Ao lado da igreja foi postada uma guarda de honra do 17.º batalhão de infanteria.

O templo estava ricamente armado de preto e no centro erguia-se um magestoso catafalco circulado de luzes, tendo na face da frente o busto do finado, que era acolhido pelo anjo da posteridade, e abaixo escripta a palavra—Bahia—provincia do nascimento daquelle a quem se rendiam as homenagens funebres; em seguida—Matto Grosso—que o elegeu senador; e no pedestal—Brazil.

Aos lados do catafalco ostentavam-se, á direita, a estatua da—Gloria—e á esquerda a da—Caridade.

Envolvidos em crêpes de saudades, liam-se nas paredes lateraes do templo os nomes de todas as provincias do imperio.

Concorreram á solemnidade religiosa, o marechal de campo Salustiano dos Reis, brigadeiro commandante da guarnição e fronteira Pacheco, com seu estado maior, officialidade do 17º batalhão de infanteria, commandante da flotilha e do porto, officialidade de marinha, commerciantes, e representantes das outras classes da sociedade.

Foi essa a mais apparatosa das solemnidades tributadas, naquella cidade, á memoria do brazileiro illustre, cuja perda o paiz deplora.

Todo aquelle que parte uma cadêa, todo aquelle que redime um opprimido, é sagrado na terra e immortal na historia.

CASTELLAR.

Grande Loteria da Corte.—Recebem-se encommendas, garantindo-se a entrega do dia 10 de Dezembro em diante. Rua Primeiro de Março n. 93, sobrado.

Em Canelá está ha dois annos preparado o processo de um réo, José, escravo, para entrar em julgamento, e que não tem tido lugar por não haver juiz desempedido que presida o tribunal.

Fazemos esta noticia com vistas ao honrado Sr. conselheiro Dantas.

Segundo declarou o ministerio da guerra, no numero de quatro cadetes, maximo fixado para cada companhia de guarnição das provincias, não estão comprehendidos os que forem officiaes inferiores.

Não foram agraciados os seguintes réus: Matheus Maimoni, subdito italiano, condemnado á pena de oito annos de galés, em virtude de sentença do juiz de direito da comarca do Rio Grande, na provincia de S. Pedro do Rio Grande do Sul, proferida em 10 de Agosto de 1872, por crime de roubo, praticado a 26 de Maio do mesmo anno.

Vicente José de Brito, condemnado a 14 annos de prisão simples em 11 de Dezembro de 1878, pelo jury do termo de Minas do Rio de Contas, na provincia da Bahia, por crimes de homicidio e ferimentos graves, commettidos a 9 de Setembro de 1869.

João Henrique da Paixão, condemnado ás penas de quatro annos e meio de galés, multa de 12 1/2 % do valor roubado e sete annos de prisão simples pelo jury do termo de S. José de Mipibú, na provincia do Rio Grande do Norte, em 15 de Março do corrente anno, por crimes de roubo e homicidio praticados a 20 de Fevereiro de 1878.

Mme. Leonie Barros, parteira de 1.ª classe. Rua Larga de S. Joaquim n. 711.

FOLHETIM

CONTRABANDO LEGAL

O parlamento está a encerrar-se, e nem ao menos deixa uma lei como a da salinha de Nictheroy, prohibindo o trafico de escravos entre provincias.

Aquillo que até o Club de Campinas quer, em materia de abolição, não o quer a Camara do Sr. Martim Francisco!

O que será deste paiz, se o movimento do porto ficar silencioso sobre a entrada de negros, seja da costa d'Africa, seja da costa septentrional do imperio?

Este *imperio do meio*, como nos chama em seus tratados os Srs. Silveira da Motta e Calado, tratados que são verdadeira *chinoiserie*, na opinião do Sr. barão de Cotegipe, seria até muito feliz, se o parlamento decretasse uma nova *colonia* com Loanda e Moçambique, sob a denominação de tratado para colonisação africana.

Mas é que o inglez nos está espiando, e nós que só fazemos leis para elle vêr, não seremos tão felizes, que, feita uma por esse teor, elle a deixasse de lêr e commentar.

Todavia o parlamento fez o que poude para demonstrar o seu esclavagismo:

—Pôz uma pedra sobre o projecto relativo á prohibição do trafico inter-provincial, e correu que mandou uma commissão de seu seio, ao presidente Gonzaga, para convencel-o de que não deve sanccionar a lei da assembléa nictheroyense, que immobilisa o *quantum* da escravatura no Rio de Janeiro.

Debalde o Sr. Moreira de Barros [illegible] que reconhecessemos nossas aspirações a [illegible] desta posse dos africanos introduzidos posteriormente á lei de 1831; a Camara quer todos os escravos do norte domiciliados em Paty do Alferes, que mais cedo ou mais tarde vae ser elevado á cathegoria de capital do *imperio do meio* e de [illegible] e Guiné.

O que vem a ser esse trafico de escravos de uma para outra provincia?

Coisa muito simples e edificante.

Duzentas ou trezentas *bestas de cargas* (a phrase ficou parlamentar) empilhadas na prôa do paquetes nacionaes, ao relento, maltrapilhos, e á sombra do pavilhão auri-verde (chapa n. 47).

Esses pobres diabos deixaram nas provincias do norte, pais, amantes, irmãos, filhos, e o peculio que dentro de algum tempo os poderia remir.

Seus senhores, ou levados pela ganancia do preço, ou por estarem com a lavoura em liquidação, da noite para o dia os embarcaram nesses paquetes, que, gozando das honras de navios de guerra, ficam por esse outro facto equiparados a *navios negreiros*, contrabandistas honorarios.

Chegados ao porto da capital do Brazil, em frente dessas montanhas, que se elevam como vehementes interrogações á Deus, os miseros escravos abandonam os farrapos, que lhes serviram de vestimenta durante a viagem, e vestem-se [illegible] para dentro dos bateis...

Do cáes marcham em filas para a policia, onde os *donos*, á vista das guias, vão reclamar as mercadorias.

Quem não se tem encontrado com essa sinistra procissão nos dias de chegada do vapor do norte?

Velhos e creanças, homens e mulheres, pretos, caboclos e até brancos, lá vão caminho da policia, tristes, abatidos e chorosos, esses infelizes e duas vezes expatriados!

Sahem d'alli para as casas de commissão, um mixto de ergastulo e de prostibulo...

A caza de commissão!

Aposto que nenhum promotor publico ainda lembrou-se de fazer uma vizita até lá...

Pois vale a pena, e eis-ahi um lugar, que eu indicaria á alguns escravocratas *curagés*, para theatro de um *pick-nick*.

Veriam um espectaculo delicioso, desde o nauzeabundo da revista passada, pelo comprador, da cabeça aos pés da besta de carga, até a rizonha [illegible] do commissario, meio sultão e meio carrasco no centro de suas creoulas...

E o Rio de Janeiro tem meia duzia de bazares como esse, meia duzia de vergonhas por si só bastantes para motivar a vindicta da Civilisação!

E as cazas de commissão ahi ficam de portas escancaradas; os paquetes nacionaes atulhados da mercadoria negra; e a bandeira nacional, aquella que Ozorio constellou de astros a 24 de Maio, e que Rio Branco innundou de luz a 28 de Setembro, a bandeira nacional, continuará a cobrir todas essas vergonhas e horrores!

Para impedir um semelhante estado de cousas, levantou-se a assembléa fluminense, e levantou-se até o Club de Campinas; mas Paty do Alferes encrespou a fronte, e Paty é quem reina, governa e legisla.

Por isso a Camara dos Deputados collocou uma pedra em cima do projecto contra o trafico de provincia á provincia, e disse aos escravocratas: —*Crescei-vos n'esse negoque do Norte!*

Imprevidentes! [illegible] de morrer de indigestão...

LEVITAS.

"Trechos de uma carta"

São Paulo, 8 de dezembro.

Preciso é que tu saibas o que por aqui se diz relativamente à nobre cruzada emancipadora.

Não me refiro aos nossos amigos, aos nossos correligionários, aos nossos companheiros de luta; constituímos uma falange, uma legião de cabeças; mas com um só pensamento; animados de uma só ideia: a exterminação do cativeiro e breve.

Tratarei dos nossos adversários, dos homens ricos, dos milionários, *da gente que tem o que perder.*

Provocados, em particular, ou em público, nas palestras, nas conversações familiares, ou nas reuniões, sobre a Lei de 1818, ou 1831, ou sobre o projeto de 1837[,] ou sobre a negra tentativa de 1848[146], mostram-se lhanos, dóceis, contritos, curvam-se à razão, reconhecem o direito, confessam a verdade, rendem culto à liberdade, dão-nos ganho de causa, aplaudem-nos, e proclamam com entusiasmo a santidade da causa que defendemos, mas... dá-se uma adversativa; reclamam para si um lugar na propaganda; eles também são abolicionistas; porque também são brasileiros.

O que nós pretendemos é grande, eles o proclamam; é belo, é invejável; o que, porém, estamos fazendo é perigoso, atinge à violência, provoca uma catástrofe, deve ser reprimido!...

Os filósofos (eles também os têm, e até positivistas) querem que se não altere o compassado movimento do tempo, a morna calma do taciturno [zan]zar da nau do Estado. Para extinguir o cativeiro é preciso criar, com supina reflexão, o seu condigno substituto: a sociedade não pode prescindir do servilismo.

A emancipação, a liberdade, hão de vir com o vagar providencial das criações geológicas, para evitar-se indigestões morais, não menos perigosas que as físicas, mormente em aspérrimos calvários de implacável catadura africana.

Eles têm a experiência do mundo, sabem que Adão foi feito de barro, e que a celeridade é um instrumento destruidor. Querem uma abolição secular; as alforrias devem provar-se por certidões de óbito; uma liberdade métrica, bacalhocrática[147], ponderada, refletida, triturada, peneirada, dinamizada, apropriada a corpos dessangrados, higiênica e escapulária, para os moribundos, e funerária para os mortos.

Tomaram atitude de bonzo, constituíram-se imagens ambulantes da pachorra, trazem, em punho, por ornato, a cartilha salvadora da resignação.

Nós provocamos reações perigosas, por virtude; estrangulamos nos puros corações o sentimento generoso da piedade; estamos, por indesculpável imprudência, retardando uma reparação nacional; ferimos de morte o patriotismo, e menosprezamos, diante do estrangeiro, o pudor da aristocracia brasileira.

Acrescentam, e isto é notável, que a lavoura tem dois inimigos, nós, e os próprios correligionários deles, que estão sacrificando a sua cauda no parlamento!...

Da minha parte ouço-os: sei o que eles são, e o que querem; sei o que faço, e prossigo na minha tarefa.

Hoje entreguei na redação da *Província* um trabalho humilde, feito às pressas, mas de alguma utilidade sobre a tese seguinte: "Subsiste nos efeitos manumissórios da Lei de 26 de janeiro de 1818[148], depois da promulgação das de 7 de novembro de 1831 e 4 de setembro de 1850?"[149]

Escrevi-o a propósito de umas asseverações do Exmo. Sr. desembargador Faria, Procurador da Coroa, feitas no Tribunal da Relação quando se discutia uma ordem de *habeas corpus*, impetrada, por mim, em favor de um africano livre, posto em cativeiro.

LUIZ GAMA

146 Sobre a evolução dos tratados firmados entre Inglaterra e Portugal, e as leis subsequentes de aparente tentativa de erradicar o tráfico e fixar direitos aos africanos entrados no Brasil, legislação aqui mencionada por Luiz Gama, cf. Beatriz Gallotti Mamigonian, "Africanos Livres", *in*: *Dicionário da escravidão e liberdade*, op. cit., pp. 71-6.
147 Neologismo criado a partir de "bacalhau", chicote de couro cru usado em castigos de escravos.
148 Lei que estabelecia penas para os que fizessem comércio proibido de escravos ao norte do Equador.
149 Trata-se, na verdade, de um dos textos magnos de Luiz Gama — "Questão jurídica" —, um verdadeiro ensaio no qual o advogado maduro exibe seu profundo conhecimento no campo da ciência do direito e da ciência política, texto que, por sua natureza crítica, aliás, não é nada "humilde". Cf., neste volume, p. 272.

"Carta a Ferreira de Menezes"[150]

JOSÉ FERREIRA DE MENEZES, RETRATO DE ÂNGELO AGOSTINI PARA A *REVISTA ILUSTRADA* N. 251, 1881.

São Paulo, 13 de dezembro de 1880.

Meu caro Menezes,

Estou em nossa pitoresca choupana do Brás[152], sob ramas verdejantes de frondosas figueiras, vergadas sob o peso de vistosos frutos, cercado de flores olorosas, no mesmo lugar onde, no começo deste ano, como árabes felizes, passamos horas festivas, entre sorrisos inocentes, para desculpar ou esquecer humanas impurezas.

Daqui, a despeito das melhoras que experimento[153], ainda pouco saio à tarde, para não contrariar as prescrições do meu escrupuloso médico e excelente amigo, Dr. Jaime Serva.

Descanso dos labores e elucubrações da manhã, e preparo o espírito para as lutas do dia seguinte.

Este mundo é uma mitologia perfeita: o homem é o eterno Sísifo[154].

Acabo de ler na *Gazeta do Povo*[155] o martirológio sublime dos quatro Espártacos que mataram o infeliz filho do fazendeiro Valeriano José do Vale.

É uma imitação de maior vulto da tremenda hecatombe, que aqui se presenciou na heroica, a fidelíssima, a jesuítica cidade de Itu[156], e que foi justificada pela eloquente palavra do exmo. sr. dr. Leite de Morais, deputado provincial e professor considerado de nossa faculdade jurídica.

Há cenas de tanta grandeza, ou de tanta miséria, que por completas em seu gênero não se descrevem; o mundo e o átomo por si mesmos se definem; assim, o crime e a virtude guardam a mesma proporção; assim, o escravo que mata o senhor, que cumpre uma prescrição inevitável de direito natural, e o povo indigno, que assassina heróis, jamais se confundirão.

Eu, que invejo com profundo sentimento estes quatro apóstolos do dever, morreria de nojo, por torpeza, achar-me entre essa horda inqualificável de assassinos.

Sim! Milhões de homens livres, nascidos como feras ou como anjos, nas fúlgidas areias da África, roubados, escravizados, azorragados, mutilados, arrastados neste país clássico da sagrada liberdade, assassinados impunemente, sem direitos, sem família, sem pátria, sem religião, vendidos como bestas, espoliados em seu trabalho, transformados em máquinas, condenados à luta de todas as horas e de todos os dias, de todos os momentos, em proveito de especuladores cínicos, de ladrões impudicos, de salteadores sem nome; que tudo isso sofreram e sofrem, em face de uma sociedade opulenta, do mais sábio dos monarcas, à luz divina da santa religião católica, apostólica, romana, diante do mais generoso e mais interessado dos povos; que recebiam uma carabina envolvida em uma carta de alforria[157], com a obrigação de se fazerem matar à fome, à sede e à bala nos esteiros paraguaios e que nos leitos dos hospitais morriam, volvendo os olhos ao território brasileiro, os que, nos campos de batalha, caíam, saudando risonhos o glorioso pavilhão da terra de seus filhos; estas vítimas que, com seu sangue, com seu trabalho, com sua jactura, com sua própria miséria constituíram a grandeza desta nação, jamais encontraram quem, dirigindo um movimento espontâneo, desinteressado, supremo, lhes quebrasse os grilhões do cativeiro!...

Quando, porém, por uma força invencível, por um ímpeto indomável, por um movimento soberano do instinto revoltado, levantam-se, como a razão, e matam o senhor, como Lusbel[158] mataria Deus, são metidos no cárcere; e aí a virtude exaspera-se, a piedade contrai-se, a liberdade confrange-se, a indignação referve, o patriotismo arma-se: *trezentos cidadãos* congregam-se, ajustam-se, marcham direitos ao cárcere: e aí (oh! é preciso que o mundo inteiro aplauda) a faca, o pau, a enxada, o machado, matam valentemente a *quatro homens*; menos ainda, a quatro negros; ou, ainda menos, a quatro escravos manietados numa prisão.

Não! Nunca! Sublimaram-se, pelo martírio, em uma só apoteose, quatro entidades imortais!

Quê! Horrorizam-se os assassinos de que quatro escravos matassem seu Senhor! Tremem porque eles, depois de lutuosa cena, se fossem apresentar à autoridade?

Miseráveis; ignoram que mais glorioso é morrer livre numa forca, ou dilacerado pelos cães na praça pública, do que banquetear-se com os Neros[159] na escravidão.

Sim! Já que a quadra é dos acontecimentos; já que as *cenas de horror*[160] estão na moda; e que os nobilíssimos corações estão em boa maré de exemplares vinditas, leiam mais esta:

Foi no município de Limeira; o fato deu-se há dois anos.

Um rico e distinto fazendeiro tinha um crioulo do norte, esbelto, moço, bem parecido, forte, ativo, que nutria o vício de detestar o cativeiro: em três meses fez dez fugidas!

Em cada volta sofria um rigoroso castigo, incentivo para nova fuga.

[A] mania era péssima, o vício contagioso e perigosíssima a imitação.

Era indeclinável um pronto e edificante castigo.

Era a décima fugida, e dez são também os mandamentos da lei de Deus, um dos quais o mais filosófico e mais salutar é *castigar os que erram*[161].

O escravo foi amarrado, foi despido, foi conduzido no seio do cafezal, entre o bando mudo, escuro, taciturno dos aterrados parceiros; um Cristo negro, que se ia sacrificar pelos irmãos de todas as cores.

Fizeram-no deitar; e *cortaram-no*, a chicote, por todas as partes do corpo; o negro transformou-se em Lázaro, o que era preto se tornou vermelho.

Envolveram-no em trapos...

Irrigaram-no de querosene, deitaram-lhe fogo... Auto de fé agrário!...

Foi o restabelecimento da Inquisição, foi o renovamento do *touro de Fálaris*[162], com a dispensa do simulacro de bronze, foi a figura das candeias vivas dos jardins romanos: davam-se, porém, aqui duas diferenças: a iluminação fazia-se em pleno dia; o combustor não estava de pé, empalado, estava decúbito; tinha por leito o chão, de que saíra e para o qual ia volver em cinzas.

Isto tudo consta de um auto, de um processo formal; está arquivado em cartório, enquanto o seu autor, rico, livre, poderoso, respeitado, entre sinceras homenagens, passeia ufano por entre os seus iguais.

Dirão que é justiça de salteadores?

Eu limito-me a dizer que é digna dos nobres ituanos, dos limeirenses e dos habitantes de Entre-Rios.

Estes quatro negros, espicaçados pelo povo, ou por uma aluvião de abutres, não eram quatro homens, eram quatro ideias, quatro luzes, quatro astros; em uma convulsão sidérea desfizeram-se, pulverizaram-se, formaram uma nebulosa.

Nas épocas por vir, os sábios astrônomos, os Aragos[163] do futuro hão de notá-los entre os planetas: os sóis produzem mundos.

TEU LUIZ

---

150 Depois da temporada paulista, onde desenvolveu breve carreira como advogado e promotor público, Ferreira de Menezes retorna ao Rio de Janeiro em 1872, dedicando-se inteiramente ao jornalismo. Colaborou n'A *República*, ao lado de Quintino Bocaiúva e Salvador de Mendonça, com o qual trabalhara em São Paulo, n'O *Ipiranga*. Atuou como folhetinista no *Jornal do Comércio*, passando depois, na mesma qualidade, para a *Gazeta de Notícias*, onde encontrou José do Patrocínio em 1877. Distinguir-se-á por seu ativismo abolicionista, tendo colocado à disposição dessa causa a *Gazeta da Tarde*, por ele fundada em 10 de julho de 1880 e uma das mais influentes folhas da corte. Entre os principais colaboradores, contavam-se os abolicionistas negros André Rebouças e José do Patrocínio, que assumiu o jornal após o falecimento do fundador em 1881. Até recentemente, era pouco conhecida a biografia da discreta figura de Ferreira de Menezes e de suas relações com Luiz Gama e uma rede de abolicionistas que a história oficial tratou de apagar. Nesse sentido, cf. Ana Flávia Magalhães Pinto, "As muitas evidências de José Ferreira de Menezes", *in*: *Fortes laços em linhas rotas...*, op. cit., pp. 13-56. Cf. Ligia Fonseca Ferreira, "De escravo a cidadão: Luiz Gama, voz negra no abolicionismo", *in*: Maria Helena Pereira Toledo Machado e Celso Thomas Castilho (org.), *Tornando-se livre...*, *op. cit.*

151 Esse é o primeiro de uma série de sete artigos, sempre em forma de carta aberta com o mesmo título — "Carta a[o Dr.] Ferreira de Menezes, publicados na *Gazeta da Tarde* (RJ) até início de fevereiro de 1881 (ver adiante). O mesmo texto sai na *Gazeta do Povo* (SP) alguns dias antes, em 14 de dezembro e, posteriormente, n'*A Província de São Paulo*, em 18 de dezembro de 1880, fato que revela uma estratégia para divulgar a denúncia do linchamento de quatro escravos desesperados numa região onde se multiplicavam as cenas de horror. Na mesma data e jornal, encontra-se também o denso artigo "Questão jurídica", reproduzido neste volume (p. 272); ambos os textos ocupam a quinta página inteira dessa edição.

152 Bairro onde Luiz Gama residia.

153 Dado o tom de confidência, Luiz Gama, sempre reservado sobre sua vida pessoal, refere-se aqui a sua doença — diabetes —, dando a entender que sua situação talvez não seja desconhecida de seu destinatário, Ferreira de Menezes, e do público paulistano em geral.

154 Depois de descumprir a palavra empenhada junto aos deuses, Sísifo, "o mais astuto" dos mortais, foi condenado para todo o sempre a rolar montanha acima uma rocha que, antes de chegar ao cume, despencava, obrigando-o sempre a recomeçar a tarefa, por toda a eternidade.

155 Notícia publicada na *Gazeta do Povo* de 13 de dezembro de 1880.

156 Os adjetivos empregados lembram que Itu, cidade da vanguarda republicana no interior de São Paulo, acolheu a I Convenção Republicana da província em 1873.

157 Referência à arregimentação de escravos na Guerra do Paraguai.

158 Variação de Lúcifer.

159 Nero, o imperador romano incendiário, simboliza aqui o despotismo sangrento e prenhe de extravagâncias. A comparação se justifica pelo relato que Luiz Gama, mais adiante, fará de um "auto-de-fé agrário".

160 Referência às notícias cada vez mais frequentes na imprensa paulista dos crimes cometidos por escravos, em sua maioria contra seus senhores. Alguns procuravam assim uma outra liberdade, paradoxal e falsa, preferindo estar nas mãos da justiça em vez de continuar sob o jugo de seus senhores.

161 Referência ao mandamento "Não matarás".

162 Fálaris: tirano de Agrigento (Grécia, por volta de 570-554 a.C.). Sua crueldade é, em geral, representada pelo famoso touro de bronze no qual cozinhava seus inimigos.

163 Dominique François Arago (1786-1853), físico, astrônomo e político francês. Contribuiu com a campanha para a abolição da escravatura nas colônias francesas, ocorrida em 1848.

"A emancipação ao pé da letra"

Os meus ilustres e honrados amigos da redação da *Província de São Paulo*[164] deram, hoje, a lume, escrito sobre gelo, um curioso e memorável editorial, relativamente aos propagandistas da abolição da escravatura, que assim começa:

> A propaganda abolicionista está sendo dirigida inconvenientemente por alguns cidadãos, cujo exaltamento e fervor na defesa da ideia não dão lugar à calma para poderem medir os efeitos de seus discursos e escritos.
>
> A agitação se notava nos espíritos, lá na corte, vai se estendendo às províncias e, portanto, tornando-se mais perigosa e talvez menos eficaz em seus relatos.
>
> Não podemos acompanhar os excessos nem louvar os ímpetos de um entusiasmo embora sincero, mas incontestavelmente contrário à execução de uma reforma que não devia ser agitada fora do terreno científico, segundo a medida do critério positivo.
>
> Pregar a emancipação, invocando o *bom Deus*, pondo em contribuição os princípios absolutos da justiça divina, da liberdade como dom sagrado que nos foi conferido pela Providência, inverter a ordem dos fatores do progresso social, querendo que a minoria tenha o direito de impor à maioria, pela força, a solução pronta de um problema complexo, cujo estudo se deve fazer no meio mesmo

em que se apresenta cheio de dificuldades aos ânimos exaltados, não nos parece de boa política.

Os fenômenos sociais não dependem exclusivamente do talento daqueles que mais se dedicam a uma causa e que a manejam provocando as massas inconscientes, procurando arrastá-las pelo brilho da eloquência. Eles se operam por leis naturais e aparecem quando as circunstâncias lhes proporcionam a oportunidade. Daí vem que as melhores reformas são aquelas que nascem do convencimento real do povo; são estas as que consultam as necessidades da época e exprimem o *ato positivo* da soberania nacional.

Estas palavras, estes conselhos evangélicos, escritos por ateus, e por pena republicana, se bem que antirrevolucionária, não me causaram admiração, e menos ainda abalaram-me o espírito; pois que eu sei, de há muito, que esses meus distintos correligionários, adoradores prediletos da deusa PREGUIÇA, deitados sob o *jitaí da paciência*, cogitam, de barrigas para o ar, nos meios de *esperar a queda pacífica e voluntária* da monarquia desoladora, por milagre das evoluções calmas, da portentosa sociologia positivista; e, nesta cômoda posição, esperam que o fruto amadurecido, pela exclusiva ação do tempo, lhes caia de manso à flor dos lábios, a fim [de] que eles peçam ao primeiro transeunte a graça de lho empurrar, com jeito, para dentro da boca.

Não é uma censura que faço aos meus respeitáveis amigos; estas humildes considerações são antes um preito de homenagem rendido, com sinceridade, ao seu elevado talento, pela maravilhosa compreensão dos áureos princípios, e práticas salutares da *salvadora política positivista*[165], que eu de bom grado aceitaria, se não me achasse ao lado de homens livres, criminosamente escravizados, e pleiteando contra os salteadores do mar, os piratas da costa da África.

Ao positivismo da macia escravidão eu anteponho o das revoluções da liberdade; quero ser louco como John Brown[166], e como Espártaco, como Lincoln, como Jesus; detesto, porém, a calma farisaica de Pilatos.

Fui, em outros tempos, quando ponteava rimas, fabricante de sátiras, em forma de *carapuças*[167]; e, ainda hoje, tenho o vezo da arte.

Dada esta boa razão, indispensável, em face das complicações emergentes, declaro que aceito, sem escrúpulo, as *gorras* que cabem, e que se acham dependentes do editorial a que aludo.

Peço vênia, porém, para replicar.

Eu, assim como sou republicano, sem o concurso dos meus valiosos correligionários, faço a propaganda abolicionista, se bem que de modo perigoso, principalmente para mim e de minha própria conta.

Estou no começo: quando a justiça fechar as portas dos tribunais, quando a *prudência* apoderar-se do país, quando os nossos adversários ascenderem ao poder, quando da imprensa quebrarem-se os prelos, eu saberei ensinar aos desgraçados a vereda do desespero.

Basta de *sermões*; acabemos com os idílios.

Lembrem-se os evangelizadores do positivismo que nós NÃO ATACAMOS DIREITOS; PERSEGUIMOS O CRIME, por amor da salvação de infelizes; e recordem-se, na doce paz dos seus calmos gabinetes, que as alegrias do escravo são como a nuvem negra: no auge transformam-se em lágrimas.

1880 — 18 de dezembro.
LUIZ GAMA

164 Na mencionada edição d'*A Província de São Paulo*, dois artigos de Luiz Gama ocupam quase inteiramente a segunda página: "Questão jurídica" e "Carta a Ferreira de Menezes" (este, uma reprodução do mesmo, aparecera dois dias antes na *Gazeta da Tarde*, RJ). Por que o jornal, a despeito da notória divergência de ideias sobre os métodos e rumos da emancipação, teria consentido em publicar o "inconveniente" e "exaltado" artigo do ativista Luiz Gama? Seria um gesto de boa vontade de seus redatores e ex-companheiros de longa data, em especial Américo de Campos, na luta contra a escravidão e a Monarquia? A proximidade d'APSP com o PRP (Partido Republicano Paulista) desagradava profundamente ao irredutível abolicionista e republicano que entendeu dirigir-se a ele o editorial e a postura dos seus "distintos correligionários" e "respeitáveis amigos", vistas como comodismo e traição aos verdadeiros princípios republicanos.

165 Neste comentário, há uma crítica embutida ao sistema filosófico criado por Auguste Comte (1798-1857), cujo lema "Ordem e Progresso" foi inscrito em nossa bandeira republicana. As ideias do filósofo francês se disseminaram no último quartel do século XIX no Brasil, e contou com interpretações e correntes heterogêneas, quando não antagônicas, a exemplo dos positivistas ortodoxos, francamente abolicionistas e preocupados com o destino dos futuros libertos no pós-abolição. No editorial d'*A Província de São Paulo*, citado por Luiz Gama, os argumentos para uma emancipação gradual e "científica", sem prejuízo dos proprietários de escravos, fazem uso um tanto genérico de conceitos positivistas. No entanto,

Rangel Pestana, Américo de Campos e Luiz Gama parecem ignorar a (ainda hoje) pouco conhecida teoria das três raças, formulada pelo filósofo francês, que não estabelecia hierarquia entre elas, ao contrário da tese sustentada por Arthur de Gobineau (1816-1882) sobre a desigualdade das raças. Para Comte, a evolução humana — válida para todos os povos, sob todos os climas — dissiparia as diferenças. Assim, a raça negra, "superior pelo sentimento", alcançaria "consideração e influência inimagináveis", assim como o continente africano deveria merecer uma "justa reparação" pelos sofrimentos impostos pela "opressão ocidental" (Carta a Georges Audiffrent, julho de 1851 *apud* Ligia Fonseca Ferreira, "Les Positivistes brésiliens face à l'esclavage et à la question ethnique", *Cahiers du Brésil Contemporain*, Paris, n. 19, 1992, p. 51). Ao que parece, Luiz Gama e os redatores d'*A Província de São Paulo* desconhecem igualmente a posição dos positivistas ortodoxos Miguel Lemos e Teixeira Mendes. Seguindo à risca os ensinamentos do mestre que, na França, criara a Religião da Humanidade, Lemos e Mendes defendem a abolição da escravatura, sem indenização dos senhores, pregando o altruísmo, princípio cardeal da religião comteana e, logo, da Igreja Positivista Brasileira, por eles fundada, que proibia seus membros de possuírem escravos.

Se as relações entre positivistas ortodoxos e os movimentos abolicionista e republicano especificamente em São Paulo aguardam ser mais bem investigadas, lembremos a luminosa síntese de Alfredo Bosi, que desconstrói uma duradoura crença quanto ao espírito modernizante dos fazendeiros paulistas, com destaque para a função histórica desempenhada por Luiz Gama: "O Apostolado [positivista] sempre vinculou a abolição ao tema do trabalho preocupando-se com o que chamava 'proletariado nacional' e manifestando reservas à imigração em massa subsidiada pelo governo. Miguel Lemos e Teixeira Mendes, distanciando-se dos republicanos paulistas, em geral fazendeiros de café ou seus prepostos, tinham plena consciência de que estes bloqueariam, quanto pudessem, medidas abolicionistas drásticas: 'Os possuidores de escravos foram os construidores de nossa nacionalidade' — diz Miguel Lemos com ousado realismo histórico —, 'e são eles que têm dominado até hoje. Por sua iniciativa jamais a extinção da escravidão deu um passo.' Como abolicionistas da primeira hora, os ortodoxos foram testemunhas das manobras dilatórias do Partido Republicano em São Paulo, que tanto indignaram Luiz Gama, a ponto de afastá-lo da agremiação. O seu depoimento vale como contra-argumento à tese acadêmica uspiana, de fundo weberiano, segundo a qual os fazendeiros paulistas, já orientados para 'os valores modernos do capitalismo', teriam promovido a substituição do braço escravo pelo trabalho assalariado. Trata-se de um equívoco que troca realidade histórica concreta pela tipologia sociológica" (Alfredo Bosi, "O positivismo no Brasil. Uma ideologia de longa duração", *in*: Leyla Perrone-Moysés (org.), *Do positivismo à desconstrução: ideias francesas na América*, São Paulo: Edusp, 2004, p. 25).

166 John Brown (1800-1859) nasceu em Connecticut, no seio de uma família branca de convicções antiescravistas. A partir de 1855, dedicou-se integralmente ao seu ativismo, organizando revoltas e fugas clandestinas dos escravizados para o Canadá através de ferrovias subterrâneas. Tido como "santo" ou "herói" e amigo do paradigmático ativista afro-americano Frederick Douglass, contou com o apoio de notórios abolicionistas como Ralph Waldo Emerson e Henry David Thoreau, ideólogo da desobediência civil. Em trabalho anterior, traçando paralelos entre Luiz Gama e Joaquim Nabuco, comparamos a opinião divergente dos dois abolicionistas sobre a figura de John Brown. Os métodos do ativista norte-americano repugnavam a Nabuco, para quem a abolição deveria ser promovida pela via parlamentar, sem participação popular e mobilização dos escravizados (cf. Ligia Fonseca Ferreira, "Luiz Gama: um abolicionista leitor de Renan", *op. cit.*, p. 284).

167 Referência aos poemas satíricos "Sortimento de gorras para a gente do grande tom" e "Novo sortimento de gorras para a gente do grande tom", *in*: Luiz Gama, *Primeiras trovas burlescas & outros poemas*, *op. cit.*, pp. 17-22 e 138-42, respectivamente.

"Questão jurídica"

Subsistem os efeitos manumissórios da lei de 26 de janeiro de 1818, depois das de 7 de novembro de 1831 e 4 de outubro de 1850.

Na sessão do colendo Tribunal da Relação, celebrada a 26 do precedente, quando discutia-se a concessão da ordem de *habeas corpus* que obtive impetrada a favor do preto Caetano, africano livre, havido como escravo do sr. comendador Joaquim Policarpo Aranha, fazendeiro do município de Campinas, o exmo. sr. desembargador Faria, digno procurador da coroa, em enérgico discurso, apoiando-se nas opiniões dos exmos. deputado Sousa Lima, externado na câmara temporária, e conselheiro Nabuco de Araújo[169], manifestada em um parecer do Conselho de Estado, afirmou, por entre aplausos dos exmos. desembargador Gomes Nogueira e juízes de direito drs. Gama e Melo e Gonçalves Gomide, — que a lei de 26 de janeiro de 1818 fora implicitamente revogada [pela] de 7 de novembro de 1831; que este fato, aliás de máxima importância, estava no espírito esclarecido de todo o país e dos poderes do Estado, que cogitavam, com muito patriotismo e critério, dos meios de resolver o tormentoso problema do elemento servil; e que, se pelo contrário, essa lei continuasse em vigor, todos esses homens ilustradíssimos, deputados e senadores do Império, estadistas notáveis, estariam em grave erro: só o poder judiciário seria bastante para resolver a questão!

Este perigoso discurso, este enviesado parecer do respeitável magistrado, obrigou-me a escrever este artigo.

Não sei se é compromisso; não afirmo que seja um dever, mas para mim é, fora de contestação, que o honrado sr. procurador da coroa, por virtude ou por temor, põe ombros ao carrego do maquiavelismo governamental, neste melindroso cometimento da abolição da escravatura.

Essa manifestação tremenda, repleta de inconsequências jurídicas, que acabo de referir, com cuidada fidelidade, tem duas partes distintas; uma é a repetição nua dos sofismas políticos do governo chinês, de que fala o clássico Jeremias Bentham[170]; a outra é uma duríssima verdade, uma confissão espantosa, feita voluntariamente, à luz do século, e perante a razão universal: a magistratura antiga, enfeudada aos criminosos mercadores de africanos, envolta em ignomínia, sepultou-se nas trevas do passado; a moderna, inconsciente, recua espavorida diante da lei; encara, com súplice humildade, o poder executivo; e, sem fé no direito, sem segurança na sociedade, e esquivando-se ao seu dever, declara-se impossibilitada de administrar justiça a um milhão de desgraçados[171]!

Onde impera o delito, a iniquidade é lei.

Examinemos a questão de direito.

O rei de Portugal, para estrita execução, nos Estados de seu domínio, do solene tratado, celebrado com o governo da Grã-Bretanha, a 22 de janeiro de 1815, e da Convenção Adicional de 28 de julho de 1817, promulgou o memorável alvará de 26 de janeiro de 1818, cujo primeiro parágrafo assim termina:

> Todas as pessoas, de qualquer qualidade e condição que sejam, que fizerem armar e preparar navios para o resgate e compra de escravos, em qualquer dos portos da Costa d'África, situados ao Norte do Equador, incorrerão na pena de perdimento dos escravos, os quais "imediatamente ficarão libertos"[172] para terem o destino abaixo declarado...
>
> Na mesma pena de perdimento dos escravos, para ficarem libertos, e terem o destino abaixo declarado, incorrerão todas as

pessoas, de qualquer qualidade e condição, que os conduzirem a qualquer dos portos do Brasil, em navios com bandeira que não seja a portuguesa.

Sem embargo da interessada desídia dos juízes e notória venalidade dos funcionários que escandalosamente auxiliavam, sem o mínimo rebuço, a transgressão desta lei, foi ela, de contínuo, mandada observar tanto em Portugal como no Brasil.

Aqui, por aviso de 14 de julho de 1821, recomendou o governo que as autoridades pusessem o mais escrupuloso cuidado na sua fiel observância.

Para complemento desta importante providência, por outro aviso expedido a 28 de agosto do mesmo ano, deu instruções à comissão mista para regularidade do serviço de apreensão dos escravos e dos navios negreiros.

E, por outro, de 3 de dezembro, novas recomendações foram feitas para maior solicitude à mesma comissão.

Em 1823, pela lei de 20 de outubro, foi explicitamente adotada sem limitação alguma a de 1818.

A 21 de maio de 1831, o Ministro da Justiça expedia a seguinte portaria:

> Constando ao governo de Sua Majestade Imperial que alguns negociantes, assim nacionais como estrangeiros, especulam, com desonra da humanidade, o vergonhoso contrabando de introduzir escravos da Costa d'África nos portos do Brasil, em despeito da extinção de "semelhante comércio", manda a Regência provisória, em nome do Imperador, pela secretaria de Estado dos Negócios da Justiça, que a Câmara Municipal desta cidade faça expedir uma circular a todos os juízes de paz das freguesias do seu território, recomendando-lhe toda a vigilância política ao dito respeito; e que no caso de serem introduzidos por contrabando alguns escravos negros, no território de cada uma das ditas freguesias, procedam imediatamente ao respectivo corpo de delito e[,] constando por este que tal ou tal escravo boçal foi introduzido aí por contrabando, façam

dele sequestro, e o remetam com o mesmo corpo de delito ao juiz criminal do território, para ele proceder nos termos de direito em ordem a lhe ser restituída a sua liberdade e punidos os usurpadores dela, segundo o art. 179 do novo código, dando de tudo conta imediatamente à mesma Secretaria. Palácio do Rio de Janeiro, 21 de maio de 1831. — *Manuel José de Sousa França.*

N.B. — Nesta conformidade se expediram avisos a todas as câmaras municipais, e aos presidentes das províncias, para estes expedirem aos juízes de paz das mesmas províncias.

A 7 de novembro desse ano, porque reconhecesse o governo que a lei vigente por deficiência manifesta não atingia ao elevado fim de sua decretação, e no intuito não só de vedar a continuação do tráfico, "como de restituir à liberdade os africanos criminosamente importados", promulgou nova lei:

Art. 1º — "Todos os escravos" que entrarem no território ou portos do Brasil, "vindos de fora", ficam livres.

Art. 2º — Os importadores de escravos no Brasil incorrerão na pena corporal do art. 179 do código criminal, imposta "aos que reduzem à escravidão pessoas livres"...

— Incorrem na mesma pena os que cientemente comprarem como escravos os que são declarados livres no art. 1º desta lei.

Para execução desta lei, confeccionou o governo imperial o decreto de 12 de abril de 1832, firmado pelo venerando paulista senador Diogo Antônio Feijó, Ministro e Secretário de Estado dos Negócios da Justiça, decreto que contém estas importantíssimas e salutares disposições:

Art. 9º — Constando ao intendente geral da polícia, ou a qualquer juiz de paz ou criminal, que alguém comprou ou vendeu preto boçal, o mandará vir à sua presença e examinará se entende a língua brasileira: "se está no Brasil antes de ter cessado o tráfico da escravatura", procurando por meio de intérprete certificar-se de quando veio d'África, em que barco, onde desembarcou, por que lugares passou, em poder de quantas pessoas tem estado etc.

Verificando-se ter vindo depois da cessação do tráfico, o fará depositar, procederá na forma da lei, e em todos os casos serão ouvidas, sem delongas supérfluas, sumariamente, as partes interessadas.

Art. 10. — Em qualquer tempo em que o preto requerer a qualquer juiz de paz ou criminal, que veio para o Brasil "depois da extinção do tráfico", o juiz o interrogará sobre todas as circunstâncias que possam esclarecer o fato, "e oficialmente procederá" a todas as diligências necessárias para certificar-se dele, obrigando o senhor a desfazer todas as dúvidas que se suscitarem a tal respeito. Havendo presunções veementes de ser preto livre, o mandará depositar e procederá nos termos da lei.

O mal, porém, não estava só na insuficiência das medidas legislativas, senão principalmente na máxima corrupção administrativa e judiciária que lavrava no país.

Ministros da coroa, conselheiros de Estado, senadores, deputados, desembargadores, juízes de todas as categorias, autoridades policiais, militares, agentes, professores de institutos científicos eram associados, auxiliares ou compradores de africanos livres.

Os carregamentos eram desembarcados publicamente, em pontos escolhidos das costas do Brasil, diante das fortalezas, à vista da polícia, sem recato nem mistério; eram os africanos sem embaraço algum levados pelas estradas, vendidos nas povoações, nas fazendas, e batizados como escravos pelos reverendos, pelos escrupulosos párocos!...

O exmo. senador Feijó, prevalecendo-se de seu grande prestígio, sacerdote virtuoso e muito conceituado, levantou enérgica propaganda entre os seus colegas, nesta província.

Advertiu aos vigários para que não batizassem mais africanos livres como escravos, porque semelhante procedimento, sobre ser uma inqualificável imoralidade, era um crime.

Os vigários deram prova de emenda; mostraram-se virtuosos: de então em diante batizaram sem fazer assentamento de batismo! A religião, como o vestuário, amolda-se às formas do abdômen de quem o enverga: os ingênuos vigários também tinham seus escravos...

Os contrabandistas conseguiram tal importância política no Império, tinham interferência tão valiosa nos atos de governo, que iam ao ponto de dissolver ministérios, como publicamente, sem réplica nem contestação, asseverou na imprensa o exmo. sr. conselheiro Campos Melo!

Antes disto, transbordando de cólera e patriotismo, exclamara em pleno parlamento o imortal conselheiro Antonio Carlos[173]: "O abominável tráfico de africanos terá fim quando as esquadras britânicas, com os morrões acesos, invadirem os nossos portos".

Aí estão os conceituosos escritos do admirado dr. Tavares Bastos: o vaticínio cumpriu-se: eis a lei de 4 de setembro de 1850, cuja estrita execução deve-se à ilustração, inquebrantável energia, amplitude de vista e altos sentimentos liberais do conselheiro Eusébio de Queirós[174]:

> Art. 1° — As embarcações brasileiras encontradas em qualquer parte, e as estrangeiras encontradas nos portos, enseadas, ancoradouros ou mares territoriais do Brasil, tendo a seu bordo escravos, cuja importação é proibida pela lei de 7 de novembro de 1831, ou havendo-os desembarcado, serão apreendidas pelas autoridades ou pelos navios de guerra brasileiros, e consideradas importadoras de escravos.
>
> Aquelas que não tiverem escravos a bordo, nem os houverem proximamente desembarcado, porém se encontrarem com os sinais de se empregarem no tráfico de escravos, serão igualmente apreendidas e consideradas em tentativa de importação de escravos.

Para execução desta lei, por decreto de 14 de outubro do mesmo ano, publicou o governo um restrito regulamento.

Reproduzi, no próprio contexto, os fundamentos da lei de 26 de janeiro de 1818, da portaria de 21 de maio e da lei de 7 de novembro de 1831, do decreto de 12 de abril de 1832, da lei de 4 de novembro de 1850; e expus minuciosamente, guardando em tudo a verdade, aliás provada, por fatos irrecusáveis, os atos sucessivos, atos oficiais governamentais dos quais evidencia-se que a primeira das leis citadas, bem como a subsequentes, estão em seu inteiro vigor.

É princípio invariável de direito, é regra impreterível de hermenêutica, que as "leis novas", quando são consecutivas e curam de fatos anteriormente previstos, interpretam-se doutrinalmente por disposições semelhantes consagradas nas "antigas".

O direito nasceu com o homem, tem a sua história, conta um passado, revive no presente, e é essencialmente progressivo.

Na relatividade jurídica não se dão soluções de continuidade.

É da harmonia dos princípios e da indeclinável necessidade da sua aplicação que se deduzem as relações e as formalidades do direito.

A lei de 26 de janeiro de 1818 estabeleceu a proibição do tráfico, a libertação dos africanos, as penas para os importadores e outras medidas, para rigorosa observância destas; "mas referiu-se aos africanos provenientes das possessões portuguesas, situadas ao norte do equador".

O legislador de 1831, sem revogar aquela lei, até então propositalmente mantida, porque não a podia revogar; e não a podia revogar, porque a lei foi decretada para a execução dos tratados de 1815, "vigentes"; e os tratados, enquanto vigoram, por tácita convenção, constituem leis para o mundo civilizado; estatuiu — ampliando as disposições primitivas que foram expressamente mantidas — que ficariam livres "todos os escravos importados no Brasil, vindos de fora, qualquer que fosse a sua procedência"; criou novas medidas repressivas; aumentou a penalidade; e procurou pôr termo ao tráfico, que, na realidade, não podia ser completamente evitado, com os meios da legislação anterior; e manteve o direito à liberdade dos escravos importados contra a proibição legal.

A unidade de vistas na propositura das medidas sociais, a filiação lógica dos assuntos que formam a sua causa, a singularidade do objeto ainda que sob manifestações múltiplas e a homogeneidade da consecução dos fins fazem com que estas duas leis — de 1818 e 1831 — embora separadas pelas épocas, estejam calculadamente, para a inevitável abolição do tráfico, na relação mecânica das suas asas, com o corpo do condor que libra-se altivo nas cumeadas dos Andes.

A lei de 1831 é complementar da de 1818; a de 1850, pela mesma razão, prende-se intimamente às anteriores; sem exclusão da primeira, refere-se expressamente à segunda, é a causa imediata da sua existência; é, para dizê-lo em uma só expressão técnica, relativamente às duas anteriores — uma lei regulamentar.

Em que artificioso direito esteiam as suas esdrúxulas opiniões, os avaros defensores da bandeira negra, para afirmar que estas leis estão revogadas?

Na revogação literal?

Dá-se esta por expressa determinação, em contrário do que já foi estatuído em lei análoga anterior.

Se alguma existe, indiquem-na.

Na revogação tácita?

Esta funda-se na falta de objeto, pois que, cessando a razão da lei, cessa a sua disposição.

Não há no Brasil mais africanos a quem se deva restituir a liberdade? Afirmá-lo fora insânia.

Na prepotência dos fazendeiros que dominam o eleitorado? Na do eleitorado que seduz aos magistrados políticos? Na dos magistrados que julgam parcialmente as causas dos correligionários e amigos? Na dos conselheiros de Estado, dos senadores e deputados, que dispõem da liberdade de milhões de negros como administradores de fazendas?

Mas isto é o cerceamento geral do Direito, é um atentado nacional, é a precipitada escavação de um abismo, é um crime inaudito, que só a nação poderia julgar, convertida em tribunal!

Em 1837, no senado, teve origem um projeto de lei abolicionista, rigoroso, no qual jeitosamente o partido da lavoura encartou esta disposição:

> Art. 13. — Nenhuma ação poderá ser intentada em virtude da lei de 7 de novembro de 1831, que fica revogada, e bem assim todas as outras em contrário.

É, portanto, evidente não só que as leis de 1818 e 1831 consideravam-se em vigor, como que "só por disposição expressa" podiam ser alteradas ou revogadas.

O governo inglês protestou energicamente contra a adoção deste projeto de lei, como atentatório dos tratados existentes, e o projeto adormeceu no senado...

Em 1848, O GOVERNO LIBERAL, mais no intuito de proteger aos donos de escravos do que de favorecer a emancipação, enviou o projeto ao conselho de Estado, onde habilmente o lardearam de emendas; e assim recheado, foi entregue ao célebre orador paulista, deputado Gabriel José Rodrigues dos Santos, que o apresentou na câmara temporária; e, sem colher vantagem, o sustentou com seu peregrino talento.

Novos protestos da Inglaterra surgiram; a maioria que apoiava o governo dividiu-se; a oposição conservadora, dirigida pelo deputado Eusébio de Queirós, deu auxílio à fração que impugnava esse monstruoso artigo de projeto; as discussões tomaram caráter gravíssimo e o governo, vendo a sua causa em perigo, adiou a votação do projeto!...

Aqui, para glória do imortal estadista, conselheiro Eusébio de Queirós, reproduzo as palavras por ele escritas em um parecer relativamente a esse absurdo artigo do inconsiderado projeto:

> Esse projeto foi ao ponto de extinguir todas as ações cíveis e crimes de lei de 7 de novembro.
> Legitimou a escravidão dos homens, que essa lei proclamara livres!

A escassez dos fundamentos científicos suprem os atilados defensores da criminosa escravatura com a astúcia.

Estão revogadas as leis de 1818 e de 1831, exclamam eles!

São palavras do eminente jurisconsulto e máximo estadista, o exmo. sr. conselheiro Nabuco de Araújo, externadas em um parecer do Conselho de Estado; foi um apreciado espírito liberal que as ditou!

Sim, senhores, venham essas prodigiosas palavras; a questão é de princípios, é de ideias, é de direito; não é de nomes próprios; sabem que eu aceito-a, sem receios, neste mesmo plano inclinado em que foi posta, tenho homem por mim; além de que a luminosa Minerva não é deusa tão esquiva de quem eu não possa obter alguns raios de luz por piedosa graça.

O nome do exmo. sr. conselheiro Nabuco, pelos altos foros conquistados nas letras e na política, que, com justiça, o puseram por príncipe dos jurisconsultos pátrios, é, no seio dos mares da jurisprudência, sempre agitado por tormentas infinitas, tremendo e invencível escolho; eu, porém, honrando o nome daquele atrevido navegante[175], imortalizado pelo infeliz poeta[176], e mais celebrado talvez pela coragem e ousadia do que pela prudência e sabedoria manifestadas em seus atos, mostrarei, ao terminar esta polêmica de máximo interesse público e perante a ciência, que o imenso "promontório do conselho de Estado", onde s. excia. [Sua Excelência] fazia de Adamastor[177], não é mais difícil de vencer que o dos empolados mares da Boa Esperança.

Começarei, neste ponto importantíssimo da questão, por uma retesia necessária e formal: à palavra autorizada do exmo. sr. conselheiro Nabuco, oponho, sem o mínimo receio, a incontestável do exmo. sr. Eusébio de Queirós.

Senador por senador, jurista por jurista, ilustração por ilustração, estadista por estadista, patriota por patriota, liberal por... neste ponto a vantagem é minha: nos conselhos da coroa ainda não se assentou um ministro tão altivo, tão independente e tão liberal, como o africano Eusébio de Queirós.

Quando o exmo. sr. conselheiro Eusébio de Queirós confeccionou o projeto de lei de 4 de setembro de 1850, escreveu, para instrução dos seus dignos colegas do ministério, uma exposição de motivos que mais tarde leu nas câmara dos srs. deputados.

Nessa exposição, s. excia. [Sua Excelência] não só condenava com muito critério o erro imperdoável do "governo liberal" em 1848, "pretendendo escravizar africanos livres", o que já demonstrei, como explicava com lealdade invejável e elevada isenção de ânimo a economia da citada lei de 1850. Eis suas palavras:

> Uma tal providência [alude à pretendida revogação das leis de 1818 e 1831], que contraria de frente os princípios de direito e justiça universal, e que "excede os limites naturais do poder legislativo", não podia deixar de elevar por um lado os escrúpulos de muitos, e por outro, provocar enérgicas reclamações do governo inglês que podia acreditar ou bem aparentar a crença de que assim o Brasil iria legitimando o tráfico, não obstante a promessa de o proibir como pirataria. Entendo, pois, que tal doutrina é insustentável por mais de uma razão.

·············

Um único meio assim resta para reprimir o tráfico, sem faltar às duas considerações acima declaradas [impedir a importação e manumitir-se os importados], e é deixar que a respeito do passado continue, "sem a menor alteração, a legislação existente, que ela" continue igualmente a respeito dos pretos introduzidos para o futuro, mas só se apreenderem depois de internados pelo país e de não pertencerem mais aos introdutores. Assim consegue-se o fim, se não perfeitamente, ao menos quanto é possível.

....

Os filantropos não terão que dizer, vendo que para novas introduções se apresentam alterações eficazmente repressivas, e que, "para o passado", não se fazem favores, "e apenas continua o que está".

....

Por isso entreguei não só a formação da culpa, como todo o processo ao juiz especial dos auditores da marinha [juízes de direito] com recurso para a Relação. "Bem entendido, só nos caso de apreensão no ato de introduzir, ou sobre o mar".

A lei de 1850 confirma perfeitamente esta exposição.

———

Qual é, porém, o pensamento do Conselho de Estado a este respeito, pensamento "libérrimo"[178], sustentado pelo exmo. sr. conselheiro Nabuco de Araújo em um parecer, e por eméritos deputados e senadores da atual maioria parlamentar?
Ei-lo, em suas conclusões:

1.º — A auditoria de marinha é autoridade competente para conhecer dos fatos relativos à importação ilegal de escravos no Brasil; nessa jurisdição "excepcional" estão compreendidos "todos os escravos provenientes do tráfico"!
2.º — "Não há outra jurisdição" para julgar a liberdade dos escravos provenientes do tráfico senão a auditoria de marinha!...
3.º — É preciso constatar o desembarque, verificar a importância e tráfico" [sic], para que os escravos provenientes sejam havidos por livres!....

4.º — E como à auditoria compete a verificação do tráfico, a ela compete o julgamento da liberdade dos escravos importados por esse meio!...

É inexato, injurídico, impolítico, e improcedente o primeiro ponto das conclusões:
— É inexato porque não tem base objetiva nos fatos constitutivos da materialidade da lei, e contraria de plano na parte subjetiva a sua claríssima disposição;
— É injurídico porque[,] contando a lei, além do princípio geral, "uma exceção", foi esta exceção, com exclusão prejudicial do princípio geral, elevada à categoria de regra;
— É impolítico porque[,] sendo a autoridade e a competência, em assunto de atribuições, instituídas por lei e por prevista utilidade pública, impossível é admitir a existência da primeira sem limitação, nem da segunda sem prescrições expressas;
— É improcedente porque em sentido diametralmente oposto estatui a lei: "Todos os apresamentos de embarcações de que tratam os arts. 1.º e 2.º, assim como a liberdade dos escravos apreendidos no alto-mar ou na costa, antes do desembarque, no ato dele, ou imediatamente depois, em armazéns e depósitos sitos nas costas e portos, serão processados e julgados em primeira instância, pela auditoria de marinha, e em 2.º, pelo Conselho de Estado".

Trata aqui a lei das apreensões realizadas no alto-mar, nas costas, antes dos desembarques, no ato deles, ou imediatamente depois, em armazéns, depósitos sitos nas costas e portos; não se refere de maneira alguma aos escravos que, escapando às vistas e à vigilância da auditoria da marinha, se internarem no país, e menos ainda aos vindos anteriormente; tanto a uns como a outros "são aplicáveis", como afirmou o exmo. sr. conselheiro Eusébio, "as disposições da legislação anterior": a lei de 1850 cura "exclusivamente dos casos de importação".

É inexato o segundo artigo das conclusões do parecer do Conselho de Estado: nem os auditores de marinha têm competência, fora das hipóteses "por exceção", previstas na lei de 1850, nem a legislação anterior foi revogada.

Para essas hipóteses especiais rege a lei de 1850; para as gerais, quanto aos princípios, as leis de 1818 e 1831; e, quanto às competências e forma de processo, o decreto de 12 de abril de 1832, artigo 9° e 10°.

É inexato o terceiro artigo, é despido de conceito jurídico e até absurdo; para refutá-lo basta um fato; o fato não constitui uma maravilha nem é novo.

— Dá-se um desembarque de africanos em um dos pontos da costa.

O capitão do navio, pressentindo o movimento seguro, perigoso, iminente da autoridade, foge com todos os seus comparsas e abandona os negros em terra, sem deixar vestígios que o malsine.

A autoridade apreende os negros, mas não consegue descobrir quem os conduziu, quando, nem em que navio.

O que faz dos pretos? Vende-os?

Leva-os para si?

Supõe-nos caídos do céu por descuido? Ou manda "constatar" que eles emergiram do solo como tanajuras em verão?

É finalmente inexato o quarto artigo das conclusões.

A decretação de alforria, em regra, compete aos juízes do cível; por exceção, por desclassificação, estatuída por utilidade pública, tratando-se de africanos importados depois da proibição do tráfico, incumbe aos juízes do cível ou aos criminais, "mediante processo administrativo".

Quando o exmo. sr. conselheiro Nabuco de Araújo era presidente da heroica província de São Paulo, e avultava entre os chefes prestigiosos do partido conservador, tinha ideias liberalíssimas relativamente aos africanos escravizados de modo ilícito.

Os agentes policiais, no município desta cidade, por diversas vezes apreenderam[,] como escravos fugidos, pretos que depois se verificou serem africanos boçais.

O exmo. sr. conselheiro Furtado de Mendonça, jurisconsulto muito esclarecido, que exemplarmente exercia a delegacia de polícia da capital, depois das diligências legais, os declarou livres: estes atos foram aprovados com louvor pelo exmo. sr. conselheiro Nabuco de Araújo.

Mais tarde, quando s. excia. [Sua Excelência] era ministro da justiça, e mais amadurecidos tinha os frutos de sua numerosa ilustração, acercado de todos os "andorinhas" políticos e dos "zangões" da lavoura que o aturdiam de contínuo, deu-se o seguinte e curioso fato que bem prova a influência, o predomínio dos "senhores" na política e governação do Estado.

Foi em 1853 ou 1854, o que não posso agora precisar, por estrago de notas.

Aconteceu que, em um daqueles anos, viesse à capital certo fazendeiro do interior, cujo nome devo ocultar, trazendo cartas valiosas de prestigiosos chefes políticos; e, perante as autoridades superiores, envidasse esforços para reaver dois escravos africanos boçais que haviam fugido, e que, apreendidos por um inspetor de quarteirão do bairro suburbano da Água-Branca, tinham sido declarados livres e, como tais, com outros postos ao serviço do Jardim Botânico por ordem da Presidência. Nada aqui podendo conseguir, armou-se de novas recomendações, e foi-se a caminho da corte.

Mês e meio depois, o presidente da Província recebeu um "aviso confidencial", firmado pelo ministro da Justiça, no qual lia-se o seguinte:

Os pretos F... e F..., postos ao serviço do Jardim Público dessa cidade, escravos fugidos do fazendeiro B..., residente em A..., foram muito bem apreendidos e declarados livres pelo delegado de polícia, como africanos ilegalmente importados no Império.

Cumpre, porém, considerar que esse fato, nas atuais circunstâncias do país, é de grande perigo e gravidade; põe em sobressalto os lavradores, pode acarretar o abalo dos seus créditos e vir a ser a causa, pela sua reprodução, de incalculáveis prejuízos e abalo da ordem pública.

A lei foi estritamente cumprida; há, porém, grandes interesses de ordem superior que não podem ser olvidados, e que devem de preferência ser considerados.

Se esses pretos desaparecessem do estabelecimento em que se acham, sem o menor prejuízo do bom conceito das autoridades e sem a sua responsabilidade, que mal daí resultará?"

Quinze dias depois, o sr. diretor do Jardim participou à presidência o desaparecimento dos dois africanos.

A presidência imediatamente ordenou ao chefe de polícia as diligências precisas para descobrimento dos "fugitivos". Foram inqueridos outros africanos: disseram que à noite entraram soldados na senzala do jardim, prenderam, amarraram e levaram os dois pretos.

Não foram descobertos os soldados nem os pretos e neste ponto ficou o mistério.

Aquele invocado "parecer" do conselho de Estado, como claramente vê-se, e o "aviso confidencial" que acabo de referir, foram escritos com pena de uma só asa; são formas de um só pensamento; representam um só interesse: sua origem é o terror; seus meios, a violência; seu fim, a negação do direito: os fatos têm a sua lógica infalível.

É a prova inconcussa de um mau estado, é uma evolução lúgubre da nossa sociedade; uma das faces mórbidas da sinistra política do medo que a sobrepuja; é uma mancha negra que, desde 1837, assinala indelével a bandeira do partido liberal.

O exmo. sr. conselheiro Nabuco, que soube[179] ser homem do seu tempo, consagrou-se inteiramente às exigências do seu partido, morreu na firmeza de suas crenças, têm ambos a mesma história. E o futuro, quando julgá-lo, sobre a lápide do seu túmulo, fazendo justiça ao seu caráter, perante a imagem da pátria, há de sagrá-lo herói.

São Paulo, 7 de dezembro de 1880.
LUIZ GAMA

168 Esse artigo foi amplamente divulgado nos meios abolicionistas e republicanos a partir de sua publicação. *O Abolicionista*, órgão da Sociedade Brasileira contra a Escravidão (RJ), fundada por André Rebouças e Joaquim Nabuco algumas semanas antes em 1º de novembro, reproduziu esse texto em três partes, nas edições de 1º de abril, 1º de maio e 1º de julho de 1881. É legítimo supor que coube a Rebouças, encarregado principal da publicação, a elogiosa apresentação do autor do texto: "O sócio benemérito [da SBE] Luiz Gama [...], nome tão ilustre nos anais do Abolicionismo, é o do signatário da publicação, que damos em seguida. Tal nome e o assunto debatido são de sobra para prender a atenção dos leitores [...]" (cf. Ligia Fonseca Ferreira, "De escravo a cidadão: Luiz Gama, voz negra no abolicionismo", *in*: Maria Helena Pereira Toledo Machado e Celso Thomas Castilho (org.), *Tornando-se livre, op. cit.*, pp. 234-6; e André Rebouças, *Diário e notas autobiográficas*, texto escolhido e anotações de Flora e Inácio José Veríssimo, Rio de Janeiro: Livraria José Olympio, 1938, p. 290). A publicidade dada a esse artigo, divulgado em São Paulo, na corte e possivelmente em outras regiões do país, encerrava mais uma ousada e bem refletida estratégia do autor. À luz de sólida argumentação, além de levar o caso dos seus curatelados africanos a altas esferas da administração imperial, Luiz Gama desanca ninguém menos do que o conselheiro Nabuco de Araújo, pai de Joaquim Nabuco e "príncipe dos jurisconsultos pátrios", por sabidamente obstruir a aplicação da lei de 1831 e distorcer a Lei Eusébio de Queirós, de 1850. Sobre repercussões de "Questão jurídica", cf. Beatriz Gallotti Mamigonian, *op. cit.*, pp. 433-5.

169 Para dados biográficos, cf. nota nota 84, p. 188.

170 Jeremy Bentham (1748-1832), filósofo e jurisconsulto inglês que fundou o conceito de utilitarismo moral. Seu "princípio de utilidade", ou seja, "da maior felicidade para o maior número de indivíduos", deveria servir de base ao governo e ao direito penal. Essa filosofia exerceu um papel importante na vida política da Inglaterra e forneceu algumas bases da ideologia burguesa do século XIX.

171 Segundo o censo de 1872, estima-se em 1,5 milhão o número de escravos no Brasil, a maioria indubitavelmente introduzida após a promulgação da lei de 1831. Luiz Gama foi um dos primeiros a dela lançar mão, cerca de vinte anos antes da Abolição. Cf. Antonio Joaquim de Macedo Soares, "A lei de 7 de novembro de 1831 está em vigor", *Direito*, n. 32, 1883, pp. 321-48, *apud* Lenine Nequete, *Escravos & magistrados no Segundo Reinado*, Brasília: Fundação Petrônio Portela, 1988, p. 177; e J. Nabuco, *O abolicionismo, op. cit.*, p. 119.

172 Aspas possivelmente acrescentadas por Luiz Gama a fim de pôr em destaque algumas passagens dos textos comentados e chamar a atenção do leitor sobre esses enunciados. O procedimento se repetirá ao longo desse artigo.

173 Antonio Carlos Ribeiro de Andrada Machado e Silva (1773-1845).

174 O magistrado e político Eusébio de Queirós Coutinho Matoso da Câmara nasceu em São Paulo de Luanda, Angola, em 1812. Filho de alto funcionário da administração colonial portuguesa, sua família transferiu-se em 1815 para o Brasil, seguindo a instalação de dom João VI e da corte portuguesa. Estudou direito em Recife. Foi deputado em várias legislaturas, senador pelo Rio de Janeiro e ministro da Justiça entre 1848 e 1852. Os comentários elogiosos que Luiz Gama lhe dirige ao longo do texto louvam não só o fato de Eusébio de Queirós ter nascido na África (ver adiante) como de ter sido ele o autor da celebrada lei n. 581, de 4 de setembro de 1850, batizada com seu nome, que estabelecia "medidas para a repressão do tráfico de africanos [no] Império", em vista de sua extinção, constituindo-se o "ápice de um longo processo", iniciado ainda no período colonial, em 1810, quando Portugal ratificou o Tratado de Amizade e Aliança com a Grã-Bretanha. Eusébio de Queirós faleceu no Rio de Janeiro em 1868. Cf. Carlos Eduardo Moreira de Araújo, "Fim do tráfico", in: Lilia Moritz Schwarcz e Flávio dos Santos Gomes (org.), *Dicionário da escravidão e liberdade...*, *op. cit.*; Sacramento Blake, *Dicionário bibliográfico brasileiro*, *op. cit.*, v. 2, pp. 308-10.

175 Referência a Vasco da Gama (1469-1524), navegador português que descobriu o caminho marítimo para as Índias em 1498.

176 Referência a Luiz de Camões (1524-1580), autor d'*Os Lusíadas*, epopeia que, inspirada nas descobertas da rota para a Índia por Vasco da Gama, narra os feitos heroicos da expansão portuguesa. Camões morreu esquecido e na miséria.

177 Adamastor é um rude gigante enamorado da nereida Tétis, evocada na epopeia de Camões.

178 Luiz Gama utiliza o superlativo e as aspas para ironizar a atuação de um dos homens mais poderosos do Império, teoricamente vinculado ao Partido Liberal, que propugnava a libertação dos escravos. Nabuco de Araújo manifestava suas preocupações emancipacionistas, inclusive em nível internacional. Luiz Gama parecia mesmo disposto a manchar a reputação do conselheiro e não parecia nutrir simpatia pela família. Nesse artigo, expõe a contradição e a inconsistência ideológica de Nabuco Araújo, ao frustrar o direito dos escravos e agir protegendo os contrabandistas e a classe senhorial, ao arrepio da lei. Nabuco Araújo, bem como outros membros de sua família, mantinha laços estreitos com d. Pedro II, outro frequente alvo dos ataques do abolicionista e republicano negro. Para efeitos de contextualização, recorde-se que, no ano anterior à publicação deste artigo, em janeiro de 1879, Joaquim Nabuco, filho do conselheiro, tomou posse na Câmara dos Deputados na corte, tornando-se a partir dali um dos mais ativos líderes da campanha abolicionista graças à qual sua imagem se projetara nacionalmente. Em 1880, encontrava-se em franca ascensão: em 7 de setembro, fundou com André Rebouças a Sociedade Brasileira contra a Escravidão (SBE) que, em 1º de novembro, lançou o jornal *O Abolicionista*, no qual, conforme mencionado anteriormente, "Questão jurídica" foi publicado em 1881. Cf. Angela Alonso, *Flores, votos e balas...*, *op. cit.*, p. 46; Evaldo Cabral de Mello (org.), *Essencial: Joaquim Nabuco*, São Paulo: Penguin Companhia, 2010; Ligia Fonseca Ferreira, "Luiz Gama: um abolicionista leitor de Renan", *Estudos Avançados*, *op. cit.*, pp. 271-88.

179 No mesmo texto reproduzido em *O Abolicionista* (RJ), a sentença aparece negativa: "que *não* soube [...]". (Grifo nosso.)

"Município de Limeira. Reparação devida"

Ao respeitável cavalheiro, que não tenho a honra de conhecer, e que, com tanta e imerecida urbanidade, a mim se dirige, pela *Província [de São Paulo]* de hoje[180], e reclama contra a atribuição de um crime, que fiz, à pessoa daquela cidade, dou-me pressa em responder com o trecho seguinte, extraído de uma carta[181]:

Acabo de ler a *Província*; se quiseres responder ao articulista da Limeira, dou-te a explicação do fato, que fora-te por mim narrado.
O crime existe impune; o que afirmei é a pura verdade; e o criminoso, se não é de Limeira, lá residiu; e acha-se atualmente em...
Vi o processo; o crime foi cometido não na Limeira, mas na comarca de..........
A pessoa que da Limeira escreveu o artigo tem conhecimento do fato e *o afirma com reserva louvável*. As circunstâncias são atrocíssimas, muito mais carregadas do que as da tua carta ao dr. F. de Menezes.

São Paulo, 21 de dezembro de 1880.
LUIZ GAMA

180 No artigo anônimo "Limeira — Ao sr. Luiz Gama", publicado n'*A Província de São Paulo*, em 21 de dezembro de 1880, lê-se: "Lemos com surpresa a carta do sr. Luiz Gama dirigida ao Dr. Ferreira de Menezes [...], no que se refere ao município da Limeira. Lamentamos que uma falsa informação [...] tivesse concorrido para que s. s. [Sua Senhoria] formasse do povo limeirense um juízo tão desfavorável. Acostumados a respeitar o caráter de s. s. [Sua Senhoria], os nobres e generosos sentimentos que externa em sua carta, e partilhando a justa indignação de que se acha possuído, pesa-nos a pecha de assassino e salteadores, por um fato que desconhecemos. Asseveramos ao sr. Luiz Gama que o fato narrado em sua carta e lançado em conta ao município de Limeira é inexato e filho ou do equívoco ou de despeitado pouco cavalheiro que procura nodoar a nossa vida social, com a imputação de um crime nefando, de uma selvageria sem nome [...]". O autor faz referência à "Carta ao Dr. Ferreira de Menezes" publicada, como já mencionado, em três jornais no espaço de quatro dias: na *Gazeta do Povo* de São Paulo, em 14 de dezembro; na *Gazeta da Tarde* do Rio de Janeiro, em 16 de dezembro, e novamente em São Paulo, n'*A Província de São Paulo*, em 18 de dezembro de 1880. É possível imaginar, portanto, a repercussão do trágico e crudelíssimo crime narrado — o linchamento de quatro escravos — junto à opinião pública, que Luiz Gama procura sensibilizar, e junto aos fazendeiros de uma das mais pujantes regiões escravistas do interior paulista, cujas atrocidades o abolicionista negro não hesita em denunciar. Cf. Carlos Alberto Medeiros Lima, "Comunidade e tensão na fronteira agrária paulista (Limeira, década de 1840)", *Anos 90*, Porto Alegre, v. 23, n. 44, pp. 231-63, dez. 2016.

181 Trata-se, pelo visto, de uma carta enviada por Luiz Gama pelo conhecido que lhe relatara, com base em fatos comprovados ("vi o processo") o terrível acontecimento. Como em outras circunstâncias em que se vê questionado, o arguto e ético advogado negro responde pronta e publicamente, porém sempre com sua proverbial ironia, fundamentando suas afirmações, mesmo quando devem corrigir minimamente uma informação ("o crime foi cometido não na Limeira, mas na comarca de..."), mas desmente seu opositor que tinha, segundo sua fonte, conhecimento do crime.

"Trechos de uma carta"

São Paulo, dezembro de 1880.

Meu caro Menezes,

A lei áurea de 28 de setembro de 1871, imposta ao governo, e arrancada ao Parlamento, pela vontade nacional, em circunstâncias climatéricas, desde o começo grosseiramente sofismada, senão criminosamente preterida, em sua execução; e que, hoje, muito longe está de satisfazer as aspirações, à civilização e aos progressos do país, ainda assim, continua a ser flagrantemente violada pelo governo, pela Magistratura, pela monocracia, e pelos donos de escravos.
 Dão-se as violações escandalosas contra os manumitentes, contra os pecúlios públicos ou particulares, contra as arrecadações, contra as avaliações ou arbitramentos, e somente a favor dos *senhores*!... É que os homens do governo, os juízes e os funcionários têm famílias, têm amigos, têm interesses, têm escravos!...
 As alforrias, pelo fundo de emancipação, constituem, geralmente falando, a mais sórdida prevaricação. As classificações são viciosas; na escolha dos libertandos domina o capricho; os arbitramentos são de excessivo valor.
 Pode-se afirmar, salvando raríssimas exceções, que o serviço não tem desempenho regular, é feito por uma horda de prevaricadores.

Os *senhores* procedem com ostensivo despudor. Tratam os cavalos de estrebaria como seus próprios irmãos: até aí nada vejo de repreensível; porque o sábio conde de Chesterfield, que tinha razões de sobra, dizia *que certos fidalgos eram menos nobres que os seus cavalos.*

Cobrem-nos (aos cavalos) de lã e de sedas, durante o inverno; envidraçam-lhes as estrebarias; alcatifam o assoalho de escolhida palha; e até mandam vir de Europa a sua alimentação. Durante o verão dão-lhe pastos especiais; fazem-nos mudar de clima; mandam banhá-los uma e duas vezes por dia.

O homem, porém, a *imagem de Deus*, a máquina viva e ambulante do trabalho; o negro, o escravo, come do mesmo alimento, no mesmo vasilhame dos porcos; dorme no chão, quando feliz sobre uma esteira; é presa dos vermes e dos insetos; vive seminu; exposto aos rigores da chuva, do frio, e do sol; unidos, por destinação, ao cabo de uma enxada, de um machado, de uma foice; tem como despertador o relho[182] do feitor, as surras do administrador, o tronco, o vira-mundo[183], o grilhão, as algemas, o gancho ao pescoço, a fornalha do engenho, os *banhos de querosene*, as fogueiras do cafezal, o suplício, o assassinato pela fome e pela sede!... E tudo isto santamente amenizado por devotas orações ao crepúsculo da tarde, e ao alvorecer do dia seguinte.

O negro, disse o meu estimável amigo, o Exmo. Sr. Dr. Belfort Duarte[184], é a causa da grandeza do Brasil: pois bem, este miserável grande, fautor da opulência daquele grande miserável, este animal maravilhoso, chamado escravo, na expressão legal, este homem sem alma, este cristão sem fé, este indivíduo sem pátria, sem direitos, sem autonomia, sem razão, é considerado abaixo do cavalo; é um racional topeira, sob o domínio de feras humanas — *os senhores.*

Pelas leis do 1º de outubro de 1828, art. 59 e n. 16, de 12 de agosto de 1834, art. 1º, foram as câmaras municipais, por motivos de ordem pública, incumbidas de promover os meios de bom tratamento dos escravos, e de evitar as crueldades para com eles, mediante comunicações e propostas às assembleias provinciais.

Qual foi, entretanto, a câmara ou assembleia que já cuidou, ao menos por mera formalidade, do desempenho deste sagrado e piedoso dever?

Os vereadores, e os deputados, ainda os mais ilustres, nunca leram esta lei.

Outras acertadas providências, no mesmo sentido, para segurança dos míseros escravos, restrita observância da disposição da lei, defraudada por *senhores* ferozes, foram dadas pelo Governo Imperial, em Avisos 4° e 8° de 11 de novembro de 1831 (Vid. *Legisl. Brasil.* — Col. Nabuco.)

Pela lei de 20 de outubro de 1823 foi conferido aos presidentes de províncias o encargo tão importante quão melindroso e humanitário de cuidar e promover o bom tratamento dos escravos. Até hoje, porém, as altas administrações provinciais, que se ocupam de tudo, inclusive [d]as POSTURAS concernentes ao lixo, e nomeações de oficiais da Guarda Nacional, não desceram às senzalas, senão para assistir as surras!...

Os *senhores*, cônscios da impunidade, que os distingue, procedem com desplante, e com desbrio.

Eis um fato, *entre muitos semelhantes*, de deslumbradora eloquência.

Há dias, à rua Vinte [e] Cinco de Março, no bairro da Figueira, margem do rio Tamanduateí, nesta cidade, arrabalde frequentado por porcos, bestas soltas e cães vadios, à noite, foi exposto um menino recém-nascido, de cor parda, à porta do Sr. Porfírio [ilegível] Carneiro.

Este homem, que é maior de 60 anos, e paupérrimo, e que a si tomou a criação do menor, arrancado à morte, pelo braço do acaso, é de cor preta, é afilhado do defunto conselheiro Martim Francisco[185], que o criou em seu lar, que o educou, entre seus filhos, e que à sua custa fê-lo viajar pela Europa; tem no porte e no ânimo a nobre altivez, e a inflexibilidade nativa dos Andradas.

O indigno abandono do menor, criminosamente feito, à sua porta, foi-lhe causa de insônias; revoltou-o.

— *Isto é torpeza de branco*, exclamava ele enfurecido, enfiando os dedos pretos pelos bastos cabelos brancos!

Passou uma semana percorrendo os subúrbios; varejou as vendas, auscultou belas quitandas, até que um dia deu com a ponta do fio de Ariadne!...

O enjeitado, aquele inocente mulatinho, atirado aos cães, é um ingênuo, filho de uma escrava pertencente a um negociante rico, que, brutalmente, sem defesa possível, obrigou à mísera mãe a depô-lo à margem de um rio, exposto às intempéries, às bestas, às feras, embora mais compassivas do que ele!...

Isto devia ser registrado, comentado, pelos meus respeitáveis amigos, pregadores de política positiva, solertes redatores da *Província de S. Paulo*; isto deve ser combatido, com tédio, por todos os honestos altruístas; isto é o detestável *positivismo*[186] dos abutres, que devoram, por perversidade, míseros recém-nascidos; isto é a *divinização do crime*, que tanto repugna à probidade imaculada dos castíssimos redatores do *Correio Paulistano*; isto seria uma infâmia se não fora o mau hábito inveterado dos senhores; é o calo das suas pervertidas consciências, que o *positivismo* não quer ver, não quer extrair, não quer ponderar, não quer perceber, não quer discutir; e não considera, e não examina, e não discute, porque este peculiar *positivismo negreiro* é um sistema exótico de esdrúxula filosofia, foi descoberto entre os hebreus hodiernos, é uma espécie de *Cireneu*[187] moderno; sua moral é singularíssima, sua piedade esquipática: está da parte dos desgraçados, auxilia com brandura, e, com amor, exorta os pacientes; ajuda-os a carregar a cruz; rende preitos à Lei; pega às fímbrias da samarra; abraça o algoz; justifica o suplício; subscreve a condenação; faz mesuras ao patíbulo; dá um sorriso a César e uma lágrima ao penitente.

É um *positivismo cortesão, previdente, que calcula quanto escreve, que lima quanto diz, porque não fira, que procura agradar a todo mundo, que, cauteloso, não quer comprometer-se*: enfim *positivismo de Convento*.

De tudo quanto vejo e observo, meu caro amigo, não me espanto: o mundo é uma espera e a vida o movimento.

Os *senhores* dominam pela corrupção; tem ao seu serviço ministros, juízes, legisladores; encaram-nos com soberba, reputam-se invencíveis.

A luta promete ser renhida; mas *eles* hão de cair. Hão de cair, sim; e o dia da queda se aproxima.

A corrupção é como a pólvora; gasta-se, e não reproduz-se.

Hão de cair, porque a Nação inteira se alevanta; e no dia em que todos estivermos de pé, os ministros, os juízes, os legisladores, estarão do nosso lado: em Sedan[188] foram os generais, os prisioneiros que se entregaram: não foram os soldados que desonraram Metz[189].

Os próprios *senhores* — na granja, na tenda, na taverna, ou no Senado — onde, entre anciãos venerandos, têm infelizmente entrado alguns prevaricadores vilões, hão de apertar a mão ao liberto; nivelados pelo trabalho, pela honra, pela dignidade, pelo direito, pela liberdade, dirão, com o imortal filósofo:

— "Se fosse possível saber o dia em que se fez o primeiro escravo, ele deveria ser de luto para a humanidade."

LUIZ GAMA

182 Açoite feito de couro torcido (*Dicionário Houaiss da Língua Portuguesa*, op. cit.).

183 Pesado grilhão de ferro com que se prendiam os pulsos ou os tornozelos dos escravos (*ibidem*).

184 Trata-se, provavelmente, do jurista, político e escritor maranhense Francisco de Paula Belfort Duarte, aluno, de 1860 a 1864, da Academia de Direito de São Paulo, onde se formou. Durante esse período, colaborou nos periódicos *Ensaio Paulistano* e n'*A Razão*, jornal político liberal, mostrando-se crítico feroz da política oligarca sobre a qual se apoiava o regime monárquico. Cf. Spencer Vampré, *Memórias para a história da Academia de Direito*, 2. ed., Brasília: INL/Conselho Federal de Cultura, 1977, v. II, p. 118.

185 Martim Francisco Ribeiro de Andrada (1775-1844), político e naturalista brasileiro. De família santista, junto com seus irmãos José Bonifácio de Andrada e Silva, o "Patriarca da Independência", e Antônio Carlos Ribeiro de Andrada Machado e Silva formavam a trindade dos Andradas, cujo papel teve suma importância política nos primeiros anos do Brasil independente.

186 Luiz Gama parece demonstrar, nessa passagem, certo amargor e decepção com a indiferença de dois periódicos oriundos da corrente liberal radical (*Correio Paulistano*) e republicana (*A Província de São Paulo*), ambos dirigidos e/ou redigidos por companheiros de luta e maçons, frente ao drama relatado, terrível em sua dimensão humana e moral, típico exemplo dos horrores da escravidão. No entanto, é curioso o fato, a meu ver a ser explorado, de o autor atribuir a insensibilidade dos seus colegas à adesão ao positivismo, criado pelo francês Auguste Comte (1798-1857), doutrina que, se por um lado conheceu expressivo sucesso no Brasil a partir do segundo quartel, por outro se dividiu em correntes diversas (ortodoxa, heterodoxa) com interpretações próprias. Verdade também, como já mostraram alguns autores, que a filosofia comtiana e a forma complexa como foi absorvida e adaptada por diversos líderes e grupos em diferentes lugares do país padece de preconceitos e da falta de um conhecimento mais profundo no Brasil, em particular a vertente antiescravista. Conforme aponta Alfredo Bosi, os positivistas ortodoxos, representados pelo Apostolado Positivista de Miguel Lemos e Teixeira Mendes, eram partidários da abolição imediata e sem indenização, ligavam a abolição à "questão do trabalho", preocupavam-se com a sorte do "proletariado nacional" (os escravizados), viam com ceticismo a imigração promovida pelo governo e promoveram um "pensamento antropológico antirracista". Nesse sentido, foram "abolicionistas da primeira hora", testemunhando as "manobras dilatórias do Partido Republicano em São Paulo que tanto indignaram Luiz Gama, a ponto de afastá-lo da agremiação" (cf. Alfredo Bosi, "O positivismo no Brasil: uma ideologia de longa duração", in: Leyla Perrone-Moysés (org.), *Do positivismo à desconstrução: ideias francesas na América*, São Paulo: Edusp, 2004, pp. 22-5). Muitos positivistas, em especial os ortodoxos, provinham das classes médias urbanas. Não havia banqueiros, comerciantes, proprietários rurais ou urbanos. Eles não faziam parte da elite econômica ou política e não possuíam escravos, o que, aliás, era considerado infidelidade ao pensamento de Comte. Além disso, opunham-se à opinião pública de que a corte "já tinha aderido completamente à causa abolicionista" desde o início dos anos 1880, período em que Luiz Gama escrevera esse artigo (cf. o capítulo "A ortodoxia positivista no Brasil: um bolchevismo de classe média", in: José Murilo de Carvalho, *Pontos e bordados: escritos de história e política*, Belo Horizonte: Editora da UFMG, 1998, pp. 189-201).

187 Referência ao personagem bíblico Simão Cireneu, camponês robusto que foi requisitado pelos soldados romanos a ajudar Jesus a carregar sua cruz.

188 Referência à Batalha de Sedan (cidade situada no leste da França), travada durante a Guerra Franco-Prussiana em 1870. Após a derrota do exército francês, um ato de rendição foi assinado em 4 de setembro por seus generais e o imperador Napoleão III, feito prisioneiro pelas forças inimigas, selando o fim do Segundo Império. Disso resultou, igualmente, o aprisionamento de dezenas de milhares de soldados franceses, tratados de forma sórdida e cruel no chamado "Campo da Miséria", fato que foi divulgado em vários jornais do mundo.

189 Referência ao marechal François Achille Bazaine que, comandando mais de 180 mil homens, imobilizados na cidade de Metz, na Alsácia-Lorena, durante a Guerra Franco-Prussiana, negou-se a enviar reforços a outros campos de batalha. Após a batalha de Sedan, Bazaine, à frente de um importante exército, frustra as expectativas de uma reviravolta por parte da França e capitula em 28 de outubro de 1870. Por esse gesto, será conhecido como o "traidor de Metz".

"Trechos de uma carta"

Gazeta da Tarde | 1º de janeiro de 1881

São Paulo, dezembro de 1880.

Meu caro Menezes,

Escuro, carregado de nuvens plúmbeas, triste, melancólico, indefinido está o firmamento paulistano.

Os horizontes estreitam-se, sem luzes, o zênite, em trevas, mais se abate; assemelha-se o espaço à consciência de um velho pantafaçudo fazendeiro, espécie de alcatroado porão de navio negreiro.

Congregam-se taciturnos, em povoações diversas, os ricaços da grande lavoura, os legítimos possuidores de Africanos livres, os consócios da pirataria, os fidalgos do art. 179 do Código Criminal[190]; sucedem-se as assembleias; criam-se clubes; forjam-se representações; e, à sombra da lei, sem estorvo das autoridades, organizam-se secretamente as juntas de resistência...

Vociferam contra a *loucura* e a *liberdade*, condenam a imprudência dos emancipadores e conspiram virtuosamente para manutenção do proveitoso crime!

Para eles a lei é um escárnio; um obstáculo negro: uma espécie de escravo, que se modifica, ou que se remove a dinheiro.

Contam com a sábia política dos divinos bonzos[191] do conselho do Estado, com a eloquência servil de alguns senadores, com as ambições de certos deputados, com a dependência de eleitores, com a venalidade de volantes!

Terminadas as reuniões levantam-se, rezam o credo, dão graças à Divina Providência, e exclamam, em coro: — "Ditoso país; invejáveis instituições; sapientíssimo governo; abençoado povo!"

Tornam prazenteiros para os seus aposentos, dormem à larga, comem com satisfação, bebem melhor, jogam o *solo*, o *pacau*, o *lasquinê*, mandam surrar os negros e, quando é preciso, para disciplina e exemplo, até matá-los...

Depois, o negro, que do burro apenas difere na forma, tem por obra de misericórdia uma sepultura silvestre no cafezal...

Os senhores ouvem missa, confessam-se, comungam, limpam a consciência, vivem na mais estreita intimidade com os padres, com os juízes, e com Deus.

Há, porém, em tudo isto um erro de cálculo, uma opinião falsa, uma imprevisão fatal, que conduz a um abismo inevitável.

Há legisladores sinceros que detestam o enorme crime da escravidão; há no país a grande maioria dos homens livres, cuja vontade é lei inquebrantável; há uma potência invencível — a opinião pública — que, de há muito, decretou a emancipação; há um ódio latente, misterioso, indomável, por toda parte, que repele os especuladores de carne humana; há os abolicionistas pobres, inteligentes, que nunca tiveram escravos, que amam o trabalho, que tranquilos encaram o sacrifício, que não se corrompem, nem se vendem.

Os senhores, entretanto, habituados a ver somente a cor negra dos seus escravos, e a calcular sobre as arrobas de café, veem no país inteiro uma vasta fazenda; estranham a *insubordinação abolicionista*, e exclamam: — "É preciso impor silêncio, qualquer que seja o meio, a esta horda de desordeiros; é preciso acabrunhar, pelo terror, a escravatura, para que não veja com esperança a propaganda; o *bacalhau* manterá o respeito e a obediência; a nossa propriedade será garantida pela força pública, auxiliada pelo capanga."

É, porém, certo que a farda do soldado e o ponche do capanga são duas causas repugnantes entre si; quem arrisca a vida pela liberdade, detesta a escravidão, a espada cinge o braço leal; o trabuco é o símbolo da traição. Acredito que os *senhores* nos acometam com os capangas; mas estou certo que os soldados vencerão com o povo.

Com referência a escritos meus, concernentes à propaganda abolicionista, insertos em um suplemento da *Província* do dia 18[192], a russa redação do *Correio Paulistano* baixou a terreiro, cumprimentou a da *Província*, pela desafeição com que trata aos abolicionistas; censurou-a, porém, por *admitir artigos* emancipadores; e concluiu com este *trecho de ouro*, escrito com ponta de vergasta, embebida em sangue escravo:

> Aderindo a estas tão sensatas observações, inclusive aquelas em que o ilustrado colega se refere à grande responsabilidade da imprensa, pela circulação dos tais excessos de verbosidade, viramos a primeira folha do órgão republicano e, num suplemento, achamos a *divinização do crime*[193], esta coisa detestável, como diz o colega, esse excesso de verbosidade que o colega não duvidou pôr em circulação apesar da grave responsabilidade...

O exmo. dr. presidente da província horrorizou-se ao ler a bárbara cremação do escravo vivo, de que trato na minha carta precedente[194].
Aqui transcrevo o resultado das indagações a que S. Ex. [Sua Excelência] mandou proceder; foi hoje publicado na *Tribuna Liberal*; é digno de nota:

> Sabemos que havendo S. Ex. [Sua Excelência] o Sr. presidente da província exigido informações do juiz de direito da comarca da Limeira acerca do fato denunciado em uma carta publicada na *Gazeta do Povo* de 14 do corrente, respondeu o mesmo juiz que, feitas as necessárias indagações verbais e por busca em cartórios, estava autorizado a afirmar que naquele município não se dera o fato descrito na publicação, e nem passeia ali livremente o responsável por esse ou fato semelhante. Parece portanto ter havido equívoco.
> É conhecido um filho do município da Limeira, a quem se atribui o crime da ordem e gravidade do de que se acusou a aludida carta, mas esse indivíduo mora há muitos anos em outro município, que se diz fora teatro do crime, e pronunciado, como se acha, por outro delito, tem podido escapar às diligências para a sua prisão.

Estes, e outros fatos, que irei relatando, servirão de prova irrecusável do estado de barbárie a que tem atingido o Brasil, corrompido, sem moral, e sem costumes, pela instituição servil.

Não admira, entretanto, que a escravidão conte esforçados apologistas; porque o cinismo, com ser torpe, na grande pátria dos imortais helenos, teve escolas, e notáveis cultores.

Há quem louve, com entusiasmo, a extrema bondade de alguns *senhores*; e, por isso, a *felicidade invejável dos seus escravos*; para mim, os bons senhores são como os túmulos de mármore; e a escravidão é como o raio, que semeia ruínas em sua passagem.

LUIZ GAMA

---

190 Conforme visto em nota anterior, o artigo 179 do código criminal, relativo aos crimes atentatórios à liberdade individual, além de proibir a reescravização, impunha as seguintes sanções a quem a praticasse: "Penas de prisão por três a nove anos, e de multa correspondente à terça parte do tempo; nunca, porém, o tempo de prisão será menor que o do cativeiro injusto, e mais uma terça parte".
191 Originalmente, denominação de "monges budistas, das ordens do Japão e da China"; porém, aqui, o termo é empregado no sentido pejorativo de "pessoa medíocre, com ares de superioridade", assim qualificando os membros do Conselho de Estado, naquele momento presidido por José Antonio Saraiva. Cf. *Dicionário Houaiss da Língua Portuguesa*, op. cit.
192 Luiz Gama comenta as repercussões suscitadas por sua "Carta a Ferreira de Menezes", publicada n'*A Província de São Paulo*, em 18 de dezembro de 1880, igualmente publicada na *Gazeta da Tarde* em 16 de dezembro (cf. p. 262, *supra*), na qual o veemente relato do "martirológio sublime" dos escravos que assassinaram o filho de seu senhor é interpretado pela redação do *Correio Paulistano*, no qual Luiz Gama colaborou durante anos, como um elogio ao crime. Fica evidente sua intenção não só de chocar, mas de chamar a atenção sobre um fato bárbaro numa província em que, para o desalento de Luiz Gama, o Partido Republicano se deixara infestar pela presença de fazendeiros escravocratas. Nesse sentido, a solidariedade de colegas jornalistas e, ao mesmo tempo, ativistas negros, como Ferreira de Menezes, foi fundamental para a divulgação dos escritos de Gama numa imprensa abolicionista, com audiência na corte e de feição distinta dos principais periódicos paulistanos em que sua visão radical parecia não encontrar a mesma guarida do que na década anterior.
193 Possivelmente, grifos do autor do trecho citado.
194 "Carta a Ferreira de Menezes", publicada na *Gazeta da Tarde* em 16 de dezembro de 1880.

"Itatiba. Contraprotesto"

O emérito advogado, sr. dr. Pinheiro Lima, meu particular e distinto amigo, levantou protesto contra as alforrias concedidas pelo sr. João Elias de Godoi Moreira a escravos da sua exclusiva propriedade, sob o motivo, aliás de todo o ponto improcedente, de tais alforrias serem concedidas em fraude de credores.

É meu intuito, em face do direito, e da jurisprudência, fazer com que as alforrias sejam mantidas; porque são regulares, e irrevogáveis: nós temos lei.

Na hipótese emergente não se dá prejuízo nem fraude contra credores; nem cabimento algum tem, contra as liberdades bem adquiridas, as ficções e sutilezas do direito romano, não menos bárbaro, que mal invocado entre nós.

LUIZ GAMA

---

195 Nota reproduzida em 6 e 8 de janeiro de 1881 no mesmo jornal.

"Carta ao Dr. Ferreira de Menezes"

São Paulo, dezembro de 1880.

Meu caro Menezes,

Os míseros escravos, o milhão de penadas vítimas, atualmente postas na mais cruciante tortura, para descanso e ventura de alguns milhares de empertigados bípedes, rulados zangões, são incontestavelmente africanos livres, ou descendentes seus, criminosamente importados no império, posteriormente à promulgação das leis proibitivas do tráfico.

O que os novos, os sábios, os empelicados altruístas, os *evangelizadores da evolução política negreira* chamam, de estufadas bochechas, *elemento servil* é despido de fundamento jurídico, não tem o mínimo apoio na lei civil do Estado; é um escândalo inaudito; da desídia; é o imundo parto do suborno, da perfídia e da mais hedionda prevaricação.

Os atuais donos de escravos, que tamanho alarde fazem do *seu direito de propriedade*[.] são portadores convictos de documentos falsos; são incapazes de exibir títulos regulares de domínio. Comprados ou herdados, esses escravos foram criminosamente constituídos, foram clandestinamente transferidos, são mantidos em cativeiro, por culposo favor, por conivência repreensível de corrompidos juízes.

A inobservância da lei, os desmandos, o crime, já constituem estado normal. Examiná-los, acusá-los, profligá-los é excentricidade tão original como o aparecimento de estrelas ao meio-dia.

Quando lavra a imoralidade; quando reina a depravação; quando, com os bons costumes, a justiça vai a caminho da proscrição, dizia Miguel Ângelo[197], que os homens honestos devem quedar-se à margem das correntes do destino, à semelhança dos marcos de pedra — *immobile saxum*[198]!

Eu, porém, digo que, em tal conjuntura, o silêncio é a comparticipação no delito; e que a rev[e]lação é a consciência do dever: os povos adormecidos e os escravos são como Lázaro: precisam que os ressuscitem.

Na vila do Jaú, e creio que no juízo municipal, corre um inventário, no qual figuram como escravos oito africanos livres.

Um dos co-herdeiros denunciou o fato; e, porque não fosse atendido, delatou-o, pela imprensa da capital; implorou com energia admirável providências contra esse monstruoso escândalo.

Depois de toda esta celeuma o digno juiz mandou, *prudentemente*, pôr os escravos em custódia, para proceder às necessárias averiguações!...

A suspeita, a denúncia, o indício, a revelação de que um homem sofre indevido cativeiro, de que é livre, de que o torturam, é motivo para que seja suspeitado, e, de pronto, posto em segura prisão! Novo modo de proteger, de garantir o direito!...

A liberdade é um crime, é um atentado de ordem pública, é um descalabro eminente das instituições pátrias; em falta dos pelourinhos, das devassas do baraço, do cutelo, do — *morra p[o]r [el]lo*[199] — para detê-la, para segurá-la, para comprimi-la, inventaram o *positivismo farisaico*, o cárcere judiciário, a evolução retrógrada, a piedade do servilismo, o lenitivo do açoute!...

A natureza tem as suas leis; é fatal a sua lógica: os que são indignos da liberdade desejam a escravidão da humanidade. É a inevitável conclusão do absurdo; é a filosofia do crime; é a razão da rapina desde que ela tornou-se potência social, e ascendeu o posto governamental.

Em Guaratinguetá certo fazendeiro declarou, por ato espontâneo em seu testamento solene, regularmente disposto, e havido como perfeito, que comprara, e mantinha, como escravos seus, treze africanos livres e declinou os seus nomes, para que fossem restituídos à liberdade.

O ilustrado dr. juiz de direito da comarca, em sentença judicial, declarou que tal verba testamentária era insuficiente; e, por isso, julgou escravos os africanos livres!...

Isto é digno das páginas da história; isto é incontestavelmente o mais atrevido altruísmo; o mais esplendoroso exemplo de *justiça à moda positiva*!...

Isto pareceria inacreditável se a magistratura não fosse o *braço de ferro* dos *senhores*.

A moral, o direito, a lei, a justiça, estão entregues ao capricho, às conveniências individuais e inconfessáveis, mu[tiladas] pela ignomínia; ao arbítrio, à má vontade de juízes, que se incompatibilizaram, de há muito, com a boa razão.

Isto é pungente para quem o sente, é um vexame para a consciência de quem pensa, é vergonhoso de proferir-se; mas seria um crime ocultá-lo; é preciso que todos os leiam; é indispensável que todos ouçam-no; porque a verdade, como o fel, é o néctar do Calvário.

Em Mogi das Cruzes, certo cidadão propôs ação manumissória em favor de um indivíduo, que fora, pelo próprio senhor, alforriado verbalmente. Falecera o libertador sem que reduzisse a escrito a concessão. Trata-se, portanto, de prová-la pelas fórmulas de um processo judicial; o juiz indeferiu a pretensão, declarando-a infringente do direito, e contrária às normas de jurisprudência!...

Proibir a propositura de ação!
Prejulgar do fundamento da causa!
Cogitar do valor de provas antes de aduzi-las!

— É isto da Beócia[200], d'outra liça.
Onde os perros se atrelam com linguiça[201].

Tudo isto são frutos envenenados da perniciosa influência dominical; são consequências de grandes crimes passados, insultos que sinistramente invadem e infeccionam a sociedade hodierna.

Queres um exemplo do que foram os traficantes da carne humana?
Eles não se limitavam à revenda de africanos livres, de *negros*

vindos de outra parte do mundo; escravizavam brasileiros, nascidos neste mesmo solo!

Há, nesta cidade, uma família de pardos, nascidos na vila de Santa Branca; um deles é um artista distintíssimo; é um cidadão considerado; é um homem de bem: aos meus labores judiciários devem eles o gozo da sua liberdade: dela faltava-me apenas uma rapariga, cujo senhor acabo de descobrir no interior da província, pela mediação de um lidador dedicado.

Essa família, composta de pessoas QUE NASCERAM LIVRES, foi conquistada a pretexto de cobrança de dívida; e, logo depois, alienada, por um certo comendador, que houve em Jacareí, contrabandista de fama, muito rico, poderoso, grande proprietário, temido, mais do que respeitado, nunca vencido, e sempre em tudo vencedor.

Ainda uma recordação do passado; e uma referência para terminar.

Cedo a palavra a um velho estadista[202], de elevada probidade; é a transcrição de um trecho de uma carta sua:

Rio, 1° de maio de 1879. — Sr. comendador José Vergueiro.

Como o sr. conselheiro Nabuco[203], na carta que me dirigiu, e que lhe envio, menciona um ato do meu ministério, em 1848, parece-me conveniente dizer-lhe algumas palavras, que o expliquem; e o faço com tanto maior prazer quanto é certo que os acontecimentos que lhe sobrevieram servem de contraprova a esse feliz sucesso da ilha da Reunião, e plenamente confirma a asserção de que — quando a corrente dos acontecimentos não é dirigida com cautela e prudência, nunca deixa de ser fatal à ordem pública e à economia social.

Em maio de 1848, ocupando eu a pasta da justiça, procurei, *por meios persuasivos*, fazer compreender aos principais contrabandistas de africanos *que era chegado o momento* (!!!) de tomar-se providências para cessações do tráfico, *que então se fazia publicamente* (!!!). A resposta foi UM RISO DE ESCÁRNIO. Estavam eles no auge da influência, e, cegos pelo interesse, não viam o abismo que se lhes abria debaixo dos pés.

Um dia, estando eu na Câmara dos Deputados, entrava pela barra deste porto um vapor com africanos.

Era demais. Dali mesmo escrevi ao presidente da província do Rio de Janeiro, o visconde de Barbacena, que os mandasse apreender.

A ordem foi imediatamente cumprida. Não se pode hoje fazer ideia da tempestade que produziu esse primeiro ato de repressão.

Unidos aos conservadores, os contrabandistas deram batalha ao governo nas tormentosas eleições de setembro deste ano e tão forte se tornou a oposição, principalmente nas altas regiões, entre as personagens daquela época, que o ministério baqueou a 29 desse mesmo mês, apesar da imensa maioria que o sustentava na Câmara, que foi dissolvida. Os contrabandistas e seus aliados bateram palmas de contentes: seu triunfo era completo; mas, infelizmente para eles, e felizmente para o país, não foi de longa duração. Aquilo que não quiseram fazer por bem foram obrigados a fazer por mal. Todos nos recordamos, com verdadeira mágoa, do modo por que os vasos de guerra de sua majestade britânica procederam em Campos, Cabo Frio, na barra mesmo deste porto, Paranaguá etc., etc., e das deportações que o ministério, que nos sucedeu, foi obrigado a fazer dos seus aliados da véspera; e dos processos que mandou instaurar *contra alguns dos nossos principais fazendeiros*, precedidos de buscas, varejos à mão armada, prisões etc., etc.

A humilhação que então sofremos foi e será eternamente lamentável. Por culpa de quem?

É, pois, evidente que tais excessos teriam sido evitados se aquelas medidas de prevenção, tratadas oportunamente, fossem sustentadas pelo povo e pelos próprios que, até então, se tinham envolvido no tráfico.

Não teríamos sido humilhados, nem eles deportados. Não se teria por essa causa escoado do império imenso cabedal: *e a obra inevitável, civilizadora, e cristã da emancipação estaria presentemente muito adiantada, se não quase concluída.*

Não temermos novos ultrajes daquela natureza, eu o creio: *mas se não começarmos já* (em 1869) essa obra de regeneração social, podemos estar certíssimos de que seremos, *em breve, forçados, por qualquer modo, que desconhecemos, a fazer aquilo que é do nosso rigoroso dever não retardarmos por mais tempo.*

Campos Melo.

Aqui tens, meu distinto amigo, em sucinto quadro, uma vista das desgraças do passado, ornado com as cores volácias das misérias do presente, aqui verás as causas do desespero nacional; os elementos de uma reforma ambicionada, inevitável, pronta, criteriosa, profunda, ou, se o quiserem, os motivos, a justificação da desconfiança, as cóleras exuladas, e até a revolução, que é sempre feita dos maus governos.

A escravatura, essa monstruosidade social, não tem aqui uma causa política que a justifique; originou-se no roubo, é obra de salteadores; e para sua nefasta existência concorreram ministros, senadores, deputados, conselheiros de Estado, magistrados, militares, funcionários de todas as classes, por interesse próprio, pela desídia, pela corrupção, pela venalidade.

O presente é a reprodução tristíssima do passado, com algumas modificações intrínsecas.

Pretendem alguns especuladores que o futuro seja a dedução rigorosa ou a soma destas duas épocas. Enganam-se: o futuro será uma nova era; o resultado de uma memorável convenção ou de uma grande catástrofe: os sucessos resultam das circunstâncias, estas têm a sua origem nas variedades do tempo.

Como os barões da idade média hão de cair os *landlords*[204].

Desde que uma classe social, infringindo todos os preceitos do equilíbrio moral, violando as leis do decoro e as fundamentais do Estado, dominando as forças vivas do país, fez da fraude, da violência, do crime, um meio de poderio, de vida e de adquirir riquezas, implantou, contra si, os gérmens de uma revolução tremenda, inevitável, que, lentamente desenvolvida, aproxima-se ao grave período de perigosa explosão.

As leis sociológicas não estão sujeitas às especulações humanas; como as leis físicas[,] têm períodos de [ilegível], de desenvolvimento e de substituição: como o sol tem o seu ocaso; e o sol, quando o atinge, "vai, por entre nuvens atrás, envolvido em manto de púrpuras..."

                                                              Teu
                                                LUIZ GAMA

É provável que a saída da Corveta *Guanabara* seja sábado[205].

196 Esse artigo saiu anteriormente na *Gazeta do Povo*, em 26 de dezembro de 1880, contendo no cabeçalho a data de 25 de dezembro, retirada da presente publicação na *Gazeta da Tarde*.

197 À época, ortografia em português do nome do pintor, escultor, poeta e arquiteto italiano Michelangelo.

198 A expressão encontra-se originalmente na *Eneida*, de Virgílio, quando ele louva a superioridade e a perenidade de Roma, situada no rochedo imóvel — *immobile saxum* — do Capitólio. Na sua vigésima carta a Lucílio, é empregada pelo filósofo Sêneca, em reflexão sobre memória e permanência. Aqui, portanto, parece remeter ao preceito estoico da imperturbabilidade frente aos acontecimentos, atitude que garantiria a felicidade dos homens sábios e virtuosos.

199 Por mais de duzentos anos, do início do século XVII até o advento do código criminal de 1830, vigorou no Brasil uma lei, prevista no Livro V das *Ordenações Filipinas* (*Libris Terribilis*), cuja regra principal era a punição com a morte. Depois de enumerar comportamentos que levavam à condenação do réu, o legislador finalizava a sentença com a expressão "Morra por Ello", ou seja, "morra por isso". Durante a vigência da *Libris Terribilis*, cometeram-se atrocidades, torturas e formas cruéis e arbitrárias de execução dos condenados. Cf. Beatricee Lopes, "O livro do terror em a Lei do 'morra por ello'", disponível em: <https://beatricee.jusbrasil.com.br/artigos/111691326/o-livro-do-terror-em-a-lei-do-morra-por-ello>. Acesso em: 2 dez. 2012.

200 Na Grécia antiga, os atenienses consideravam os habitantes da Beócia "ignorantes, grosseiros, incultos, boçais" (*Dicionário Houaiss da língua portuguesa*, op. cit.).

201 Luiz Gama, autor de *Primeiras trovas burlescas*, solta sua verve satírica nesses dois versos aparentemente improvisados.

202 Trata-se do político Antonio Manuel de Campos Melo (1809-1878). Formado na Academia de Direito de São Paulo em 1833, participou da Revolução Liberal de 1842 contra a ascensão dos conservadores ao poder. Foi deputado provincial pelo Partido Liberal em 1836, 1840, 1842 e 1846; representante paulista na Câmara Nacional entre 1845 e 1847; presidente das províncias de Alagoas, de 1845 a 1847, e do Maranhão, de 1861 a 1863. Como se depreende do trecho citado por Luiz Gama, quando ocupara o cargo de ministro da Justiça (de 31 de maio a 29 de setembro de 1848), o liberal Campos Melo procurou em vão coibir o tráfico clandestino de escravos, seguramente amparando-se na lei de 7 de novembro de 1831, ou seja, dezessete anos depois desta e dois anos antes da Lei Eusébio de Queirós de 1850. Cf. Tavares de Lyra, *Instituições políticas do Império*, Brasília: Editora do Senado/Editora da UNB, 1979 (1. ed., 1945); José Luís de Almeida de Nogueira, *A Academia de São Paulo: tradições e reminiscências*, São Paulo: Saraiva/Secretaria da Cultura, Ciência e Tecnologia, 1977.

203 Trata-se do conselheiro José Tomás Nabuco de Araújo. Cf. nota 84.

204 Proprietários de terra. O termo é empregado aqui como sinônimo de "senhores".

205 Luiz Gama provavelmente anuncia intenção de viagem ao Rio de Janeiro.

[Carta a Ferreira de Menezes]

Gazeta da Tarde | 7 de janeiro de 1881

São Paulo, janeiro de 1881.

Meu caro Menezes,

Em uma carta precedente, que tiveste a bondade de estampar na conceituada *Gazeta da Tarde*, eu disse que a Lei de 28 de setembro de 1871 já não satisfaz as justas aspirações abolicionistas do país[206]: pretendo agora, se me o permitires, justificar este meu asserto, mediante exibição de prova irrefutável.

    O povo, ativo, inteligente, nobre, refletido, altivo, ordeiro, oberado de labores, continuamente a braços com as necessidades múltiplas, que o aturdem, vencedor em todas as dificuldades, irônico diante das desgraças próprias, compassivo, piedoso, para com as alheias, magnânimo para com os governos violentos, compreensivos e desorganizadores dos seus direitos; o povo, Atlas dos tempos modernos, sem fábula, sem figura, entidade que assombra, e faz estremecer tiranos, tem poucos ócios para dispensá-los a leituras detidas, estudadas, profundas ou meditadas: foi por isto que, para ele, criou-se uma leitura especial, fácil, cômoda, mais deleitável que instrutiva, mais agradável que trabalhosa — a dos *periódicos*, a do *jornal*.

    Do que se pensou, do que se disse, do que se escreveu, do que se ouviu, do que se leu há 10 anos, poucos se lembram já, poucas memórias o registraram, e menos ainda o conservam.

Este grande livro *in-folio*, em folhas esparsas, meditado, composto, escrito, impresso, e publicado da noite para o dia, que sobra em todas as casas, que falta em todas as estantes, e que desaparece com a mesma rapidez, do dia para a noite, tem ainda outra vantagem de incontestável proveito, repete-se, reproduz-se, sem aumento de preço, para os consumidores, sem prejuízo de tempo, de trabalho e de atenções.

Em 1869, depois daquelas memoráveis palavras que o conselheiro Zacarias [de Góis] sabiamente inseriu na *Fala do Trono*[207], e da consulta feita ao Conselho de Estado, que, sem prudência, repeliu-a, agitou-se o país, pronunciou-se validamente a opinião pública, fez-se a luz relativamente à emancipação da escravatura.

Os agricultores, notadamente os desta heroica província, viram manchas no horizonte; ergueram-se, pensaram; e, embora eivados de preconceitos, aliás destrutíveis, elevaram só à altura da grande ideia. Reuniram-se, por iniciativa própria, entenderam-se, discutiram, constituíram a importante ASSOCIAÇÃO DEMOCRÁTICA CONSTITUCIONAL LIMEIRENSE, isenta do vírus partidário, e do seu sexo, informe, irregular, defeituoso saiu o importante projeto da lei n. 2040 — de 28 de setembro de 1871. É preciso que o povo o releia; que o confronte criteriosamente com algumas disposições da lei, e que note, que admire as fraudes cometidas no parlamento pelos legisladores.

PROJETO PARA A EXTINÇÃO DO ELEMENTO SERVIL NO IMPÉRIO DO BRASIL[208].

Art. 1°. Do dia 1° de janeiro de 1880 em diante o ventre escravo será declarado livre em todo o Império do Brasil.

Art. 2°. Do dia 1° de janeiro de 1901 em diante será proclamada a liberdade geral dos escravos do Império.

Art. 3°. Os poderes competentes farão baixar as leis e regulamentos necessários para a realização desta emancipação sob as seguintes bases:

§ 1°. O governo mandará desde já abrir em todos os municípios a matrícula dos escravos existentes com a declaração do nome, sexo, idade, estado, ofício, cor e sob que título de domínio é possuído cada um. Esta matrícula se repetirá todos os anos na mesma época.

§ 2°. A lista municipal das matrículas será remetida aos juízes de direito das respectivas comarcas que formarão, em resumo, um mapa estatístico, e enviarão ao presidente da província.

§ 3°. Aberta a referida matrícula nos municípios, cada proprietário é obrigado a exibir uma relação de seus escravos com as declarações do § 1°.

§ 4°. O escravo que não for dado à matrícula, por culpa ou malícia do seu proprietário, *ipso facto*, será declarado livre.

§ 5°. O proprietário, no ato da entrega da relação dos seus escravos para a matrícula, receberá em troca um conhecimento ou nota declarativa do nome, idade, sexo, naturalidade, estado, cor, ofício, e sob que título são possuídos. Este conhecimento será rubricado pelo agente e escrivão da repartição municipal, encarregada da matrícula, e servirá de título legal de propriedade dali em diante.

Art. 4°. O governo criará estabelecimentos agrícolas e industriais para receber o fruto do ventre livre.

§ 1°. Os nascidos depois de 1879 serão criados e alimentados pelos proprietários até a idade de 8 anos, idade esta em que serão recolhidos para os ditos estabelecimentos, recebendo em troca uma apólice do governo do valor de quinhentos mil-réis de seis por cento ao ano, e os nascidos de 1893 em diante devem ser recolhidos em 1901 a estabelecimentos de caridade mediante a indenização proporcional.

§ 2°. As crianças recolhidas para estes estabelecimentos serão aí conservadas na aprendizagem e nos labores próprios de sua idade até completarem 13 anos, e então seus serviços contratados por conta dos mesmos estabelecimentos, e assim servirão até perfazerem a idade de 21 anos, idade em que poderão trabalhar no que lhes convier como homens livres que são.

§ 3°. Os escravos que não forem apresentados à matrícula na forma do art. 3°, embora considerados livres pela força do § 4° do mesmo artigo, serão apreendidos, e recolhidos aos mencionados estabelecimentos, e aí trabalharão sob contrato até o dia 1° de janeiro de 1901, época em que seguirão a carreira que lhes convier.

Art. 5°. Encerrada a matrícula, toda e qualquer transferência de domínio de escravos será nula, desde que se não faça acompanhar de prova autêntica de matrícula ou do conhecimento de que fala o § 5° do art. 3°.

Art. 6°. Todos os proprietários de escravos são obrigados a participar dentro de 30 dias à agência municipal da matrícula o óbito e o nascimento dos seus escravos.

§ 1°. Os que incorrerem em falta perderão o direito de propriedade sobre o escravo nascido, e a indenização de que trata o § 1° do art. 4°, se for recolhido aos estabelecimentos do governo, mesmo os de caridade.

No caso de morte[,] não fazendo a participação de que trata no artigo precedente[,] será o proprietário responsabilizado perante os tribunais do país.

§ 2°. O proprietário, que, dando parte do emancipamento de um escravo, mostra que o libertou na pia batismal, poderá gozar de seus serviços até a idade de 15 anos, sendo, porém, obrigado a mandar-lhe ensinar, escrever e contar.

Art. 7°. No dia 1° de janeiro de 1901 todos os proprietários levarão às repartições respectivas o conhecimento legal que prove a existência de escravos, que ainda possuem, e pelos seus valores obterão uma indenização proporcional.

§ 1°. Para esta indenização se procederá a uma avaliação em que seja representado o interesse particular por um louvado de sua escolha, e o da fazenda pelo respectivo fiscal, ou seus delegados, com recurso aos chefes das tesourarias, ou seus agentes.

§ 2°. Servirá de base[,] para as ditas avaliações, a idade e o sexo, e atendendo-se ao valor atual, para conhecimento do que o governo mandará formar uma tabela do termo médio pelo qual foram vendidos no ano de 1868.

§ 3°. Para criação de fundos para esta indenização será levantado, desde já, um imposto anual de 3$000 por cabeça de escravo.

A soma arrecadada será recolhida para bancos territoriais os quais se encarregarão da referida indenização, e só poderão fazer empréstimos à lavoura diretamente.

§ 4°. O governo por seus regulamentos garantirá e resguardará o interesse desses bancos, estatuindo sobre o modo e condições do empréstimo, e favorecendo as necessidades da lavoura.

Art. 8°. Será promulgada uma lei sobre o trabalho livre com juízes especiais, processo verbal e sumaríssimo, grátis, onde fiquem claras e definidas as obrigações do locador e locatário, derrogando-se as duas leis de 1830 e 1837, que por obscuras e não interpretadas têm tornado da sua execução um caos para as partes que litigam, e um labirinto para os jurisconsultos que as compulsam.

§ 1°. Abrir-se-á uma matrícula com a qual se inscreverão todos os trabalhadores livres, sem propriedade, com declaração do nome, sexo, idade, estado, cor, nacionalidade e emprego que tem. Na ocasião da matrícula receberão uma papeleta, sendo obrigados a vir declarar à matrícula qualquer mudança de estado e de emprego.

§ 2°. Os que incorrerem em falta serão multados em $ ou coagidos a pagar esta multa pelo valor do trabalho em obras públicas.

§ 3°. Na mesma repartição desta matrícula haverá um livro de registro onde serão registrados todos os contratos dos trabalhadores livres. Sem estes registros de contratos[,] serão nulos.

§ 4°. Os juízes especiais do trabalho livre julgarão sem demora, dando a sua decisão na mesma audiência do processo. Não haverão [sic] embargos nestas causas, nem mesmo os à execução. Haverá apelação para os juízes de direito[,] que também decidirão em termo breve.

§ 5°. De seis em seis meses se reunirá um júri em cada município, composto de dois cidadãos chãos, e abonados do lugar, e o juiz especial do trabalho livre, onde poderão ser apresentados os contratos de trabalho livre a fim de serem examinados aqueles a respeito dos quais alguma das partes se julgue lesada. O júri fará com que os contratos lesivos sejam corrigidos e emendados na forma da lei. Os dois cidadãos membros do júri darão o seu voto a respeito, e o juiz especial, presidente do júri, terá o seu voto de qualidade. O presidente lançará nos contratos o seu visto, que será rubricado pelos três membros do júri. Desta decisão não haverá recurso algum.

Salva a redação.

Limeira, sala das sessões da Sociedade Democrática Constitucional Limeirense, em 1° de janeiro de 1869.

José Vergueiro[209]

Antes de analisar as disposições de uma lei[,] manda a boa filosofia estudar as causas essenciais ou imediatas da sua promulgação; porque uma lei é um monumento social, é uma página de história, uma lição de etnografia, uma razão de Estado.

Tais causas podem ser a consagração dos interesses gerais do país; atendendo-os o legislador[,] a lei é uma satisfação devida a justas reclamações nacionais; mas se, pelo contrário, ela é adotada por imposições egoísticas de uma classe, de um partido, de uma facção, para lisonjear as suas ambições privadas, constitui um atentado latente, encerra o gérmen de futuros desequilíbrios políticos, a causa de protestações veementes e de vindictas perigosas.

Uma lei semelhante é mais do que um erro de governação; é uma inépcia indesculpável; é um canhão assestado contra a soberania popular.

Tal é a lei de 28 de setembro de 1871.

Os legisladores acharam-se entre o patriotismo e as conveniências transitórias; entre o dever e os seus interesses políticos; entre o direito e o crime: iludiram ambas as partes!...

O projeto da ASSOCIAÇÃO LIMEIRENSE, cuja honestidade não pode ser posta em dúvida, foi confeccionado com habilidade notável; serviu de conselheiro o sobressalto, escreveram-no entre a prudência e o calculado patriotismo, à sombra da piedade, para acautelamento de futuros e complicados interesses...

Certo é, porém, que, nesse projeto, a SOCIEDADE LIMEIRENSE, no artigo 3°, § 1°, estabelecendo a matrícula especial dos escravos, incluiu uma medida administrativa do mais elevado alcance político; EXIGIU VERIFICAÇÃO DA CAUSA DO DOMÍNIO. Esta salutar *verificação*, se não fosse maliciosamente alterada pelo Poder Legislativo, e pelo governo, daria causa à manumissão de todas as pessoas ilegalmente escravizadas: evitaram-na; armaram um laço, uma emboscada, pela qual a fraude está, de contínuo, cometendo impune os mais horrendos crimes!...

O decreto n. 4835 do 1° de Dezembro de 1871, capítulo 1°, foi propositalmente escrito para ressalva do crime.

Os fazendeiros paulistas aconselharam a *retificação dos títulos*: os poderes do Estado, que tratavam de abolir a escravatura, proibiram-na!...

O crime protegido pela lei; os salteadores autorizados a fazer matrículas, sem títulos; as vítimas do delito sacrificadas pelos legisladores!...

E quando examinamos estes fatos, quando esmiuçamos estes dolos, quando averiguamos destas simulações, quando condenamos estes dislates, quando, em nome da lei violada, pedimos, reclamamos a manumissão dos desgraçados, surgem vestidos de gala os divinos positivistas aconselhando-nos prudência, advertindo-nos, em nome dos interesses do Estado, pregando a submissão dos aflitos, e desculpando, e justificando, e santificando as culpas dos *senhores, dos réus de crime de roubo*, que têm direito ao fruto da sua rapina; porque a escravidão deve ser abolida suave, branda e docemente, ao som delicioso da vergasta, por efeito benéfico do *bacalhau*, e com o lento desenvolvimento das leis sociológicas!...

Ah! Meu caro amigo, isto seria a triste manifestação da filosofia da miséria, se não revelasse, tão às claras, as misérias filosóficas dos positivistas.

Teu
LUIZ GAMA

---

206 Cf. *supra* "Trechos de uma carta", 28 de dezembro de 1880.
207 Luiz Gama provavelmente refere-se aqui à Fala do Trono pronunciada em 1868, ou seja, vinte anos antes da Abolição, em que o imperador insiste na importância de se avançar no processo de emancipação dos escravos, tema institucionalmente incluído na Fala do Trono do ano anterior. Se, por um lado, a declaração de d. Pedro II em 1868 animou os espíritos dos abolicionistas, por outro provocou a reação dos escravistas. À época, o governo ainda se encontrava sob o comando do liberal Zacarias de Góis e Vasconcelos, substituído em 16 de julho de 1868 por pressão dos conservadores, gerando uma crise política sem precedentes. No entanto, pode-se considerar que a Fala do Trono de 1868, quando o Brasil ainda se encontrava em plena Guerra do Paraguai, constituiu um dos fatores que impulsionaram a apresentação de projetos de lei emancipacionistas na Câmara dos Deputados, como a que está na origem da polêmica Lei do Ventre Livre, de 28 de setembro 1871, resultante de um processo conflituoso e de difícil aplicação. Cf. Joseli Maria Nunes

Mendonça, "Legislação emancipacionista, 1871 e 1885", *in*: Lilia Moritz Schwarcz e Flávio dos Santos Gomes (org.), *Dicionário da escravidão e liberdade...*, op. cit., pp. 277-84.

208 Luiz Gama transcreve aqui na íntegra o projeto da sociedade limeirense, elaborado no início de 1869, ou seja, anterior à Lei do Ventre Livre de 28 de setembro de 1871. Como se vê, tal projeto estenderia a escravidão até o primeiro ano do século XX.

209 Sobre a experiência, nem sempre bem-sucedida, com imigrantes europeus e a adoção do trabalho livre em propriedades da família, como a Fazenda Ibicaba, na região de Limeira, cf. Felipe Landim Ribeiro Mendes, "Ibicaba revisitada outra vez: espaço, escravidão e trabalho livre no oeste paulista", *Anais do Museu Paulista*, v. 25, n. 1, jan.-abril 2017, pp. 301-57.

"Carta ao Dr. Ferreira de Menezes"

São Paulo, 17 de janeiro de 1881.

Meu caro Menezes,

Bem longe estava eu, hoje, de escrever-te estas linhas.
    Precisava de algum repouso[210], e próximo julgava-me de aproveitá-lo, quando um amigo indignado despertou-me a atenção, mostrando-me os disparates originalíssimos, que passo a transcrever da *Província* do dia 13[211].
    Sorri-me piedoso quando os li; mas confesso que não é sem tédio que os traslado.
    Lê, examina, admira!

    É MAIS UM MOTE PARA UMA CARTA.
    Li nesta folha uma notícia, tirada do *Colombo*, jornal onde peleja o Briareu[212] da democracia brasileira — Lúcio de Mendonça[213].
    Notícia muito simples e natural.
    É nada mais e nada menos do que um escravo, pondo em exercício o seu direito sagrado de defesa, matando muito simples e naturalmente um inocentezinho, *seu amigo, para assim recuperar a sua liberdade*, que também é sagrada, é um direito absoluto e muito mais do que o é a propriedade, que é também o nosso suor, o nosso sangue, e nossa vida...

Não é assim mesmo, senhores abolicionistas humanos, filantropos, cristãos e até católicos e *tutti quanti*!

Sim! Sim! É mais um futuro Espártaco, que segue caminho a sublimar-se pelo martírio, em apoteose.

Que! Horrorizaram-se os homens de que um escravo mate um inocentinho seu amigo, somente por ser este parente do seu senhor!

Qui non temperet a lacrimis[214].

E...

Mãos à obra, meus senhores. O porvir é vosso.

É mais uma carta — para um novo atentado.

Proudhon.

Que felicidade na reprodução dos fatos!

Que perspicácia no exame, que critério na escolha!

Que filosofia nas observações!

Que semelhança, que confronto, e que conclusões!

O mundo comparado a um espeto, o raio ao espírito, a tempestade à tosse!

O filósofo é um arroteador; a lógica um alvião!

Ao que vem a calculada reprodução desta ocorrência?

Pretendem, por ela, embargar o passo à propaganda abolicionista?

Quererão, com este fato, justificar e perpetuar a escravidão?

Proudhon ou não entende o que lê, ou não sabe o que escreve, ou ignora o que pretende, ou, como aquele memorável fragmento de antiga estátua de gladiador, acantoado em uma praça de Roma, no ângulo do palácio dos Orsini, insoante, inconsciente, serve de muro novo às diatribes insulsas dos despeitados salteadores da liberdade.

Uma vez, porém, que nos pretendem dar lições, que apelam para os exemplos, que servem-se dos escândalos, das misérias, dos desastres, das aberrações, sejam coerentes, aceitem as retaliações, sofram as retesias[215].

Em Paris, afirma Foublaque, conceituado médico legista, Lavarde, um excelente velho de 70 anos, trêmulo, de contentamento, acolhe risonho, em seus braços[,] um lindo neto recém-nascido: mira-o, afaga-o com extremos, beija-o. Dá-se um momento de silêncio. O velho, de repente, pega do inocente pelas pernas; maneja-o rápido pelo ar; bate-o com o crânio de encontro ao tronco de um carvalho!...

Este velho era inteligente, ilustrado, nobre, de apurada educação, de excelentes costumes, de elevado conceito, de provado merecimento!...

Por que cometeria ele este atroz delito que, pela sua enormidade, excede à coerção de todos os códigos?!...

A fisiologia explica-o; porque, nos fenômenos da vida humana, para a ciência, não há mistérios.

Este homem faleceu dois meses depois deste horrível sucesso, repentinamente, vítima de uma lesão cardíaca.

———

Na cidade de São Paulo (esta mesma em que escrevo), no ano de 1831... uma jovem formosíssima enfermou.

Era conhecida a moléstia? Era grave? Era natural? Seria o fruto de um crime?

Sei, apenas, que ela era fidalga, de família altiva e preponderante.

Com alguns parentes, foi para um subúrbio tomar ares. Nenhum médico a viu; nenhum médico acompanhou-a.

Uma negra velha, escrava fiel, confidente extremosa, era sua companheira inseparável; e velava por ela dia e noite: os negros, os indignos, os miseráveis, os escravos, quando a infâmia acomete os senhores, às vezes, servem para alguma coisa.

Em certa noite, na solitária habitação, quando dormiam todos, ou fingiam dormir, entre a jovem senhora e a velha companheira negra, apareceu um novo ente, sem que se desse encanto, nem mistério, nem assombrosa aparição.

A negra, cauta e cuidadosa, envolveu o *novo ente* em *um xale de casimira azul*, acalentou-o, abafou-lhe os vagidos[216]; diante do crime desaparecem as condições; os criminosos são iguais.

A orgulhosa beldade, de pé, alumiada por uma candeia, que pendia da parede escura, disse à escrava:

— Leva-o; a esta hora todos dormem; ninguém te verá; *vai à ponte da Tabatinguera*: atira-o no rio!...

— Misericórdia *Sinhora*[217]!...

— Vai, faze o que te digo!...

E a negra velha partiu; tomou pela rua do Brás; desapareceu por entre a noite, densa de sombras, e mais negra do que ela. Levava aos braços o mesclado filho de um negro[218]. Atravessou as desertas ruas: venceu os perigos; e na roda dos expostos, como em tábua de salvação, depôs benigna aquele náufrago do pudor...

Quando ela voltou perguntou-lhe tranquilamente a senhora:

— Está feito?

— Sim, senhora, respondeu-lhe a negra confidente... Cheguei à ponte... E duas lágrimas brotaram-lhe dos olhos, e deslizaram tardias, pelas faces escuras, como de dois círios acesos, dois fios de cera sobre um túmulo. Sua voz tornou-se rouca, e ela recomeçou: cheguei à ponte... não havia ali ninguém... levantei-o nos braços... atirei-o... ele chorou... o rio deu um grito... e... acabou-se tudo!

— Sim, acabou-se; acrescentou a senhora: é como se faz às ninhadas de gatos, e cães inúteis...

Conheci a negra e a senhora. O filho foi alfaiate; trabalhou em uma oficina à rua do Rosário; foi soldado; e morreu, crivado de úlceras, na enfermaria do Quartel de Linha.

———

No município de Mogi Mirim, na fazenda do doutor..., no ano de 186... achava-se hospedado o Exmo. desembargador***, nascido em uma das províncias do norte, e que, aqui, desempenhou altos cargos de administração.

Estava à janela; atravessou o largo terreiro um mulato; e o hóspede exclamou:

— O que veio aqui fazer o padre Pompeu?!

— O padre Pompeu?! — redarguiu o proprietário.

— Sim: ele mesmo; o senador!...

Momentos depois o opulento hospedeiro mostrava ao seu amigo um vistoso cavalo de raça; tirava-o pelas bridas o mesmo mulato, que, momentos antes, havia atravessado o terreiro.

O distinto hóspede encarou-o curioso, examinou-o atento, e prosseguiu:

— É perfeito! Tem apenas menos idade; em tudo mais é a imagem do padre esculpida!

E interrogou:

— D'onde és tu?
— Sou do Ceará.
— Do Ceará?! pior...
— De quem foste escravo?
— Do senador Pompeu[219].
— Onde nasceste?
— Na casa dele.
— E quem te vendeu?
— Ele mesmo.

Entre os dois amigos, em silêncio, trocaram-se olhares significativos, inteligentes. E o hóspede murmurou — que bárbaro!...

Este mulato chama-se Francisco; quando o vi, pela primeira vez, teria de 25 a 30 anos; era refratário à sua condição, inteligente, altivo e indomável. Fugiu diversas vezes: o senhor suportava-o por precisão. Em uma das fugas matou um homem que tentou prendê-lo.

Respondeu ao júri; foi condenado a açoutes; o tribunal, não por justiça, senão por esquálida parcialidade, para restituí-lo ao senhor, julgou que ele matara em sua defesa própria.

Sofreu a ignominiosa, a terrível pena; mas continuou a fugir! O sentimento da liberdade é a concentração da sensibilidade moral; zomba das torturas físicas.

O atilado senhor descobriu, porém, um meio de *domesticá-lo*: casou-o, foi-lhe amarra o matrimônio, e âncora a mulher.

Hoje deve ser um péssimo homem, um ente abjeto, desprezível, infame: tornou-se *bom escravo*, merece os gabos do senhor.

Na província de Minas Gerais, em uma das suas povoações, um negro nascido neste libérrimo país, um miserável escravo, ininteligente, inculto, estúpido, bruto, sem costumes, sem caráter, sem bons sentimentos, sem pudor, criado como coisa, para adquirir a sua liberdade, para fazer-se homem, pegou de um seu *senhor moço*, menino, inocente, inofensivo, inconsciente, *seu amigo*, e... matou-o!...

Matar um futuro senhor?... aniquilar o domínio em gérmen?... desfazer a tirania em miniatura?... em projeto?... sob a fórmula ridícula de pueril criança, para evitar o cativeiro, no futuro?!...

Este acontecimento espantoso atesta a existência de uma ideia fixa, perigosa: acusa uma obliteração mental; o seu autor, porém, é um negro!...

———

Na culta Inglaterra, no ano de 1483, o duque de Gloucester mandou encerrar na torre de Londres, e assassinar, pelo sicário Tirrel, dois indefesos meninos, dois sobrinhos seus, filhos do seu irmão Eduardo IV, seus tutelados, para usurpar-lhes o trono e a riqueza.

Este príncipe, com as mãos tintas de sangue, foi sagrado, perante Deus, à face da Igreja; foi elevado ao poder; teve cultos e adorações; reinou sobre o povo, com as luzes do clero, e com o auxílio dos sábios!...

Foi um assassino? Foi um ladrão?...

———

Aquele fato, de que foi teatro Paris; aquele crime cometido pelo velho Lavard: homem branco, fidalgo, ilustrado, bem procedido, bem conceituado, compreende-se, explica-se, está no domínio da ciência, tem uma razão de ser.

Aquela jovem nobilíssima, paulista distinta, rica, importante, poderosa, que furtivamente, em erma habitação, dava à luz o filho de um escravo; que, de concerto com a sua ilustre família, abusando, com ignomínia, da fraqueza, da sensibilidade de uma mulher escrava, à noite, mandava sepultar vivo, nas águas do Tamanduateí, o fruto pardo das suas relações negras; foi vítima de uma fraqueza inevitável: tem plena justificação nas leis da fisiologia; tem direito à absolvição da sociedade; não é uma ré, é uma vítima.

Aquele duque de Glocester, aquele tio, aquele tutor, que assassina dois meninos, para roubar-lhes o trono, e os cabedais, era um príncipe, foi um rei, não foi um ladrão, foi um conquistador.

A governação é uma ciência: é a realização da política: esteia-se em princípios morais, distende-se protegendo a felicidade humana, visa a consecução do bem social.

O crime, a imoralidade são qualificações transitórias, de erros comuns, que não atingem os atos dos poderosos do Estado; o caráter, a posição do autor determinam a razão do fato; o crime é tão grosseiro e vulgar como os criminosos.

Deixo em silêncio duas personagens: aquele *Reverendo Legislador*[220], que vendeu o filho; e *Proudhon*: o tresloucado autor do escrito, que deu causa à carta que escrevo. O primeiro descende em linha reta do imortal Judas, e pertenceu à mesma seita; o segundo é um fugitivo da casa dos orates[221], que, agora, iniciou-se nos mistérios das *evoluções positivas do cativeiro*.

Fica de pé uma entidade; é o *assassino do senhor*; é a imagem da miséria; é a Séfora[222] dos tempos modernos; é o leproso social: é o escravo homicida. Tem uma escola — a senzala; tem um descanso — o eito; tem um consolo — a vergasta; tem um futuro — o túmulo. E a escravidão também terá um monumento sagrado, que há de perpetuá-la, além dos séculos, construído com as pedras amontoadas, na praça pública, pelos cobardes, pelos malvados, pelos assassinos impunes.

Teu
LUIZ GAMA

---

210 Luiz Gama encontrava-se com a saúde cada vez mais precária, sofrendo de diabetes, que lhe exigia frequente repouso, além de preocupar seus amigos, inclusive na corte, aos quais o abolicionista procurava tranquilizar. Poucos meses antes, em 17 de novembro de 1880, a *Gazeta da Tarde*, propriedade de seu dileto companheiro de luta Ferreira de Menezes, noticiava: "Em São Paulo adoeceu há dias gravemente este nosso amigo, ilustre por muitos títulos da inteligência, do coração e do caráter. Logo que tal soubemos, telegrafamos imediatamente para ali e recebemos hoje resposta de que Luiz Gama está ainda

doente, mas de pé. Todos os amigos da liberdade devem regozijar-se com esta notícia". Até o final da vida, o espírito do incansável ativista não se deixava abater pela doença. Movia-se com dificuldade, mas com o auxílio dos amigos, a fim de trabalhar, mesmo se transformando numa "venerável ruína", como observara Raul Pompeia. Cf. Raul Pompeia, "Última página da vida de um grande homem", *Gazeta de Notícias*, 10 de setembro de 1882, in: *Com a palavra, Luiz Gama...*, op. cit., pp. 227-36.

211 O artigo a que se refere Luiz Gama foi publicado n'*A Província de São Paulo* em 13 de janeiro de 1881, por um leitor sob o pseudônimo Proudhon, sobrenome do filósofo, economista e polêmico jornalista francês Pierre-Joseph Proudhon (1809-1865), um dos teóricos do anarquismo e um dos únicos teóricos revolucionários. Em 1840, lança *O que é propriedade?*, obra na qual critica a propriedade privada e cujo impacto deveu-se sobretudo à ideia de que "a propriedade é um roubo". Fica evidente que o "Proudhon" brasileiro, provavelmente um proprietário rural, usa o pseudônimo de forma sarcástica, tom que marca seu artigo. Buscava, assim, manifestar seu repúdio ao artigo "Carta a Ferreira de Menezes", publicado n'*A Província de São Paulo* em 18 de dezembro de 1880, no qual o abolicionista negro relatava com eloquência o crime de quatro escravos que mataram seu senhor, entregaram-se à polícia e foram linchados por uma horda de trezentas pessoas. Cf., neste volume, "Carta a Ferreira de Menezes", *Gazeta da Tarde*, 16 de dezembro de 1880, p. 262

.212 Figura mitológica, Briareu é um dos três gigantes conhecidos como Hecatônquiros ou Centímanos, que possuíam cem mãos e cinquenta cabeças. Seu nome significa igualmente "o forte" ou o "temível".

213 O nome do advogado, magistrado, escritor e jornalista fluminense Lúcio de Mendonça (1854-1909) está intimamente ligado ao seu papel como fundador da Academia Brasileira de Letras em 1897. Pouco antes de iniciar seus estudos na Academia de Direito de São Paulo em 1871, Lúcio instalou-se na cidade a chamado de seu irmão Salvador de Mendonça (1841-1913), um dos próceres do movimento republicano no Brasil. Durante sua estada na capital paulista, dividida em dois períodos (1869-1871; 1873-1878), foi redator d'*A Província de São Paulo* e dirigiu *A República*, órgão do Clube Republicano Acadêmico. No final dos anos 1870, foi nomeado Inspetor Geral da Instrução Pública no distrito de São Gonçalo de Sapucaí (MG). Começa a colaborar no periódico *Colombo*, mencionado na citação inserida por Luiz Gama em seu artigo, publicado em Campanha, cidade vizinha de São Gonçalo, e nesse jornal dedicou-se ativamente à militância republicana. Conforme relatou Luiz Gama, seu encontro com o jovem Lúcio de Mendonça, que por ele nutria incondicional admiração, ocorrera no final dos anos 1860, na redação do jornal *O Ipiranga*, órgão do partido liberal, fundado por Salvador de Mendonça e José Ferreira de Menezes, ambos pertencentes à Loja América. Graças a Lúcio de Mendonça, tanto os contemporâneos do ex-escravo que se tornara um símbolo abolicionista e republicano, como nós, seus admiradores de hoje, conhecemos sua extraordinária história de vida. Em carta de 25 de julho de 1880, a pedido do amigo, Luiz Gama envia informações autobiográficas a partir das quais Lúcio de Mendonça publicaria, primeiramente em São Paulo, no mês de dezembro de 1880, a primeira "biografia, já hoje gloriosa, [daquele] bom republicano". Esse ensaio seria reproduzido em vários periódicos republicanos, na corte e em outras províncias. Conforme apontamos em trabalhos anteriores, a homenagem devia-se, por um lado, ao fato de Luiz Gama encontrar-se acometido de uma doença àquela altura fatal, sendo quase certo que não lograria assistir às duas reformas com que sonhara — a Abolição e a República. Por outro lado, louvar a exemplaridade de Luiz Gama, que não transigia com um movimento republicano desvinculado da ideia de abolição, justificava-se por se tratar de um momento em que o Partido Republicano Paulista, particularmente, acolhia em seu seio fazendeiros escravocratas, em litígio com o governo imperial. Não admira, pois, que nesse e no artigo seguinte, Luiz Gama tome a defesa e dirija palavras elogiosas ao reverente amigo a quem, de certo modo, se pode considerar um artífice de sua posteridade. Os dados biográficos de Lúcio de Mendonça foram extraídos do site da Academia Brasileira de Letras (disponível em: <http://www.academia.org.br/academicos/lucio-de-mendonca/biografia>. Acesso em: 2 dez. 2018); o texto integral da "Carta de Luiz Gama a Lúcio de Mendonça" (25 de julho de 1880), bem como o ensaio biográfico intitulado "Luiz Gama", dedicado ao abolicionista e republicano negro, encontram-se, respectivamente, em *Com a palavra, Luiz Gama...*, op. cit., pp. 199-203 e 263-70. Para uma análise de ambos os textos e suas relações intertextuais, cf. também Ligia Fonseca Ferreira, "Luiz Gama por Luiz Gama: carta a Lúcio de Mendonça", *Teresa. Revista de Literatura Brasileira*, São Paulo: 2008, n. 8-9, pp. 300-21; sobre as divergências entre os republicanos em relação à escravidão, cf. Maria Fernanda Lombardi Fernandes, "Os republicanos e a abolição", *Revista de Sociologia e Política*, Curitiba: nov. 2006, n. 27, pp. 181-95.

214 A frase latina aparece nos versículos 6-7 do livro I da *Eneida* de Virgílio, podendo ser traduzida por "Quem seria capaz de conter as lágrimas?".

215 Desordem, rixa.

216 Choro de criança recém-nascida.

217 Palavra grafada como no original.

218 O fato relatado por Luiz Gama, sobre o qual deseja chamar a atenção, é o da situação em geral inversa à do homem branco que violenta e se serve do corpo da escrava. O recém-nascido "mesclado" (ou seja, "mestiço") era filho de um negro escravo com a mulher branca, de boa família e posição social superior, haja vista a desenvoltura com que dispensa ordens à frágil escrava que pode servir de "instrumento" para o crime que a "beldade" não deseja por sua conta e risco cometer. O filho da mulher branca com o escravo deve desaparecer, ao passo que o filho do senhor branco com uma escrava sobrevive para se tornar escravo também. Nesse artigo, Luiz Gama chama a atenção para a lógica arbitrária da justiça: a depender de quem o comete, um crime deixa de sê-lo — o "réu" torna-se "vítima"; e o "ladrão", "conquistador".

219 Trata-se, provavelmente, do político liberal e "maçom" cearense Tomás Pompeu de Sousa Brasil (1818-1877), conhecido como "senador Pompeu".

220 Refere-se ao senador Pompeu.

221 Casa de loucos.

222 Nome da mais bela esposa de Moisés.

[Carta a Ferreira de Menezes]

São Paulo, 18 de janeiro de 1881.

Meu caro Menezes,

Venho da *Gazeta de S. Paulo*, onde deixei, para ser impressa, sua carta que endereço-te, relativa a um disparatado escrito, firmado com o pseudônimo *Proudhon*, que notavelmente encerra grosseira injúria a este nome, que designa um dos maiores gênios, que tem abrilhantado o mundo.

O artigo a que aludo foi impresso na *Província* no dia 13; atira algumas pedradas ao Lúcio de Mendonça, o que não admira, porque o Lúcio é um astro, e o articulista um abissínio; e distribui-me algumas pachuchadas idióticas, dignas de piedoso sorriso.

Cada dia que se finda encerra uma data memorável, na senda impérvia que se desbrava aos passos dos lidadores da emancipação.

No dia 16 deu-se, nesta cidade, uma reunião importantíssima, e de caráter grave, constituída de fazendeiros abastados, de negociantes e de capitalistas. É uma espécie de *Clube de Lavoura e Comércio*[223] e o mais digno de atenção de quantos se hão constituído.

Como sempre acontece, entre nós a julgar pelos fatos, à semelhante reunião, não precedeu estudo e acordo; mas sem embargo disto, ela existe.

É um conjunto de liberais, conservadores, e republicanos; embora na atualidade, sob o ponto de vista prático, fora do palavreado costumeiro, os qualificativos políticos careçam de realidade; porque corre o tempo de murici, em que cada qual cuida de si; e as agregações partidárias não passem de *monções de romeiros*, com destino ao poder, que se ajustam, para com maior segurança, atravessarem desertos cabedelos; há, contudo, aparências delicadas, dignidades calculadas, e formalidades melindrosas, que não podem ser preteridas. As exterioridades políticas são como o dogma: todo seu valor provém do mistério, mas o venera, mas o idolatra quem menos o entende.

Neste conjunto de respeitáveis personagens, além das distinções, de exterioridades políticas, há outras cujas gravidades se não pode dissimular. Existem, ali, abolicionistas; e sem dificuldade, desde já, indico dois nomes, prestigiosos, socialmente considerados: são os exmos. srs. Dr. Antonio Prado[224] e Lopes de Oliveira[225].

O Clube[,] ao contrário de quantos se hão reunido[,] *não tratou, de modo algum, da defesa dos direitos dominicais!* Pura e exclusivamente ocupou-se de *suprimentos monetários, e aquisição de colonos*, para a lavoura.

Substituir o trabalho servil, dar dinheiro barato e comodamente aos lavradores são as teses que preocupam-no.

No meio, pelo qual se pretende obter colonos, há vício radical invencível; a obtenção de dinheiro depende da de colonos: uma e outra coisa constituem dois impossíveis.

A abolição do trabalho servil é uma questão pendente; qualquer que seja a dificuldade superveniente há de realizar-se em curto prazo; a falta de critério, da parte do governo, daria a conflagração. O escravo, no trabalho da lavoura, é insubstituível.

As doutrinas econômicas liberais, com aplicação ao estabelecimento de bancos locais, hipotecários, isolados, se não encerram um impossível, ao tempo presente conduzem ao desastre no tempo futuro; porque o benefício ou o mal não estão nas doutrinas; consistem na aplicação; na falta de oportunidade: os preceitos econômicos sob o ponto de vista prático são relativos, e não absolutos; são aproveitáveis, e não impositivos; salvo quando, por organizada especulação, procura-se, à sombra dos princípios, com o auxílio do poder, adquirir riquezas, à custa da desgraça alheia, ou quando as circunstâncias determinam o contrário.

Foi este um dos assuntos da reunião; manifestaram-se opiniões neste sentido. E só este ponto, de per si, é bastante para lançar o pomo de Páris[226] no seio do Clube.

O mal comum, uma necessidade iminente, inevitável, determinou a reunião do Clube; a pluralidade das ideias; as desarmonias essenciais hão de levá-lo ao seu fim.

Não agouro mal à reunião do Clube; felicito, com sinceridade, os seus dignos autores; manifesto, apenas, com alguma antecipação, uma conclusão lógica.

A época que atravessamos encerra uma fermentação de filosofias, conduz uma revolução moral; caminha para o assinalamento de uma época natural.

———

Acaba de exibir-se, na Assembleia Provincial, um projeto de lei, de extraordinária importância: contém nada menos do que a inamovibilidade do elemento servil, nesta província.

Esta lei, como a que foi promulgada pela Assembleia Provincial do Rio de Janeiro, é uma espécie de poliedro governamental, um gládio de dois gumes, que vai ser posto na mão do Poder, que, pela mediação da sua monocracia, ou dos *seus* magistrados, favoniando, talvez, pretensões escuras, queira esgrimir, nas trevas, com os próprios abolicionistas.

Cumpre, pois, que estejamos atentos; que observemos, com cuidado, os passos do governo; e que, de olhos abertos, sejamos como os Cirocrotes[227].

Sempre
Teu
LUIZ GAMA

223 Segundo Ângela Alonso, os Clubes da Lavoura e/ou da Lavoura e do Comércio, que a partir de então se multiplicam no Império, surgem para contra-arrestar a criação, também numerosa, dos Clubes e Sociedades Emancipadoras e/ou Abolicionistas. Cf. Angela Alonso, *Flores, votos e balas...*, op. cit., pp. 252-3.

224 O advogado, político, fazendeiro, empresário e banqueiro Antonio da Silva Prado (1840-1929), um dos maiores cafeicultores de São Paulo, tem um lugar central na história política da cidade, do último quartel do século XIX ao início do século XX. Formou-se na Academia de Direito em 1861. Ocupou vários cargos públicos. Foi deputado geral entre 1869 e 1872 e senador em 1886, ambos pelo Partido Conservador, tendo mais tarde ocupado as pastas do Ministério da Agricultura e das Relações Exteriores. Grande incentivador da imigração italiana, encontra-se entre os fundadores da Sociedade Brasileira de Imigração, com o objetivo de substituir com o colono europeu a mão de obra escrava, tendo sido nomeado inspetor especial de terras e colonização da província de São Paulo em 1878. Segundo José Maria dos Santos, a escravidão era vista por Antonio Prado, "opulento e hábil homem de negócios, como um problema de ordem prática, e sem o 'menor sentimentalismo'"; devia-se resolver o quanto antes (cf. José Maria dos Santos, *Os republicanos paulistas e a abolição*, São Paulo: Livraria Martins, 1942, pp. 242-3). Sempre atento aos interesses do mundo agrário e, por muito tempo contrário à escravidão, foi abolicionista de última hora, mais por razões pragmáticas e econômicas do que de cunho humanista, interessado na situação dos ex-escravizados e de sua sorte pós-abolição. Sob sua batuta, em 1887, quando já se desorganizava o trabalho nas plantações, os fazendeiros paulistas se tornaram abolicionistas, embaralhando as cartas do governo imperial.

225 Trata-se possivelmente de Manoel Lopes Oliveira (1846-1911), dono de uma empresa de comércio atacadista em São Paulo, onde foi o primeiro vereador republicano em 1882.

226 "Pomo da discórdia".

227 Monstro mitológico que nunca cerra os olhos.

[Carta a Ferreira de Menezes]

São Paulo, 22 de janeiro de 1881.

Meu caro Menezes,

Difunde-se a luz da liberdade por todos os antros do império.
    A grande causa diviniza-se, tem por altares os corações de ácros e invencíveis patriotas.
    O evangelho social ressurge verberante e luminoso do seio das sombras; e altaneiro, supremo, invencível, à semelhança das chamas dos relâmpagos, propaga-se por todo o Brasil, como a religião do Cristo, outrora, ao rebentar das catacumbas de Roma.
    Há três dias, de uma importante povoação do interior desta província (segundo malsina o carimbo do correio)[,] recebi *uma carta anônima*.
    Não é a primeira.
    Nestes últimos tempos tem sido este o meio escolhido, por pessoas desprezíveis, que não conheço, nem desejo, para insultar-me!...
    Insensatos.
    Guardo inalterável silêncio sobre o que me dizem; e continuo na minha tarefa, com energia e segurança, levando de vencida os bárbaros lucífugos.
    A guerra não se faz com palavras; nem com injúrias; nem com ameaças; nem com lutadores anônimos: os nossos canhões estão as-

sestados a descoberto; os nossos gladiadores estão de pé; nós combatemos sem artifício; nossa armadura é o direito.

Desta vez, porém, o anônimo é a investidura da modéstia; a carta é escrita por uma senhora, tão inteligente quão delicada: tu a lerás, algum dia, no próprio original.

Entende-me: não é uma *senhora de escravos*; é uma personificação de virtudes, uma senhora de brios, uma brasileira benemérita, uma heroína da liberdade.

Essa carta será, quando gravada na história da humanidade, a página de ouro da evolução abolicionista no Brasil[228].

Não tem data; e tem por assinatura um nome suposto.

À semelhança dos astros, não se sabe de onde veio; ignora-se a data do seu nascimento; rebrilha no firmamento; a ciência lhe sagrará um nome eterno.

Se o estilo é um retrato moral, eu lobrigo através das sombras do mistério as lindas feições da distinta — *Neta de Zambo*[229].

Lembro-me de vê-la cavalgando airoso ginete, a correr ousada pelos páramos de Piratinim, peregrina como as rosas de Erimanto[230], e formosa como as pérolas de Golconda[231].

Creio ter já conversado, discutido, venerado e, docemente vencido, pelo sopro benigno da gratidão, osculando a destra veneranda, que, em hora ditosa, traçou esse maravilhoso documento.

Envio-te a carta, por cópia: deve ser lida por ti, e pelos nossos dignos companheiros e amigos.

Peço-te que, dela, publiques alguns trechos, dignos da imprensa ilustrada, dignos da causa nobilíssima que defendemos e da posteridade[232].

Apelando, porém, para o teu cavalheirismo, exijo que guardes profundo silêncio relativamente aos tópicos, que vão traçados com tinta carmesim.

Quanto a uns, porque são excessivamente encomiásticos, e concernentes a pessoa a quem muito prezas, e que, pelo seu caráter, impõem-se este dever. Os outros, como verás, são graves, em razão de circunstâncias peculiares, e, de todo ponto, confidenciais.

Termino enviando-te um fraternal aperto de mão; dirigindo epinícios à nossa esplêndida heroína; e dando, com efusão, um sincero abraço no seu respeitável consorte.

Enfim, podemos exclamar, com os nossos irmãos dos Estados Unidos da América do Norte:

— Surge radiante a aurora da liberdade; e, no seu ninho de luzes, a nova HARRIET STOWE[233].

Teu
LUIZ GAMA

228 Luiz Gama alude nesse texto à atuação feminina na campanha abolicionista, aspecto analisado em Ana Flávia Magalhães Pinto, *Fortes laços em linhas rotas...*, op. cit., pp. 81-3.

229 Zambo é o descendente de um genitor negro e outro indígena (*Dicionário Houaiss da Língua Portuguesa*, op. cit.). Possivelmente, a autora da carta anônima enviada a Luiz Gama assinou o documento com esse pseudônimo, indicando tratar-se de uma mulher que deseja se identificar por sua ascendência afro-indígena.

230 Referência ao monte Erimanto, situado no noroeste da Arcádia, onde se encontram nascentes de vários rios e, aos seus pés, as terras mais férteis da Grécia antiga. Na mitologia grega, o local é palco de um dos doze trabalhos de Hércules, a captura do Javali de Erimanto.

231 Golconda é uma cidade e fortaleza situada na região central da Índia conhecida por seus tesouros.

232 Atendendo à solicitação do amigo, Ferreira de Menezes publica, na mesma edição, trechos da carta a ele enviada pela "Harriet Beecher Stowe" brasileira. Ela critica as "calúnias" propagadas pela imprensa escravista, antes de relatar cenas "aviltantes" e crimes "horrendos" cometidos por senhores "perversos". Um deles suplicia até a morte o escravo que tentou impedir que a filha e a mulher "partilhassem seu leito"; outro castiga, açoita um escravo e lhe rouba o pecúlio destinado à sua alforria. A ilustrada senhora encerra sua carta com reflexões sobre a inadmissível escravidão que perdura no país, mostrando-se, como Luiz Gama, uma herdeira das Luzes e leitora de seus artigos, aos quais faz alusão: "Nobre e generoso sr. Gama, vós conheceis melhor do que eu os males terríveis que os bárbaros senhores fazem sofrer aos infelizes escravos; por isso abster-me-ei de vos incomodar com a narração de tantas atrocidades; não obstante, peço desde já vênia para participar-vos de vez em quando as injustiças e abusos, dos quais são vítimas eternas os desprotegidos da lei dos homens! Se, entretanto, os poderes competentes não melhorarem a sorte destes infelizes, ensinai-lhes o meio indicado por vós no artigo — Resposta Ao pé da Letra: isto é, o caminho do desespero! / "Contra o despotismo, a insurreição é o mais santo e mais sagrado dos deveres" — declaração da imortal Convenção. / Pois bem, se a Convenção aconselhava aos povos livres a insurreição contra o despotismo, por que no Brasil não se aconselhará aos escravos a rebelião contra a odiosa e cruel opressão de seus execráveis senhores?! / Sim, todos aqueles que tiverem patriotismo, dignidade e pundonor não podem deixar de exclamar como Voltaire: "ESMAGUEMOS A INFÂMIA!" — Sou eu, de V[ossa] S[enhoria] admiradora e criada. *Uma neta de Zambo*. ("A Luiz Gama", *Gazeta da Tarde*, 29 de janeiro de 1881; grifos e maiúsculas do original).

233 A norte-americana Harriet Beecher Stowe (1811-1896) é autora do romance antiescravista *A cabana do Pai Tomás* (1852), um dos maiores sucessos editoriais do século XIX, cuja repercussão nos Estados Unidos e em várias partes do mundo impulsionou debates sobre o fim da escravidão. É possível que Luiz Gama e seus contemporâneos tenham conhecido o clássico romance abolicionista mundial através de uma tradução adaptada em português, publicada em 1853 em Paris, descobrindo, assim, uma narrativa marcada por uma visão sentimental do negro e da escravidão, plenamente adequada à retórica da compaixão presente nos discursos abolicionistas brasileiros. Porém, a obra de Stowe gerava desconfiança nos escravocratas do país, ocorrendo situações pontuais de apreensão de exemplares do livro ou proibição de representações teatrais, concorrendo para a instabilidade da recepção d'*A cabana do Pai Tomás* no Brasil entre 1853 e meados de 1870, conforme observou Danilo José Ferretti em esclarecedor estudo (cf. "A publicação de *A cabana do Pai Tomás* no Brasil escravista. O 'momento europeu' da edição Rey e Belhatte (1853)", *Varia Historia*, Belo Horizonte, v. 33, n. 61, jan./abr. 2017, pp. 189-223). A divulgação da obra encontraria outros caminhos. A partir de 1879, ou seja, cerca de dois anos antes da publicação desse artigo de Luiz Gama, a divulgação d'*A cabana do Pai Tomás* se intensificou, quando uma companhia teatral percorreu o país encenando-a (cf. Angela Alonso, *Flores, votos e balas...*, *op. cit.*, p. 142).

[Carta a Ferreira de Menezes]

São Paulo, 28 de janeiro de 1881.

Meu caro Menezes,

É parêmia já de sobejo repetida, mas que, por muito aguda, sempre vem de molde: "Este mundo é um vastíssimo teatro onde todos fazem de cômicos; os mais hábeis, e não são poucos, representam à custa dos outros; recebem as espórtulas e riem-se deles!"

Escrevo-te estas linhas entre sorrisos, entre ironias lancinantes, ou entre sarcasmos, se o quiseres, meu nobre e distinto amigo; e deste meu estado é causa das duas cenas cômicas (pois que trata-se de assunto teatral) que passo a transcrever das colunas da judiciosa *Gazeta do Povo*, para regalo teu e dos áticos leitores da tua preciosa *Gazeta*.

Deu-se, aqui nesta estação de férias e de ócios forenses, que aliás não é fértil de jocosos divertimentos, e isto há poucos dias, uma jovial reunião (digo jovial por ser composta de *jovens*) de empregados públicos, de negociantes, de artistas e de pensadores (gente que tem o que perder, como eu, mesmo sem nada possuir).

Esta assembleia de voluntários, constituída sem mandato previamente conhecido, toda soberana e poderosa, reunida ao sopro divino do sublime patriotismo dos seus membros, à guisa das nossas câmaras legislativas; depois de formalmente constituída, com admirável sabedoria, sem eleições diretas ou indiretas; sem Saraivas, sem Sinimbus, sem Gaspares, e até sem Pelotas[234]; e congregando espontaneamente sectários de todas as seitas religiosas, e cidadãos de todas as classes e condições; deliberou e designou, para seus governadores, dois conspícuos patriotas, membros distintíssimos da porção mais elevada da culta sociedade paulistada: os Exmos. Srs. comendador Domingos de Mello Rodrigues Loureiro, cunhado do Exmo. senador Marquês de S[ão] Vicente, inspetor aposentado da tesouraria de fazenda e chefe da Caixa Econômica Monte de Socorro, e o Dr. Joaquim Pedro da Silva, de borla e capelo, e conceituado médico e operador desta afamada cidade.

Todos os periódicos da capital noticiaram de tropel, e com certa ênfase, que a mim se afigurou maliciosa, e que a outros pareceu entusiástica, a organização da sociedade, sob a conspiradora denominação de *Recreio Dramático Abolicionista*.

Os dois anciões venerandos, seletamente designados, pela forma eletiva e regularíssima, rejeitaram modestamente a oficiosa graça, e recusaram-se jeitosos de meter ombros ao fatal carrego.

Aí vão as duas recusas:

SOCIEDADE RECREIO DRAMÁTICO ABOLICIONISTA

Foi com bastante surpresa que li, na *Gazeta do Povo* de 24 do corrente mês, a notícia de ter sido eleito vice-presidente da associação *Recreio Dramático Abolicionista*, isto porque nem consultado a semelhante respeito.

Assim, pois, não posso aceitar o mandato que me foi confiado; entretanto, agradeço a lembrança honrosa dos dignos fundadores dessa associação.

São Paulo, 26 de janeiro de 1881.
Domingos de M. R. Loureiro

———

Ilm. Sr. redator. — Foi com bastante surpresa que li em sua conceituada folha, de ontem, a notícia de ter sido eu designado, ou eleito, para o *conselho abolicionista* da nova associação *Recreio Dramático Abolicionista*; porquanto nem fui convidado para a reunião em que foi criada ela, nem consultado para aceitar tal cargo.

Agradecendo, pois, a lembrança honrosa dos dignos fundadores, e visto só ter disso conhecimento pela imprensa, venho, por meio dela, declarar que resigno esse mandato; não só pelo modo pouco regular por que me foi conferido, *como porque confesso francamente que — partidário das libertações individuais e bem cabidas — estou longe de aderir ao movimento abolicionista, que, em meu fraco entender, considero precipitado, pouco refletido e inoportuno...*

São Paulo, 25 de janeiro de 1881.
Dr. Joaquim Pedro

Sou afeiçoado ao imortal Epaminondas; e não posso, sem visível constrangimento, ocultar à clara luz da verdade certos fatos preciosos, que ela me está de contínuo a sugerir.

Aí vai, portanto, relativamente a esta *mista Associação*, a minha desprevenida opinião.

Esta sociedade *Dramática* e *Abolicionista* é nimiamente revolucionária, perigosíssima, e atentatória; quer se a considere em face da estética, quer perante os códigos.

Perante a poesia dramática é o exício inevitável dos *artistas hábeis*; perante o código é uma candidatura à grilheta.

Por sobre a fronte do divino Sófocles a pancárpia da manumissão?!

Os Exms. Srs. comendador Loureiro e doutor Joaquim Pedro, como apreciadores do teatro, cumpriram nobremente o seu dever.

Uma sociedade que se propõe a estragar, por beócios, dramas e comédias, compreende-se, anima-se, louva-se; mas quando ao estropiamento literário reúne leilões de prendas, conferências e outros atos, em benefício de alforrias, em prol de escravos, da prova irrecusável de que é composta de ilotas, semelhantes àqueles por quem intercedem.

Os Exms. Srs. Loureiro e Joaquim Pedro são dois conselheiros distintos, [ilegível] que ficariam, principalmente o segundo, tocados de indelével hiposfagma[235], se aceitassem os cargos que com tal acerto recusaram.

O Exmo. Sr. Dr. Joaquim Pedro, que exibe-se com ademanes estudados, de cabeleireiro de Paris, a sacudir atilado, poeira de arroz aos olhos do freguês, quando este conta i[n]sonte o troco recebido, aproveitou a oportunidade para revelar-se consumado estadista. Deu aos abolicionistas parvos, tolos e estouvados, famosa lição de mestre: rasgou-lhes o estandarte e arrebatou-lhes o gorro em plena praça!

— "A emancipação há de ser feita lenta, individualmente, com muito critério, com muita prudência!"

A lição é digna de proveito; porque, na expressão dos clássicos, o digno doutor sabe armar no barbeito à perdiz curvado ichó; e pode, sem competidor, ensinar aos perfumeiros como da barrilha fazem-se delicados frascos, para finíssima pomada.

E toda esta magra filosofia da paciência o exímio mestre aprendeu no exílio; depois que *imprudentemente* pretendeu um lugar de professor, de preparatórios, no curso anexo à Faculdade de Direito, que *atrevidamente* concorreu a esse cargo, que *estouvadamente* o aprovaram, que *inopinadamente* o nomearam, e que *prudentemente* S. M. [Sua Majestade] o Imperador mandou caçar o decreto da nomeação.

Dá-se agora uma grave anomalia, digna do mais sério reparo: pois o Exmo. Sr. Dr. Joaquim Pedro, tão pródigo e oficioso em dar lições de prudência, quando viu caçado o decreto de sua nomeação, não teve prudência, para suportar, em silêncio, este ato de violência: correu à imprensa; e, nas horríveis contorções de tremenda eclampsia[,] atirou ao chefe da nação, ao deus do seu partido, os mais ferinos baldões, os mais pesados apodos.

O Exmo. Doutor é digno membro da confraria de Frei Tomás, do que prega nada faz.

E, deveras!

Um homem que veste-se regularmente, que alimenta-se bem, que goza das melhores comodidades, em uma sociedade opulenta, que sabe evitar o frio e o calor, que frequenta divertimentos e calça luvas de pelica, deve, com sobeja honradez e abundante filosofia, aconselhar aos seus irmãos negros, aos cativos, mas que nasceram tão livres, como ele, que são vítimas de um crime horroroso, seminus, expostos ao sol, ao frio e à chuva, vestidos de trapos, sacudidos a *bacalhau*, que têm por lenitivo a tortura, e por luvas os calos levantados pela palmatória e pelo cabo da enxada — que sejam prudentes, que suportem o flagício, que se habituem com os castigos, tenham paciência, porque mais sofreu Jesus Cristo, e dos desgraçados é o reino do céu!...

Isto, meu nobre amigo, é hipocrisia feita de arminhos, embrulhada em pergaminho e vendida por pomada; não gasto desta *droga*; e tenho por suspeitos estes mercadores piedosos, estes Bicitos [sic] do sentimentalismo.

Não pensem que eu seja desafeto ao Exmo. Dr. Joaquim Pedro, e que me esteja aproveitando desta circunstância para combater as suas ideias. Sou seu amigo, e disto lhe tenho dado provas.

As nossas ideias políticas são opostas; os nossos sentimentos irreconciliáveis: somos duas entidades distintas: eu amo as revoluções; e julgo ser um ato sublime dar a vida pelas ideias.

Ele detesta a revolução; mas, se a fizerem, fora de perigo, apanharia os frutos.

Eu sou um louco; ele, um homem de critério.

Dou-lhe os meus sinceros parabéns.

Se algum dia o Brasil produzir um Alighieri, se este escrever uma nova *Divina Comédia*, e todos tivermos de figurar nesse poema, o Exmo. Dr. está transformado em *ponte*; por ela passarão todos, bons e maus: a ponte é a materialização da *imparcialidade*.

Sempre teu
LUIZ GAMA

---

234 Referência aos seguintes políticos, na ordem mencionada, e indicação do período dos mandatos: José Antonio Saraiva (presidente do Conselho de Ministros, 1880-1882); João Lins Vieira Cansanção de Sinimbu, Visconde de Sinimbu (presidente do Conselho de Ministros, 1878-1880); Gaspar da Silveira Martins (ministro da Fazenda, 1878-1879); José Antônio Correia da Câmara, 2º visconde de Pelotas (ministro da Guerra, 1880-1881).

235 Derrame ocular.

"Processo Vira-Mundo"

Gazeta do Povo | 23 de abril de 1881

É assim que se julga — levianamente — sem estudo, sem conhecimento dos fatos, sem critério, sem base, sem moral, sob o domínio do despeito, com as inspirações do ódio, pelo assomo de prevenções hiperbólicas, com os atropelos da cólera e com a barbaridade nativa dos atrabiliários!...

Acabo de ler duas biliosas parlendas: uma da *Gazeta de São Paulo* e outra da *Comédia*; em ambas censuram-se, com desabrida acrimônia, o augusto tribunal do júri, o mais colendo do país, pela justa, devida e indeclinável absolvição do réu José Lopes de Lima.

É uma insânia; mas está provada por dois artigos editoriais da ilustrada imprensa da cidade de São Paulo.

A mim não surpreendeu este caprichoso e desabrido procedimento, de sobejo explicado pela baixa condição do infeliz, que ocupava o banco dos réus.

Tenho consciência de mim; sei quando defendo um criminoso, e quando proclamo a inocência dos inculpados.

José Lopes de Lima é vítima da inexplicável odiosidade popular, armada por alguns especuladores impudicos.

Lamento que os ilustrados redatores da *Gazeta* e da *Comédia* se tenham prestado, como publicistas, a servir de zarabatanas à fatuidade e à calúnia.

José Lopes de Lima é um desgraçado cocheiro, negro, sem fortuna; não admira, pois, que o espicaçassem bravejantes os exasperados abutres da miséria.

Dos distintos redatores da *Comédia*, cujos talentos venero, nada de particular direi. São muito moços; muito têm que aprender para que bem conheçam a sociedade e os homens: sem ofensa do seu caráter posso dizer-lhes — por enquanto, é duvidosa a sua capacidade para que possam ter valiosa opinião perante os tribunais e o país.

Quanto ao meu digno e respeitável amigo, redator da *Gazeta*, direi apenas que tenho razoável fundamento para não aceitar as suas lições de moral pública; e que me não convencem os seus simulados conselhos de prudência, desmentidos à luz do dia, em lugar público, de modo incontestável, *pelos seus próprios atos*.

Não invejo a nobreza de sentimentos de pessoa alguma; nunca possuí escravos, estou habituado a medir os homens por um só nível; distingo-os pelas ações; se eu fosse juiz teria votado pela absolvição do réu.

O exmo. sr. dr. Rocha Vieira, digno presidente do tribunal do júri, é hoje alvo de encômios por ter apelado da decisão dos juízes de fato; estes elogios, porém, devem pesar, sombriamente, na consciência do emérito juiz, porque ele deve ter a segurança de que os não mereceria, se o réu, em vez de mísero proletário, fosse algum *regalo político*, dos que, com a sua influência, e o seu dinheiro, dominam sobranceiro as populações, e alinham as conveniências judiciárias.

Não é meu desejo discutir esta questão pela imprensa.

Se o processo tornar a novo julgamento, eu, no tribunal, responderei condignamente aos acusadores interessados e extrajudiciais do meu cliente.

São Paulo, 23 de abril de 1881.
LUIZ GAMA

[Exercício de hermenêutica]²³⁶

O escravo que requer e é admitido a manumitir-se por indenização do seu valor, se o preço arbitrado judicialmente excede ao pecúlio, continua cativo por deficiência deste?

RESPONDO:
Não; deve o magistrado decretar a sua alforria nos termos de direito.

Ao escravo é permitida a formação do pecúlio, que se poderá constituir por meio de doações, legados, heranças e do próprio trabalho e economias, com permissão do senhor só nesse último caso (Lei nº 2040 — 28 setembro 1871, art. 4; Decr., Reg. nº 5135 — 13 novembro 1872, art. 48).

Se o senhor convencionar com o escravo, "ainda que pertença a condôminos" a concessão da alforria, fixando, desde logo, o preço, poderá ir recebendo o pecúlio, em prestações, à proporção que for sendo adquirido, com o juro de 6% como pagamento parcial (Decr., Reg. cit., art. 49 § un. n. 1).

Este pecúlio, "enquanto inferior seja ao valor razoável do escravo" dada transferência de domínio, passará às mãos do novo senhor, ou terá qualquer dos destinos mencionados no art. 49 (Decr. Reg. cit., art. 51).

Havendo impossibilidade de arrecadar-se o pecúlio do poder do senhor[,] "o escravo tem o direito à alforria", mediante indenização do resto do valor, em dinheiro ou "em serviços", por prazo que não exceda de sete anos; "o preço" poderá ser fixado por arbitramento, se não existir avaliação judicial, que deverá prevalecer (Decr. reg. cit., art. 52).

O escravo que, por meio do seu pecúlio, puder indenizar o seu valor, "tem direito à alforria" (Lei n. 2040 cit., art. 4 § 2; Decr. Reg. cit., art. 56).

O "direito à liberdade", uma vez adquirido nos termos da lei, exercita-se por petição do escravo, no juízo-comum-competente, acompanhada de exibição de "pecúlio suficiente, a juízo do Magistrado" (Decr. Reg. cit., arts. 56, 57, 84 e 86).

ASSIM:

Considerando a ilegitimidade da escravidão, "que é contrária à natureza (L. 4 § 1 *Dig. stat. hom.*; *Instit. Just.* § 2 de jur. pers.; Ord. liv 4° Tit. 42, V); visto como, por direito natural, todos nascem livres, todos são iguais" (*Inst. Jusipr. de libert.n* I. 1; *Ulp. L. 4 Dig. de Just. et jur.* I, 1.; Alv. 30 julho 1609); que nada é mais digno de favor que a liberdade (*Gayo L. 122 Dig. de reg. jur. L. 17*); pelo que, em benefício dela, muitas coisas se determinam "contra o rigor do direito" (L. 24 § 10 *Dig. de fideic. libertat*; *Instr.* § 4 *dedonat*; Ord. Liv. 4 Tit. 11 § 4); e que são mais fortes, e de maior consideração as razões que concorrem a seu favor do que as que podem fazer justo o cativeiro (Lei de 1º abril 1860).

Considerando que em favor da liberdade, pela razão de direito, exprime a ideia mais benigna (L. 32 § fin. Dig. ad. Leg. Falcid); que, no que for obscuro, se deve favorecer a liberdade (Paul. L. 179 DIG.); e que, no caso de dúvida e de interpretação, deve decidir-se a favor da liberdade (Pompon. L. 20 de reg. jur.).

Acrescentadas as disposições da legislação pátria, que ficam citadas, as do Decreto e Regulamento n. 5135 — de 13 de novembro de 1871, arts. 61 e 62, e harmonizadas todas com os princípios aceitos e inconcussos do direito manumissório, conclui-se filosoficamente, com as regras da boa hermenêutica, que:

— Dada a hipótese de um escravo requerer alforria, mediante indenização, por pecúlio; de admitido ser, no juízo, por equivaler o pecúlio "razoavelmente" ao seu valor; de não existir avaliação judicial; de não querer o senhor aceitar o preço exibido e, por isso, ser caso de arbitramento; de, verificando o arbitramento, tornar-se o pecúlio insuficiente, por excedê-lo o valor arbitrado; sendo certo que "o direito à liberdade", uma vez adquirido, torna-se perpétuo (Perd. Malh., Secc. 4 § 127 n. 10, not. 714 e 715 Vol. I):

— Deve o juiz decretar a liberdade do escravo, obrigando-o a completar o preço em moeda pelos meios regulares ou ao pagamento em serviços, por contrato, lavrado no juízo dos órfãos na forma da lei; porque "no conflito de um interesse pecuniário e da liberdade, prevalece esta (*Insti. Just.* § 1 *de eo cui libertat. caus.* III. 12 — *sciant commodo pecuniario præferendam esse libertatis causam*)".

São Paulo, 12 de junho de 1881.
LUIZ GAMA

---

236 Cf. *O Abolicionista*, Rio de Janeiro, ano II, n. 9, 1° de julho de 1881, p. 6 (sem título). O comentário aparece logo depois da última e terceira parte de "Questão jurídica", publicado nesse periódico mensal, conforme mencionamos anteriormente. Esses dois artigos publicados na corte revelam a cultura histórica e jurídica de Luiz Gama, bem como suas qualidades como exegeta. Com o rigor que a matéria exige, conclui sua argumentação invocando as regras da "boa hermenêutica".

"Senhor!"

São Paulo, 7 de setembro de 1881.

Perante as puras consciências, a verdade, qualquer que seja o modo de sua manifestação, jamais foi uma irreverência, e menos ainda um apodo.

Para vossa majestade, que tem a virtude por hábito, pela elevação nativa do seu augusto caráter, a falta de verdade, e o servilismo, maiormente em concorrências políticas ou administrativas, deve constituir imperdoável defecção.

Embora em rude linguagem, porque não temo-la aprimorada, favorável ao objeto, e digna da majestade, aqui daremos em tudo a verdade, porque em tudo a devemos.

São poucos, senhor, os que assinam este papel; vossa majestade, porém, sabe que o direito, o civismo, a dignidade, o patriotismo, a razão, se não avaliam pelo peso, nem pelo número se medem.

Sete são os ministros de vossa majestade, que governam este vastíssimo império: um só homem, na culta Inglaterra (Joseph Arch[238]), bastou para levantar o espírito dos operários contra o domínio opressor dos proprietários; único também é o sol, que o mundo inteiro ilumina: o número nem sempre vem ao caso.

Afirma-se em todo o país que vossa majestade imperial é centro de harmonia, de paz e de felicidade social; é, porém, certo que, não poucas vezes, os elementos de ordem, de tranquilidade pública, são gravemente conturbados, comprometidos, nas províncias e, na própria capital do império, pelos prestigiosos delegados de vossa majestade.

A esta hora, senhor, ao norte do Brasil, na heroica província do Ceará, em face da lei, e tal é o assunto desta humilde representação, cidadãos conspícuos, beneméritos, respeitabilíssimos, funcionários conceituados, honestos servidores do povo, honrados pais de família, tão gloriosos como vossa majestade, estão sendo acintosa, caprichosamente demitidos, privados de trabalho, de meios de subsistência; e, destarte, perseguidos, com desumanidade[239]!... e tudo isto se faz sob o fútil pretexto de que os cidadãos demissionários ameaçam a riqueza, a segurança individual, a propriedade, as instituições; porque são emancipadores de escravos; opõem-se ao hediondo comércio de carne humana; abominam as surras; detestam a tortura e a ignomínia; e fazem sacrifícios para a proscrição do flagício, da degradação, das torpezas inauditas da escravidão!...

E esta perseguição odienta, estas violências inqualificáveis, estas misérias, estas monstruosidades administrativas, fazem-se perante o mundo, que nos observa, em plena luz meridiana, sem rebuço, sem reflexão, sem rubor, sob a égide imperial do sagrado nome de vossa majestade!...

Que vossa majestade é grande filósofo, um sábio, não há [como] negá-lo; é também incontestável que somos nós um povo de camelos; as provas superabundam por toda a parte; mas os escolhidos delegados de vossa majestade perigosamente se esquecem de que os sábios são nimiamente justos e rigorosos; e que os camelos têm, por índole, o mau vezo de atirarem com o carrego, quando excessivo ou por mal posto...

Não acusaremos, não discutiremos, não entraremos em liça com o poderoso presidente do Ceará; bem sabemos que uma autoridade, que tem por si a força pública, o prestígio oficial do poder, milhares de agentes, florestas de baionetas, e as verbas secretas da polícia à sua disposição, nunca deixa de, por si, ter a razão: perante ele damo-nos por vencidos.

Dirigimo-nos calculadamente a vossa majestade imperial, cuja cordura nos atrai, cuja longanimidade nos seduz, cuja graça nos penhora; a vossa majestade, que reina, governa e administra, com deslumbramento dos soberanos do universo; que exerce prudente arbítrio sobre o ilustrado parlamento, sobre a grave magistratura, sobre os ministros, sobre as academias, sobre os presidentes; que os pode e deve *cautamente advertir* de que o memorável dia 21 de abril de 1792, em que a leal cidade do Rio de Janeiro cobriu-se de gala, e esplendidamente iluminou-se, pela morte de Tiradentes, não mais voltará; que o dia 1º de janeiro de 1880[240] marca uma era de luto para a pátria, de opróbrio para o governo, e de tristeza para vossa majestade; que, se os ministros têm à destra bravos Enéas, a quem prodigalizam *merecimentos*, à custa do sangue dos mártires, derramado nas barricadas da rua Uruguaiana, o povo tem as matas, terá Pedro Ivo e Nunes Machado[241], para sagrá-los com a imortalidade; que a província de São Paulo está unida à de Minas Gerais; que, em uma e na outra, dos gemidos dos escravos se poderá compor um cântico à liberdade; e que este mesmo povo, em faustosa restauração, assinalando um novo 7 de abril[242], poderá responder, com prudência, às arbitrárias demissões de hoje com o sinistro banimento do monarca.

Há uma máxima do célebre chefe da dinastia dos Arsam[es], na Pérsia, que os reis não devem esquecer: "Ai dos príncipes cujos governos são mais temidos que estimados".

Os espinhos das coroas, senhor, não provêm da soberania popular; nascem das silveiras, que vêm dos governos impolutos. Os povos são como os coveiros; quando arrebatam os diademas[,] já as cabeças dos reis estão extintas.

Os tronos, como as árvores seculares, cobertas de parasitas, caem sem raízes.

Digne-se vossa majestade imperial de lançar benignas vistas sobre a briosa província do Ceará, que, por inúmeros títulos, bem o merece; e de impedir, com clemência ou com justiça, que o seu delegado governe os infelizes habitantes daquela importante porção do império à guisa dos paxás da Turquia; e que o coíba de fazer, por mera perversão, o mal que lhe proíbe a lei; uma vez que, por má vontade, por inépcia ou por desídia, não faz o bem que deve aos seus administrados.

Somos, com muito respeito e consideração, senhor, de vossa majestade Imperial, concidadãos e veneradores.

LUIZ GONZAGA PINTO DA GAMA
BRASIL SILVADO[243]
DR. CLÍMACO BARBOSA[244]

---

237 Artigo republicado em 11 de setembro de 1881.

238 Joseph Arch (1826-1919), ativista e político inglês que liderou um grande movimento dos trabalhadores agrícolas em 1872, saudado por Karl Marx como um "grande despertar" daquela classe socioprofissional.

239 Naquele ano, o Ceará assumira notório protagonismo na luta abolicionista no plano nacional graças, entre outros, à Sociedade Cearense Libertadora (SCL), criada em dezembro de 1880. Compunha-se de homens e mulheres, profissionais liberais, comerciantes, coligados com políticos e autoridades locais. Eram os "liberteiros" e faziam propaganda através do *Libertador*, órgão da associação. No artigo primeiro do estatuto firmado em 30 de janeiro de 1881, a diretoria declarou: "um por todos e todos por um — a sociedade libertará escravos por todos os meios a seu alcance". A partir de abril, organizaram-se conferências-concerto, à moda da corte, com entregas de alforrias que, até dezembro, chegaram a cerca de 380. Conforme assinala Alonso, a SCL contava com o apoio de advogados inspirados no ativismo judicial de Luiz Gama e logo se tornaria "a mais drástica das associações abolicionistas". Já em 27 de janeiro, alguns de seus membros haviam apoiado uma greve de estivadores do porto de Fortaleza, interditando o embarque de escravos a serem vendidos em outras províncias. A medida recebeu aplauso dos abolicionistas da corte. O fato mais recente comentado aqui por Luiz Gama e os demais signatários do artigo diz respeito à nova greve e ao bloqueio do porto de Fortaleza para o tráfico interprovincial em agosto de 1881, comandada pelo "pardo" Francisco José do Nascimento, jangadeiro também conhecido como Chico da Matilde ou Dragão do Mar. A SCL organizara, então, uma passeata com mais de seis mil pessoas, gritando o célebre *slogan*: "No porto do Ceará não se embarcam mais escravos". Porém, o levante não ficaria impune e a repressão se mostraria impiedosa: funcionários públicos da SCL foram exonerados, outros associados foram detidos, Chico da Matilde perdeu o emprego, proprietários processaram a sociedade etc. Solidários, jornais de várias províncias e da corte, como *O Abolicionista* e a própria *Gazeta da Tarde*, cobriram os acontecimentos. Personalidades como Joaquim Nabuco e José do Patrocínio enviaram cartas de apoio aos cearenses, abolicionistas de "vanguarda". Segue, pois, no mesmo sentido, o apelo de Luiz Gama e seus companheiros à "benevolência" de um imperador em luta contra o enfraquecimento de seu governo e prestígio. Cf. Angela Alonso, *Flores, votos e balas...*, op. cit., pp. 171-5.

240 Referência à Revolta do Vintém, série de manifestações dos setores

347

médios e baixos da população ocorridas no Rio de Janeiro entre 28 de dezembro de 1879 e 4 de janeiro de 1880 contra o "imposto do vintém", que acarretaria o aumento das passagens dos bondes de tração animal a partir de 1º de janeiro de 1880. Nesse dia, em particular, os protestos atingiram o ápice com quebra-quebra dos veículos, espancamento dos condutores e dos animais, e depredações na cidade. Os confrontos dos manifestantes com a polícia e o exército tiveram como palco principal a rua Uruguaiana, onde foram erguidas barricadas. As mobilizações contaram com o apoio, quando não com a instigação, de políticos e republicanos como Lopes Trovão e José do Patrocínio, um dos redatores da *Gazeta da Tarde*. Para os adversários de dom Pedro II, os efeitos da impopular medida transbordaram a insatisfação das classes subalternas com os serviços públicos e seus representantes, e denotavam o desgaste do Estado monárquico e da imagem do imperador. Cf. Ronaldo Pereira de Jesus, "A Revolta do Vintém e a crise da monarquia", *História Social*, Campinas, n. 12, 2006, pp. 73-89.

241 Pedro Ivo Veloso da Silveira (1811-1852) e Joaquim Nunes Machado (1810-1849), líderes da Revolta Praieira (Pernambuco, 1848), de inspiração liberal e de oposição ao regime monárquico.

242 Referência a 7 de abril de 1831, data em que, sob pressão política e desgaste de sua imagem e governo, dom Pedro I abdica do trono em favor de seu filho, Pedro de Alcântara, àquela altura com 5 anos de idade. Conforme rezava a Constituição, foi nomeada uma Regência Trina para comandar o país, formada por um gabinete liberal que promoveu importantes reformas na estrutura do Estado e promulgou leis como a de 7 de novembro de 1831. Luiz Gama e os demais signatários do artigo aludem a fatores, presentes no contexto em que escrevem, que poderiam sugerir a dom Pedro II a necessidade ou a oportunidade de abdicar do trono, como fizera seu pai, abrindo caminho para as reformas liberais-republicanas.

243 João Brasil Silvado, estudante da Academia de Direito de São Paulo, onde iniciou seus estudos em 1878, foi membro fundador da Caixa Emancipadora Luiz Gama em 1882.

244 Clímaco Ananias Barbosa de Oliveira (1839-1912), médico, jornalista e político baiano, radicado em São Paulo. Atuou na campanha abolicionista ao lado de Luiz Gama. Foi proprietário do jornal *A Gazeta de São Paulo*. Segundo relata Raul Pompeia, o médico teve um papel destacado no funeral de Luiz Gama, ao fazer um juramento, em geral atribuído a Antonio Bento. Escreve ele:
"Quando os coveiros iam descer para o túmulo o cadáver, um homem disse:
— Esperem!... O Dr. Clímaco Barbosa (era o homem) ergueu então a voz. A voz soluçava-lhe na garganta. Disse duas palavras, sem retórica, sem tropos, a respeito do grande homem que ali jazia caído...
A multidão chorou.
Então, o orador reforçou a voz, reforçou o gesto: e intimou a multidão a jurar sobre o cadáver, que não se deixaria morrer a ideia pela qual combatera aquele gigante. Um brado surdo, imponente, vasto, levantou-se no cemitério. As mãos estenderam-se abertas para o cadáver...
A multidão jurou. [...]"
(Raul Pompeia, "Última página da vida de um grande homem", *Gazeta de Noticias*, 10 de setembro de 1882, *in*: *Com a palavra, Luiz Gama...*, op. cit., pp. 235-6.)

[Nota de Luiz Gama sobre a escrava Benedita]

O digno sr. dr. Guilherme Caetano da Silva

Benedita, ex-escrava de s. s. [Sua Senhoria], foi regularmente alforriada. O ato é irrevogável, legítimo, está no meu poder.

São Paulo, 3 de novembro de 1881.
LUIZ GAMA

---

245 Nota republicada no mesmo jornal, na edição de 4 de novembro.

"Aresto Notável"

Luiz Gama, o muito conhecido e notável cidadão, aquele a quem tanto devem as ideias democráticas no Brasil, escreveu ontem, em São Paulo, o artigo que vai em seguida. Acometido há quatro dias de grave enfermidade, mesmo assim acudiu em prol de homens que, contra a lei, pretende-se escravizar.
O artigo, demais, é erudito.
Oferecemo-lo à atenção dos tribunais brasileiros:

ARESTO NOTÁVEL — Refere o *Jornal do Comércio* em sua gazetilha de anteontem:
ARREMATAÇÃO DE ESCRAVOS — Ontem por ocasião de serem abertas as propostas para arrematação dos escravos pertencentes às menores filhas de José Manoel Coelho da Rocha, declarou o Sr. Dr. Justiniano Madureira, juiz da 1ª vara de órfãos, que as propostas relativas aos escravos africanos menores de 49 anos ficavam adiadas até que seja resolvida no juízo contencioso a questão que se levantou a respeito dos mesmos escravos.

Sem ofensa da incontestável ilustração deste emérito juiz, que não tenho a honra de conhecer, declaro-vos que não compreendo esta extravagante doutrina; e menos ainda esta esquipática decisão!

Há dúvidas sobre a condição, ou sobre o estado dos africanos menores de 49 anos de idade, existentes no país?
Será causa de tais dúvidas a Lei de 7 de novembro de 1831?
Compete a solução de tais dúvidas ao *juízo contencioso*?
Que juízo é esse? Por que lei foi estabelecido?
Pois está revogado o decreto de 12 de abril de 1832?
Deixou-se de considerar especial o processo administrativo, adrede estabelecido, para esta hipótese extraordinária?
Por que motivo?

———

É uma curiosa novidade, que, de contínuo, soa-me aos ouvidos, no juízo e nos tribunais — que a importação de africanos, no Brasil, foi proibida por lei de 7 de novembro de 1831!

Não é a única heresia (*hipocrisia*, talvez que por semelhança de rima), ia-me caindo dos bicos da pena!

Hoje, nos juízos, e nos tribunais, quando um africano livre, para evitar criminoso cativeiro, promove alguma demanda, exigem os sábios magistrados que ele prove *qual o navio em que veio; qual o nome do respectivo capitão*.

Negros boçais, atirados a rodo, como irracionais no porão de um navio; como carga, como porcos, desconhecedores até da língua dos seus condutores, obrigados a provar *a qualidade, e o nome do navio em que vieram; e o nome do respectivo capitão*!!

Isto é justiça para negros; e se os negros se reunissem em tribunal, para honra de tais juízes, não fariam obra pior.

Estes juízes se parecem com o divino Jesus!

Este fazia falar os mudos; e aos cegos abrir os olhos!

———

O seu a seu dono.

A glória da proibição do abominável tráfico de africanos, no Brasil, pertence à nação portuguesa; foi decretado pelo absoluto D. João VI; está na memorável lei de 26 de janeiro de 1818; conta 62 ANOS DE EXISTÊNCIA, e *não* 49; foi promulgada para inteira execução do tratado de 22 de janeiro de 1815, e da convenção adicional de 28 de julho de 1817.

Por aviso de 14 de julho de 1821 declarou o governo que essa lei estava em seu inteiro vigor.

Por outro aviso, de 28 de agosto, do mesmo ano, o governo deu instruções à comissão mista, prescrevendo normas para o processo da apreensão dos navios e dos escravos.

Estas instruções foram reproduzidas e novamente recomendadas por aviso de 3 de dezembro do referido ano.

Por portaria de 21 *de maio de* 1831 o ministério da justiça recomendava, para *estrita observância das leis*, a mais rigorosa atividade na apreensão dos *pretos novos*, que fossem criminosamente importados no império, procedendo a pesquisas e a rigoroso inquérito.

E o poder legislativo, já pela lei de 20 de outubro de 1823, tinha explicitamente admitido aquela de 26 de janeiro de 1818.

Parece que interesses inconfessáveis criam anacronismos nos tribunais!...

Do gládio de Têmis fez-se algema para escravos...

O criminoso contrabandista vê nos tribunais uma nova Constantinopla, onde os sacerdotes discutem teologia, enquanto a pátria corre perigo...

A lei é um anemoscópio; Éolo[246], o Deus da situação.

Diante destes desastres judiciários, que se reproduzem todos os dias, parece que nós, os *aventureiros da emancipação*, estamos, em nome da lei, impondo preceito ao dislate!...

Vosso amigo, L. GAMA.

---

[246] Deus dos ventos.

"Acautelem-se os compradores"

Gazeta do Povo | 25 de novembro de 1881

Benedita, que o sr. Romão Leomil levou para Campinas, e que trata de vender como suposta escrava do digno sr. dr. Guilherme Caetano da Silva, é forra[247].

---

[247] Essa nota, por alguma razão, não traz a assinatura de Luiz Gama, mas trata do mesmo assunto, publicado por cerca de três semanas: a vulnerável situação de Benedita, cujo senhor insiste que é escrava, quando seus documentos de alforria garantem estar no gozo da liberdade. O persistente Luiz Gama continua a proclamar a notícia.

"À forca o Cristo da multidão"

DESENHO DE TIRADENTES, COM ESTROFE DE POEMA DE CASTRO ALVES, "O CRISTO DA MULTIDÃO":

"EI-LO SUBLIME QUE PASSA. DEIXAI PASSAR O TITÃO; É TIRADENTES! À FORCA!! — O CHRISTO DA MULTIDÃO!!!".

O POLICHINELO N. 25, 1º DE OUTUBRO DE 1876.

Por entre as sombras e as convulsões agitadas da noite imensa dos séculos, ergueu-se, ao Norte da América, um grupo de Gigantes.

À frente deles Washington, pensativo como Arquimedes[249], com a ponta do gládio sagrado, embebida no sangue das batalhas, inscreve no mapa das Nações os Estados Unidos; e Franklin, o moderno Teramenes[250], arrebatando um raio ao sol, com lúcidas estrelas, grava no infinito a eterna legenda da Liberdade.

Uma misteriosa evolução faz o fatal clarão repercutir ao Sul; despertaram os filhos do Brasil: em Minas organizou-se a Inconfidência.

Esta associação revolucionária constituía um Apostolado completo. Havia um Cristo naquele conjunto de regeneradores; um Pedro vacilante; um Judas inexcedível; a Ordem foi salva pela fé; a fé consolidou-se pelo martírio do Mestre.

O dia 21 de abril de 1792 designa o fatal acontecimento, o mais memorável que registra a história da América Meridional.

As ruas que conduziam ao Calvário regurgitavam de magnificência; assemelhavam-se às festas da Páscoa na Judeia.

Era imenso o concurso, um bulício de cabeças como as ondas inquietas do oceano.

A tropa imponente, unida, compacta, atestava com soberba exuberância o luxo do poderio, do mando, a fátua vaidade do despotismo deslumbrado.

Nas janelas dos preparados edifícios ostentava-se, com opulência, o sexo gentil; rebrilhavam as sedas, o ouro e os diamantes: os primores d'arte desafiavam as obras-primas da natureza.

A religião, com estudada humildade, dava-se em pied[ade] forçada; nos templos reboavam festivos cânticos.

Sobre o patíbulo, à guisa de uma sombra, estava um frade de pé; com um braço elevado indicava a eternidade. Acurvou-se um pouco; abraçou o penitente, beijou-lhe a corda que, à feição de colar, adornava-lhe o pescoço; orvalhou-a de lágrimas; com a mão direita, que tinha pelas costas, apertou a do algoz: ambos eram amigos velhos, costumavam ter destes encontros, estavam tintas de sangue....

O sacerdote perorou por meia hora; foi uma estrangulação moral de trinta minutos, lenta como um capricho de inquisidor. Quando a vítima foi entregue ao carrasco, restava apenas a morte física.

— "Tu contra o teu rei, nem os olhos levantarás".

Foram estas as palavras preambulares do pregador!

Teu rei?!

E o que é o rei senão a feitura do povo?

Quê?! Valerá mais o jarro que o oleiro?

Nos confrontos da Teologia com o direito são vulgares estes santos absurdos da ortodoxia.

A soberania popular, excetuando-se o NOVENTA E TRÊS[251], é uma miséria política, sob a régia forma de um escárnio sacramental.

À meia hora do dia, como hoje, há 90 anos, expirou aquele que, neste país, primeiro propusera a libertação dos escravos, e a proclamação da República. Foi julgado réu de lesa-majestade, mataram-no, mas Tiradentes morto, como o sol no ocaso, mostra-se ao universo, tão grande como em sua aurora.

A musa da história tem a sua lógica invariável e seu modo peculiar de traduzir e registrar os acontecimentos.

O altar, as aras sacrossantas do martírio, aquele monumento mandado levantar pelo vice-rei, pelos magistrados — pelos fiéis servos da rainha — foi substituído por um patíbulo imperial, modelado em bronze; em vez da forca, uma estátua.

Desapareceu Joaquim José da Silva Xavier, para ser lembrado; surgiu Pedro Primeiro, o esquecido[252].

Mudaram-se os tempos.

A tragédia perdeu sua época, a comédia entrou em voga, o lugar do mártir está ocupado pela figura do cômico, é um arlequim sobre um túmulo, é um escárnio, é uma indecência, é uma solenidade chinesa do Paço de São Cristóvão!...

O éreo corcel, ousado como seu amo, atira brutalmente as patas sobre as cabeças dos miseráveis grandes, dos grandes miseráveis, e dos miseráveis, que ainda existem sem qualificação.

Os brasileiros e o povo hebreu tiveram dois inspirados precursores de sua regeneração.

O Rio de Janeiro, como Jerusalém, teve o seu Gólgota; dois grandes pedestais, levantados pela natureza, para dois Redentores.

Dois Cristos exigiam dois mundos.

Um divinizou a cruz, o outro a forca.

A cruz é o emblema da Cristandade, a forca o será da Liberdade.

O martirológio mostra dois pontos culminantes: o Calvário e o Largo do Rocio.

Concidadãos: descubramo-nos, ajoelhemo-nos.

O altar é a pátria; a pátria está no cadafalso.

Rendamos culto a Tiradentes.

São Paulo, 21 de março de 1882.
LUIZ GAMA

248 Publicado num periódico da corte, esse artigo, certamente encomendado ao autor, a que ninguém antes havia se referido, testemunha a prestigiosa voz entre os artífices da República de um Luiz Gama que faleceria dali a alguns meses. Sobre esse texto, escreve José Murilo de Carvalho: "Havia poderosa simbologia na luta entre Pedro I e Tiradentes. Sua expressão mais forte talvez esteja em artigo do abolicionista e republicano Luiz Gama, publicado no primeiro número do jornal comemorativo do 21 de abril editado pelo Clube Tiradentes (1882). O título do artigo, 'À forca o Cristo da multidão', é uma referência direta ao poema de Castro Alves. Luiz Gama leva ainda mais longe o paralelo entre Tiradentes e o Cristo. A forca é equiparada à cruz, o Rio de Janeiro a Jerusalém, o Calvário ao Rocio. À transformação da forca em altar, acrescenta a transmutação do monumento a Pedro I em patíbulo imperial. Em vez da forca, tornada altar da pátria, construíram um monumento.

Em vez da tragédia do martírio, exibiram a comédia da estátua". Cf. "Tiradentes, um herói para a República", in: *A formação das almas...*, op. cit., pp. 60-2. Nossos agradecimentos a José Murilo de Carvalho por nos ter comunicado o texto integral desse artigo.

249 Arquimedes (287-212 a.C.), matemático grego. Conta-se que, refletindo sobre a solicitação do rei de Siracusa — determinar se sua coroa era de ouro ou de latão —, descobre a resposta e sai pelas ruas exclamando: "Heureca!" (achei!).

250 Teramenes (?-404 a.C.), político e general ateniense que participou da redação da Constituição de Atenas de 411 a.C.. Benjamin Franklin é comparado ao personagem grego por ter sido um dos redatores da Declaração de Independência e da Constituição dos Estados Unidos.

251 Alusão ao Período do Terror, instaurado em 1793 pelos revolucionários franceses.

252 Em 1862, inaugurou-se a estátua de d. Pedro I no Largo do Rocio (hoje Praça Tiradentes, no Rio), local onde Tiradentes fora executado em 1792. O evento esteve na origem de um conflito político em torno da figura do "mártir da independência" que opunha liberais radicais (partido de onde sairão os republicanos) a monarquistas. Como ressalta Luiz Gama, dois símbolos se entrechocam, na medida em que se tenta apagar do Rocio a memória de Tiradentes ali construindo um monumento em homenagem ao neto da rainha, que ordenou a execução do "inconfidente". O líder da revolução liberal de 1842 em Minas Gerais, Teófilo Otôni, qualificara a estátua de d. Pedro I de "mentira de bronze", expressão depois retomada como uma espécie de "grito de guerra" pelos adeptos da república que se recusavam a associar o nome de dom Pedro I ao processo de independência e viam naquela homenagem uma tentativa disfarçada de reforçar a monarquia num plano fortemente simbólico. Esse parágrafo de Luiz Gama está impregnado de tais referências recorrentes nos discursos republicanos desde a declaração de Teófilo Otôni. Cf. José Murilo de Carvalho, *A formação das almas*, op. cit., p. 60; W. Martins, *História da inteligência brasileira*, op. cit., v. III, p. 176.

[Uma representação ao Imperador D. Pedro II]

Luiz Gama[253]

— Deve estar a esta hora em mão do governo uma representação do grande chefe abolicionista que é o símbolo da evangélica resignação no sacrifício em prol da causa que, ferindo os interesses da preguiça nacional, se converte em martírio para os seus sustentadores.

A representação visa a liberdade de homens ilegalmente retidos na escravidão, e nos dispensa de acrescentar-lhe comentários.

A singeleza da exposição dá ao leitor conhecimento do assunto e critério para o seu juízo. Eis a representação:

> Senhor Luiz Gonzaga Pinto da Gama, residente na cidade de São Paulo, vem perante Vossa Majestade Imperial implorar providências administrativas, a fim de que não continuem na privação de sua liberdade os libertos constantes da relação inclusa.
>
> A 3 de maio deste ano a Ordem Carmelita concedeu alforria aos setenta e oito indivíduos [...][254] na referida relação, indivíduos que residem em Mar de Espanha, na fazenda denominada Babilônia, em Minas Gerais.
>
> Concedidas estas alforrias e invocadas providências que foram concedidas pelo Ministério do Império, não tiveram estas execuções. E os libertos continuam como escravos sob o domínio irregular

e ilegal do dr. Joaquim Eduardo Leite Brandão. Dez dos libertos retiraram-se do poder de Brandão; este, porém, pediu providências à polícia para conter escravos insubordinados; obteve força; e recolheu-os à prisão! Interveio a promotoria pública, conseguiu a soltura dos detidos; mas os outros, que se acham na mencionada fazenda, lá continuam no cativeiro!

Cinco destes libertos conseguiram chegar a esta cidade de São Paulo; são eles os representantes destas graves ocorrências, destas monstruosas transgressões do Direito, destes crimes extraordinários cometidos à face da autoridade pública, com menoscabo da lei e desprezo da moral.

Segundo as declarações destes[,] outros cinco conseguiram deixar a pressão em que viviam, e ficaram na Cachoeira, distrito de Lorena, trabalhando a fim de adquirirem meio de transporte para esta cidade.

É nestas circunstâncias que o impetrante vem implorar a Vossa Majestade Imperial providências que tirem os libertos do ilegal domínio em que se acham. É justiça[255].

São Paulo, 2 de agosto de 1882.
LUIZ G. P. DA GAMA

---

[253] Esse texto breve aparece com tal "título". Reproduz texto da representação de Luiz Gama a d. Pedro II, com certeza comunicado pelo próprio autor ao jornal de José do Patrocínio, novo proprietário da *Gazeta da Tarde* após o falecimento de Ferreira de Menezes em 1881.
[254] Supressão de texto provavelmente feita pelo editor do jornal.
[255] Possivelmente, trata-se de um dos últimos textos de autoria de Luiz Gama publicados na imprensa, pois falecerá cerca de quinze dias depois, em 24 de agosto. Até o fim de sua vida, Luiz Gama lutara pela liberdade de pessoas ilegalmente escravizadas, buscando obtê-la por todos os meios, mesmo que para isso, à beira da morte, precisasse solicitar um gesto magnânimo a uma das figuras que mais combateu, o imperador dom Pedro II.

APÊNDICE

Carta ao filho, Benedito Graco Pinto da Gama

23 de setembro de 1870.

Dize a tua mãe que a ela cabe o rigoroso dever de conservar-se honesta e honrada; que não se atemorize da extrema pobreza que lego-lhe, porque a miséria é o mais brilhante apanágio da virtude.

Tu evita a amizade e as relações dos grandes homens; porque eles são como o oceano que aproxima-se das costas para corroer os penedos.

Sê republicano, como o foi o Homem-Cristo. Faze-te artista; crê, porém, que o estudo é o melhor entretenimento, e o livro o melhor amigo.

Faze-te apóstolo do ensino, desde já. Combate com ardor o trono, a indigência e a ignorância. Trabalha por ti e com esforço inquebrantável para que este país em que nascemos, sem rei e sem escravos, se chame Estados Unidos do Brasil.

Sê cristão e filósofo; crê unicamente na autoridade da razão, e não te alies jamais a seita alguma religiosa. Deus revela-se tão somente na razão do homem, não existe em Igreja alguma do mundo.

Há dois livros cuja leitura recomendo-te: a *Bíblia Sagrada* e a *Vida de Jesus* por Ernesto Renan.

Trabalha e sê perseverante.

Lembra-te que escrevi estas linhas em momento supremo, sob a ameaça de assassinato. Tem compaixão de teus inimigos, como eu compadeço-me da sorte dos meus.

Teu pai
LUIZ GAMA

Carta a José Carlos Rodrigues[256]

São Paulo, 26 de novembro de 1870.

José Carlos,

A leitura do *Novo Mundo* veio despertar em mim a não cumprida obrigação de escrever-te, que sobremodo pesava-me; e digo — despertar — não porque estivesse eu adormecido, mas porque por ela avivaram-se-me as forças d'alma.

Boas novas de ti tive-as sempre pelos ministros presbiterianos que de Nova York vinham a esta cidade, e o fato de sabê-las eu de ti dispensava-me de referi-las de mim, isto não sei se por egoísmo ou incúria.

Os poucos e verdadeiros democratas desta cidade[,] onde já existe um clube e uma loja maçônica que trabalham pelas ideias republicanas (escuso dizer-te que sou membro de ambos), tomaram-se de sincero entusiasmo pelo *Novo Mundo*, plaustro de importantes e úteis conhecimentos da melhor porção da América, que é e há de ser o farol da democracia universal.

O *Correio Paulistano* de propriedade de nosso [amigo] Joaquim Roberto [de Azevedo Marques], e de hoje redigido pelo distinto Dr. Américo Brasiliense de Campos, ambos republicanos, vai transcrever a maior parte dos artigos do *Novo Mundo*.

Não te espantes deste meu republicanismo, que pode afigurar-se ao teu espírito, afeito ao servilismo político do Brasil, como sinais de *monomania arrasadora*[257] de minha parte; asseguro-te que o partido republicano, graças à divina inépcia do sr. d. Pedro II, organiza-se seriamente em todo o império; e os pantafançudos politicões gangorreiros já declaram-se impotentes para a irrisória obra das ardilosas cerziduras do grande estandarte liberal, que desfaz-se em bandeirolas democráticas, roto pelos anos de indiferentismo popular, e pela enérgica pujança de alguns caracteres sisudos.

A despeito das tricas imoralíssimas postas em prática pelos astuciosos adeptos do corrupto imperialismo, e das prédicas calculadas dos arquisectários da infalibilidade, erguem-se vagarosamente as escolas gratuitas para alumiamento do povo, e organizam-se as associações particulares para emancipação dos escravos[258].

Por outro lado, as seitas protestantes, com doutrinas evangélicas que difundem[,] vão proclamando a liberdade de consciência, base e fundamento da melhor organização social.

Ainda mais um importante fato tenho que dizer-te.

Tudo isto marcha vagaroso como o caminhar da reflexão; é uma obra secular na qual o SUPREMO ARTISTA[259] gasta os dias a somar os segundos e os minutos; e a província de São Paulo, ocupando a vanguarda, vai ensinando às suas Irmãs a trilha impérvia que ela própria meditando explora. É uma vasta revolução moral dirigida pela prudência.

Meu caro José,

É plano inclinado este da política; deixá-lo-ei para tratar de outros fatos menos importantes e mais íntimos.

Casei-me. Escuso dizer-te com quem. O Dito já fala, traduz e escreve o alemão como um filho da Germânia. Isto é dito pelo professor que todos os meses empolga 51 000 r. [réis]. Estuda ele mais desenho, francês, inglês e geografia.

Ele, a Claudina e a Leopoldina, que ainda conserva o mesmo nariz [ilegível] de narigado, enviam-te muitas saudades.

Fui demitido do lugar de amanuense da [repartição] de Polícia[260], por sustentar demandas em favor de gente livre posta em cativeiro indébito!...

Fiz-me rábula e atirei-me à tribuna criminal. Tal é hoje a minha profissão.

Moro à margem do Rio Tamanduateí em uma nova e excelente casa de campo.

Sou detestado pelos figurões da terra, que me puseram a vida em risco, mas sou estimado e muito pela plebe. Quando fui ameaçado pelos grandes, que hoje encaram-me com respeito, e admiram a minha tenacidade, tive a casa rondada e guardada pela gentalha.

A verdade é que a malvadeza [ilegível] a dor.

Em nossa casa, sempre pobre, mas festejada de contínuo pela alegria, ainda toma-se o saboroso café pelas mesmas canecas que me deste; os lampiões são os mesmos que pertenceram-te; as cortinas das janelas foram tuas. Sobre o selador de mármore, que foi teu, está o álbum que deste-me com o teu retrato, com os de outros amigos, e uma biblioteca que foi do finado Macedo.

Quantas recordações saudosas não despertam estes objetos!... E como[,] ao ler estas linhas tão singelas como os meus sentimentos de pobre, não se dilatará o teu espírito em demanda destes lugares que outrora percorreste, durante a tua vida acadêmica, e com que aridez não buscara ela a realidade destes meus assertos?!

Eu ainda hoje, ao cabo de 30 anos, vejo algumas ruas da Bahia, as casas demolidas pelo incêndio de 37[261], e os lugares em que brinquei com as crianças da minha idade. Por isso, pelo meu, julgo do teu espírito neste momento.

Eu chego a persuadir-me que ao traçar estas linhas nossas almas se abraçam, e entoam epinícios à amizade!

Adeus[,] José.

Sei que o Joaquim Roberto[262] vai escrever-te, e remeter-te jornais.

Sou como sempre
Teu amigo obrigadíssimo,
LUIZ GAMA

Carta a Rui Barbosa[263]

São Paulo, 16 de abril de 1871.

Meu caro Rui,

Soube, pelo nosso amigo Dr. Câmara, que no Hotel de Europa achava-se o nosso patrício Dr. Souza, e que trazia uma carta para mim. E sabendo eu que a carta era tua não esperei, fui procurar o Dr.; e agradeço-te o haveres deparado-me com este verdadeiro baiano, distinto republicano. Ele já vai experimentando melhoras; clima lhe é propício; pelo que, se não obtiver completa cura, alcançará seguramente melhoras consideráveis.

São Paulo, 18 de junho.

Quando eu escrevia carta, no dia 16 de abril, fui interrompido por um telegrama, que chamara-me à cidade de Santos, para assistir a uma audiência na causa dos escravos do Comendador Neto. Por [ilegível] nesta causa — devo dizer-te que já escrevi as razões finais; estão os ditos com vista dos advogados contrários. Nestes vinte ou trinta dias sairá a sentença.

Mudamos agora o interrompido fio.

Interrompida a escrita[,] foi a carta para a gaveta de onde saiu hoje para receber a última demão.

O nosso distinto patrício e excelente amigo Dr. Souza, depois de haver adquirido algumas melhoras aparentes, descaiu, e lá se foi para as águas termais de Baependi, onde espera encontrar lenitivo aos seus grandíssimos sofrimentos. Viajamos juntos até Santos, onde ele embarcou para a corte. Sinceramente desejo-lhes prósperas melhoras.

Muito tenho sentido os teus incômodos; era crença minha que o intenso calor da Bahia fosse propício aos teus emperrados sofrimentos. É preciso que sares, a fim de poderes trabalhar para ti e para a grande causa[264].

Estive, há dias, com o Conselheiro Furtado[265], que falou de ti com muito elogio. Cumpre notar que ele não é muito dado a dispensar louvores.

Por aqui trabalha-se; o solo é ubérrimo, como tu sabes, e a árvore estende as raízes. E, ao escrever estas linhas, enche-se-me o coração de tristeza... pelo tristíssimo papel que está representando a nossa cara terra, que hoje se deve chamar — Bahia de todos os servos. Quem outrora admirou-a, que a deplore hoje...

Quero ter notícias tuas; é preciso que me escrevas.

Recomenda-me ao Vasconcellos[,] Juiz dos órfãos.

Teu Am[igo].
L. GAMA

Carta a Lúcio de Mendonça[266]

São Paulo, 25 de julho de 1880.

Meu caro Lúcio,
Recebi o teu cartão com a data de 28 de pretérito.

Não me posso negar ao teu pedido, porque antes quero ser acoimado de ridículo, em razão de referir verdades pueris que me dizem respeito, do que vaidoso e fátuo, pelas ocultar, de envergonhado: aí tens os apontamentos que me pedes, e que sempre eu os trouxe de memória.

Nasci na cidade de S[ão] Salvador, capital da província da Bahia, em um sobrado da rua do Bângala, formando ângulo interno, na quebrada, lado direito de quem parte do adro da Palma, na Freguesia de Sant'Ana, a 21 de junho de 1830, pelas 7 horas da manhã, e fui batizado, 8 anos depois, na igreja matriz do Sacramento, da cidade de Itaparica.

Sou filho natural de uma negra, africana livre, da Costa Mina (Nagô de Nação), de nome Luíza Mahin, pagã, que sempre recusou o batismo e a doutrina cristã.

Minha mãe era baixa de estatura, magra, bonita, a cor era de um preto retinto e sem lustro, tinha os dentes alvíssimos como a neve, era muito altiva, geniosa, insofrida e vingativa.

Dava-se ao comércio — era quitandeira, muito laboriosa, e mais de uma vez, na Bahia, foi presa como suspeita de envolver-se em planos de insurreições[267] de escravos, que não tiveram efeito.

Era dotada de atividade. Em 1837, depois da Revolução do dr. Sabino, na Bahia, veio ela ao Rio de Janeiro e nunca mais voltou. Procurei-a em 1847, em 1856, em 1861, na corte, sem que a pudesse encontrar. Em 1862, soube, por uns pretos minas[268], que conheciam-na e que deram-me sinais certos [de] que ela, acompanhada com malungos desordeiros, em uma "casa de dar fortuna", em 1838, fora posta em prisão; e que tanto ela como os seus companheiros desapareceram. Era opinião dos meus informantes que esses "amotinados" fossem mandados para fora pelo governo, que, nesse tempo, tratava rigorosamente os africanos livres, tidos como provocadores.

Nada mais pude alcançar a respeito dela. Nesse ano, 1861, voltando a São Paulo, e estando em comissão do governo, na vila de Caçapava, dediquei-lhe os versos que com esta carta envio-te[269].

Meu pai, não ouso afirmar que fosse branco, porque tais afirmativas, neste país, constituem grave perigo perante a verdade, no que concerne à melindrosa presunção das cores humanas: era fidalgo e pertencia a uma das principais famílias da Bahia de origem portuguesa. Devo poupar à sua infeliz memória uma injúria dolorosa, e o faço ocultando o seu nome.

Ele foi rico; e, nesse tempo, muito extremoso para mim: criou-me em seus braços. Foi revolucionário em 1837[270]. Era apaixonado pela diversão da pesca e da caça; muito apreciador de bons cavalos; jogava bem as armas, e muito melhor de baralho, amava as súcias e os divertimentos: esbanjou uma boa herança, obtida de uma tia em 1836; e reduzido à pobreza extrema, a 10 de novembro de 1840, em companhia de Luiz Cândido Quintela, seu amigo inseparável e hospedeiro, que vivia dos proventos de uma casa de tavolagem, na cidade da Bahia, estabelecida em um sobrado de quina, ao largo da praça, vendeu-me, como seu escravo, a bordo do patacho "Saraiva".

Remetido para o Rio de Janeiro nesse mesmo navio, dias depois, que partiu carregado de escravos, fui, com muitos outros, para a casa de um cerieiro português de nome Vieira, dono de uma loja de velas, à rua da Candelária, canto da do Sabão. Era um negociante de estatura baixa, circunspecto e enérgico, que recebia escravos da Bahia, à comissão. Tinha um filho aperaltado, que estudava em colégio; e creio que três filhas já crescidas, muito bondosas, muito meigas e muito compassivas, principalmente a mais velha. A senhora Vieira era uma perfeita matrona: exemplo de candura e piedade. Tinha eu 10 anos. Ela e as filhas afeiçoaram-se de mim imediatamente. Eram cinco horas da tarde quando entrei em sua casa. Mandaram lavar-me; vestiram-me uma camisa e uma saia da filha mais nova, deram-me de cear e mandaram-me dormir com uma mulata de nome Felícia, que era mucama da casa.

Sempre que me lembro desta boa senhora e de suas filhas, vêm-me as lágrimas aos olhos, porque tenho saudades do amor e dos cuidados com que me afagaram por alguns dias.

Dali saí derramando copioso pranto, e também todas elas sentidas de me verem partir.

Oh! Eu tenho lances doridos em minha vida, que valem mais do que as lendas sentidas da vida amargurada dos mártires.

Nesta casa, em dezembro de 1840, fui vendido ao negociante e contrabandista alferes Antônio Pereira Cardoso, o mesmo que, há uns 8 ou 10 anos, sendo fazendeiro no município de Lorena nesta Província, no ato de o prenderem por ter morto [sic] alguns escravos a fome, em cárcere privado, e já com idade maior de 60 a 70 anos, suicidou-se com um tiro de pistola, cuja bala atravessou-lhe o crânio.

Este alferes Antônio Pereira Cardoso comprou-me em um lote de cento e tantos escravos; e trouxe-nos a todos, pois era este o seu negócio, para vender nesta Província.

Como já disse, tinha eu apenas 10 anos; e, a pé, fiz toda a viagem de Santos até Campinas.

Fui escolhido por muitos compradores, nesta cidade, em Jundiaí e Campinas; e, por todos repelido, como se repelem coisas ruins, pelo simples fato de ser eu "baiano".

Valeu-me a pecha!

O último recusante foi o venerando e simpático ancião Francisco Egídio de Sousa Aranha, pai do Exmo. Conde de Três Rios[271], meu respeitável amigo.

Este, depois de haver-me escolhido, afagando-me disse:

— Hás de ser um bom pajem para os meus meninos; dize-me: onde nasceste?

— Na Bahia, respondi eu.

— Baiano? — exclamou admirado o excelente velho. — Nem de graça o quero. Já não foi por bom que o venderam tão pequeno.

Repelido como "refugo", com outro escravo da Bahia, de nome José, sapateiro, voltei para casa do sr. Cardoso, nesta cidade, à rua do Comércio nº 2, sobrado, perto da igreja da Misericórdia.

Aí aprendi a copeiro, a sapateiro, a lavar e a engomar roupa e a costurar.

Em 1847, contava eu 17 anos, quando para casa do sr. Cardoso veio morar, como hóspede, para estudar humanidades, tendo deixado a cidade de Campinas, onde morava, o menino Antônio Rodrigues do Prado Júnior, hoje doutor em direito, ex-magistrado de elevados méritos e residente em Mogi Guaçu, onde é fazendeiro.

Fizemos amizade íntima, de irmãos diletos, e ele começou a ensinar-me as primeiras letras.

Em 1848, sabendo eu ler e contar alguma coisa, e tendo obtido ardilosa e secretamente provas inconcussas de minha liberdade, retirei-me, fugindo, da casa do alferes Antônio Pereira Cardoso, que aliás votava-me a maior estima, e fui assentar praça. Servi até 1854, seis anos; cheguei a cabo de esquadra graduado, e tive baixa de serviço, depois de responder a conselho por ato de suposta insubordinação, quando tinha-me limitado a ameaçar um oficial insolente, que me havia insultado e que soube conter-se.

Estive, então, preso 39 dias, de 1º de julho a 9 de agosto. Passava os dias lendo e às noites, sofria de insônias; e, de contínuo, tinha diante dos olhos a imagem de minha querida mãe. Uma noite, eram mais de duas horas, eu dormitava; e, em sonho, vi que a levavam presa. Pareceu-me ouvi-la distintamente que chamava por mim.

Dei um grito, espavorido saltei da tarimba; os companheiros alvorotaram-se; corri à grade, enfiei a cabeça pelo xadrez.

Era solitário e silencioso e longo e lôbrego o corredor da prisão, mal alumiado pela luz amarelenta de enfumarada lanterna.

Voltei para a minha tarimba, narrei a ocorrência aos curiosos colegas; eles narraram-me também fatos semelhantes; eu caí em nostalgia, chorei e dormi.

Durante o meu tempo de praça, nas horas vagas, fiz-me copista; escrevia para o escritório do escrivão, major Benedito Antônio Coelho Neto, que tornou-se meu amigo; e que hoje, pelo seu merecimento, desempenha o cargo de oficial-maior da Secretaria do Governo; e, como amanuense, no gabinete do exmo. sr. conselheiro Francisco Maria de Sousa Furtado de Mendonça, que aqui exerceu, por muitos anos, com aplausos e admiração do público em geral, altos cargos na administração, polícia e judicatura, e que é catedrático da Faculdade de Direito, fui eu seu ordenança; por meu caráter, por minha atividade e por meu comportamento, conquistei a sua estima e a sua proteção; e as boas lições de letras e de civismo, que conservo com orgulho.

Em 1856, depois de haver servido como escrivão perante diversas autoridades policiais, fui nomeado amanuense da Secretaria de

Polícia, onde servi até 1868[272], época em que "por turbulento e sedicioso" fui demitido "a bem do serviço público", pelos conservadores, que então haviam subido ao poder. A portaria de demissão foi lavrada pelo dr. Antônio Manuel dos Reis, meu particular amigo, então secretário da polícia, e assinada pelo exmo. dr. Vicente Ferreira da Silva Bueno, que, por este e outros atos semelhantes, foi nomeado desembargador da relação da corte.

A turbulência consistia em fazer eu parte do Partido Liberal; e, pela imprensa e pelas urnas, pugnar pela vitória de minhas e suas ideias; e promover processos em favor de pessoas livres criminosamente escravizadas; e auxiliar licitamente, na medida de meus esforços, alforrias de escravos, porque detesto o cativeiro e todos os senhores, principalmente os reis.

Desde que fiz-me soldado, comecei a ser homem; porque até os 10 anos fui criança; dos 10 anos aos 18, fui soldado.

Fiz versos[273]; escrevi para muitos jornais; colaborei em outros literários e políticos, e redigi alguns.

Agora chego ao período em que, meu caro Lúcio, nos encontramos no *Ipiranga*[274], à rua do Carmo, tu como tipógrafo, poeta, tradutor e folhetinista principiante; eu como simples aprendiz-compositor de onde saí para o foro e para a tribuna, onde ganho o pão para mim e para os meus, que são todos os pobres, todos os infelizes; e para os míseros escravos, que, em número superior a 500, tenho arrancado às garras do crime.

Eis o que te posso dizer, às pressas, sem importância e sem valor; menos para ti, que me estimas deveras.

Teu LUIZ

Lúcio de Mendonça, "Luiz Gama"

Gazeta da Tarde, 15 de dezembro de 1880[275]

I

Os republicanos brasileiros, a toda hora abocanhados pela recordação injuriosa de meia dúzia de apostasias, das que negrejam na crônica de todos os partidos, se quisessem com um nome só, que é um alto exemplo de honrada perseverança, tapar a boca aos detratores, podiam lançar-lhes o belo e puro nome que coroa esta página.

Quantos outros iguais oferecem porventura, desde o começo de sua existência, os nossos velhos partidos monárquicos?

Faz-se em duas palavras o elogio deste homem verdadeiramente grande, grande neste tempo em que só o podem ser os amigos da humanidade: nascido e criado escravo até a primeira juventude, tem depois alcançado a liberdade a mais de quinhentos escravos!

À nobre província de São Paulo, que hoje o estima entre os seus melhores cidadãos, e que ele preza com o entusiasmo que lhe inspiram todas as grandezas democráticas, presumo que há de ser grato ler, em um livro que é particularmente seu, a biografia, já hoje gloriosa, deste bom republicano.

Se chegar a cumprir-se, como eu espero e desejo, o seu elevado destino, possam ser estas linhas obscuras fiel subsídio para cronistas de melhores dias.

II

Nasceu Luiz Gonzaga Pinto da Gama na cidade de S[ão] Salvador de Baía, à rua do Bâng[a]la, em 21 de junho de 1830, pelas 7 horas da manhã; e foi batizado, oito anos depois, na igreja matriz do Sacramento, da cidade de Itaparica.

É filho natural de uma negra, africana livre, da costa de Mina, da nação Nagô, de nome Luiza Ma[h]in, pagã: recusou esta sempre batizar-se e de modo algum converter-se ao cristianismo.

Era mulher baixa de estatura, magra, bonita, de um preto retinto e sem lustro; tinha os dentes alvíssimos; era imperiosa, de gênio violento, insofrida e vingativa; de

...olhos negros, altivos,
[...]
No gesto grave e sombria.[276]

Era quitandeira, muito laboriosa. Mais de uma vez, na Bahia, foi presa, por suspeita de envolver-se em planos de insurreições de escravos, que não tiveram efeito. Em 1837, depois da revolução do dr. Sabino, naquela província, veio ao Rio de Janeiro, e nunca mais voltou. Procurou-a o filho em 1847, em 1856 e em 1861, na corte, sem que a pudesse encontrar; em 1862 soube, por uns pretos minas, que a conheciam e dela deram sinais certos, que, apanhada com malungos desordeiros, em uma "casa de dar fortuna", em 1838, fora posta em prisão, e que tanto ela como os companheiros desapareceram. Era opinião dos informantes que os amotinadores houvessem sido deportados pelo governo, que nesse tempo tratava rigorosamente os africanos livres, tidos como provocadores.

Nada mais, até hoje, pode Luiz alcançar a respeito de sua mãe. Naquele mesmo ano de 1861, voltando a São Paulo, e estando em comissão do governo, na então vila de Caçapava, consagrou à mãe perdida os saudosos versos que se leem, como nota de um sentimentalismo dissonante, no risonho livro das *Trovas burlescas*, que deu lume com o pseudônimo de Getulino.

Vê-se que é hereditário em Luiz Gama o profundo sentimento de insurreição e liberdade. Abençoada sejas, nobre ventre africano, que deste ao mundo um filho predestinado, em quem transfundiste, com o teu sangue selvagem, a energia indômita que havia de libertar centenas de cativos!

O pai de Luiz — outra analogia deste com Espártaco — era nobre, fidalgo, de uma das principais famílias baianas, de origem portuguesa. Foi rico e, nesse tempo, extremoso para o filho: criou-o nos braços. Foi revolucionário em 1837. Era apaixonado pela pesca e pela caça; gostava dos bons cavalos; jogava bem as armas, e melhor as cartas; comprazia-se em folguedos e orgias; esbanjou uma boa herança, havida de uma tia, em 1836. Reduzido à pobreza extrema, em 10 de novembro de 1840, em companhia de Luiz Cândido Quintela, seu amigo inseparável, que vivia dos proventos de uma casa de tavolagem na Bahia, vendeu o filho, como seu escravo, a bordo do patacho "Saraiva".

Não sei se o desgraçado ainda vive, nem lhe conheço o nome, que Luiz oculta generoso aos amigos mais íntimos; mas, ainda que jogador e fidalgo, a recordação da monstruosa infâmia deve ter-lhe esbofeteado, em todo o resto de seus dias, a velhice desonrada.

III

Remetido dias depois, para o Rio de Janeiro, no mesmo navio, que partiu carregado de escravos, foi Luiz, com muitos outros, para a casa de um cerieiro português, de nome Vieira, estabelecido com loja de velas à rua da Candelária, esquina da do Sabão. Era um negociante de estatura baixa, circunspecto e enérgico, que recebia escravos da Bahia, à comissão. Tinha, além de um filho peralta, que estudava em colégio, umas filhas já crescidas, muito compassivas e meigas; a senhora de Vieira era uma perfeita matrona, cheia de piedade. Tinha então Luiz 10 anos. Todas as mulheres da casa se lhe afeiçoaram imediatamente. Eram 5 horas da tarde quando lhes entrou em casa; mandaram-no lavar, vestiram-lhe uma camisa e uma saia da filha mais nova, deram-lhe de cear, e mandaram-no dormir em boa cama.

Ainda hoje Luiz Gama, que é um dos melhores corações que eu conheço, lembra-se comovido daquela boa gente que o recebeu com tanto afago.

Mas foi por poucos dias: dali saiu logo depois, chorando amargamente e deixando as suas boas amigas chorosas também de o verem ir.

Era em 1840; foi vendido, naquela casa, ao negociante e contrabandista alferes Antônio Pereira Cardoso, o mesmo que, há oito ou dez anos, sendo fazendeiro no município de Lorena, da província de São Paulo, no ato de o prenderem, por haver matado à fome alguns escravos em cárcere privado, já velho de setenta anos, suicidou-se, atravessando o crânio com uma bala de pistola.

O alferes Cardoso comprou Luiz em um lote de cento e tantos escravos, e levou-os todos, pois tal era o seu comércio, a vender para a província de São Paulo.

A pé, com 10 anos de idade, fez Luiz toda a viagem de Santos até Campinas. Escravo, saído de uma infância trágica, descalço, desamparado, faminto, subiu entre um bando de escravos aquela áspera serra do Cubatão, por onde, anos depois, não há muitos anos, lembra-me que passamos juntos os dois, eu estudante, que voltava para as aulas, ele advogado, que voltava da corte, abastado, jovial e forte, com um cesto de frutas para a família, repotreado no assento macio de um dos ricos vagões da companhia inglesa.

Foi escolhido por muitos compradores, na capital paulista, em Jundiaí, em Campinas, e por todos rejeitado, como se rejeitam as coisas ruins, pela circunstância de ser "baiano".

O último que o enjeitou foi o respeitável ancião Francisco Egídio de Souza Aranha, pai do sr. conde de Três Rios. Depois de o haver escolhido, afagou-o, dizendo:

— Está um bom pajem para os meus pequenos.

E perguntou-lhe:

— Onde nasceste?

— Na Bahia.

— Baiano!...exclamou, admirado, o excelente velho. Nem de graça! Já não foi por bom que o venderam tão pequeno!

O sr. conde de Três Rios, que esteve a ponto de ter Luiz para pajem, tem-no hoje como um de seus amigos mais considerados.

Enjeitado como "refugo", com outro escravo baiano, de nome José, sapateiro, voltou para a casa de Cardoso, na cidade de São Paulo, à rua do Comércio n° 2, sobrado, perto da igreja da Misericórdia.

Ali aprendeu a copeiro, a sapateiro, a lavar e engomar, e a costurar.

Em 1847, tinha Luiz 17 anos, quando para a casa de Cardoso veio morar como hóspede, para estudar humanidades, o menino Antônio Rodrigues do Prado Junior, hoje doutor em direito, o qual já foi magistrado de muito mérito, e reside agora em Mogi Guaçu, onde é fazendeiro.

Travaram amizade estreita, de irmãos, e com o estudante entrou Luiz a aprender as primeiras letras. Em 1848, sabendo ler, escrever e contar alguma coisa, e havendo obtido ardilosa e secretamente provas inconcussas de sua liberdade, retirou-se, fugido, da casa do alferes Cardoso, que aliás o tinha na maior estima, e foi assentar praça.

Termina aqui o período do seu cativeiro.

IV

Serviu como soldado até 1854, seis anos; chegou a cabo de esquadra graduado, e teve baixa do serviço, depois de responder a conselho, por atos de suposta insubordinação, quando se limitara a ameaçar um oficial insolente, que o insultara, e que soube conter-se.

Esteve preso o cabo de esquadra Luiz Gama, de 1° de julho a 9 de agosto, trinta e nove dias, que passou em leitura constante.

Durante o seu tempo de praça, nas horas vagas, fez-se copista; escrevia para o cartório do escrivão major Benedito Antonio Coelho Neto, que se tornou seu amigo; e daí, sem dúvida, lhe nasceu a inclinação para o foro.

Serviu também como amanuense no gabinete do conselheiro Francisco Maria de Souza Furtado de Mendonça, que por longos anos exerceu na capital de São Paulo altos cargos administrativos, e é ainda hoje catedrático na Faculdade de Direito. Luiz foi sempre seu ordenança, e pelo seu vivo talento, pela sua atividade e bom proceder, mereceu-lhe toda a estima e proteção, e dele recebeu proveitosas lições de letras.

Em 1855, depois de haver servido como escrivão perante diversas autoridades policiais, foi nomeado amanuense da secretaria da polícia, onde esteve até 1868, época em que[,] por "turbulento e sedicioso", foi demitido "a bem do serviço público", pela reação conservadora.

A portaria de demissão foi lavrada pelo dr. Antonio Manuel dos Reis, seu dedicado amigo e ainda mais dedicado católico, então secretário da polícia[,] e assinada pelo dr. Vicente Ferreira da Silva Bueno, que, por este e semelhantes atos, foi escolhido desembargador da Relação da corte.

A turbulência de Luiz Gama consistia em ser liberal exaltado e militante, em promover pelos meios judiciais a liberdade de pessoas livres reduzidas a criminoso cativeiro, e auxiliar alforrias de escravos, na medida de suas posses, e, às vezes, além delas, na medida de sua dedicação à causa santa dos oprimidos.

V

Nesse ano de 1868, conheci Luiz Gama. Vi-o, se bem me lembra, a primeira vez na tipografia do diário liberal *O Ipiranga*, de propriedade e redação de meu irmão Salvador de Mendonça e do dr. José Maria de Andrade. Ali era eu revisor de provas, e empregava os ócios do estudo em aprender a arte tipográfica; também Luiz Gama era aprendiz de compositor, praticante do foro e colaborador da folha, onde assinava com o pseudônimo "Afro".

No ano seguinte, lembro-me dele entre os redatores do *Radical Paulistano*, que eram Rui Barbosa, Bernardino Pamplona de Menezes, o dr. Elói Otoni e outros, e entre os oradores do Clube Radical. Foi aplaudidíssima uma conferência sua no salão Joaquim Elias, à rua Nova de S. José.

Os radicais foram, nos nossos últimos anos políticos, os precursores dos republicanos. À exceção de meia dúzia de estacionários ou retrógrados, entre os quais Silveira Martins, Silveira da Mota e Rui Barbosa, em fins de 1869 e começo de 1871, os radicais declararam-se abertamente pela República.

Por esse tempo, ou proximamente, fazia Luiz Gama a todo transe a propaganda abolicionista; a sua advocacia era o terror dos senhores de escravos. Sei que teve a cabeça posta a prêmio por fazendeiros de São Paulo, e tempo houve em que não poderia ir da capital a Campinas sem risco de vida.

Há 8 ou 10 anos, foi Luiz Gama à barra do júri de São Paulo, processado por crime de injúrias contra uma autoridade judiciária; defendeu-se por si mesmo, brilhantemente; teve de referir grande parte de sua vida passada; a sala do tribunal, apinhada de assistentes, onde estava quase toda a mocidade da Academia de Direito, a todo momento cobria de aplausos a voz do réu; a despeito da campanha do presidente, o júri o absolveu por voto unânime, e foi Luiz levado em triunfo até a casa.

Como defensor de escravos perante o júri, foi mais de uma vez chamado à ordem pelo presidente do tribunal, por pregar francamente o direito da insurreição: — Todo o escravo que mata o senhor, afirmava Luiz Gama, seja em que circunstância for, mata em legítima defesa!

Em uma causa célebre no foro de Santos, em que o advogado contrário era ninguém menos que o seu grande amigo José Bonifácio, ganhou Luiz Gama a liberdade de mais de cem escravos.

Recordo-me, como testemunha presencial, de outra solene ocasião em que o nobre vulto de Luiz Gama destacou-se a toda a luz. Estava reunido em São Paulo, num palacete da rua Miguel Carlos, em 2 de julho de 1873, o primeiro Congresso Republicano, da província, presidido pelo austero cidadão dr. Américo Brasiliense.

Era uma assembleia imponente. Verificados os poderes na sessão da véspera, estavam presentes vinte e sete representantes de municípios. Agricultores, advogados, jornalistas, um engenheiro, todos os membros do Congresso, moços pela maior parte, compenetrados da alta significação do mandato que cumpriam, tinham[,] na sobriedade do discurso e na gravidade do aspecto, a circunspecção de um Senado Romano.

Lidas, discutidas e aprovadas as bases oferecidas pela "Convenção de Itu", para a constituição do congresso, e depois de outros trabalhos, foi por alguns representantes submetido ao congresso, e afinal aprovado, um manifesto à província relativamente à questão do estado servil. No manifesto, em que se atendia mais às conveniências políticas do partido do que à pureza dos seus princípios, anunciava-se que, se tal problema fosse entregue à deliberação dos republicanos, estes resolveriam que cada província da União Brasileira realizaria a reforma de acordo com seus interesses peculiares "mais ou menos lentamente", conforme a maior ou menor facilidade na substituição do trabalho escravo pelo trabalho livre; e que, "em respeito aos direitos adquiridos" e para conciliar a propriedade de fato com o princípio da liberdade, a reforma se faria tendo por base a indenização e o resgate.

Posto em discussão o manifesto, tomou a palavra Luiz Gama, representante do município de São José dos Campos.

Protestou contra as ideias do manifesto, contra as concessões que nele se faziam à opressão e ao crime, propugnava ousadamente pela abolição completa, imediata e incondicional do elemento servil.

Crescia na tribuna o vulto do orador; o gesto a princípio frouxo alargava-se, enérgico e inspirado; estava quebrada a serenidade da sessão: os representantes, quase todos de pé, mas dominados e mudos, ouviam a palavra fogosa, vingadora e formidável do tribuno negro. Não era já um homem, era um princípio, era uma paixão absoluta, era a paixão da igualdade que rugia! Ali estava na tribuna, envergonhando os tímidos, verberando os prudentes, ali estava, na rude explosão da natureza primitiva, o neto da África, o filho de Luiza Main [sic].

A sua opinião caiu vencida e única; mas não houve também ali um coração que se não alvoroçasse de entusiasmo pelo defensor dos escravos.

Dir-te-ei sempre, meu nobre amigo, que não estás isolado, no partido republicano, na absoluta afirmação da liberdade humana. Também como tu, eu proclamo que não há condições para a reivindicação deste imortal princípio, que não há contra ele nem direitos, nem fatos que se respeitem. *Pereat mundus, fiat justitia!* E é ignorar essencialmente a natureza das "leis de instituição" querer que elas respeitem "direitos adquiridos". Não é para Victor Hugo nem para Castelar que apelamos, é para Savigny, o histórico.

VI

Aí está, em meia dúzia de pálidos traços, o perfil do grande homem que se chama Luiz Gama.

Filho de uma província que, com razão ou sem ela, não é simpática aos brasileiros do sul; emancipador tenaz, violento, inconciliável, numa província inundada de escravos; sem outra família a não ser a que constituiu por si; sem outros elementos que não fossem o seu forte caráter e o seu grande talento; atirado só a todas as vicissitudes do destino, ignorante, pobre perseguido, vendido como escravo por seu próprio pai, enjeitado pelos próprios compradores de negros, Luiz Gama é hoje em São Paulo um advogado de muito crédito e um cidadão estimadíssimo. E mais do que isso: é um nome de que se ufana a democracia brasileira.

O seu passado é, como se viu, dos mais interessantes; o seu futuro, se se der em vida sua o grande momento político desta terra, há de ler-se — sem a menor dúvida o vaticínio — nas laudas da nossa história.

Seja como for, e ainda que mais não faça, é já um nome que merece um lugar, na gratidão humana, entre Espártaco e John Brown.

---

256 José Carlos Rodrigues (1844-1923), advogado e jornalista carioca àquela altura residente em Nova York. Gama e Rodrigues tornaram-se amigos próximos no período em que este último fez seus estudos de direito em São Paulo, de 1861 a 1864. A carta foi escrita poucos dias antes da publicação do Manifesto Republicano em 3 de dezembro de 1870. No mês anterior, Rodrigues fundara *O Novo Mundo — Periódico ilustrado do progresso da política, literatura, arte e indústria*, o primeiro órgão em língua portuguesa editado nos Estados Unidos, de 1870 a 1879, para distribuição e circulação no Brasil.

257 Todos os grifos e letras maiúsculas deste Apêndice são de Luiz Gama.

258 Cf. o artigo "Loja América", *Correio Paulistano*, 10 de novembro de 1871, neste volume.

259 Referência maçônica ao "Grande Arquiteto do Universo" (G.A.D.U.) ou Deus.

260 A demissão ocorreu no final de 1869, conforme relata Luiz Gama em alguns escritos. Cf., neste volume, a série de artigos publicados no *Correio Paulistano* de 13 de novembro a 2 de dezembro de 1869 e a "Carta a Lúcio de Mendonça" de 25 de julho de 1880.

261 Alusão à Sabinada (novembro de 1837), movimento ocorrido em Salvador do qual participaram camadas médias e baixas da população, cujo descontentamento com o governo imperial levou à proclamação da independência da província da Bahia. Sobre as reminiscências de infância de Luiz Gama na Bahia, cf. "Carta a Lúcio Mendonça", neste volume.

262 Joaquim Roberto de Azevedo Marques (1824-1892), proprietário do *Correio Paulistano* e membro da Loja América.

263 O documento original encontra-se na Fundação Casa de Rui Barbosa (Rio de Janeiro).

264 Referência ao abolicionismo.

265 Trata-se do Conselheiro Furtado de Mendonça, docente da Faculdade de Direito, amigo com quem teve séria desavença pública dois anos antes (cf. na p. 165 o artigo "Pela última vez", Correio Paulistano, 3 de dezembro de 1869). A informação contida nesta carta leva a crer que Luiz Gama restabelecera relações cordiais de cunho profissional com o poderoso Furtado de Mendonça, por muito tempo chefe de polícia da cidade de São Paulo, e com o qual convivera por muitos anos a ponto de conhecer-lhe bem a personalidade austera e discreta.

266 O documento original encontra-se na Biblioteca Nacional. Para uma análise desta carta, cf. Ligia Fonseca Ferreira, "Luiz Gama por Luiz Gama:

carta a Lúcio de Mendonça", *Teresa. Revista de Literatura Brasileira*, op. cit., pp. 300-21.

267 Nada prova que Luiz Gama se refira especificamente à Revolta dos Malês. De 1823 ao final dos anos 1830, a província da Bahia conhecera várias revoltas. E, particularmente, Salvador era frequentemente sacudida por movimentos envolvendo negros africanos ou nascidos no Brasil, livres e escravos, bem como outras camadas populares (cf. João José Reis, *Rebelião escrava no Brasil*, São Paulo: Companhia das Letras, 2003).

268 Designação geral dos africanos provenientes da Costa da Mina (Golfo da Guiné).

269 Trata-se do poema "Minha mãe" (cf. *Primeiras trovas burlescas & outros poemas*, op. cit.; pp. 150-2).

270 Alusão à Sabinada.

271 Joaquim Egídio de Sousa Aranha (1821-1893), Conde de Três Rios, era, em 1880, vice-presidente da província de São Paulo.

272 A demissão ocorreu de fato em 1869. Cf., neste volume, a série de artigos publicados por Luiz Gama no *Correio Paulistano* de 13 de novembro a 3 de dezembro de 1869.

273 Referência, por demais lacônica e modesta, a sua produção poética, integralmente reunida em Luiz Gama, *Primeiras trovas burlescas & outros poemas*, op. cit.

274 Jornal de propriedade de Salvador de Mendonça, histórico republicano, irmão de Lúcio.

275 Este texto foi publicado, no mesmo período, no *Almanaque literário de São Paulo para o ano de 1881*, ano VI, São Paulo: Tipografia da "Província", 1880. Para uma análise da função que, por décadas, cumpre este texto e suas relações intertextuais com a carta de Luiz Gama a seu autor, reproduzida neste apêndice, cf. Ligia Fonseca Ferreira, "Luiz Gama por Luiz Gama: carta a Lúcio de Mendonça", *Teresa. Revista de Literatura Brasileira*, op. cit., pp. 300-21.

276 Referência ao poema "Minha mãe", in: Luiz Gama, *Primeiras trovas burlescas & outros poemas*, op. cit., pp. 150-2.

CAPA DA *REVISTA ILUSTRADA* N. 313, 1882. HOMENAGEM A LUIZ GAMA POR OCASIÃO DE SUA MORTE, OCORRIDA EM 24 DE AGOSTO DAQUELE ANO. DESENHO DE ÂNGELO AGOSTINI.

LUIZ GAMA.

REFERÊNCIAS BIBLIOGRÁFICAS

ALENCASTRO, Luiz Felipe de. *O trato dos viventes: formação do Brasil no Atlântico Sul*. São Paulo: Companhia das Letras, 2000.

ALMANAQUE Literário de São Paulo para o ano de 1881, ano VI. São Paulo: Tipografia da "Província", 1880.

ALMEIDA, Silvio. *O que é racismo estrutural?*. Belo Horizonte: Letramento, 2018.

ALONSO, Angela. *Flores, votos e balas. O movimento abolicionista brasileiro (1868-1888)*. São Paulo: Companhia das Letras, 2015.

AMARAL, Antonio Barreto do. *Dicionário de História de São Paulo*. São Paulo: Imprensa Oficial, 2006.

AZEVEDO, Célia Maria Marinho de. *Maçonaria, antirracismo e cidadania. Uma história de lutas e debates transnacionais*. São Paulo: Annablume, 2010.

AZEVEDO, Elciene. *Orfeu de carapinha. A trajetória de Luiz Gama na imperial cidade de São Paulo*. Campinas: Editora da Unicamp, 1999.

____. *O direito dos escravos*. Campinas: Editora da Unicamp, 2010.

BANDEIRA, Manuel. *Antologia dos poetas brasileiros da fase romântica*. 2. ed. [1. ed. 1937]. Rio de Janeiro: Ministério da Educação e Saúde, 1940, p. 16.

BARROS, Antonio Moreira. *Elemento servil: discurso proferido na Câmara dos Deputados, sessão de 22 de novembro de 1880*. Rio de Janeiro: Typographia Nacional, 1880.

BASTOS, Maria Helena Câmara. "A educação dos escravos e libertos no Brasil: vestígios esparsos do domínio do ler, escrever e contar (séculos XVI a XIX)". *Cadernos de História da Educação*, v. 15, n. 2, maio-ago. 2016, pp. 743-68.

BECKER, Colette. "O discurso de escolta: as notas e seus problemas (o exemplo da correspondência de Zola)". Trad. Ligia Fonseca Ferreira. *Patrimônio e Memória*, v. 9, n. 1, jan.-jun. 2013, pp. 144-56.

BLAKE, Sacramento. *Dicionário bibliográfico brasileiro*, v. 2. Rio de Janeiro: Imprensa Nacional, 1893, pp. 308-10.

BOBBIO, N.; MATTEUCCI, N.; PASQUINO, G. (coord.). *Dicionário de política*, v. 1, 12. ed. Brasília: Editora Universidade de Brasília; São Paulo: Imprensa Oficial do Estado, 2002.

BOSI, Alfredo. "O positivismo no Brasil: uma ideologia de longa duração". *In*:

PERRONE-MOYSÉS, Leyla (org.). *Do positivismo à desconstrução. Ideias francesas na América*. São Paulo: Edusp, 2004, pp. 22-5.

BRAGA-PINTO, César. *A violência das letras: amizades e inimizades na literatura brasileira (1888-1940)*. Rio de Janeiro: EdUerj, 2018.

BRANDÃO, Junito. *Dicionário mítico-etimológico*. São Paulo: Vozes, 1991, 2 v.

CABRIÃO. *Semanário humorístico editado por Ângelo Agostini, Américo de Campos e Antônio Manoel dos Reis (1866-1867)*, 2. ed. São Paulo: Editora da Unesp; Imprensa Oficial, 2000.

CALMON, Pedro. *Malês, a insurreição das senzalas*. 2. ed. [1. ed. 1933]. Salvador: Assembleia Legislativa do Estado da Bahia; Academia de Letras da Bahia, 2002.

CARNEIRO, Luaê Carregari. *Maçonaria, política e liberdade. A Loja Maçônica América entre o Império e a República*. Jundiaí: Paco Editorial, 2016.

CARVALHO, José Murilo de. *A formação das almas. O imaginário da República no Brasil*. São Paulo: Companhia das Letras, 1990.

____. *Pontos e bordados. Escritos de história e política*. Belo Horizonte: Editora da UFMG, 1998.

____. *Cidadania no Brasil: o longo caminho*. Rio de Janeiro: Civilização Brasileira, 2001.

____. *D. Pedro II*. São Paulo: Companhia das Letras, 2007.

CHARAUDEAU, Patrick. *A conquista da opinião pública. Como o discurso manipula as escolhas políticas*. Trad. Angela M. S. Corrêa. São Paulo: Contexto, 2016.

DIABO Coxo. *São Paulo, 1864-1865*. Redigido por Luiz Gama, ilustrado por Ângelo Agostini. São Paulo: Edusp, 2005.

SCHWARCZ, Lilia Moritz; GOMES, Flávio dos Santos (org.). *Dicionário da escravidão e liberdade: 50 textos críticos*. São Paulo: Companhia das Letras, 2018.

DICIONÁRIO *Houaiss da Língua Portuguesa*, Rio de Janeiro: Editora Objetiva, 2007.

ENGELS, Adrian Johannes. *Die Fragilität der Freiheit: Gesetz und Praxis im brasilianischen Sklavereisystem des 19. Jahrhunderts am Beispiel des Wirkens von Luiz Gama*. Masterarbeit für iberische und lateinamerikanische Geschichte. Fachbereich Lateinamerikanische Geschichte. Universität zu Köln, 2015.

FAORO, Raimundo. *Os donos do poder*. São Paulo: Globo, 1989.

FAUSTO, Boris. *História do Brasil*. São Paulo: Edusp, 1994.

FERNANDES, Maria Fernanda Lombardi. "Os republicanos e a abolição". *Revista de Sociologia e Política*, Curitiba, n. 27, pp. 181-95, nov. 2006.

FERRARA, Mirian Nicolau. *A imprensa negra paulista (1915-1963)*. São Paulo: FFLCH-USP, 1986.

FERREIRA, Ligia Fonseca. "Les positivistes brésiliens face à l'esclavage et à la question ethnique". *Cahiers du Brésil Contemporain*, n. 19. Paris: École de Hautes Études en Sciences Sociales, 1992, pp. 43-67.

____. *Luiz Gama (1830-1882): étude sur la vie et l'oeuvre d'un Noir citoyen, militant de la lutte anti-esclavagiste au Brésil*. Tese (doutorado) — Universidade de Paris 3 - Sorbonne Nouvelle, Paris: 2001, 4 v.

____. "Negritude(s), negridade, negrícia: história e sentidos de três conceitos viajantes". *Via Atlântica*. Revista da área de estudos comparados de língua portuguesa (FFLCH-USP), n. 9, São Paulo, 2006, pp. 163-84.

____. "Luiz Gama: um abolicionista leitor de Renan". *Estudos Avançados*, v. 21, n. 60, São Paulo, 2007, p. 271-288. Disponível em: <http://www.iea.usp.br/iea/revista/>. Acesso em: 29 out. 2019.

____. "Luiz Gama por Luiz Gama: carta a Lúcio de Mendonça". *Teresa*. Revista de Literatura Brasileira, n. 8/9, São Paulo, 2008, pp. 300-21.

____. "A voz negra na autobiografia: o caso de Luiz Gama". In: GALLE, Helmut et al. *Em primeira Pessoa. Abordagens de uma teoria da autobiografia*. São Paulo: Annablume; Fapesp; FFLCH-USP, 2009.

____. "Luiz Gama: defensor dos escravos e do direito". In: MOTA, Carlos Guilherme; FERREIRA, Gabriela Nunes (coord.). *Os juristas na formação do Estado-Nação brasileiro (1850-1930)*. São Paulo: Saraiva, 2010.

____. "O sonho sublime de um ex-escravo". *Revista de História da Biblioteca Nacional*, 2013.

____. "De escravo a cidadão: Luiz Gama, voz negra no abolicionismo". In: MACHADO, Maria Helena Pereira Toledo; CASTILHO, Celso Thomas (org.). *Tornando-se livre. Agentes históricos e lutas sociais no processo de abolição*. São Paulo: Edusp, 2015, pp. 213-36.

____. "Luiz Gama autor, leitor, editor: revisitando as *Primeiras trovas burlescas* de 1859 e 1861". *Estudos Avançados*, n. 96, maio-ago. 2019, pp. 109-35. Disponível em: <http://www.revistas.usp.br/eav/article/view/161284/155257>. Acesso em: 29 out. 2019.

FERRETTI, Danilo José. "A publicação de *A cabana do Pai Tomás* no Brasil escravista. O 'momento europeu' da edição Rey e Belhatte (1853)". *Varia Historia*, Belo Horizonte, v. 33, n. 61, jan.-abr. 2017, pp. 189-223.

FRANCHETTI, Paulo. "O riso romântico. Notas sobre o cômico na poesia de Bernardo Guimarães e seus contemporâneos". *Remate de males*, Campinas, n. 7, 1987, pp. 7-17.

FREITAS, Afonso A. de. "A imprensa periódica de São Paulo". *Revista* do *Instituto Histórico e Geográfico de São Paulo*, v. XIX, 1914, pp. 321-1153.

GAMA, Luiz. *Primeiras Trovas Burlescas de Getulino*. São Paulo: Typografia Dous de Dezembro de Antonio Louzada Antunes, 1859, 129 páginas.

____. *Primeiras trovas burlescas de Getulino*, 2. ed. correcta e augmentada. Rio de Janeiro: Typ. de Pinheiro e Cia., 1861.

____. *Primeiras trovas burlescas de Luiz Gama (Getulino)*. Prefácio de Coelho Neto. Organização de Antônio dos Santos Oliveira e João Rosa e Cruz. São Paulo: Bentley Jr., 1904.

____. *Obras completas de Luiz Gama*. Organização de Fernando Góes. São Paulo: Edições Cultura, 1944.

____. *Primeiras trovas burlescas & outros poemas de Luiz Gama*. Edição, introdução e notas de Ligia Fonseca Ferreira. São Paulo: Martins Fontes, 2000.

JESUS, Ronaldo Pereira de. "Associativismo no Brasil do século XIX: repertório crítico dos registros de sociedades no Conselho de Estado (1860-1889)". *Locus: Revista de História*. Juiz de Fora: 2007, v. 13, n. 1, pp. 144-70.

____. "A Revolta do Vintém e a crise da monarquia". *História Social*. Campinas: 2006, n. 12, pp. 73-89.

____. *Com a palavra, Luiz Gama. Poemas, artigos, cartas, máximas*. Organização, apresentações, notas de Ligia Fonseca Ferreira. Prefácio de Fábio Comparato. São Paulo: Imprensa Oficial do Estado de São Paulo, 2011.

LAGO, Claudia; BENETTI, Márcia (org.). *Metodologia de pesquisa em jornalismo*. 2. ed. Petrópolis: Vozes, 2008.

LAGO, Pedro Corrêa do. *Iconografia paulistana do século XIX*. São Paulo: Metalivros, 1998.

LIGOU, Daniel. *Dictionnaire de la franc-maçonnerie*. Paris: PUF; Presses Universitaires de France, 1987.

LIMA, Carlos Alberto Medeiros. "Comunidade e tensão na fronteira agrária paulista (Limeira, década de 1840)". *Anos 90*, Porto Alegre, v. 23, n. 44, dez. 2016, pp. 231-63.

LOPES, Beatricee. "O livro do terror em a Lei do 'morra por ello'". Disponível em: <https://beatricee.jusbrasil.com.br/artigos/111691326/o-livro-do-terror-em-a-lei-do-morra-por-ello>. Acesso em: 29 out. 2019.

LYRA, Tavares de. *Instituições políticas do Império*. Brasília: Editora do Senado; Editora da UnB, 1979.

MACHADO, Maria Helena Toledo. *O plano e o pânico. Os movimentos sociais na década da abolição*. São Paulo: Edusp, 1994.

_____. *Crime e escravidão. Trabalho, luta e resistência nas lavouras paulistas (1830-1888)*. São Paulo: Edusp, 2018.

_____; CASTILHO, Celso Thomas (org.). *Tornando-se livre: agentes históricos e lutas sociais no processo da Abolição*. São Paulo: Edusp, 2015.

MAMIGONIAN, Beatriz Gallotti. *Africanos livres. A abolição do tráfico de escravos no Brasil*. São Paulo: Companhia das Letras, 2017.

MANIFESTAÇÃO *dos crimes e atentados cometidos pelos jesuítas em todas as partes do mundo, desde sua fundação até sua extinção*. Rio de Janeiro: Tipografia de Gueffier e Cia., t. 1, 1833.

MARTINS, Heitor. "Luiz Gama e a consciência negra na literatura". *Afro-Ásia*, n. 17, Salvador, 1996, pp. 87-97.

MARTINS, Wilson. *História da inteligência brasileira*. São Paulo: T. A. de Queiroz, 1996, v. III.

MATTOS, Cleofe Person de. *José Maurício Nunes Garcia — Biografia*. Rio de Janeiro: Editora da Fundação Biblioteca Nacional, 1997, pp. 39 e 41.

MENDES, Felipe Landim Ribeiro. "Ibicaba revisitada outra vez: espaço, escravidão e trabalho livre no oeste paulista". *Anais do Museu Paulista*, v. 25, n. 1, jan.-abr. 2017, pp. 301-57.

MENDONÇA, Joseli Maria Nunes. "Legislação emancipacionista, 1871 e 1885". In: *Dicionário da escravidão e da liberdade*, op. cit., pp. 277-84.

MENUCCI, Sud. *O precursor do abolicionismo no Brasil*. São Paulo: Companhia Editora Nacional, 1938.

MORAES, Marcos (org.). *Antologia da carta no Brasil: me escreva tão logo possa*. São Paulo: Moderna, 2005.

MORAIS, Evaristo de. *A escravidão africana no Brasil*. São Paulo: Companhia Editora Nacional, 1933.

MOREIRA, Adilson. *Pensando como um negro: ensaio de hermenêutica jurídica*. São Paulo: Contracorrente, 2019.

NABUCO, Joaquim. *O abolicionismo*. Petrópolis: Vozes, 1977.

_____. *Essencial Joaquim Nabuco*. Organização e introdução de Evaldo Cabral de Mello. São Paulo: Penguin Classics Companhia das Letras, 2010.

NEQUETE, Lenine. *Escravos & magistrados no Segundo Reinado*. Brasília: Fundação Petrônio Portela, 1988.

NOBRE, Freitas. *História da imprensa de São Paulo*. São Paulo: Leia, 1950.

NOGUEIRA, José Luís de Almeida. *A Academia de São Paulo: tradições e reminiscências*. São Paulo: Saraiva, 1977.

OLIVEIRA, Silvio Roberto dos Santos. *Gamacopéia: ficções sobre o poeta Luiz Gama*. Tese (doutorado) — Unicamp, Campinas: 2004.

PATROCÍNIO, José do. *Campanha abolicionista: coletânea de artigos*.

Rio de Janeiro: Fundação Biblioteca Nacional, Dep. Nacional do Livro, 1996.

PEREIRA, Cynthia (org.). *História da educação: processos, práticas e saberes.* São Paulo: Escrituras, 1998.

PERRONE-MOYSÉS, Leyla (org.). *Do positivismo à desconstrução. Ideias francesas na América.* São Paulo: Edusp, 2004.

PINTO, Ana Flávia. *Escritos de liberdade. Literatos negros, racismo e cidadania no Brasil oitocentista.* Campinas: Editora da Unicamp, 2018.

PORTA, Paula (org.). *História da Cidade de São Paulo, v. 2: A cidade no Império.* São Paulo: Paz e Terra, 2004.

REBOUÇAS, André. *Diário e notas autobiográficas.* Texto escolhido e anotações Flora e Inácio José Veríssimo. Rio de Janeiro: Livraria José Olympio, 1938, p. 290.

REIS, João José. *Rebelião escrava no Brasil.* São Paulo: Companhia das Letras, 2003.

RENAN, Ernest. *Vida de Jesus (origens do cristianismo).* São Paulo: Editora Martin Claret, 1995.

RIBEIRO, José Jacintho. *Cronologia paulista ou relação histórica dos fatos mais importantes ocorridos em São Paulo desde a chegada de Martim Afonso de Sousa a São Vicente até 1898.* São Paulo: s. e., 1899-1901, 3 v.

SALLES, Ricardo. "O Império do Brasil no contexto do século XIX. Escravidão nacional, classe senhorial e intelectuais na formação do Estado". *Almanack.* Guarulhos, n. 04, 2º semestre de 2012, p. 5-45.

SANTOS, Jair Cardoso dos. *Entre as leis e as letras. Escrevivências identitárias negras de Luiz Gama.* Salvador: Quarteto Editora, 2017.

SANTOS, José Maria dos. *Os republicanos paulistas e a abolição.* São Paulo: Livraria Martins, 1942.

SCHWARCZ, Lilia Moritz. *Retrato em branco e negro. Jornais, escravos e cidadãos em São Paulo (1870-1930).* São Paulo: Companhia das Letras, 1987.

____. *As barbas do imperador. Dom Pedro II, um monarca nos trópicos.* São Paulo: Companhia das Letras, 1998.

____ ; STARLING, Heloísa Murgel. *Brasil: uma biografia.* São Paulo: Companhia das Letras, 2015.

____ . *O espetáculo das raças. Cientistas, instituições e questão racial no Brasil (1870-1930).* São Paulo: Companhia das Letras, 1993.

SILVA, Júlio Romão da. *Luiz Gama e suas poesias satíricas.* Prefácio de Otto Maria Carpeaux. Rio de Janeiro: Casa do Estudante do Brasil, 1954 (2. ed. 1981).

STUMPF, Lúcia Klück; VELLOZO, Júlio César de Oliveira . "Um retumbante 'Orfeu de carapinha' no centro de São Paulo: a luta pela construção do monumento a Luiz Gama". *Estudos Avançados*, v. 32, n. 92, 2018, pp. 167-91.

TELES FILHO, Eliardo França. "Eusébio de Queiroz e o Direito: um discurso sobre a lei n. 581 de 4 de setembro de 1850". *Revista Jurídica*, Brasília, v. 7, n. 76, dez. 2005-jan. 2006, pp. 52-60.

TOLEDO, Roberto Pompeu de. *A capital da solidão: uma história de São Paulo das origens a 1900*. São Paulo: Companhia das Letras, 2003.

VAMPRÉ, Spencer. *Memórias para a história da Academia de Direito*. 2. ed. Brasília: INL, Conselho Federal de Cultura, 1977, v. II, p. 118.

WISSENBACH, Maria Cristina Cortez. *Sonhos africanos, vivências ladinas. Escravos e forros em São Paulo (1850-1880)*. São Paulo: Hucitec, 1998.

LIGIA FONSECA FERREIRA é professora associada no Departamento de Letras da Universidade Federal de São Paulo (Unifesp). Possui doutorado pela Universidade de Paris 3 — Sorbonne, com tese sobre a vida e a obra de Luiz Gama. É autora da edição crítica da obra poética integral do autor em *Primeiras trovas burlescas & outros poemas* (Martins Fontes, 2000) e de *Com a palavra Luiz Gama. Poemas, artigos, cartas, máximas* (Imprensa Oficial, 2011). Membro dos grupos de pesquisa "Diálogos Interculturais" e "Relações Culturais Brasil–França" do Instituto de Estudos Avançados (IEA) da USP. Em 2017, foi professora e pesquisadora convidada do Programa Labex Tansfers do Institut des textes et manuscrits modernes (ITEM) e da École normale supérieure (ENS) de Paris. Em 2018, recebeu do governo francês o título de *Chevalier des Palmes Académiques*, por sua contribuição à divulgação da língua e da cultura francesas no mundo.

AGRADECIMENTOS

A Fernanda Nascimento e Fernanda Braz, parceiras fundamentais que, em momento crítico, emprestaram-me seus olhos e zelosas mãos na transcrição de textos para esta coletânea;
A Antonio Dimas, por sua constante disponibilidade e fundamentais sugestões bibliográficas;
A Marcos Antonio de Moraes, pelos conselhos animadores e certeiros, os quais sempre me orgulha receber;
A Gustavo Marinho, pela leitura atenta e preciosos esclarecimentos sobre argumentação jurídica;
A Marcelo Chaves e aos funcionários da Biblioteca e Hemeroteca do Arquivo do Estado de São Paulo, por facilitar o acesso a coleções raríssimas de jornais paulistanos;
A meu irmão, Sérgio Fonseca Ferreira, Bàbá Elèmosò, por suas orações e por estreitar nossos laços ancestrais com a África;
A minha mãe, Áurea Fonseca Ferreira, perfeita companheira nesta aventura intelectual, auxiliando-me de forma visível e invisível, por sua inesgotável energia e frutuosas pesquisas, às quais, desde a tese de doutorado, devo a descoberta de alguns documentos inéditos agora divulgados aqui;
A N.S.G., por tudo o que em sua bondade me concede e dá forças para prosseguir;
A P.Y., inspiração eterna e guia infalível, apontando caminhos onde existe luz, abnegação e coragem moral, como as de Luiz Gama;
E à equipe das Edições Sesc, sempre amável, paciente e competentíssima.

fontes Biotif
papel Pólen Soft 70 g/m²
impressão AR Fernandez Gráfica Ltda.
data Janeiro de 2022

MISTO
Papel produzido a partir
de fontes responsáveis
FSC® C101765
FSC
www.fsc.org